W0177692

E. W. Tarlé

Talleyrand

Koehler & Amelang
Leipzig

TITEL DES RUSSISCHEN ORIGINALS:
Талейран
INS DEUTSCHE ÜBERTRAGEN VON
RICHARD ULLRICH

ISBN 3-7338-0061-3

Jewgeni Wiktorowitsch Tarlé (1875—1955), Mitglied der Akademie der Wissenschaften der UdSSR und durch seine Kenntnis der französischen Geschichte speziell der Zeit der Revolution und Napoleons international ausgewiesen, veröffentlichte sein Buch über den französischen Diplomaten Charles-Maurice Herzog von Talleyrand-Périgord im Jahre 1939. Für die zweite Auflage, Moskau—Leningrad 1948, nahm er auf der Grundlage neuen Quellenmaterials eine Erweiterung und Umarbeitung vor; vor allem wollte er die Rolle Talleyrands in den französisch-russischen Beziehungen deutlicher hervortreten lassen und eine realistischere Einschätzung seiner diplomatischen Fähigkeiten vorlegen, als es in der Geschichte der Diplomatie bisher geschehen war. Die dritte Auflage seines Buches, Moskau 1962, hat der Autor bereits nicht mehr erlebt; sie wurde von anderer Hand in ihrem wissenschaftlichen Apparat auf den neuesten Stand gebracht.

Der Verlag Koehler & Amelang hat Tarlés «Talleyrand» 1950 zum erstenmal in deutscher Übersetzung vorgelegt. Für die zweite Auflage (1972) wurde die dritte russische Auflage herangezogen. Die jetzige Auflage ist gegenüber der vorigen unverändert.

Tarlé beschrieb sein Anliegen in der Einleitung zur zweiten russischen Auflage so: «Wir sind bemüht, den psychischen Kräften dieser in ihrer Art merkwürdigen Persönlichkeit genau nachzugehen und, was viel wichtiger ist, die letzten Ursachen der Erfolge Talleyrands aufzuspüren, die Bedingungen, die es ihm erlaubten, seine Rolle zu spielen. Wir werden uns bemühen, auch das zu untersuchen, was er richtiger als viele seiner Zeitgenossen beurteilte, und das, worin er sich zum Glück oder richtiger zum Unglück irrte.»

ERSTES KAPITEL

Talleyrand,
der Diplomat der frühen Periode
der Bourgeoisie

Bevor wir an die Darstellung des Lebens und der Charaktereigenschaften dieses Mannes herangehen, beschäftigen wir uns mit der Frage: Was unterschied die Diplomatie Talleyrands von der traditionellen Tätigkeit seiner Vorgänger, der alten Virtuosen dieser Kunst? Mit wenigen Worten kann dieser Unterschied charakterisiert werden: Talleyrand war der Diplomat der aufsteigenden Klasse der Bourgeoisie, der beginnenden Periode des Bürgertums, des siegreichen Vordringens des Kapitals und des Niedergangs der feudalen Adelsherrschaft, und gerade Talleyrand war es, der als erster erkannte, in welcher Richtung man die alten diplomatischen Gewohnheiten umbilden müsse.

Man muß davon ausgehen, daß ein gründliches Studium der neuen Geschichte der Diplomatie erst für die Zeit seit dem 14. bis 16. Jahrhundert möglich ist, seit dem Entstehen und allmählichen Erstarken bedeutender «nationaler» Staaten, als zuerst große äußere Zusammenstöße zwischen den Mächten möglich wurden. Zur Zeit der kleinen Adelsfehden zwischen den Grundherren des frühen Mittelalters gab es in dem Europa des Lehnswesens eine Diplomatie im eigentlichen Sinne dieses Wortes fast gar nicht. Die tatsächliche völlige Unabhängigkeit der Lehnsherren von der illusorischen königlichen oder kaiserlichen Zentralgewalt hatte ganz Europa im Mittelalter, bis zum 15. und 16. Jahrhundert, in ein Konglomerat von einigen tausend Zwergstaaten verwandelt, die sich ununterbrochen befehdeten, vertrugen, wieder schlugen und wieder vertrugen, und alles zu dem unmittelbaren Zweck, dem Gegner noch ein Stück Land zu entreißen oder die benachbarte Burg zu plündern oder das einem fremden Dorfe gehörige Vieh wegzutreiben.

Im 14.—17. Jahrhundert, als die sozialen und wirtschaftlichen Veränderungen große Mächte entstehen ließen, als die Bourgeoisie schon begann, ihr Haupt zu erheben und hier und da, in Holland und dann in England, bestimmend auf die Geschäfte einzuwirken, als die Jagd der europäischen Mächte nach überseeischen reichen Ländern sich gewaltig entwickelte, als die Inbesitznahme und Teilung Amerikas, Indiens, Indonesiens auf der Tagesordnung erschien, als der Kampf um die vorherrschende Rolle in Europa aufkam, wurde eine kunstgerechte Diplomatie als Mittel für territoriale Eroberungen, als «Instrument» zur Vorbereitung von Kriegen unter den günstigsten Bedingungen und als eine gewaltige Waffe des Erfolges für einen der rivalisierenden Staaten angesehen.

Aber gerade an der Diplomatie dieser letzten vorrevolutionären Jahrhunderte können wir eine besonders interessante Bestätigung für die Richtigkeit des alten russischen Sprichwortes beobachten, daß oft «das Tote das Lebendige auffrißt», daß alte Gewohnheiten durchaus nicht mit einem Male neuen Verfahren den Platz räumen und daß andererseits sich die Vorbedingungen für eine Tätigkeit längst geändert haben, aber die hierfür Tätigen das nicht begreifen wollen oder können.

Nehmen wir die glänzendsten Vertreter der Diplomatie des Ancien régime. Wenn wir den genialen Schweden, den Kanzler der ersten Hälfte des 17. Jahrhunderts Axel Oxenstjerna, oder Richelieu ausnehmen, was kann uns an Choiseul, dem französischen Minister in der Mitte des 18. Jahrhunderts, oder dem talentierten österreichischen Kanzler Kaunitz besonders anziehen, ganz zu schweigen von den Männern mittleren Kalibers? Sie alle, Leiter der Politik großer Mächte, führen sich durchweg wie die früheren Majordomus, «Hausmeier», oder wie gute, ordentliche, eifrige Beauftragte eines der früheren feudalen Grundherren auf. Verständnis für die immerwährenden, dauernd fortwirkenden historischen Erfordernisse des Staates ist ihnen fast stets fremd. Sie sind Kreaturen der wechselnden Augenblicksstimmungen ihrer Gebieter. Außerdem fallen für sie die Worte «Hof» und «Regierung» ebenso wie die Worte «Hof« und «Staat» immer und auf allen Gebieten zusammen.

Sie dienen dem absoluten Monarchen, aber nur so weit, wie

dieser Monarch dem Adel, der aristokratischen Oberschicht der Großgrundbesitzer dient. Wehe ihm, wenn er versucht, auch nur schüchtern von dieser Linie abzuweichen! Als Josef II., Kaiser von Österreich, bloß daran dachte, an das Recht der Leibeigenschaft zu rühren, verrieten und verkauften ihn seine eigenen Diplomaten. Als das Haupt der portugiesischen Regierung, Minister Pombal, versuchte, bürgerliche Reformen allerbescheidensten Ausmaßes einzuführen, begannen die portugiesischen Diplomaten hinter seinem Rücken seine Politik zu unterwühlen und den Engländern und Spaniern durchsichtige Hinweise zu geben, daß es gut wäre, den allzu hitzigen Reformator zu stürzen. Die Außenpolitik der Diplomaten als Zweig des Staatsdienstes geriet in die festeingewurzelte erbliche und völlig monopolisierte Gewalt der aristokratischen Geschlechter; ihre Vertreter sahen dieses Monopol lange als naturgemäß unveräußerliches Mittel an, die Interessen ihrer Klasse mit allen erdenklichen Kräften der äußeren Politik eines Staates aufrechtzuerhalten.

Da erscheint, zuerst in der Revolution, dann bei dem aus ihrem Schoße hervorgegangenen kriegerischen Diktator Frankreichs und bald auch Europas, auf der Bühne in einer der ersten Rollen des großen historischen Dramas ein verfeinerter, äußerst scharfblickender, talentierter Aristokrat, der mit einem Schlage untrüglich den unvermeidlichen politischen Untergang seiner eigenen Klasse und den vollen Sieg der ihm persönlich fremden und unsympathischen Klasse der Bourgeoisie voraussieht. Er weiß im voraus, daß es in diesem Kampf allerlei Unterbrechungen geben wird, Rückschritte, neue Durchbrüche, neue Schwankungen im Kampf der beiden Richtungen, und immer sieht er den neuen Vorstoß und den Ausgang jedes Kampfes voraus. Dieses Fingerspitzengefühl ermöglichte ihm, stets rechtzeitig auf die Seite der zukünftigen Sieger überzugehen und reiche Früchte seines Weitblicks zu ernten. Was «Überzeugungen» sind, wußte Fürst Talleyrand nur vom Hörensagen, auch was «Gewissen» ist, vernahm er selten einmal aus den Gesprächen seiner Umgebung; er war der Ansicht, daß diese sonderbaren Eigenschaften der menschlichen Natur zwar recht nützlich sein können, aber nicht für den, der sie besitzt, sondern für den andern, der mit dem zu tun hat, welcher diese Eigenschaften aufweist. «Fürchten Sie die erste Regung der Seele, weil sie gewöhnlich sehr edel ist», lehrte er die jungen Diplomaten, die er auch daran erinnerte, «daß dem Menschen die Sprache gegeben ist, um seine Gedanken zu verbergen».

Während er sich aber wie ein Chamäleon veränderte und im Laufe seines Lebens nacheinander für Geld oder andere Vorteile alle verkaufte und verriet, die seine Dienste in Anspruch nahmen, mit alleiniger Ausnahme seiner leiblichen Mutter (und selbst diese nach dem Ausspruch eines gegnerischen Journalisten lediglich deshalb nicht, weil es keine Käufer für sie gab), hat Fürst Talleyrand tatsächlich nur die beständig siegreiche, ihm persönlich völlig fremde Klasse der Bourgeoisie nicht verraten, und auch sie nur deshalb nicht, weil er den Sieg der Bourgeoisie für absolut feststehend hielt. Sogar als er im Jahre 1814 den fälligen Verrat beging und auf die Seite der Restauration der Bourbonen trat, war er mit allen Kräften bemüht, in diese hoffnungslosen Köpfe der adligen Emigranten einzuhämmern, daß sie *ausschließlich* unter der Bedingung an der Macht bleiben könnten, indem sie mit eigenen Händen eine Politik zugunsten der neuen nachrevolutionären Bourgeoisie machten. Und nur selten, aus vorübergehenden persönlichen Erwägungen, stimmte er in die Tonart der royalistischen Reaktionäre ein.

Talleyrand war aber nicht nur deshalb ein Mann der neuen bürgerlichen Periode, weil er sein ganzes Leben, alle Regierungen verratend, unerschütterlich in den Dienst der Befestigung und Förderung alles dessen stellte, was die Großbourgeoisie in der Revolution erreicht hatte und was sie sich unter Napoleon und nach ihm zu sichern bemüht war. Talleyrand war selbst in seinen Handlungen und in seinen Methoden der Diplomat dieser neuen, bourgeoisen Periode. Nicht der aristokratische «Hof» mit seinen Gruppeninteressen, nicht der Adel mit seinen feudalen Privilegien, sondern der neue durch die Revolution entstandene Staat mit seinen grundlegenden außenpolitischen Erfordernissen und Aufgaben war das, was Talleyrand unter dem Begriff «Frankreich» verstand. Er wußte, daß alle diese schlauen und höfischen Alkovenintrigen, alle diese maskeradenhaften Entsendungen von Emissären und geheimen Mitarbeitern, alles

Spekulieren auf den Einfluß irgendeiner Favoritin oder den religiösen Aberglauben eines Monarchen, daß alle diese Listen und Hinterpförtchen der Diplomatie des 18. Jahrhunderts vielleicht auch noch hie und da mit Erfolg angewandt werden könnten, daß aber die Zeit gekommen war, wo man im eigenen wie im fremden Lande mehr mit dem Bankier rechnen mußte als mit der Favoritin des Königs, mit Börsenobligationen statt mit abgefangenen intimen Zettelchen, mit Duellen, bei denen man sich mit Hilfe von Zolltarifen und nicht mit Rapieren schlägt. Dementsprechend arbeitete er mit unmittelbaren mündlichen Erklärungen, Noten, Memoranden, Entsendung offiziell akkreditierter diplomatischer Vertreter und bemühte sich gleichzeitig (übrigens sehr selten), durch die Demonstration der Kriegsbereitschaft oder je nach den Umständen auch durch ein gewandtes, rechtzeitig durchgeführtes Manöver der Annäherung an die eine oder andere Großmacht seinen Einfluß auszuüben. Und auch darin hat er sich als ausgezeichneter Meister bewährt. Als Diener des bourgeoisen Staates unterschied er sich von den Diplomaten der alten Schule, die absolut nicht begriffen, daß die erste Hälfte des 19. Jahrhunderts keinerlei Ähnlichkeit weder mit der Mitte noch mit dem Ende des 18. Jahrhunderts hatte; er glich auch nicht im geringsten dem russischen Kanzler Karl Wassiljewitsch Nesselrode, dessen Stolz es war, sein ganzes Leben lang ein treuer Diener und Gehilfe Nikolaus' I. gewesen zu sein.

Talleyrand ist auch Bismarck nicht ähnlich, obgleich dieser auch das Ende einiger für einen Diplomaten der bürgerlichen Epoche verderblicher Illusionen nicht erlebt hat. Bismarck hat zum Beispiel lange geglaubt, ein russisch-französisches Bündnis sei absolut unmöglich, weil der Zar und die Marseillaise unversöhnlich seien, und als Alexander III. auf der Reede von Kronstadt 1891 stehend mit entblößtem Haupt die Marseillaise anhörte, da begriff Bismarck, schon verabschiedet, seinen verhängnisvollen Fehler, und ihn beruhigte nicht im geringsten die tiefsinnige Erklärung dieses Vorfalls, die russischerseits erfolgte, daß die Geste des Zaren nicht den Worten, sondern nur dem entzückenden musikalischen Motiv der Hymne der Französischen Revolution gegolten habe. Talleyrand hätte diesen Fehler nie gemacht. Er hätte lediglich in Betracht gezogen, daß der deutschrussische Vertrag zerrissen werden könnte, hätte sich rechtzeitig genau über die Bedürfnisse der russischen Staatskasse und den Goldbestand der Bank von Frankreich orientiert und schon zwei Jahre vor Kronstadt klar vorausgesehen, daß der Zar ohne Zaudern mit der musikalischen Schönheit der Marseillaise sympathisieren würde.

Im selben Maße, wie Talleyrand, völlig unabhängig von seinen immer eigennützigen subjektiven Motiven, zum Sieg der bürgerlichen Klasse beitrug, spielte er objektiv zeitweise eine positive, historisch progressive Rolle. Seine persönlichen Eigenschaften forderten Entrüstung gemischt mit Widerwillen heraus. Vielen erschien er als der «Geist des Bösen». So erklärte das Mitglied der französischen Akademie Brifot unter allgemeinem Gelächter sarkastisch, der Teufel habe zu Talleyrand gesagt, als dieser nach seinem Tode in die Hölle kam und ihm seinen Besuch machte: «Mein Lieber, ich danke Ihnen, aber gestehen Sie ein, daß Sie doch einigermaßen über meine Instruktionen hinausgegangen sind.» Anderes aber interessiert uns hier mehr.

Ich habe schon darauf hingewiesen, daß man nach dem ersten Weltkrieg sich besonders eifrig auf Talleyrand zu besinnen begann, öfter als alle anderen Kritiker der heutigen Diplomaten. «Schämt sich Georges Bonnet nicht, der in dem Sessel des großen Talleyrand sitzt, daß er so schmachvoll von Hitler betrogen worden ist!» lasen wir im Januar 1939 in der radikalen französischen Presse. Daran ist alles falsch. Erstens ist der Minister des Äußeren im Kabinett Georges Bonnet durchaus nicht von Hitler «betrogen» worden; er hat sich bewußt und in voller Bereitwilligkeit mit Hitler verständigt und ihn absichtlich unterstützt. Er und nach ihm Laval haben Frankreich einfach an die deutschen Faschisten verkauft. Zweitens hat der heutige Kritiker der Tätigkeit Georges Bonnets nicht verstanden oder verstehen wollen, daß Talleyrand lebte und wirkte in den Jahren der steil aufsteigenden kapitalistischen Entwicklung, in den Jahren der aufkommenden und rasch emporblühenden Klasse des französischen Bürgertums, als diese Klasse noch ihre Interessen und Ansprüche gegenüber der Bourgeoisie anderer Länder mit allen ihr zu Gebote stehenden Mitteln: mit Feuer und Schwert oder mit diplomatischer Kunst verteidigen konnte und wollte. Damals leisteten dieser Klasse die Talente des gewaltigsten Feldherrn und des glänzendsten Diplomaten in allen Sphären politischer Betätigung die erforderliche Hilfe: Napoleon und Talleyrand. Jetzt ist diese Bourgeoisie eine Klasse, die nicht an den Kampf mit einer fremden Bourgeoisie denkt, wohl aber oft an ein Bündnis mit ihr, um vereint auf den gemeinsamen Feind einzuschlagen — auf das Proletariat, das zur Ablösung der Bourgeoisie vorrückt. Gestern bemühten sie sich um ein Bündnis mit Hitler, heute um ein Bündnis mit der New-Yorker Börse. Es handelt sich gar nicht um einen Niveauunterschied des Verstandes, gar nicht darum, auf dem Gebiet der diplomatischen Kunst, des weitblikkenden Scharfsinns, der Verschlagenheit und des Feingefühls einen Georges Bonnet oder Reynaud, Daladier, Léon Blum oder Bidault mit Talleyrand zu vergleichen — es wäre dasselbe, wie wenn man in der Poesie Tredjakowski mit Puschkin vergleichen wollte. Es handelt sich um völlig verschiedene *Aufträge,* die die mächtige, junge, verschlagene, habgierige Bourgeoisie ihren Dienern im Anfang des 19. Jahrhunderts gab und die die altersschwache, reich gewordene, übersättigte, auf ihrem Geldbeutel zitternde französische Bourgeoisie ihnen heute gibt.

Man kann von einem Menschen nicht verlangen, daß er diplomatische Erfolge erringt, wenn man ihm im besten Falle den Rat auf den Weg gegeben hat: «Tue so, als ob du mit dem Feind, mit Hitler, kämpfst, aber bedenke, daß er nicht zu stark geschlagen, daß er beileibe nicht ernstlich zu Boden geworfen werden darf, denn wie sollten wir ohne ihn mit der Weltrevolution fertig werden!» Oder wenn man ihm einprägt, er solle so tun, als wäre er im Bündnis mit der Sowjetunion, dabei aber immer eingedenk sein, daß dieses Bündnis gewissen mächtigen Börsen unangenehm ist und daß er deshalb gegebenenfalls der UdSSR Feindschaft bis zur Brutalität zeigen muß.

Die Traditionen der Hinterlist, der ununterbrochenen Betrügereien aller Art, der völligen Gewissenlosigkeit, des verräterischen Bruchs der feierlichsten Verträge und Versprechungen nach Sinn und Buchstaben — das alles ist unversehrt den Diplomaten der Bourgeoisie von Talleyrand über die Generationen hinweg bis auf den heutigen Tag überliefert worden. Schon deshalb hat der sowjetische Leser, der seine kapitalistische Einkreisung niemals vergessen darf, alle Veranlassung zu wünschen, daß man ihn mit der historischen Figur Talleyrands und mit seiner Lebensbeschreibung bekannt macht.

Der Leser soll aber, wenn er dieses tatsächlich absolut amoralische Individuum kennenlernt, daran denken, daß die Geschichte eine unüberschreitbare Kluft zwischen den *objektiven* Resultaten der Tätigkeit Talleyrands und den Resultaten der Winkelzüge seiner jetzigen Jünger aufgeworfen hat.

Der «soziale Auftrag», den die Bourgeoisie Frankreichs *einstmals* Talleyrand gegeben hat, war in seinem Wesen historisch fortschrittlich; der «soziale Auftrag», den sie den Nachfolgern Talleyrands gegeben hat und gibt, führte direkt und unmittelbar in die schwarze Nacht der Unterwerfung unter den vertierten faschistischen Despotismus und in den Strudel einer jähen Geistesverwirrung. Talleyrand half der Bourgeoisie das feudale Mittelalter begraben — und ihm waren Erfolge beschieden. Seine spätesten Nachfolger aus der Zeit vor dem zweiten Weltkrieg waren bemüht, im Namen der Rettung dieser selben Bourgeoisie sich dem Gang der Geschichte entschieden entgegenzustemmen, und halfen mit allen Kräften in Europa den faschistischen deutschen Barbaren, die frech die schlechtesten Seiten dieses längst verfaulten Mittelalters wieder auferstehen lassen wollten. Es ist nicht verwunderlich, daß diese Epigonen auf ihrem aussichtslosen Wege nur schmachvolle Mißerfolge und Enttäuschungen erlebten.

Talleyrand hatte zwei grundlegende Gesichtspunkte, von denen er sich wie von einem Leuchtturm leiten ließ und nach denen er seine für ihn persönlich stets ertragreichen Verrätereien beging. Diese Gesichtspunkte kann man folgendermaßen formulieren:

Erstens: Das adlig feudale Regime in dem Frankreich des ausgehenden 18. und des beginnenden 19. Jahrhunderts aufrechtzuerhalten oder wiederherzustellen ist absolut unmöglich. Deshalb verriet er im Jahre 1789 die Monarchie Ludwigs XVI. und ging auf die Seite der bürgerlichen Revolution über, und dann verriet er zum zweiten Male die Bourbonen und schlug sich, nach der siegreichen Julirevolution 1830, auf die Seite der bourgeoisen Julimonarchie Louis Philippes.

Zweitens: Die Bildung einer Weltmonarchie mit Hilfe von Eroberungskriegen, die Unterordnung sämtlicher europäischer Monarchien unter den französischen Selbstherrscher ist absurd und ein aussichtsloses Unternehmen, das unbedingt mit einem katastrophalen Zusammenbruch für Frankreich enden muß. Deshalb verriet er Napoleon zuerst von 1808 bis 1813 heimlich und dann 1814 offen und ging auf die Seite der Feinde des Kaisers über.

Als Beurteilung der wirklichen historischen Lage waren die beiden grundlegenden Gesichtspunkte Talleyrands im wesentlichen richtig und wurden durch den tatsächlichen Verlauf der Ereignisse bestätigt; er selbst will durch sie auch seine ganze politische Laufbahn erklären. Nur verschweigt er dabei bescheiden, daß er diesen seinen beiden grundlegenden Ideen nicht in offenem Kampfe diente, sondern immer in langer geheimer Wühlarbeit, für die er Belohnungen von denen bekam, in deren Interesse er seine Miniertätigkeit ausübte, während er gleichzeitig alle irdischen Wohltaten im Überfluß von denen erhielt, unter die er seine Minen legte, die er verriet und verkaufte und gelegentlich sogar mit seinen immer selbstsüchtigen Ratschlägen irreführte.

Je weiter die Nachkommen sich von der Zeit Talleyrands entfernten, desto mehr wurden sie von der historischen Richtigkeit der erwähnten beiden Grundanschauungen Talleyrands gefesselt und desto mehr gerieten die Methoden seines Handelns in Vergessenheit, die verwerflichen Antriebe seines persönlichen Verhaltens, die vollständige Nichtbeachtung (ohne eine einzige Ausnahme) der geringsten Spur eines Gewissens. Der Eindruck, den der Endsieg seiner Grundanschauungen machte, und sein ständiger persönlicher Erfolg stärkten stets, besonders aber zu Ende seines Lebens, seine Autorität in den Augen der Bourgeoisie nicht nur in Frankreich, sondern in ganz Europa und Amerika.

Wie wir schon oben sahen, zeigt sich das noch heute in der westlichen Literatur über den französischen Diplomaten.

ZWEITES KAPITEL

Talleyrand
unter dem Ancien régime
und in der Revolution

I

Die Gestalt des Fürsten Talleyrand wird in der allgemeinen Erinnerung zu dem Kreis von Menschen gerechnet, die, wenn sie schon nicht die Geschichte in ein ihnen erwünschtes Gleis lenkten, wie sich die Historiker der idealistischen und besonders der sogenannten heroischen Schule das lange vorstellten, so doch als die charakteristischen lebendigen Verkörperungen und Akteure der großen historischen Umbrüche ihrer Zeit erscheinen.

Die Charakteristik, die ich hier zu geben versuchen will, beabsichtigt nicht und kann nicht beabsichtigen, ein völlig erschöpfendes Bild der Ereignisse zu geben, die als Material für die Erklärung der historischen Bedeutung von Talleyrands Persönlichkeit dienen könnten.

Wir stellen in den Mittelpunkt unserer Betrachtungen die Frage nach den Ursachen der maßlosen Überschätzung der Rolle des französischen Diplomaten in der bürgerlichen Literatur und danach die weitere, auf welchen Platz in der Geschichte Talleyrand tatsächlich ein Anrecht hat bei auch nur einigermaßen wissenschaftlicher Analyse des Materials, das sich auf sein persönliches Eingreifen in die Ereignisse bezieht.

Man darf dabei eine besonders interessante Tatsache nicht übersehen. Man kann eine Menge bedeutender Menschen anführen, die bald die hervorragenden geistigen Fähigkeiten Talleyrands anerkannten, bald sie bestritten. Beginnend mit Napoleon, der erklärte, Talleyrand sei geschmeidig, sehr befähigt und gewandt, habe aber keinen wirklich staatsmännischen Geist und weiten Gesichtskreis, bis zu Louis Blanc, Palmerston, Herzen, gar nicht zu sprechen von Karl Marx — haben diese hervorragenden Männer, die untereinander so völlig verschieden sind, sich von

Zeit zu Zeit veranlaßt gesehen, das zu sagen, was so klar bei Engels in dem Aufsatz «Der Anfang des Endes in Österreich» ausgesprochen ist, wo Talleyrand zusammen mit Metternich und Louis Philippe als «höchst mittelmäßige Köpfe», «höchst passend für mittelmäßige Zeit» angesehen werden; gleichwohl gelten sie «dem deutschen Bürger für die drei Götter, die seit dreißig Jahren die Weltgeschichte wie eine Puppenkomödie am Drähtchen haben tanzen lassen».[1]

Herzen schrieb in seinem Tagebuch fast gleichzeitig mit Engels und völlig unabhängig von ihm im Juni 1843: «Talleyrand hat schließlich bewiesen, daß Betrügerei nicht Genialität ist.»[2] Aber Herzen hat sich schwer geirrt, wenn er in demselben Tagebuch an anderer Stelle ebenfalls mit Bezug auf Talleyrand sagt: «Betrügerei ist in der Diplomatie eine verächtliche Gewohnheit geblieben, sie ist unmöglich!»[3] O weh! Sie ist bis in die neueste Zeit sehr «möglich» geblieben. Das ist noch der junge Herzen, noch die Sprache der Romantik und des Optimismus, später hätte er das nicht gesagt.

Und dieselben Denker und hervorragenden Männer haben sich bei anderen Gelegenheiten über den Verstand Talleyrands ganz anders geäußert und ihm feinen und weiten Blick, erstaunliches Fingerspitzengefühl und Scharfblick zuerkannt. Derselbe Herzen verwendet z. B. immer Talleyrand als Synonym für einen hochbegabten Diplomaten.[4]

Worin liegt das Geheimnis dieser widersprechenden Urteile? Vor allem gewiß in der natürlichen Reaktion auf die törichten Übertreibungen hinsichtlich des persönlichen Einwirkens Talleyrands auf die geschichtlichen Ereignisse. Wenn Marx Talleyrand mit dem tatsächlich mittelmäßigen Drouyn de Lhuys, dem Minister Napoleons III., vergleicht, macht er die Lobhudler von Drouyn de Lhuys lächerlich, die es wagen, ihn mit Talleyrand in

---

1 K. Marx und Fr. Engels, Gesamtausgabe, Bd. 4, Staatlicher Verlag für politische Literatur, 1955, S. 471.
2 A. I. Herzen, Gesamtausgabe, Bd. 2, Moskau 1954, S. 287.
3 ebd. S. 295.
4 In «Berggipfel» z. B. nennt Herzen Cavour in dem Kapitel «Erinnerungen und Gedanken» ironisch den «kleinen Talleyrand».

einem Atem zu nennen.[1] Wenn aber Marx oder Engels lasen, Talleyrand und Metternich seien Götter, die die Weltgeschichte nach ihrem Belieben lenkten, so empfanden sie natürlich das berechtigte Bedürfnis, diese «Götter» möglichst kritisch zu beurteilen. Und wenn man Napoleon ehrerbietig zu verstehen gab, daß er ohne den weisen Talleyrand nicht auskommen könne, so fühlte sich der Kaiser, wie später andere, veranlaßt, seinem «ausgezeichneten» Minister den richtigen Platz anzuweisen, denn er wußte aus jahrelanger täglicher Beobachtung seines ergebenen Höflings, daß weder in der inneren noch in der äußeren Politik des Kaiserreichs auch nur eine schöpferische Anregung von Talleyrand ausgegangen war. Doch Vergleichen klärt die Dinge, und wie es Marx lächerlich erschien, wenn man wagte, einen gewöhnlichen Diplomaten wie Drouyn de Lhyus mit Talleyrand zu vergleichen, so äußerte Napoleon vor seinem Tode, Talleyrand sei der klügste aller Minister gewesen, die er gehabt habe. Der trockenen, unemotionalen, oft gleichsam erstorbenen Natur Talleyrands fehlte jede schöpferische Kraft, fehlten alle nicht rein persönlichen ideellen Antriebe; schon deshalb kann man seinen Verstand keineswegs staatsmännisch nennen. «Große Gedanken entspringen einem großen Gefühl» — sagte im 17. Jahrhundert La Rochefoucauld. Große Gefühle haben Talleyrand nie beherrscht, seine Bestrebungen und Pläne nie geleitet, daran ist nicht im mindesten zu denken, abgesehen natürlich von den Plänen und Absichten, die ihm von seinen persönlichen streberischen Erwägungen diktiert wurden. Wenn er aber auch keine «großen Gefühle» hatte, so war er doch begabt mit einem starken, immer wachsamen, völlig unfehlbaren Instinkt der Selbsterhaltung, der ihn stets rechtzeitig warnte. Er erfaßte mit diesem Instinkt, wo heute die Macht war und wo und bei wem sie morgen sein wird, und zögerte nicht einen Augenblick, auf diese Seite überzugehen. Und da er ja seine Karriere vor allem in der Politik machte, so wies ihn diese instinktive Voraussicht, die in ihm alle nur mögliche Energie des Denkens wachrief, den richtigsten Weg, das heißt den, der für ihn persönlich am vorteilhaftesten und vor Gefahren gesichert war.

1 a. a. O., Bd. 11, S. 187.

Da er Zeitgenosse der großen Revolution der Bourgeoisie, dann des bürgerlichen Kaiserreichs war, da er später die kraftlosen, zum Scheitern verurteilten Versuche der feudalen höfischen Reaktion miterlebte, die mit jedem Jahrzehnt erstarkende Bourgeoisie zu unterdrücken, und schließlich die Jahre des endgültigen Sieges der Großbourgeoisie unter Louis-Philippe, wandte sich Fürst Talleyrand, Bischof von Autun, von seiner Klasse ab, die er als zum Untergang bestimmt erkannte, und trat in den Dienst der ihm fremden Klasse, der von der Geschichte der Sieg beschieden war.

An dem Lebenslauf Talleyrands kann man besonders leicht die Etappen dieses Kampfes einer abgelebten Klasse mit der, die zu ihrer Ablösung aufsteigt, verfolgen. Besonders leicht und bequem vor allem deshalb, weil man keine Spur von Bedenken, Gewissensbissen oder Reue in diesem langen Leben findet und weil Talleyrand, der die Geschichte als ein ununterbrochenes Spiel der Kräfte betrachtete, nur verständnislos und mit Verachtung auf die herabsah, die nicht sofort auf die Seite der Sieger übergingen, sondern noch durch für ihn völlig unverständliches Schwanken gehemmt und gequält wurden. Seine Verrätereien, die Übergänge aus einem Lager in das andere, alle diese Manipulationen, die er mit erstaunlicher Leichtigkeit «ohne inneren Kampf und Skrupel» ausführte, all das waren sichtbare Wegzeichen in der Geschichte des Aufstiegs der Bourgeoisie, beginnend mit der Zeit, als sie das erste Mal aus dem Munde Sieyès' verkündete, daß sie «alles» sein müsse, bis zu dem Augenblick, als Kasimir Périer und Guizot sie feierlich zur endgültigen Erreichung dieses Zieles beglückwünschten.

Aufbauenden, konstruktiven Geistes war Talleyrand nicht, in dieser Hinsicht ist er gar nicht zu vergleichen mit solchen seiner Zeitgenossen wie Turgot in Frankreich, Speranski in Rußland oder George Canning in England, um von noch überragenderen Individualitäten einmal ganz abzusehen. Die genannten Staatsmänner unterscheiden sich von Talleyrand nicht nur durch ihre Hingabe an eine bestimmte Idee, durch ihr selbstloses Wirken im Hinblick auf das, was sie, sei es nun richtig oder unrichtig, für das Heil ihres Staates hielten, sondern auch durch die Fähigkeit ihres Geistes, der Gesetzgebung aus eigener Initiative Anregungen zu geben, neue Richtlinien in der inneren und äußeren Politik vorzuschlagen und durchzuführen, neue Wege einzuschlagen, um den Regierungsmechanismus zu ändern. Nichts auch nur entfernt Ähnliches findet sich jemals bei Talleyrand. Ungeheure Schlauheit, erstaunlichen angeborenen Takt, Feingefühl, instinktive Witterung, eine Fähigkeit, die Menschen, besonders die Gegner, zu durchschauen, daß alles besaß er, doch muß man selbst hier einen Vorbehalt machen: Alexander I. zum Beispiel hat er nie richtig erkannt und deshalb manche Rückschläge gehabt.

Auch der bekannte französische Kritiker und Literaturhistoriker Sainte-Beuve ist nicht geneigt, in seinen Aufsätzen über Talleyrand die Klugheit des Fürsten uneingeschränkt zu preisen. Über die völlig unzutreffende Voraussage Talleyrands in bezug auf den spanischen Feldzug der französischen Armee 1823 schreibt er: «Wenn man von der unfehlbaren Weisheit Talleyrands spricht, vergißt man nur allzugern seine Rede über den Krieg von 1823. Bei der Beurteilung von Voraussagen pflegen die Menschen nur an die zu denken, die in Erfüllung gegangen sind.»[1]

Viel seltener ließ die Voraussicht Talleyrand im Stich, wenn es um seine persönliche Karriere und seine unmittelbaren Interessen ging, aber auch dabei hat er sich zuweilen verrechnet. Es genüge, daran zu erinnern, daß er 1815 nach den Hundert Tagen nur manövrieren wollte, indem er Ludwig XVIII. mit seinem Abschied drohte, dieser aber das Gesuch durchaus ernst auffaßte und annahm und Talleyrand zu seiner größten Verwunderung und Erbitterung fünfzehn Jahre lang von jeder Beteiligung an der politischen Betätigung ausgeschlossen war.

Wir haben eben den Namen Turgots erwähnt. Auch Turgot, der älteste Zeitgenosse Talleyrands, erkannte, und zwar viel früher als Talleyrand, daß sich die französische Monarchie ihr eigenes Grab grub, indem sie ihr Schicksal immer enger mit dem des Adels verband, der sich nicht von seinen Privilegien trennen wollte. Auch Turgot begriff, daß die wachsende Bourgeoisie die Klasse war, der die Zukunft gehörte, und er schlug in seinen Ge-

1 Sainte-Beuve, Monsieur de Talleyrand, Paris 1880, S. 141. Diese Aufsätze Ste-Beuves erschienen zuerst in der Zeitung «Le Temps» Anfang 1869.

setzentwürfen und seiner Verwaltungspraxis den Weg ein, auf dem er die Rettung Frankreichs und der Monarchie zu finden glaubte. Als die ihm feindliche Reaktion des Hofadels mit Marie Antoinette an der Spitze ihm entgegentrat, nahm er seinen Abschied, zog sich zurück und verschwand nach seiner kurzen Ministertätigkeit (1774—1776) für immer. Kann man sich aber vorstellen, daß Turgot angesichts der ihm drohenden Verabschiedung plötzlich auf die Seite der Königin und der Hofclique, die sie umgab, übergelaufen wäre, unverzüglich seine Stimme in einem allen seinen Überzeugungen zuwiderlaufenden Sinn erhoben hätte, und das alles nur, damit man ihm nicht seinen Platz und die damit verbundenen Einnahmen entzöge?

Genau vierzig Jahre waren seit der Verabschiedung Turgots vergangen. Längst ruhte Turgot im Grabe, längst waren der König und die Königin und viele ihrer Umgebung guillotiniert, die Donner der Revolution und der napoleonischen Epopöe verhallt. Vor uns steht das Paris des Jahres 1814. Auf dem Throne sitzen die soeben zurückgekehrten Bourbonen. Um sie die Söhne und Enkel derer, die so leichten Herzens und mit Jubel Turgot in die Verbannung schickten. Sie gruppieren sich nicht um Marie Antoinette, sondern um einen sturen Fanatiker der adligen Reaktion, der noch viel schädlicher und dümmer als sie ist, um den Bruder des Königs, den Grafen Karl von Artois. An vorderster Stelle finden die Bourbonen den Fürsten Talleyrand vor, der wie Turgot überzeugt ist, daß die einzige Rettung für die Dynastie die Abkehr von der feudalen Adelsreaktion ist und der Weg zur bürgerlichen und nicht zur adligen Monarchie. In diesem Geiste versucht er zu wirken. Die Krisis von 1776 wiederholt sich in anderer Form, die Reaktionäre befestigen sich am Hofe, Talleyrand hat nur die Wahl zwischen Abschied oder Unterwerfung. Ohne mit der Wimper zu zucken, widerruft Talleyrand alles, was er *soeben* gesagt hat, und schreibt den erbärmlichen Brief an Alexander I., in dem er den Zaren bittet, nicht auf einer Verfassung für Frankreich zu bestehen. Der Leser findet weiter unten die Analyse dieses Briefes — hier wollten wir nur den Unterschied zwischen dem staatsmännischen Denken Turgots und der verschlagenen Hinterlist und Schlauheit des prinzipienlosen, selbstsüchtigen Strebers und Höflings Talleyrand zeigen.

Man hat den Fürsten Talleyrand nicht einfach einen Lügner, sondern den «Vater der Lüge» genannt. Tatsächlich hat zu keiner Zeit jemand eine solche Kunst in der bewußten Verdrehung der Wahrheit besessen, es so verstanden, eine hoheitsvoll-sorglose, uninteressierte Haltung und harmlose Ruhe zu zeigen, wie sie nur der makellosen, taubenreinen Seele eigen ist, niemand hat so vollendet die Kunst der Verstellung geübt wie dieser in seiner Art außergewöhnliche Mensch. Sogar die Beobachter und Kritiker seiner Taten, die ihn für einen Ausbund sämtlicher Laster hielten, haben ihn fast niemals einen Heuchler genannt. Diese Bezeichnung paßt nicht auf ihn, weil sie zu schwach und zu wenig ausdrucksvoll ist. Talleyrand ließ sich ununterbrochen auf Dinge ein, die man ihrem Wesen nach gar nicht geheimhalten konnte. Anfangs nahm er von den amerikanischen Bevollmächtigten zwei Millionen Franken Bestechungsgelder, später beim Verkauf von Louisiana bedeutend mehr; fast täglich erhielt er welche von unzähligen deutschen und nichtdeutschen großen und kleinen Herren und Machthabern, von Bankiers und Kardinälen, von Lieferanten und Präsidenten; er forderte und erhielt 1807 von polnischen Magnaten Bestechungen; er war der tatsächliche Mörder des Herzogs von Enghien, weil er gerissen die Aufmerksamkeit und die Wut Napoleons auf ihn lenkte; er verriet und verkaufte zuerst die katholische Kirche zum Nutzen der Revolution, dann die Revolution für Napoleon, dann Napoleon an die Bourbonen und schließlich die Bourbonen an die Orleans; mehr als alle anderen unterstützte er die Restauration der Bourbonen durch Verrat an Napoleon, nach ihrem Sturz trug er mehr als irgend jemand zur schnellen Anerkennung des «Barrikadenkönigs» Louis-Philippe durch die englische Regierung und das übrige Europa bei, und so weiter ohne Ende. Sein ganzes Leben war eine endlose Reihe von Treulosigkeit und Verrat, seine Taten waren mit grandiosen historischen Ereignissen verbunden, sie vollzogen sich auf offener Weltbühne und erklärten sich immer ohne jede Ausnahme aus eigensüchtigen Motiven und waren unmittelbar von materiellen Vorteilen für ihn selbst begleitet. Bei seiner großen Geschäftstüchtigkeit rechnete Talleyrand niemals damit, daß er mit einem einfachen, alltäglichen und allbekannten Trick tatsächlich einen Menschen auf lange Zeit nach der Durchführung einer Aktion täuschen könnte. Wichtig war es, die Interessierten zuerst während der Vorbereitung und dann während der Durchführung der Sache zu täuschen, ohne dies wäre der Erfolg nicht denkbar gewesen. Dieser Erfolg selbst mußte so durchschlagend sein, daß er den Fürsten vor der Rache der Getäuschten bewahrte, sobald sie von seinen Gängen und Winkelzügen erfuhren. Der sogenannten «öffentlichen Meinung» und noch mehr dem «Urteil der Nachwelt» und anderen ähnlichen Sentimentalitäten gegenüber war Fürst Talleyrand völlig gleichgültig, und zwar aus vollster Überzeugung, daran ist gar kein Zweifel.

Das führt uns zur Prüfung der Frage, welche Haltung Fürst Talleyrand-Périgord, Fürst von Benevent und Kavalier aller französischen und fast aller europäischen Orden, in den Jahren der Stürme einnahm, denen im Verlauf seines Lebens die Klasse, der er nach seiner Geburt angehörte, der Adel, von seiten der damals revolutionären Bourgeoisie ausgesetzt war.

Talleyrand wurde geboren, als Montesquieu gerade gestorben war und die ersten Physiokraten auftraten, als der Name Voltaires erglänzte, als Jean-Jacques Rousseau auf der Bühne erschien und sich um Diderot und d'Alembert schon allmählich die Hauptgruppe der Enzyklopädisten bildete. Er starb im Jahre 1838 in der Epoche des vollen und ungeteilten Sieges und der gefestigten Herrschaft der Bourgeoisie. Sein ganzes Leben spielte sich ab vor dem Hintergrund des hartnäckigen Kampfes der Bourgeoisie um die Macht und der bald schwachen, bald erbitterten Verteidigung der Erben des feudalen Regimes und angesichts des Hin- und Herschwankens der Römisch-Katholischen Kirche zwischen den Vertretern der untergehenden feudalen Zustände und den vordringenden bürgerlichen Siegern, die zuerst in Frankreich mit der Guillotine, dann außerhalb Frankreichs mit der großen Armee Napoleons wirkten. Daß es außer dem Adel, dem Bürgertum, der Kirche und der grundbesitzenden Bauernschaft noch eine hungernde und darum gefährliche Klasse Menschen gab, die seit April 1789, dem Datum der Vernichtung der Fabrikanten Reveillon und Henriot, bis zum Prairial 1795 manches Mal aus ihren armseligen unterirdischen Höhlen und Elendsquartieren in den Mansarden der Vorstädte St.-Antoine und St.-

Marseille und der Rue Mouffetard hervorgekrochen kamen und mit heldenhaftem Einsatz ihres Lebens durch ihr bewaffnetes Auftreten mehr als einmal den Ereignissen eine entscheidende Wendung gegeben hatten — das wußte Fürst Talleyrand sehr gut. Er wußte auch, daß nach dem 1. und besonders nach dem 4. Prairial 1795 diese für seine Interessen gefährlichen hungernden Menschen endgültig niedergeschlagen, entwaffnet und in ihre Höhlen zurückgetrieben waren und daß dieser Sieg so durchschlagend war, daß er, Talleyrand, sie bis zum 26. Juli 1830, volle fünfunddreißig aufeinanderfolgende Jahre, bei seinen eigenen «ernsthaften», das heißt streberischen Erwägungen und Berechnungen überhaupt nicht zu berücksichtigen brauchte. Das hielt er sich jederzeit gegenwärtig. Und er wußte ebenso, daß man sich auch nach dem 26. Juli 1830 mit diesem nach fünfunddreißigjähriger Fesselung plötzlich drohend aufgestandenen, wie früher hungernden Ungeheuer irgendwie einrichten und, wenn auch nur für zwei Wochen, abfinden mußte, daß aber schon am 9. August 1830 jene bekannten Elemente auf den Plan traten, mit denen sich ein «anständiger und ordnungsliebender» Mensch, der nur an seine Karriere und seine Einkünfte dachte, immer verständigen konnte; es erschienen der neue König und der neue Hof, aber mit den früheren Bankiers und dem früheren Gelde. Abermals verlief alles glatt und reibungslos, bis zu seinem friedlichen Hinscheiden im Jahre 1838, das allein dieser glänzenden Karriere ein Ziel setzen konnte. Sein Tod hatte deshalb damals das ironische Wort zur Folge: «Ist Fürst Talleyrand tatsächlich gestorben? Es wäre interessant zu wissen, wozu er das gerade jetzt brauchte!» So sehr erschienen seinen Zeitgenossen alle seine Schritte überlegt und vorbedacht, vom Standpunkt seiner Karriere aus immer zweckentsprechend und letzten Endes für ihn persönlich immer erfolgreich.

Talleyrand konnte also, abgesehen von den seltenen eben angeführten Augenblicken, die Arbeiterklasse als entscheidende politische Kraft außer acht lassen. Die Bauernschaft, das heißt der Teil von ihr, der eine ernsthafte Macht darstellt, nimmt an der Politik nicht aktiv teil und geht mit dem, der für die Erhaltung des Eigentums und gegen das Wiederaufleben der feudalen Rechte eintritt. Demnach bleiben drei Kräfte übrig, mit denen

Talleyrand ernstlich rechnen muß: der Adel, die Bourgeoisie und die Kirche. Erst sehr spät hat er endgültig durchschaut, daß die Kirche im Spiel der sozialen Kräfte nur eine nebensächliche, keine selbständige Rolle spielt: im übrigen hat er aber schon 1789 bei seinem entscheidenden Schritt die Kirche niemals für eine Macht gehalten, die in Wirklichkeit eine führende und entscheidende Rolle spielen könnte.

Adel und Bourgeoisie, das sind die beiden Kräfte, die im Zentrum der Ereignisse stehen, Kräfte, deren jede im Falle des Sieges, wen sie will, mit Gold, Titeln, Ordensbändern und Sternen überschütten, mit Gütern und Schlössern begaben, mit Luxus und Macht umgeben kann. Nur darf man sich in seinen Berechnungen nicht irren, nicht auf das falsche Pferd setzen. Talleyrand hat sich in seiner Wahl nicht geirrt.

II

Fürst Charles Maurice Talleyrand-Périgord erblickte das Licht der Welt am 2. Februar 1754 in Paris als Kind einer sehr angesehenen, aber verarmten aristokratischen Familie. Die Vorfahren seiner Eltern hatten schon im 10. Jahrhundert zum Hofe der ersten Kapetinger gehört.

Er hatte eine freudlose Jugend. Niemand liebte den Jungen, niemand kümmerte sich um ihn. Seine Mutter bemühte sich, ihn so schnell wie möglich loszuwerden, damit er ihr bei ihrem Leben in der großen Welt nicht im Wege war.

Man brachte das Kind zu einer Amme, die in der Nähe von Paris lebte, und vergaß es dort eine lange Zeit völlig. Die ersten vier Jahre seines Lebens verbrachte der kleine Charles bei dieser fremden Frau, die sich sehr wenig um seine Pflege kümmerte. Als sie einmal aus dem Hause ging, hatte sie den Knaben auf eine hohe Kommode gesetzt und ihn dort vergessen. Er fiel herunter und verletzte sich das Bein so schwer, daß er sein Leben lang hinkte, und zwar so stark, daß sich bei jedem Schritt sein ganzer Körper auf die Seite legte. Bis zum Ende seines Lebens konnte er sich nur mit Hilfe eines Krückstocks fortbewegen, von dem er sich nie trennte; das Gehen war für ihn ein ziemlich quälender Prozeß. An seinem rechten gebrochenen Fuß trug er immer einen eigens dafür gearbeiteten ledernen Stiefel, der wie ein rundes Futteral aussah.

Die Eltern nahmen Charles von der Amme fort und brachten ihn zu einer alten Verwandten, der Fürstin Chalet. Hier fühlte der Knabe zum ersten Mal in seinem Leben, daß man ihn liebte, und er schloß sich sofort an seine alte Tante an. «Sie war die erste Frau aus meiner Familie, die mir Liebe erwies, sie war auch die erste, die mich erfahren ließ, welches Glück es ist zu lieben. Ich werde ihr immer dankbar sein. Ich habe sie sehr lieb gehabt. Ihr Andenken ist mir noch heute teuer», schrieb er, als er schon fünfundsechzig Jahre alt war. «Wie oft in meinem Leben habe ich ihr nachgetrauert. Wie oft habe ich bitter empfunden, welchen Schatz für einen Menschen die herzliche Liebe der eigenen Familie bedeutet.»

Mit ganzer Kindesseele schloß er sich an die alte Frau an, er blieb aber nur anderthalb Jahre bei ihr — mit sechs Jahren nahm man ihn für immer von ihr weg, von dem einzigen Wesen, das ihn liebte und das er in seiner Kindheit liebte. Anscheinend wurde ihm mit zunehmendem Alter die Vernachlässigung immer mehr bewußt und das Gefühl der Bitterkeit gegenüber seinen Eltern, die ihn völlig preisgegeben hatten, immer stärker; die Erinnerung an seine Jugend, aus der er für immer physisch verkrüppelt hervorging, blieb eine ständige Wunde in seiner Seele. Bei aller seiner Wortkargheit konnte man das oft deutlich heraushören.

Nachdem sie den Knaben von der Tante weggenommen hatten, sorgten die Eltern dafür, daß er in Paris in einem Priesterseminar untergebracht wurde. Sie interessierten sich nicht ein mal dafür, das Kind zu sehen, nachdem es siebzehn Stunden in der Postkutsche zugebracht hatte. «Der alte Diener meiner Eltern erwartete mich im Postbüro auf der Rue d'Enfer. Er brachte mich direkt ins Kolleg ... Um zwölf Uhr mittags saß ich schon am Tisch im Speisesaal des Kollegs», schreibt er in seinen Erinnerungen.

Er vergaß und verzieh niemals. «Das ganze Leben wird davon beeinflußt, wie unsere ersten Lebensjahre verlaufen, und wenn ich Ihnen enthüllte, wie ich meine Jugend verbracht habe, würden Sie sich über vieles an mir weniger wundern», sagte er im Alter der Hofdame der Kaiserin Josephine, Madame de Rémusat.

Er lebte in dem Kolleg als Vollpensionär und besuchte nur einmal in der Woche das Haus der Eltern. Als er mit zwölf Jahren an den Pocken erkrankte, besuchten ihn die Eltern nicht. «Ich fühlte mich vereinsamt, ohne Hilfe», erinnert er sich, «ich beklage mich jedoch nicht darüber.» Er beklagt sich aber deshalb nicht, weil nach seinen Worten gerade dieses Gefühl der Vereinsamung und die Gewohnheit, sich in sich selbst zu vertiefen, ihm zur Reife und Kraft des Denkens halfen.

Er lernte nicht sehr fleißig, aber mit fünfzehn Jahren beendete er das Kolleg und trat in das geistliche Seminar bei der Kirche St.-Sulpice ein. Die Eltern hatten beschlossen, ihn Geistlicher werden zu lassen, weil er wegen seines verkrüppelten Fußes zum Militärdienst untauglich war.

Er wollte nicht Geistlicher werden, er konnte die langschößige Soutane nicht leiden, die man ihm nach dem Austritt aus dem Kolleg umhängte. Doch es war nichts zu machen. Die Eltern hatten ihn nicht einmal gefragt, ob er Geistlicher werden wollte oder nicht. Der geistliche Beruf war der Weg, die adligen Söhne zu versorgen, die nicht zum Militärdienst taugten und die nicht Geld genug hatten, um sich eine ehrenvolle und ertragreiche Anstellung in der Zivilverwaltung zu «kaufen».

So ging die Kindheit zu Ende, und die Jugend Talleyrands begann. Er trat in das Leben als ein kalter Skeptiker ein, der niemandem traute und niemanden liebte. Seine nächsten Verwandten waren ihm gegenüber herzlose Egoisten. Auf sich und nur auf sich und dabei nicht auf seine physischen Kräfte, sondern allein auf seinen Kopf setzte der Jüngling alle seine Hoffnungen. Die alte Tante, die ihn liebte, starb, mit ihr erlosch die einzige lichte Erinnerung seiner freudlosen Kinderjahre. Um ihn waren nur fremde Menschen, beginnend mit den fremdesten, den eigenen Eltern. Aber fremde Menschen sind Konkurrenten, Feinde, Wölfe, wenn man sie die eigene Schwäche sehen läßt, doch gehorsame Werkzeuge, wenn man versteht, stark zu sein, das heißt klüger als sie. Das war der leitende Grundgedanke, mit dem Talleyrand seinen Lebensweg begann.

Bei den ersten Schritten in das Leben zeigte er bereits die

Grundzüge des Wesens, mit dem er ins Grab gegangen ist. Mit einundzwanzig Jahren war er in moralischer Hinsicht genau derselbe, der er mit vierundachtzig Jahren war. Dieselbe Trockenheit der Seele, Härte des Herzens, ausgesprochene Gleichgültigkeit gegen alles, was sich nicht auf seine persönlichen Interessen bezog, derselbe absolute, gleichsam erfrorene Amoralismus, dasselbe Verhalten zu seiner Umgebung: Die Dummen beherrsche und nutze sie aus, die Klugen und Starken suche zu deinen Verbündeten zu machen, aber bedenke immer, daß die einen wie die anderen deine Werkzeuge sein müssen, wenn du tatsächlich klüger bist als sie; halte es stets mit den Raffern und nicht mit ihren Opfern, verachte die Erfolglosen, beuge dich vor dem Erfolg!

Nachdem er das Studium im Seminar St.-Sulpice beendet hatte und zum Priester geweiht worden war, begann er nach einer einträglichen Abtei zu suchen, inzwischen gab er sich Liebeshändeln hin. Sie rissen nicht ab. Er war durchaus nicht schön, war ein Krüppel, aber er fesselte die Frauen durch seinen alle überzeugenden feinen Verstand und Scharfsinn, und nicht sie gaben ihm den Laufpaß, sondern er ihnen, und sie sagten dann, daß ihnen nach ihm alle langweilig seien. Er hatte Verbindungen in den Kreisen der höchsten Aristokratie. Alle Frauen ohne Ausnahme waren für ihn nur Gegenstand des Vergnügens oder des Nutzens — mehr nicht. In seinem ganzen Leben fand er nur eine, der er lange zugetan blieb, und da war er schon alt: die Frau seines Neffen, die Herzogin von Dino. In seiner Jugend und im reifen Mannesalter hatte er solche Bindungen nicht. «Warum sind Sie so traurig?» fragte ihn einmal die Favoritin Ludwigs XV., Madame Dubarry, als er unter vielen adligen jungen Leuten in ihrem Salon war. «Haben Sie denn gar kein Liebesabenteuer?» — «Ach, Madame», seufzte Talleyrand als Antwort, «Paris ist eine Stadt, in der man leichter eine Frau als eine gute Abtei findet.»

Er sollte nicht mehr lange danach seufzen. Schon 1775 wurde er, einundzwanzig Jahre alt, Abt in Reims, und seine Karriere ging in schnellem Tempo weiter.

Schon wenig später wurde er Generalvikar von Reims. Er lebte bald in Reims, bald in Paris, die Geistlichkeit ordnete ihn zu Delegiertenversammlungen der Kirche ab, die mit der Regierung über Steuern und andere die Kirche betreffende finanzielle Fragen verhandelten. Er führte ein sorgenfreies Leben, reich an allen Vergnügungen, hatte immer neue Liebesaffären und war klug genug, durch die Frauen sogar seine geistliche Karriere zu fördern. Bei Hofe standen die Chancen des jungen Abbé hoch. Er verstand es, sich die Gunst einflußreicher Menschen zu sichern. Der Unterschied zwischen ihm und anderen Strebern bestand darin, daß er schon lange vorher herausbekam, welcher noch einflußlose Mann mit der Zeit unbedingt einflußreich werden würde, und rechtzeitig stellte er um ihn seine Netze auf und begann seine Manöver.

Am Vorabend der Revolution, am 2. November 1788, unterschrieb König Ludwig XVI. den Befehl, wonach der Generalvikar der Stadt Reims Charles Maurice Talleyrand-Périgord zum Bischof von Autun ernannt wurde.

III

Der Ausbruch der Revolution traf Talleyrand, als er im Begriff war, eine glänzende Karriere zu machen. Nachkomme eines aristokratischen, sehr alten, aber verarmten Geschlechts, war er trotz des Fehlens wirklich ernsthafter Beziehungen schon mit vierunddreißig Jahren Bischof und Kandidat für den Kardinal. Zu Beginn seiner Laufbahn ohne alle Mittel, hatte er verschiedenartige und ziemlich bedeutende, wenn auch sehr unsichere Einkünfte, die er durch erfolgreiche Spekulationen vermehrte. Trotzdem war er mit seiner Lage sehr unzufrieden. Den geistlichen Beruf hatte er, wie schon gesagt, ausschließlich deshalb ergriffen, weil er infolge des Unfalls hinkte und zum Kriegsdienst untauglich war, und er haßte seinen Beruf als Priester mit aller Kraft seiner Seele und tat alles, sich und andere zu zwingen, die häßliche Tracht zu vergessen, die er tragen mußte. Er führte ein Leben in der Gesellschaft, hatte Liebschaften mit aristokratischen und nichtaristokratischen Damen und lebte halb als Höfling, halb als Börsenspekulant. Aber trotz des leichtgewonnenen Geldes, das er für Weiber, Gelage und Kartenspiel verbrauchte, besaß er bis zum Ausbruch der Revolution nichts, was man ein sicheres Kapital hätte nennen können. Außerdem war es für ihn auch recht peinlich und beunruhigend, daß ihm nahestehende Leute begannen, den jungen, erfolgreichen Bischof ziemlich gut zu durchschauen. «Er ist ein schlechter, habgieriger Mensch, ein niedriger Intrigant, er braucht Schmutz und braucht Gelder. Um Geld würde er seine Ehre und seinen besten Freund verkaufen. Um Geld würde er seine Seele verkaufen, und mit Recht, denn er würde einen Misthaufen in Geld verwandeln», so urteilte 1787, zwei Jahre vor der Revolution, Mirabeau über ihn, der das Unglück hatte, die nur zu hohem Preis käuflichen Dienste Talleyrands zu benötigen. Es sind eine Menge solcher Urteile über ihn vorhanden. Niemand leugnete die ungeheuren Fähigkeiten dieses Menschen, niemand zweifelte aber auch daran, daß er zu jedem noch so unsauberen Schritt fähig war, wenn er nur dabei seinen Nutzen fand.

Wonach strebte er? Was war in ihm stärker, Ehrgeiz oder Habsucht? Nach Ansicht der meisten seiner Zeitgenossen die Habsucht, und die Dokumente, die wir jetzt kennen und von denen sie noch nichts wußten, bestätigen das vollständig. «Vor allem — nicht arm sein» — dies vor allem. Diesen Aphorismus hat er mehr als einmal als Rat ausgesprochen. Es vergehen die Bourbonen, die Dantons und Robespierres, die Direktorien und Bonapartes, aber die Ländereien und die Schlösser und die Franken, wenn sie in Gold geprägt sind, bleiben. Auch daß zuweilen sogar die Ländereien und Franken sehr gefährdet sein können, besonders wenn die Leute der Vorstadt St.-Antoine nicht in ihre Löcher getrieben und entwaffnet sind, hatte Talleyrand sehr gut begriffen, aber er zweifelte auch nicht, daß wenigstens bei seinen Lebzeiten diese für ihn so gefährlichen Leute zuguterletzt wieder in ihre Löcher getrieben werden würden. Also braucht man sich darum nicht zu kümmern und kann in der geschäftlichen Praxis Ländereien und Franken als ewige Güter ansehen, Titel und Ministersessel dagegen als vergängliche.

Die Macht ist für ihn etwas sehr Wertvolles, nur die Macht verschafft Geld, das ist ihre wichtigste Funktion; natürlich vermittelt die Macht außerdem auch noch das angenehme Empfinden äußeren Ansehens und öffentlicher Ehre, das kommt aber erst in zweiter Linie.

Dasselbe kann man von den Frauen sagen, die einige Biographen als die andere Leidenschaft Talleyrands angesehen haben. Frauen sind hauptsächlich deshalb gut, weil man durch ihre Vermittlung und Protektion leichter und schneller in gute, das heißt einträgliche Stellen gelangen kann. Freilich gewähren nach seiner Ansicht die Frauen schon an und für sich viele schöne Minuten, doch auch das kam für Talleyrand erst in zweiter Linie.

Macht und Frauen sind vor allem nötig, um Reichtum zu erlangen. Geld, Geld — alles andere kommt von selbst. Wenn wir aufmerksam alle Schritte und Wendungen Talleyrands ins Auge fassen, sehen wir, daß er von diesem Hauptgrundsatz niemals abgewichen ist.

Dies ist die erste, jugendliche, vorrevolutionäre Epoche seines Lebens, seine ersten fünfunddreißig Jahre. Bekannt sind die klassischen Worte Talleyrands: «Wer nicht vor 1789 gelebt hat, weiß nicht, wie süß das Leben ist.» Diese Süßigkeit des Lebens störten solche ärgerlichen Tatsachen durchaus nicht, daß er erstens keine Macht hatte und daß er außerdem in dem ziemlich unbestrittenen Ruf eines zweifelhaften Schiebers, wenn nicht sogar eines Betrügers stand. Dafür besaß er im Überfluß Frauen und, wenn nicht im Überfluß, so doch in ziemlich großer Menge Geld. Die Frauen halfen ihm in seiner Karriere, verhalfen ihm zu sehr warmen Plätzchen beim Ausrechnen der Bilanz zwischen katholischem Klerus und Regierung; die Frauen erleichterten ihm die nötigen Informationen und Verbindungen an der Börse, für Lieferungen, Käufe und Spekulationen; die Frauen verhalfen ihm zu Erfolgen in den einflußreichen Salons.

Der gute Ruf war ein Artikel, um den sich Talleyrand sehr wenig kümmerte. In Übergangszeiten, wenn die feudale Adelsklasse und die von ihr getragene politische Ordnung mehr und mehr gezwungen werden, nicht nur mit dem Vordringen der Bourgeoisie zu rechnen, sondern auch Leute der neuen gesellschaftlichen Schichten neben sich in Dienststellungen zuzulassen, in Epochen ähnlich den letzten vorrevolutionären Jahrzehnten Frankreichs im 18. oder Rußlands Ende des 19. und Anfang des 20. Jahrhunderts wird dieser fast absichtliche, verächtliche Trotz gegen die «öffentliche Meinung» eine sehr charakteristische, fast alltägliche Erscheinung, besonders bei den Vertretern der untergehenden, verschwindenden aristokratischen Klasse. Muß man sich um die öffentliche Meinung kümmern, wenn sie von ein paar unbekannten Emporkömmlingen repräsentiert wird? Ein Zynismus der Offenheit, der früher undenkbar gewesen wäre, tritt jetzt in Erscheinung. Auch unter Ludwig XIV. haben die Minister sehr häufig und kräftig gestohlen. Aber erst unter Ludwig XVI., fünf Jahre vor dem Sturm auf die Bastille, hatte der Generalkontrolleur Calonnes die Frechheit, auf die Frage: «Wie konnten Sie sich entschließen, die Verwaltung der königlichen Finanzen zu übernehmen, wo Sie Ihre eigenen Geschäfte völlig ruiniert haben?» mit zynischem Humor laut zu antworten: «Gerade deshalb habe ich ja die Verwaltung der königlichen Finanzen übernommen, weil meine eigenen Finanzen völlig zerrüttet sind.» Diebstahl am Staatseigentum und Bestechung blühten in Rußland schon zur Zeit Alexanders I. und Nikolaus' I., aber erst in der Periode zwischen dem 1. März 1881 und dem 28. Februar 1917 war es möglich, daß auf die Worte eines Lieferanten: «Ich gebe Euer Exzellenz dreitausend, und kein Mensch wird etwas davon erfahren», Seine Exzellenz die der Nachwelt vom Direktor des Bergdepartements K. A. Skalkowski überlieferte Antwort gab: «Geben Sie mir fünftausend, und erzählen Sie es, wem Sie wollen.»

In einer solchen Atmosphäre, wie sie vorrevolutionären Epochen eigen ist, verlief die Jugend Talleyrands. Vor wem sollte er sich genieren? Die Spekulanten, Börsianer, Aufkäufer, Makler — dieses ganze Volk, das sich auf der Rue Vivienne herumtrieb und von dem der junge Abbé und spätere Bischof in seinen Geschäften so abhängig war, sah ein erfolgreiches Schwindelmanöver als die höchste Offenbarung menschlichen Geistes und Talents an. Mirabeau, der sich so über Talleyrand entrüstete, hatte selbst keine sauberen Hände, bei Hofe war alles käuflich und verkäuflich und zu verschieben möglich. Das gräßliche, langschößige Abtskostüm war hinderlich, hinderlich auch die zeitweilige Geldebbe. Wenn auch das Geld zufloß, so floß es ebenso schnell und schneller wieder ab. Oft reichte es nicht für das ewige Fest des Luxus, der Frauen, des Weines und der Karten. Bedrückend war vor allem das Bewußtsein, daß es erstens unter normalen Verhältnissen bis zum Lebensende unmöglich war, das hinderliche Priestergewand abzuwerfen, und daß dies zweitens, wenn es

32

auch nach kanonischem Recht möglich wäre, so doch aus Gründen des Budgets undenkbar war: es war für den Bischof von Autun und zukünftigen Kardinal unvergleichlich leichter und bequemer, Geld zusammenzubringen, als für einen einfachen Fürsten Talleyrand. Das war tatsächlich, wenn auch nicht häufig, Anlaß für Talleyrand, traurig zu sein. Freilich kamen diese Minuten unangenehmen Nachdenkens selten. «Die Süßigkeit» des Lebens erlitt deshalb bei ihm keine Einbuße.

Da kam die Revolution.

IV

Hat Talleyrand die Revolution vorausgesehen? Ihr Herannahen haben auch weniger durchdringende Geister geahnt, aber kaum jemand hat auch nur in allgemeinen Zügen ihre weitere Entwicklung und besonders ihre Formen vorhergesagt; die berühmte Prophezeiung Casottas über die Hinrichtung der Königsfamilie und den Untergang aller ihrer aristokratischen Freunde ist später erfunden worden, obgleich sie auch den Historiker Hippolyte Taine verlockt hat und schon vor Taine Lermontow begeisterte («Er saß gedankentief beim lauten Mahle ...»). Die lauten Mahle, bei denen Talleyrand so oft zugegen war, wurden durch keinerlei böse Prophezeiungen getrübt. Diesem durch ein leichtes und sorgenfreies Leben verwöhnten Kreise von Menschen erschien die Revolution noch im Frühjahr 1789 als ein interessantes Turnier erleuchteter Geister mit den reaktionären Höflingen und deren hauptsächlichster Beschützerin, der Königin Marie Antoinette, als ein Wettkampf in schönen Reden über hochherzige und populäre Themen. Die Revolution schwebte ihnen vor allem als Neuverteilung der Ämter, Pensionen und Ministerportefeuilles vor. Und dann, wenn Ende des Sommers die Ferienpause kommt, werden die Mitglieder der Generalstände zur Erholung auf ihre Dörfer und Schlösser fahren, wo sie die Lorbeeren für ihre liberalen Heldentaten inmitten der von ihnen mit Wohltaten gesegneten Dorfbewohner ernten werden. Den Tätigkeitsverlauf der Generalstände selbst, die auf den 5. Mai 1789 nach Versailles einberufen waren, konnte man sich überhaupt nicht in einer Atmosphäre der Verzweiflung, noch weniger des Kampfes mit den Waffen vorstellen.

Aber schon sehr bald, in den ersten Wochen der Sitzungen, wird Talleyrand klar, daß Zeiten herannahen, in denen es nutzlos und gefährlich ist, zwischen zwei Stühlen zu sitzen, und in denen die größte Gewandtheit in der genauesten Fragestellung besteht. Daß der dritte Stand übermächtig, unvergleichlich stärker als die beiden anderen sowohl in den Generalständen wie überall war, das begriff er vom ersten Tage an, und deshalb blieb, wie er selbst sagt, «nichts anderes übrig als der vernünftige Entschluß nachzugeben, ehe man mit Gewalt dazu gezwungen wird und solange man sich sein Nachgeben noch als Verdienst anrechnen kann». Er hatte eine der fortschrittlichsten Stellungen inne, die Stellung eines Bischofs, welcher der Freund des Volkes sein will, Feind der Privilegien und Beschützer der Unterdrückten. Stoisch verzichtete er sogar in der ersten Zeit auf Bestechungsgelder, die ihm der Hof unter der Hand anbot. Man schreibt ihm bei dieser für ihn heldenhaften und in seinem Lebenslauf einmaligen Absage die Worte zu: «In der Kasse der öffentlichen Meinung werde ich viel mehr finden, als was ihr mir anbietet. Vom Hof bezogene Gelder werden in Zukunft lediglich ins Verderben führen.»

Ohne Schwanken verließ Talleyrand das sinkende Schiff, richtiger, die Teile des sinkenden Schiffes, wo bisher sein Leben so ungetrübt und glänzend verlaufen war — und begab sich eilig an einen weniger gefährdeten Platz: Er ging in Versailles aus dem Saale des Klerus in den Saal des dritten Standes.

Doch die Ereignisse nahmen ihren Fortgang. Die Einnahme der Bastille war für ihn ein furchtbarer Donnerschlag, der bewies, daß die äußerst gefährliche Politik, die der Hof trieb, die Politik des kraftlosen, aber böswilligen Widerstandes, den bewaffneten Kampf um die Macht zwischen Revolution und Gegenrevolution bedeutete. Der Sturm hatte nicht erst die einen oder anderen Teile des Schiffes überflutet, er drohte das ganze Schiff zum Scheitern zu bringen. Nötig waren schnelle, endgültige und unwiderrufliche Entschlüsse.

Talleyrand war fest überzeugt, daß man das alte Regime unverzüglich beseitigen und alle von der Bourgeoisie geforderten

Reformen durchführen müsse. Es war aber nach seiner Meinung nötig, das «selbst» zu tun. Die Regierung mußte die Sache der Bourgeoisie in die Hand nehmen und durfte das Steuer nicht aus der Hand geben. Talleyrand war der revolutionäre Prozeß vom Anfang an bis zum Ende seiner Tage seinem Wesen nach in vollem Umfange zuwider, feindselig und verderblich. Nie erkannte er auch nur einen Augenblick aufrichtig den Übergang der Staatsgewalt auf die aufständische Masse des Volkes an. Niemals ließ er sich in dieser Hinsicht auch nur vorübergehend von den neuen Ideen, den neuen Aussichten, den Gedanken von Freiheit und Gleichheit hinreißen, die bei einigen anderen Aristokraten wie Lafayette, la Rochefoucauld, Montmorency in den letzten Jahren vor der Revolution schnell vorübergehende Begeisterungsausbrüche hervorriefen. Widerwillen und Furcht — andere Gefühle hat Talleyrand niemals gegenüber der aufständischen Masse gehabt.

Sein durchdringender und scharfer Verstand sagte ihm aber, daß eine Zickzackpolitik, die zwischen Schwäche und Gewalt, zwischen Nachgeben und Hartnäckigkeit wechselt, die schlechteste Politik ist. Die Angst vor dem herannahenden, jähen und blutigen Umschwung war in ihm so stark, der Haß auf die bevorstehende Vernichtung des ihn unmittelbar umgebenden sorglosen Lebens so groß, daß sich Talleyrand, zum ersten und letzten Mal in seinem Leben, zu dem Versuch entschloß, bevor er in das Lager des starken Gegners überging, den Kampf gegen ihn mit offener Gewalt zu führen.

Zwei Tage nach der Erstürmung der Bastille, als Paris schon völlig in der Macht der revolutionären Nationalgarde war und der König sich anschickte, aus Versailles in die Hauptstadt überzusiedeln, um seine Zustimmung zu dem Geschehenen zu geben und seinen Hut mit der Kokarde der Trikolore zu schmücken, in der Nacht vom 16. zum 17. Juli erschien im Schlosse Marly Fürst Talleyrand und bat um eine Audienz bei dem Bruder des Königs, dem Grafen von Artois. Karl von Artois galt bereits allgemein als das Mitglied der königlichen Familie, das entschiedener als alle übrigen für energischen militärischen Widerstand gegen die vordringende Revolution war. Länger als zwei Stunden dauerte diese Unterredung.

Talleyrand bestand darauf, daß man sofort mit offener Gewalt vorgehen, die zuverlässigsten Truppen zusammenziehen und zum Angriff schreiten müsse, dies sei die letzte Chance der Rettung. Karl erwiderte, der König werde nicht zustimmen. Talleyrand bestand darauf, man müsse den König sofort wecken und ihn überreden, auf der Stelle den Widerstand einzuleiten.

Graf Artois ging, Ludwig XVI. zu wecken. Als der Graf zu Talleyrand zurückkam, teilte er ihm mit, der König sei entschlossen, der revolutionären Strömung nachzugeben und es auf keinen Fall zuzulassen, daß auch nur ein Tropfen Volksblut vergossen werde. Der Entschluß der beiden war gleich auf der Stelle gefaßt. «Was mich betrifft», sagte Graf Artois, «so steht mein Entschluß fest: Ich reise morgen früh und verlasse Frankreich.» Talleyrand versuchte zunächst, ihm diese Absicht auszureden, erklärte aber am Schlusse der Unterredung: «In diesem Falle, Hoheit, bleibt jedem von uns beiden nichts übrig, als an seine eigenen Interessen zu denken, wenn der König und die Prinzen ihre eigenen und die Interessen der Monarchie der Laune des Schicksals überlassen.» Auf den Vorschlag Karls, mit ihm zusammen zu emigrieren, antwortete Talleyrand mit einem kategorischen Nein.

Die Bourbonen verachtete Talleyrand wegen ihrer Schwäche, Dummheit, Ungeschicklichkeit, Feigheit und wegen ihrer Weigerung, die Gefahr zu erkennen und bei ihrem Herannahen bekämpfen zu wollen. Ludwig XVI. war ihm immer zuwider, weil er nur «den Mut einer Gebärenden hatte».[1]

Die gleiche «Hochachtung» hatte er in der Folge vor allen Bourbonen, sowohl vor Karl X., den er für einen Dummkopf hielt, wie vor Ludwig XVIII., welcher an Feigheit seinen älteren Bruder, der auf der Guillotine geendigt hatte, noch übertraf.

Er blieb. Natürlich nicht, um zu retten, was noch zu retten war, wie er später sagte und schrieb. Er lügt hier so gerissen, so gewissenlos, mit einer solchen hoheitsvollen Ruhe und mit der

---

1 «Chaque jour diminue la sympathie pour Louis XVI dont M. Talleyrand a dit, qu'il montra le courage d'une femme en couches.» Stendhal, Courrier anglais, Bd. III, Paris 1935, S. 76 (Paris, le 20 mai 1826).

Haltung des durch das Leben weise gewordenen Philosophen wie überall und immer, sobald es um die Motivierung seines Verhaltens geht.

Nichts und niemanden hat er in der Revolution oder unter Napoleon gerettet; im Gegenteil brachte er die Menschen, wenn es für ihn vorteilhaft war, auf die Guillotine oder in den Graben von Vincennes, in den nur er und kein anderer im März 1804 den Herzog von Enghien stieß. Er blieb in Frankreich, um sich nicht in einem armseligen Emigrantendasein hinzuschleppen, um zu versuchen, sich mit den neuen Herren der Lage, die die irdischen Güter verteilten, zu stellen, um umzusatteln und das gestürzte Pferd mit einem neuen Renner zu vertauschen. In dem Augenblick, als der Graf von Artois ihm nach der nächtlichen Unterredung mit seinem Bruder mitteilte, daß die königliche Gewalt sich weigere, die Waffen zu gebrauchen, wandte sich Talleyrand ohne Schwanken von den Bourbonen ab und ging in das Lager der Sieger über.

Er hatte sofort begriffen, daß die Bourgeoisie, obschon sie Siegerin war und mit einem Schlage das adlige absolutistische Regime weggefegt hatte, doch auch Leute wie ihn, falls er nicht die goldene Zeit verpaßte, sehr gut gebrauchen konnte und daß er seine Dienste vorteilhaft verkaufen könnte, und das nicht nur, weil er einen guten Kopf hatte, sondern weil er auf diesem Kopfe die Mitra des Bischofs trug. Es zeigte sich bald, daß dieser altmodisch gewordene Kopfschmuck auch in der Revolution seinen Tauschwert haben konnte. Gerade in dieser Zeit, zu Ende des Sommers und im Herbst 1789, war die Konstituierende Versammlung wegen der drängenden Frage der Finanzen in großer Sorge. Man war gezwungen, in großem Maßstabe Papiergeld herauszugeben, für das man wenigstens einigermaßen Deckung beschaffen mußte. Als derartige Deckung konnte der ungeheure Landfonds dienen, welcher der katholischen Kirche in Frankreich gehörte. Man mußte ihn dem Klerus wegnehmen und der Staatskasse einverleiben. Da entstanden Schwierigkeiten.

Erstens: Wie sollte man das geheiligte und unantastbare Prinzip des Privateigentums verletzen? Die siegreiche Bourgeoisie hatte so oft und so wortreich dieses Prinzip verkündigt, unterstrichen, eingehämmert und heiliggesprochen; nun fürchtete sie, die Massen, die ihr bisher geholfen hatten, könnten sich nach der Erstürmung der Bastille gegen die Manufakturen, Häuser und Wechselstuben wenden, so daß jedesmal, wenn auch nur entfernt die Frage von Änderungen des Besitzes auftauchte, in den Reden und der Haltung der Versammlung Divergenzen auftraten, Schwankungen, Spannungen, Zerfahrenheit und Unentschlossenheit. Da tauchte das Problem der Enteignung des kolossalen Landbesitzes der Kirche auf. Konnte das nicht zu einem verführerischen Präzedenzfall werden, zum Anstoß, überhaupt alles Grundeigentum aufzuteilen, ein «Agrargesetz» zu erlassen, zu einer Agrarreform im Stil der Gracchen, an die man in jenen Zeiten so oft und mit so großer Unruhe erinnerte?

Zweitens traf diese Enteignung einen großen, ausgezeichnet organisierten Stand, den geistlichen, der, wenn er auch mit vielen und starken Fürsten an das Ancien régime gebunden war, sich bisher sehr vorsichtig verhalten hatte, überhaupt noch nicht in die Reihen der Revolutionsfeinde getreten war und, obgleich er bedeutenden Einfluß auf dem Lande hatte, nirgendwo von ihm ausgehende gegenrevolutionäre Agitation unter den Bauern hatte erkennen lassen. Sich mit einem Schlage diese ungeheure, fest gefügte, anderthalb Jahrtausende alte Organisation zum Feinde zu machen, beabsichtigten die bürgerlichen Gesetzgeber durchaus nicht. Wenn man der Kirche das Land wegnahm und es sofort den Bauern gab, hätte man hoffen können, daß die materiellen Vorteile, die man den Bauern gewährte, eine etwaige gegenrevolutionäre Propaganda der gekränkten, aufgebrachten Geistlichkeit wettmachen könnten.

Diese Liegenschaften sollten aber gar nicht zur Verteilung kommen, sondern der Staatskasse aufhelfen, die sie dann öffentlich zu versteigern gedachte. Das gefährliche und sehr verführerische Gewaltunternehmen gegen das Prinzip des Privateigentums, der Übergang des Klerus in das Lager der Gegenrevolution — das waren die Perspektiven, die sich vor den Blicken der Konstituante auftaten.

Um die Enteignung dieser kolossalen Liegenschaften konnte man unmöglich herumkommen. Wie sollte man es anstellen, daß man das Land ohne ausgesprochene Konfiskation in den Besitz der Staatskasse brachte?

Hier kamen nun dem Fürsten Talleyrand sein Bischofsornat und sein Hirtenstab zu Hilfe, hier erkannte er, daß sich ihm von selbst eine Gelegenheit, und gewiß die letzte Gelegenheit, bot, für diese schönen, aber einigermaßen veralteten Dinge bedeutend mehr herauszuschlagen, als der bestzahlende Antiquitätenladen dafür aufwenden könnte.

Der Aufstand des Volkes von Paris am 5. und 6. Oktober 1789 als Antwort auf die monarchistischen Provokationen in Versailles, die Überführung der königlichen Familie nach Paris, der neue, glänzende Triumph der revolutionären Bewegung — alles das beseitigte die letzten Hemmungen Talleyrands, wenn solche vom Sommer her nach dem Sturm auf die Bastille etwa noch geblieben waren. Am 9. Oktober, als er sich vorbereitete, am nächsten Tag in der Konstituante mit dem Antrag auf Nationalisierung des Landbesitzes der Kirche hervorzutreten, schreibt Talleyrand seiner ehemaligen intimen Freundin, der Fürstin Lambec, den denkwürdigen Brief, in dem er seinen Übergang auf die Seite der Revolution rechtfertigt[1]. «Ich glaube, daß Sie mich oft schelten werden, aber ich wage zu denken, daß ich mich rechtfertigen kann. Immer spricht man über mich entweder zu schlecht oder zu gut.» (Hier irrt sich Fürst Talleyrand gewaltig. Von ihm hat niemand jemals «zu gut» oder auch nur gut gesprochen.) «Sie sollen die reine Wahrheit hören: Die Revolution, die sich jetzt in Frankreich abspielt, ist bei der Ordnung der Dinge, unter der wir jetzt leben, nötig, und letzten Endes wird es sich zeigen, daß diese Revolution nützlich gewesen ist. Die jetzigen Unruhen und Leiden kommen daher, daß die einen alles tun, um sie zu verhindern, und die anderen, sie zu beschleunigen. Adel und Geistlichkeit haben sich eingebildet, daß die alten Vorurteile weiter zu ihrem Nutzen bestehen werden und daß sich in Frankreich nur die Ansprüche der Leute geändert haben, die nicht zu ihrem Stande gehören. Die Formen lockernd, gaben sie den Gegnern die Möglichkeit, an den Kern der Dinge zu rühren. Nachdem sie in der ersten Runde verloren hatten, entfachten sie einen nur

---

[1] Talleyrand — Fürstin Lambec, 9. Oktober 1789. G. Lacour-Gayet, Talleyrand (1754—1838), Bd. IV, Mélanges, Paris 1934, S. 26—28, künftig zitiert «Mélanges».

noch lebhafteren und wichtigeren Kampf. Die beiden ersten Stände wurden nur von Leidenschaften geleitet, deshalb konnten sie keinen Plan für ihr Handeln aufstellen und dementsprechend handeln. Der dritte Stand sprach von seinen Rechten, er hatte sie, und er mußte siegen. Alles, was sich zugetragen hat, hat sich im Kriegszustand abgespielt. Unter diesen Verhältnissen konnte man nicht daran zweifeln, daß es so kommen mußte, wie es gekommen ist. Deshalb wurde es unbedingt nötig, eine bestimmte Meinung zu haben, die so mutig war, wie es die Umstände erforderten. Man mußte sich aus dem engen Kreise der Ansprüche und Bedingtheiten losmachen, um mit viel umfassenderem Blick die gegenseitigen Beziehungen zu betrachten und in die neue Epoche einzutreten, in der wir leben.» Kein anderer hat sich, wenn es ihm notwendig schien, so dunkel auszudrücken verstanden wie Talleyrand. Im weiteren Verlauf wird diese eigenartige Beichte aber deutlicher. «Halbe Maßregeln zu treffen wurde gefährlich für die schwachen Leute und verächtlich für die, die sich für besser hielten. Die einzige einigermaßen würdige Haltung war, sich laut und offen zu bekennen. Alles, was nachher geschah, hat denen, die nicht sehen wollen, nicht die Augen geöffnet. Sie ergötzen sich noch an Illusionen, die schon verbrecherisch geworden sind, sie nähren noch Chimären, um sich über die niederdrückende Wirklichkeit hinwegzutrösten, gegen die man sich nicht wehren kann. Die Kraft, sich der Bewegung anzuschließen, haben sie nicht, und so ergibt sich die Forderung, daß man sie aufhalten soll. Wir sind wohl noch nicht am Ende der Leiden angekommen, in die wir durch diese Haltung geraten sind, die ebenso kindisch wie grausam ist. Eines Tages, Fürstin, wird man mir Recht geben ... Man wird Ihnen natürlich sagen, daß ich sehr schlecht mit der Geistlichkeit verfahren bin. Meine Antwort darauf ist: Ich bin sehr gut mit ihr verfahren, und ich bin überzeugt, daß ich das einzig mögliche Mittel gefunden habe, sie aus einer furchtbaren Gefahr zu retten, die der absoluten Vernichtung der Geistlichkeit gleichgekommen wäre.»

Durch derartige Erwägungen sicherte sich Talleyrand in jedem Falle oder glaubte wenigstens, sich zu sichern, in den Augen der Geistlichkeit wie der Aristokratie. In jedem Fall ist die nüchterne und klare Einschätzung der törichten Politik des Hofes und der zwei privilegierten Stände, die zu dem Ausbruch des 5. und 6. Oktober führte, für Talleyrand sehr charakteristisch.

Am 10. Oktober 1789 wurde am Morgen die Konstituante, am Abend ganz Paris durch eine unerwartete, wunderbare und hocherfreuliche Nachricht in Bewegung gesetzt. Man sah, daß in dieser sündigen Welt noch die heiligen christlichen Gebote lebendig waren, die das wahre Heil in Demut und Armut suchen heißen. Die höchsten Diener des Altars, die Hirten der menschlichen Seelen, hatten ohne jeden Druck von außen, nur von edler Nächstenliebe getrieben den Wunsch, alles, was sie besaßen, zum Heile des Vaterlandes abzugeben und, indem sie freiwillig auf alle Ländereien verzichteten, zu zeigen, daß sie die direkten Nachfolger der barfüßigen, bettelarmen Fischer seien, der Apostel in Palästina! Umsonst! Ohne Loskauf! Und wer hatte diese der seligen göttlichen Heiligen würdige Heldentat vollbracht? Der bescheidene Bischof von Autun, mit seinem weltlichen Namen Fürst Talleyrand. Er hatte von sich aus, ohne irgendeinen der übrigen Geistlichen zu benachrichtigen, getragen von einem persönlichen Drange seines Herzens, in der Konstituante den Vorschlag eingebracht, die Ländereien der Kirche dem Fiskus zu übergeben, und hatte ein diesbezügliches Gesetzesprojekt vorgelegt. In einer erläuternden Denkschrift wurde unterstrichen, daß das Eigentum der Kirche etwas anderes ist als das gewöhnliche Privateigentum, daß der Staat es ruhig in Besitz nehmen könne und daß diese Maßregel völlig übereinstimme «mit der peinlichen Achtung vor dem Eigentum». «Sonst würde ich diese Maßnahme ablehnen», erklärte kaltblütig der prinzipientreue Autor.

Alle diese Redensarten, besonders aber der geistliche Rang des Autors dieses Gesetzentwurfs nahmen mit einem Schlage eine Zentnerlast von den Schultern der revolutionären Bourgeoisie. Das war gerade das, wonach man verlangt hatte: Die Kirche selbst hatte die Initiative ergriffen, es handelte sich von jetzt an nicht mehr um eine Konfiskation, sondern um ein freiwilliges Opfer.

Etwas Sonderbares war freilich dabei: Der Bischof von Autun hatte schon seit langem seinen moralischen Ruf so in Mißkredit gebracht, daß dieser Ruf ganz anders war, als es zu einem ehrwürdigen gottesfürchtigen Nachfolger des Herrn paßte, der die Kirche zur evangelischen Armut bekehren wollte. So war allgemein bekannt, daß, ganz abgesehen von den Sünden seiner Jugend, der Bischof von Autun gerade in dem Augenblick, von dem die Rede ist, gleichzeitig zwei Liebschaften hatte und daß diese Liebschaften sehr kompliziert, aber unauflöslich mit seinen finanziellen Machenschaften verknüpft waren und man schwer herausbekommen konnte, wer von wem wieviel bekommt. Man erzählte sich, Camille Desmoulins druckte es sogar in seiner Zeitung in Prosa, andere Journalisten in Versen, daß der Bischof von Autun seine Tage der Arbeit in der Konstituante weihe und abends von seiner Arbeit als Gesetzgeber in Spielklubs und Lasterhöhlen ausruhe, wo er ein sehr hohes Glücksspiel betreibe. Alles das war vollkommen wahr. Die Feinde des Bischofs von Autun wollten es nicht einsehen, daß Karten eine unsichere Sache sind, daß ernstzunehmende Leute — und Talleyrand war vor allem in den Angelegenheiten der eigenen Tasche ein ernstzunehmender und bedachter Mann — sich unbedingt um zuverlässigere Einnahmen kümmern müßten und daß sich auch nur dadurch zwei Operationen erklären ließen, zu denen ungefähr um diese gleiche Zeit der bischöfliche Gesetzgeber seine Zuflucht nehmen mußte: Erstens wußte er die Aufmerksamkeit des spanischen Botschafters in Paris, der zur Erneuerung des Vertrages mit Frankreich gekommen war, darauf zu lenken, daß er, Talleyrand, unter anderem auch in dem diplomatischen Komitee der Konstituante sitze, worauf ihm der spanische Botschafter als Antwort 100 000 amerikanische Dollar zum Zeichen der Anerkennung seiner geistigen Fähigkeiten durch die spanische Regierung schenkte; zweitens bat er in demselben Herbst 1789 seine Favoritin, die Gräfin Flahot, um ein kostbares Halsband, das er sofort in einem Pariser Leihhaus für 92 000 Livres versetzte.

Beide Operationen wurden weithin bekannt und von der öffentlichen Meinung ohne jede Sympathie für die praktischen Talente des Seelenhirten der Eparchie von Autun aufgenommen.

Jetzt aber sang die bedeutende Majorität der Konstituante und der tonangebenden bürgerlichen öffentlichen Meinung zeitweise energisch das Lob Talleyrands. Sein durch das Gesetz über die Kirchengüter erworbenes Verdienst wurde gewaltig übertrieben. Mit einem Schlage wurde er in die erste Reihe der führenden Persönlichkeiten erhoben. Sogar die, welche seiner Zuverlässigkeit nicht trauten, glaubten, daß er unwiderruflich die Schiffe hinter sich verbrannt habe und daß die Revolution schon deshalb von nun an volles Vertrauen zu ihm haben könne. Dafür war die Wut im Lager der Aristokratie und besonders der Geistlichkeit grenzenlos. «Ohne Talent, mit geringem Verstande, mit großer Selbstzufriedenheit, unter Calonnes an der Börse schiebend, in seinem Harem jedem Anstand ins Gesicht schlagend» — so lebte und das war bisher der Bischof von Autun. «Aber jetzt reagiert er kalt auf Stiche der Verachtung, rät zu stehlen, gibt Unterricht im Meineid und sät Zwietracht, während er gleichzeitig den Frieden preist.» So verherrlichte die gegenrevolutionäre Zeitung «Les Actes des Apôtres» Talleyrand in Versen anläßlich der Sequestrierung der Kirchengüter.

Dafür stieg die Popularität Talleyrands in der Konstituante von diesem Augenblick an schnell.

V

Talleyrands parlamentarische Karriere entwickelte sich glänzend. Die Berichte zu den wichtigsten Fragen wurden ihm übertragen, schließlich vertraute ihm die Konstituante als einem der revolutionären Sache warm ergebenen Manne im Februar 1790 eine politische Angelegenheit von erstrangiger Bedeutung an. Mehr noch als Paris wurde die Provinz mit gegenrevolutionären Broschüren, Flugblättern, Gedichten und Denkschriften überschwemmt. Talleyrand erhielt deshalb den Auftrag, sich mit einer Rede an die französische Nation zu wenden, um im Namen der Konstituante die Bürger zu begeistern und ihnen den revolutionären Enthusiasmus einzuhauchen. Talleyrand erfüllte diesen Auftrag sofort mit vollem Erfolg: «Die Abgeordneten *weinten*, applaudierten, schwammen in Ausbrüchen von Rührung und Freude.» Das war am 10. Februar. Am 16. Februar wurde er zum

Vorsitzenden der Konstituante gewählt. «Der revolutionäre Bischof» stieg schnell, ohne sich im geringsten um die wütenden Angriffe gegen ihn in den royalistischen und halbroyalistischen Organen und Denkschriften zu kümmern.

Vor dem Nationalfeiertag wuchs die Popularität Talleyrands ungeheuer. Die Zeitungen schrieben, daß Passanten auf der Straße, wenn sie ihm begegneten, sich ansammelten und ihn stürmisch begrüßten.

Wenn die Volksmenge erfahren hatte, daß Talleyrand auf einem Bankett anwesend war, sammelte sie sich unter den Fenstern und rief ihn mit lautem Geschrei heraus, und wenn sich Talleyrand am Fenster zeigte, links von ihm Sieyès und rechts Mirabeau, wuchs die Ovation zu einem Sturm von Rufen und Händeklatschen.[1] Zu dieser Zeit war er populärer als alle und stellte sogar den Tribunen Mirabeau in den Schatten ... Revolutionär eingestellte Menschen wiederholten mit Begeisterung die glühende Rede Talleyrands, die er bei zwei Gelegenheiten gehalten hatte — am 7. und 8. Juni, als er das Dekret unterstützte, den 14. Juli 1790 zum Nationalfeiertag zu erklären.

Er erhielt den Auftrag, anstelle des bisherigen unhandlichen, in den verschiedenen Landesteilen verschiedenen Maßsystems einen Gesetzentwurf für die Einführung des metrischen Systems auszuarbeiten. In England war ein solches Projekt schon in Vorbereitung, und Talleyrand beschloß, mit dem Urheber der Reform in England Rigge-Müller zusammenzuarbeiten[2]. Aber diese Reform wurde von William Pitt durchaus nicht begünstigt und noch weniger jede Annäherung an die französischen Revolutionäre, auch auf wissenschaftlichem und technischem Gebiet, und die Sache schlief zum Ärger Talleyrands ein, der in der Konstituante schon große Hoffnungen auf die Aussicht künftiger Festigung der wissenschaftlichen und diplomatischen Verbindungen zwischen beiden Ländern erweckt hatte.

1 Bernard de Lacombe, Talleyrand, évêque d'Autun. D'après des documents inédits, Paris 1903, S. 197 und 229.
2 O. A. Staroselskaja Nikitina, Skizzen zur Geschichte der Wissenschaft und Technik in der Periode der französischen bürgerlichen Revolution 1789 bis 1794, Moskau 1946, S. 143.

Das metrische System ist in Frankreich eingeführt worden, aber viel später, als Talleyrand schon lange in der Emigration war. Wir werden weiter sehen, daß Talleyrand gerade unter dem Vorwande weiterer Verhandlungen über diesen Gegenstand 1792 von Danton den Auslandspaß erhielt.

Er schritt auf dem neuen Wege in seiner Arbeit für die Konstituante fort und kümmerte sich nicht im geringsten um die Angriffe der feindlichen Presse. Wichtig war für ihn jetzt nur die Meinung der neuen Herren, in deren Dienst er übergegangen war, obgleich er sie ebenso verachtete wie die von ihm verlassenen Aristokraten und Bischöfe; ja, hinter ihrem Rücken machte er kaltschnäuzig die neuen Männer lächerlich, die ihn durch Manieren, Verkehrston und Redeweise, durch ihre ihm völlig fremde Lebensform abstießen. Aber in ihren Händen war die Macht und damit auch das Geld. Talleyrand glänzte niemals durch Redekunst, ja er scheute sich sogar, auf dieser unruhigen Tribüne aufzutreten. Er ließ sich in verschiedene interessante Komitees aufnehmen, wie das diplomatische und das Finanzkomitee, wo man lautlos und ohne Risiko verdienen konnte. «Sehen Sie» — brachte er später Baronin Vitrolles bei — «man darf niemals arm sein. Il ne faut pas être pauvre diable. Ich bin immer ein reicher Mann gewesen.» Auf die Ludwige und Napoleone in Person ist kein Verlaß, aber auf die goldenen Scheibchen mit den aufgeprägten Porträts der Ludwige und Napoleone kann man sich unter allen Umständen verlassen. Das war das beherrschende Leitmotiv im Leben des Fürsten Talleyrand bis zuletzt.

Geistlichkeit und Adel haßten Talleyrand wie Gift wegen seiner Initiative bei der Requisition der Kirchengüter. Doch sie waren schwach und interessierten ihn nicht im geringsten. Die in der Konstituante siegreiche Bourgeoisie dankte dem Bischof von Autun demonstrativ für sein Auftreten im rechten Augenblick, indem sie ihn, wie schon oben erwähnt, zum Vorsitzenden wählte. Schnell stieg er immer höher.

Bei der großartigen Feier des Nationalfeiertages am 14. Juli 1790, dem ersten Jahrestage des Sturmes auf die Bastille, erschien er in seinem imposanten Ornat als Bischof an der Spitze von Geistlichen, die der Neuordnung der Kirche zustimmten. In seiner Person verkörperte er den Zusammenschluß der evangelischen und der revolutionären Bruderschaft zu einem einheitlichen harmonischen Ganzen. Er stand im Mittelpunkt des Festes. Mit erhabener Geste segnete er die königliche Familie, die Nationalgarde, die Mitglieder der Nationalversammlung, die unübersehbaren Massen des Volkes, die vor ihm ihre Häupter entblößt hatten, er las die Messe an einem Altar, der in der Mitte des kolossalen Platzes errichtet war. Dieser bescheidene Diener Christi, dieser Aristokrat, der selbstlos der Wiedergeburt des Vaterlandes diente, bewegte an diesem Tage die vertrauensvoll ihn umdrängenden Massen zu tiefer Rührung.

Talleyrand erinnerte sich auch selbst immer gern dieses Tages, freilich aus einem anderen Anlaß: Als er am Abend frei war, fuhr er ohne Zeitversäumen in einen Spielklub und hatte so unerhörtes Glück, daß er die Bank sprengte. Danach suchte er zu einem fröhlichen Abendessen eine bekannte Dame auf (Gräfin Lavalle). Nach dem Essen fuhr er abermals in einen anderen Spielklub, und dort geschah das im Glücksspiel Unerhörte: er sprengte die Bank zum zweiten Male. «Ich fuhr dann zu Frau von Lavalle zurück, um ihr das Gold und die Banknoten zu zeigen. Ich war von ihnen förmlich bedeckt, selbst mein Hut war voll.» So erzählte er begeistert viele Jahre später diesen herrlichen Glücksfall dem Legitimisten Baron Vitrolles, als die Rede auf den Nationalfeiertag der revolutionären Verbrüderung vom 14. Juli 1790 kam.[1]

Bald darauf kam ihm die Mitra des Bischofs erneut zustatten. Er weihte die Geistlichen zu Bischöfen, die den Eid auf die neue Kirchenordnung geleistet hatten und die die anderen Bischöfe nicht weihen wollten, weil der Papst es untersagt hatte.

Der Papst antwortete darauf mit Talleyrands Ausstoßung aus der Kirche. Dieser nahm davon überhaupt keine Notiz und übte sein Amt weiter aus. Nachdrücklich und öffentlich sprach er dem Papst das Recht ab, der französischen Geistlichkeit zu verbieten, den Eid auf die neue Kirchenordnung zu leisten. Im Herbst 1791 legte er der Konstituante einen umfangreichen Bericht über die Volksbildung vor, der vollkommen im Geiste der Revolution ab-

---

1 Mémoires et relations politiques du baron de Vitrolles, Bd. III, Paris 1884, S. 451 (Anmerkungen).

gefaßt war. Nachdem er alles, was er in der Konstituante in seiner Eigenschaft als Bischof für seine Karriere erreichen konnte, getan hatte, legte er endgültig die geistliche Tracht ab: Die Ausstoßung durch den Papst entsprach nur seinem dauernden Wunsche, seines geistlichen Standes entbunden zu sein und ein Weltmann zu werden.

Sehr bald brauchte die Revolution die Dienste Talleyrands auf dem Gebiet, auf dem er sich geschichtlichen Ruhm erwerben sollte, auf dem Gebiet der Diplomatie. Schon seit Ende 1791 mußte die französische Regierung an einen Krieg gegen das monarchistische Europa denken. Im Januar 1792 wurde er nach London kommandiert, um William Pitts Zusicherung zu erreichen, in dem bevorstehenden Kriege neutral zu bleiben. «Die Annäherung an England ist keine Chimäre» — erklärte er damals —, «zwei benachbarte Nationen, von denen die eine ihren Wohlstand auf den Handel begründet, die andere auf die Landwirtschaft, sind nach der unabänderlichen Natur der Verhältnisse gezwungen, sich zu verständigen, um beide reich zu werden.»

Er wurde in London äußerst feindselig aufgenommen. Die französischen Emigranten verachteten und haßten «diesen Intriganten, diesen Dieb und Gebannten», wie sie ihn titulierten. Pitt selbst gab wenig auf die Emigranten, aber die königliche Familie mit König Georg III. an der Spitze und die ganze englische Aristokratie rechneten sehr mit ihnen. Als Talleyrand bei der Audienz mit allen vorgeschriebenen Zeremonien und Verbeugungen in drei Tempis sich der Königin näherte, wandte sie sich ab und ging fort. Auf den Straßen Londons beschimpfte man ihn bald halblaut, bald aus vollem Halse und zeigte mit Fingern auf ihn und seine Begleiter. Aber Talleyrand bewies gleich bei seinem ersten Auftreten auf der internationalen Bühne, welcher erstklassige diplomatische Intrigant er war. Mit kaiserlicher Erhabenheit verstand er das, was er nicht bemerken wollte, nicht zu bemerken; wenn es nötig war, verhielt er sich so ruhig und unbekümmert, und wenn er sprach, simulierte er ein solches Bewußtsein tiefen, moralischen Rechts, daß derartige Nadelstiche und Demonstrationen ihn nicht berühren konnten. Seine Mission war ziemlich gelungen, auf jeden Fall würde Englands Eingreifen um mehr als ein Jahr hinausgeschoben. Die Persönlichkeit des französischen Diplomaten selbst machte auf die Engländer Eindruck. Einstimmig fanden sie, daß er einem Franzosen durchaus nicht ähnelte. Er war kalt, zurückhaltend, sprach von oben herab, sparsam und absichtlich nicht sehr klar in der Sache, er verstand ausgezeichnet zuzuhören und aus der geringsten Unüberlegtheit des Gegners Nutzen zu ziehen.

In den ersten Tagen des Juli 1792 kehrte er, als er seine Mission in London beendet hatte, nach Paris zurück, einen Monat nach seiner Rückkehr, am 10. August 1792, fiel die französische Monarchie, nachdem sie eineinhalb Jahrtausende bestanden hatte.

VI

Es kamen so grausame Zeiten, daß alle Gewandheit des ehemaligen Bischofs nicht ausreichen konnte, seinen Kopf zu retten. Natürlich übernahm er sofort den Auftrag, eine Note abzufassen, die der englischen Regierung die Proklamierung der Republik mitteilte. «Der König hat heimlich die neue Verfassung untergraben, in der ihm ein so ausgezeichneter Platz eingeräumt war. In skandalösesten Massen floß das Gold aus den Händen des Königs und wurden Bestechungsgelder verschwendet, um den glühenden Patriotismus zu ersticken oder zu schwächen, der ihn beunruhigte.» Mit solchem revolutionärem Zorn sprach sich Talleyrand in dieser Note aus, um den Sturz Ludwigs XVI. vor den fremden Mächten, besonders vor England, zu rechtfertigen.

Und buchstäblich fast an demselben Tage, an dem er diese von schroffem revolutionärem Pathos getragene Note schrieb, unternahm er schon die ersten Schritte, um sich die Möglichkeit zu verschaffen, unverzüglich und ohne zurückzublicken ins Ausland zu entkommen. Er wandte sich an Danton um einen Auslandspaß unter dem Vorwand, es sei notwendig, sich mit den Engländern über gemeinsame Maß- und Gewichtseinheiten zu einigen. Der Vorwand war bis zur offenkundigen Lächerlichkeit ausgedacht und falsch. Danton konnte aber keinen Verdacht schöpfen, daß derselbe Mann, der vor fünf Tagen mit seiner vollen Unterschrift an England eine Note gerichtet hatte, wonach die Beseitigung der Monarchie eine unausweichliche Notwendigkeit geworden und dieses Weitertreiben der Revolution durch die Vorgänge am 10. August unbedingt berechtigt und begründet war, sich jetzt anschickte, nach England zu emigrieren. Danton gab seine Genehmigung. Der Paß wurde endgültig am 7. September ausgefertigt, wenige Tage später betrat Talleyrand das englische Ufer.

Nur ein kurzes Zögern — und sein Kopf wäre noch 1792 vom Schafott gerollt. Man kann dies absolut kategorisch behaupten: In dem berühmten «eisernen Schrank» des Königs, der auf Befehl der revolutionären Regierung geöffnet worden war, fanden sich zwei Dokumente, die bewiesen, daß Talleyrand noch im Frühjahr 1791 insgeheim dem König seine Dienste angeboten hatte. Es war unmittelbar nach dem Tode Mirabeaus, und Talleyrand hatte allen Grund anzunehmen, daß dann ihm die großzügigen Belohnungen zufließen würden, die Mirabeau für solche geheimen Dienste erhalten hatte. Natürlich war es seine Absicht, den König zu betrügen. Die Vereinbarung kam aus irgendeinem Grunde nicht zustande, aber die Spuren waren geblieben, wenn sie auch nur sehr schwach waren (er war immer sehr vorsichtig), und waren entdeckt worden. Am 5. Dezember 1792 wurde durch Dekret des Konvents Anklage gegen Talleyrand erhoben. Die von ihm eingeschickte Entschuldigung half nichts, er wurde offiziell als Emigrant erklärt.

Damit brach, so schien es wenigstens, Talleyrands Leben zusammen.

Der Weg nach Frankreich war, wenn nicht für immer, so doch für sehr lange Zeit verschlossen. An Geld hatte er 750 Pfund bei sich, auf Einnahmen konnte er nicht rechnen. In London schäumten die royalistischen Emigranten auf, sie ließen gedruckt bekanntgeben, der frühere Bischof von Autun verdiente, im Falle der Restauration nicht nur einfach gehängt, sondern gerädert zu werden. Freilich gab es auch einen anderen Typ Emigranten, «die Leute des Jahres 1789», wie sie sich nannten. Die verhielten sich Talleyrand gegenüber viel duldsamer, so daß sich ein kleiner Kreis bildete, der ihn aufnahm. Zur rechten Zeit kam auch Madame de Staël nach London, zu der er intime Beziehungen gehabt hatte. Schließlich führte er ein ruhiges Leben und trug wie gewöhnlich niemals eine mutlose oder niedergedrückte Miene zur Schau. Die royalistischen Emigranten verachtete er aus voller Seele, hauptsächlich wegen ihrer Geistesarmut, im besonderen wegen ihres vollkommen kindlichen Unverständnisses für die grandiosen Ereignisse der Zeit.

Eins war für Talleyrand schon damals — und sogar schon früher, seit dem Sturm auf die Bastille — klar: Welche Überraschungen und Veränderungen Frankreich auch noch bevorstehen könnten, es hatte sich gezeigt, das alte feudal-aristokratische Regime in der Form, wie es bis 1789 bestanden hatte, würde niemals wiederkehren. Ja noch mehr, niemals im Leben würde auch nur ein einziger dafür charakteristischer Zug wiederkehren, selbst wenn die Dynastie der Bourbonen durch irgendein Wunder zurückkehren sollte. Aber einstweilen glaubte er nicht an eine Rückkehr der Bourbonen.

Daher kümmerte sich Talleyrand auch nicht im geringsten um alle diese bösartigen Demonstrationen und wütenden Ausfälle gegen seine Person durch die Royalisten, die das ganze Lexikon französischer Schimpfwörter ausschöpften, sobald nur die Rede auf den verhaßten «Gebannten» kam. Nach seiner Ansicht waren diese weißen Emigranten Leichname, die man zu beerdigen vergessen hatte, weiter nichts. Aber gewisse und auch recht erhebliche Unannehmlichkeiten konnten ihm diese Emigranten doch indirekt bereiten, und sie benutzten jede Gelegenheit dazu.

Eines schönen Tages, im Januar 1794, befahl ihm die englische Regierung, unverzüglich England zu verlassen, und sich, wohin er immer wolle, zu begeben. Aber wohin? Im monarchischen kontinentalen Europa konnte er sich nicht sehen lassen. Dort war sein Name noch verhaßter als in England, und die Emigranten, seine Feinde, hatten dort noch größeren Einfluß als in London. Es blieb nur Amerika. Er fuhr nach Philadelphia. An und für sich interessierte ihn die damals noch völlig unbekannte neue Welt absolut nicht. «Ich kam dorthin voll Abneigung gegen die neuen Dinge, die gewöhnlich Reisende interessieren. Es war mir schwer, auch nur etwas Neugier dafür in mir zu erwecken.» Charakteristisch ist die Überheblichkeit, mit der dies gesagt wird, noch charakteristischer aber für diese von Jugend an vereinsamte Seele, daß er tatsächlich niemals und für niemanden

«Neugier» empfand, weder für eine Sache noch für einen Menschen oder ein Ereignis, wenn sie nicht mit seinen eigenen materiellen Anschauungen und Interessen zusammenhingen. Deshalb ist er auch so wortkarg und dunkel, wenn er über irgend etwas sprechen muß, was ihn nicht persönlich betrifft.

Im Jahre 1942 ist in Amerika eine Sammlung unveröffentlichter Dokumente erschienen — Briefe und Memoiren Talleyrands, die sich auf seinen Aufenthalt in Amerika 1794—1796 beziehen.[1] Diese Dokumente haben kein besonderes Interesse für die Analyse der politischen Tätigkeit des Fürsten, eher noch können sie von Belang sein für die Geschichte der wirtschaftlichen und finanziellen Verhältnisse in den USA in den letzten Jahren des 18. Jahrhunderts. Talleyrand hat damit gerechnet, daß er viel länger in Amerika würde bleiben müssen, als es dann wirklich der Fall war. Die Dokumente befassen sich sämtlich nur mit wirtschaftlichen und finanziellen Fragen. Er will offenbar in Landkäufen und -verkäufen und in der Heranziehung amerikanischen Kapitals nach Europa spekulieren. Mit einigen Kapitalisten führt er umständliche Korrespondenzen.

Die Dokumente zeigen, wie gründlich er die Bedingungen studiert hat, unter denen die Investierung von Kapital in Landspekulationen große Gewinne erzielen kann. Er sieht voraus, daß Amerika ein reicher Absatzmarkt für europäische Manufakturwaren und Fabrikate werden wird, weil nach seiner Ansicht noch auf lange hinaus die amerikanische Industrie in ihrem langsamen Entwicklungstempo nicht mit der schnell wachsenden Bevölkerung und der Entwicklung des Geschmacks für Luxus in der höheren Schicht Schritt halten kann.[2]

1 Talleyrand in America as a financial promoter 1794—1796. Unpublished letters and memoirs. In three volumes, volume II. Translated and edited by Hans Huth and Wilma Pigh, Washington 1942. Wir haben nur den zweiten, mit dem Eintreffen Talleyrands in Amerika beginnenden Band zur Hand gehabt; er enthält schon die Dokumente von Anfang 1796, so daß nicht recht klar ist, was in Band I und III enthalten sein kann. Das französische Original ist nicht mit veröffentlicht, das ganze Werk ist nur in englischer Sprache geschrieben.
2 ebd. S. 126.

Politischen Kreisen in den USA sich zu nähern gelang ihm nicht. Washington lehnte es ab, ihn zu empfangen, er wußte genug über seine verschiedenen Tugenden aus den wohlbekannten Briefen des amerikanischen Residenten in Paris Morris. Aber die warme Verteidigerin und begeisterte Verehrerin Talleyrands in unserer Zeit, Anna Dodd, bemüht sich, die Absage Washingtons hauptsächlich durch diplomatische Gründe zu erklären: durch den Widerspruch des französischen amtlichen Vertreters vom Konvent Fouché, dessen Protest sie entscheidende Bedeutung beimißt.[1] Mag dem sein wie ihm wolle, der berühmte Präsident verzichtete auf das Vergnügen, den ehemaligen Bischof von Autun kennenzulernen, dessen Liebes- und Börsenhändel ihm seit langem bekannt waren. Alle Bemühungen Talleyrands blieben erfolglos.

Nicht ohne Erfolg sind anscheinend seine amerikanischen Landspekulationen geblieben.

Doch die französische Politik entzog ihn mehr und mehr den Fragen der amerikanischen Wirtschaft. Erst nach der Errichtung des Direktoriums mit seinen «Neureichen», seinem Börsenunwesen und seinem Profitkult, mit seinen Tallien, Barras, Schieberlieferanten und Bankiers schlug die langerwartete Stunde der Rückkehr in das Vaterland. Bis dahin hatte man Geschäfte, wie sie sich gerade boten, machen müssen. Aber eine solche Sehnsucht hatte ihn in Amerika gepackt, daß er nur auf den Augenblick gewartet hatte, mit der revolutionären Regierung anzuknüpfen und um die Genehmigung zur Heimkehr zu bitten. Natürlich konnte er daran erst nach dem 9. Thermidor und besonders nach dem 1. Prairial denken, nach dem Scheitern des Aufstandes und der darauf folgenden Entwaffnung der Arbeiter in den Vororten zu Anfang des Sommers 1795. Er bewarb sich nachdrücklich, und schon am 4. September erhielt er die Erlaubnis, nach Frankreich zurückzukehren. Besonders hat ihm dabei der wütende Haß geholfen, mit dem ihn die Emigranten verfolgt hatten. Bei der Behandlung seines Antrags im Konvent am 4. September 1795 erklärte Chénier befürwortend: «Ich bitte

1 Anna Bowman Dodd, Talleyrand. The training of a statesman, 1754—1838, New York 1927, S. 312—315.

für ihn im Namen der Republik, für die er mit seinen Talenten und seiner Arbeitskraft noch nützlich sein kann; ich bitte für ihn im Namen eures Hasses gegen die Emigranten, deren Opfer er genau so sein würde wir ihr, wenn einmal diese Halunken triumphieren sollten.»

Sofort nachdem er im November 1795 die Nachricht hiervon erhalten hatte, begann er seine amerikanischen Geschäfte abzuwickeln und die Reise nach Europa vorzubereiten. Doch erst am 20. September 1796 kam er in Paris an.

VII

Eine neue Epoche seines Lebens begann und gleichzeitig auch eine neue Periode der Weltgeschichte. «Die Revolution ist in Frankreich zu Ende und ist nach Europa gegangen», sagten die einen, und die anderen: «Die Revolution ist über die Ufer getreten.» Hinter den Alpen erscholl schon der Ruhm Bonapartes, des jugendlichen Eroberers, den das feudale Europa später den «Robespierre zu Pferde» nannte. Große Veränderungen standen in Frankreich und in Europa bevor. Die Revolution der Bourgeoisie, die in Frankreich gesiegt hatte, traf Vorbereitungen, sich mit dem absolutistischen Europa im Waffengang zu messen, mit dem halbfeudalen Regime, das entschlossen war, sein Leben möglichst teuer zu verkaufen. In den Vordergrund der Geschichte traten die Armeen, die Redner begannen den Generalen den Platz zu räumen. Die Revolution, die die Feinde von den Grenzen Frankreichs zurückgeworfen hatte, verfolgte sie auf ihr eigenes Territorium. Der Krieg der Revolution verwandelte sich allmählich in Eroberungskriege. Talleyrand zweifelte nicht eine Minute, auf welcher Seite in diesem Kampf der Bourgeoisie mit den Überbleibseln des Feudalismus der Sieg sein würde. Deshalb war er aus Amerika nach Frankreich gekommen. Seine Stunde hatte geschlagen.

In diesem selben Jahre 1796 hatte sich in einer schlaflosen Nacht nach seinem eigenen späteren Geständnis der Eroberer Italiens, General Bonaparte, zum ersten Male gefragt, ob er eigentlich immer «für diese Advokaten» kämpfen solle. Und zu

derselben Zeit war im fernen Paris der soeben heimgekehrte Fürst
Talleyrand, dessen ganzer Besitz in der Zeit des Terrors konfis-
ziert und verkauft worden war und der jetzt von dem, was er mit
seinen kleinen Landspekulationen verdient hatte, lebte, der be-
gnadigte Emigrant, damit beschäftigt, die neuen Herrscher, die
fünf Direktoren der Republik, aufmerksam zu beobachten und
die Frage zu prüfen, ob man einen neuen Herrn suchen oder «mit
diesen Advokaten» zufrieden sein solle, so schlecht sie auch waren. Er beschloß, sich zunächst in die Gunst und die nächste Umgebung der neuen Herren hineinzuschlängeln und erst dann an
den zukünftigen Herrn zu denken. Daß das Land unbedingt einer
Militärdiktatur entgegenging, sah er klar voraus.

Auf jeden Fall mußte er zunächst seine Dienste dem Direktorium anbieten. Das ging durchaus nicht glatt. Eine sehr ärger-
liche Sache kam zu Tage, der Ruf des ehemaligen Bischofs von
Autun war in ganz bestimmtem Sinne schon allzuweit bekannt.
«Mit einer ehernen Stirn verbindet er ein eisiges Herz», schrieb
Lebrun in Versen über ihn. In Prosa erging man sich so unge-
zwungen über ihn, daß man die schärfsten Epitheta in der Presse
nur mit dem Anfangsbuchstaben und einigen Punkten andeuten
konnte, das Druckpapier konnte die Gefühlsausbrüche seiner
Kritiker nicht ertragen. Das Schlimmste für seine Karriere war,
daß ihn in dem fünfköpfigen Direktorium selbst drei für bestechlich, der vierte für einen Dieb und bestechlich und der fünfte,
Reubell, für einen Verräter, Dieb und bestechlich hielt. «Talleyrand steht im Geheimdienst fremder Mächte!» rief Reubell in
den Sitzungen des Direktoriums, «nie hat es auf der Welt ein
verkommeneres, gefährlicheres Subjekt gegeben.» Die übrigen
vier nahmen diese Reden ohne irgendeinen Widerspruch hin.
Und wie hätte selbst der ehrliche, überzeugungstreue Carnot widersprechen können, wo er selber von unserem «Helden» gesagt hatte: «Talleyrand verachtet die Menschen deshalb so gründlich, weil er sich selbst genau studiert hat . . . er wechselt die Prinzipien wie die Wäsche.»

Schon damals war es ein Gemeinplatz und eine abgedroschene
Sache, von der Unehrlichkeit Talleyrands zu sprechen.

Eine der Personen des Romans «Lucien Leuwen» von Stendhal gibt ihrem Partner folgende Lehre: «Sie sind nicht dick-

fellig genug, um die öffentliche Verachtung nicht zu empfinden. Aber man gewöhnt sich daran. Man braucht nur seinen Stolz beiseitezusetzen. Sehen Sie Herrn von Talleyrand. Man kann an diesem berühmten Mann sogar beobachten, daß, sobald die Verachtung Gemeinplatz geworden ist, bloß noch die Dummen sie zum Ausdruck bringen.»[1]

Die Jakobiner sahen ihn als einen zufällig der Guillotine entkommenen Verräter an, die Thermidorianer unterschieden sich in ihrer Einschätzung seiner Qualitäten nicht von den Jakobinern. «Ohne Seele, ohne Gewissen, ohne Scham, ohne Moral ... zu verachtenswert, um Vertrauen zu verdienen, und zu verachtet, als daß man ihn fürchten müßte» — so kennzeichnete ihn Boissy d'Anglas, den der Herausgeber der Dokumente «Mélanges» Lacour-Gayet den «Helden des 1. Prairial» nennt.[2] Wo Lacour-Gayet in der Haltung Boissy d'Anglas', der im Konvent am 1. Prairial präsidierte, etwas Heldenhaftes sieht, ist unverständlich. Durch seine Aussagen vor dem Kriegsgericht hat Boissy d'Anglas dazu beigetragen, daß eine ganze Reihe wirklicher Helden des 1. Prairial zum Tode verurteilt wurden. Irgendwelche anderen Ansprüche auf den Titel Held oder Heldentum hat er weder an diesem Tage noch später gehabt. In dem angeführten Urteil Boissy d'Anglas' ist alles richtig, außer der letzten Behauptung, denn wie verächtlich Talleyrand auch war, er hat durch sein ganzes Leben bewiesen, daß man ihn sehr, sehr fürchten konnte und mußte. Er war ein vorsichtiger, scharfblickender, geduldiger Gauner, gefährlich durch seinen feinen, durchdringenden Verstand, seine Gabe weiter Voraussicht, seine Fähigkeit, instinktiv die richtige Taktik in den kompliziertesten Lagen zu finden. Die Termidorianer und das nachher von ihnen gebildete Direktorium sollten diese Fähigkeiten Talleyrands

1 Stendhal, Lucien Leuwen, Bd. I, Paris 1929, S. 61. «Vous n'avez pas la peau assez dure pour ne pas sentir le mépris public. Mais on s'y accoutume, on n'a qu'à mettre sa vanité ailleurs. Voyez M. de N. («modèle: prince de Talleyrand»). On peut même observer à l'égard de cet homme célèbre que quand le mépris est devenu lieu commun il n'y a plus que les sots qui l'experiment.»
2 Mélanges, S. 215.

bald am eigenen Leibe erfahren. Seine Mitglieder haben das vorausgeahnt.

Alle Hoffnungen setzte Talleyrand auf Barras. Barras wußte auch, daß Talleyrand zu allem fähig war, er wußte aber ebenso, daß die Regierung unter allen Umständen einen guten Diplomaten brauchte: einen feinen Kopf, einen Mann, der die Begabung zu langen, gewundenen Verhandlungen hatte, zu Rededuellen kompliziertester Art. Barras hatte auch begriffen, daß diese verzwickte diplomatische Praxis die Aufgabe, die Technik, die Spezialität war, die jetzt schon, 1797, und in naher Zukunft noch mehr, eine gewaltige Bedeutung hatte und haben würde und die weder Advokaten noch Generale übernehmen könnten. Ich will mich nicht in Einzelheiten einlassen, sie sind bekannt und sogar in ein System gebracht infolge der alten Vorliebe der französischen Geschichtsschreibung für Einzelheiten und Alkovengeschichten; ich will auch nicht daran rühren, wie Madame de Staël, seine frühere Geliebte, hierbei Talleyrand half, wie er nicht nur ihr schmeichelte und sich vor ihr erniedrigte, sondern auch vor ihrem derzeitigen Liebhaber Benjamin Constant; wie er sie beschwor, daß sie Barras dahin brächte und den lange schwankenden Direktor überzeugte, daß er, Talleyrand, nichts mehr zum Leben habe und, wenn man ihn nicht zum Minister des Äußeren mache, sich einfach in die Seine stürzen würde. Er habe im ganzen noch zehn Louisdor in der Tasche und so fort. («Il m'a dit, qu' il allait se jeter à la Seine, si vous ne le faites pas décidément ministre des affaires étrangères.») Barras verschwieg ihr nicht — sie war siebenmal in diesen heißen Tagen bei ihm —, daß das ganze Direktorium ihren Schützling für einen ausgemachten Gauner hielt und daß sie ihm, Barras, mit ihrem Fürbitten lästig sei. Sie hörte ihn an und erschien nach zwei Tagen zum achten Male. Schließlich beschleunigte Barras in der Überzeugung, daß Talleyrand nützlich sein könnte und daß ein brauchbarer Ersatz für ihn nicht da sei, mit seinem allmächtigen Einfluß die Entscheidung und stellte tatsächlich im Direktorium den Antrag auf Ernennung. Nach der Aussprache waren drei Stimmen dafür und zwei dagegen.

Als Benjamin Constant mit der Nachricht zu Talleyrand kam, geriet dieser das erste und letzte Mal in seinem Leben vor Freude außer sich. Er warf sich Constant an den Hals, und in dem Wagen, in dem er sofort mit Constant und einem Zechbruder zu Barras fuhr, um sich zu bedanken, wiederholte er auf dem ganzen Wege, ohne einen Gedanken daran, daß noch andere zuhören konnten, ein und denselben Satz: «Wir habens geschafft! Jetzt müssen wir ein Heidengeld machen, ein Heidengeld, ein Heidengeld!» («Nous tenons la place. Il faut y faire une fortune immense, une fortune immense, une fortune immense!»)

Es war die eigentliche Triebfeder, der tiefste Grund, das in den Geheimnissen der Seele verborgene Leitmotiv, was Talleyrand damit aussprach, als er erfahren hatte, daß er zum Minister der französischen Republik ernannt worden war. Er sprach es aus im Paroxysmus einer elementaren, trunkenen Freude und vergaß das einzige Mal in seinem Leben seinen eigensten Grundsatz, daß dem «Menschen die Sprache gegeben ist, um seine Gedanken zu verbergen». Er gelangte auf einen Platz, auf dem man leicht aus einem Bettler zum Millionär werden konnte. Das ist das wirkliche Pathos all seines Wirkens. In diesem Wagen, in dieser Viertelstunde war er wirklich wahr und echt. Freilich war er schnell ernüchtert. Schon am nächsten Tage, dem 18. Juli 1797, als er das amtliche Schreiben seiner Ernennung erhalten hatte, war er vollkommen gesammelt und hatte sich wieder in der Hand. Vor den Beamten des Ministeriums des Äußeren, vor den Bittstellern, vor dem diplomatischen Korps stand er, hoheitsvoll auf seine schöne Krücke gestützt, ein ruhiger, ein wenig hochmütiger Großer, ein leidenschaftsloser Staatsmann, der gesetzliche Vertreter einer siegreichen Großmacht, die Europa schlug, der bevollmächtigte Vertreter der Großen Französischen Revolution, die mit allen diesen englischen Georgen, russischen Pauls und österreichischen Franzen kämpfte, hauptsächlich aber ein Mann, der ruhig und tief von seiner untadeligen Sauberkeit überzeugt war und davon, daß, auch wenn ihn einige Neider verleumdeten, dies seine moralische Schönheit nicht beschmutzen konnte. Jeder äußere Erfolg verstärkte bei ihm nur noch mehr jene erhabene, abgeklärte Ruhe, und nach jeder gelungenen Aktion sagte er gleichsam seinen Tadlern und überhaupt der um ihn sich sammelnden Gesellschaft: «Ihr seht jetzt selbst, was für ein guter Mensch ich bin.»

So war er nun Minister, eine wirkliche Macht und Kraft. Eine Zeitlang fürchteten die übriggebliebenen Aristokraten und die Emigranten, die nach Frankreich zurückzukehren begannen, die Rache des Mannes, den sie so giftig geschmäht und mit ihrem Hasse verfolgt, ja, den sie sogar aus England vertrieben hatten. Sie glaubten, für ihn als Mitglied der Regierung sei es eine Kleinigkeit, sich an seinen Feinden und Hassern zu rächen. Doch er ließ niemanden verfolgen, obgleich er es sehr gut gekonnt hätte. Auch das ist ein für ihn kennzeichnender Zug, er war überhaupt nicht rachsüchtig. Bei seiner völligen Amoralität wäre er fähig gewesen, selbst zu veranlassen, einen Menschen, der ihm sonst nicht das mindeste zuleide getan hatte, lebendig zu begraben, wenn das im Interesse seiner Karriere erforderlich schien, aber er hätte keinen Finger gerührt, um seinen grimmigsten Feind zu bestrafen, wenn ihm der in Zukunft nicht mehr schaden konnte. Rache gab ihm nicht die geringste Genugtuung oder Freude, weil er nicht verstand, stark zu hassen, sondern nur kräftig zu verachten. Was bei den späteren Romantikern so oft wie leere Phrase von den Lippen ihrer gespreizten Helden klingt, das war bei Talleyrand ungekünstelte Wahrheit, obwohl er nie Tiraden über Haß oder Verachtung von sich gegeben hat. Er vergaß seine Feinde, sobald sie ihm nicht mehr im Wege standen. Traten sie ihm aber in den Weg, so stieß er sie entweder beiseite oder zerstampfte sie mit den Füßen, um sie ebenso wieder zu vergessen. Der neue Minister hatte auch viel größere Sorgen und Aufgaben, die sein Interesse in Anspruch nahmen. Buchstäblich von den ersten Tagen seiner Amtsübernahme an begann man im diplomatischen Korps mit Spannung zu beobachten, was der neue Herr der französischen Außenpolitik tun würde.

In der Epoche des Direktoriums, den Jahren der ausgelassenen Schmausereien bei Barras, in dem Gewirr der Spekulationen des Finanzmannes und Schiebers Ouvrard, in den Zeiten der großen und kleinen Kassendiebe und Lieferanten war es anscheinend schwer, jemanden durch Höhe, Masse und Alltäglichkeit der Bestechungsgelder in Erstaunen zu setzen. Talleyrand setzte alle seine Zeitgenossen in Erstaunen, die sich schon längst abgewöhnt hatten, sich noch über irgend etwas auf diesem Gebiete zu wundern. Er nahm Geld von Preußen, Spanien, Portugal, den

USA, er nahm von Kolonien und Metropolen, von Kontinenten und Inseln, von Europa und Amerika, von Persien und der Türkei; er nahm von allen, die so oder so von Frankreich abhingen oder es brauchten oder es fürchteten. Und wer brauchte es damals nicht, und wer fürchtete es damals nicht? Er nahm sogar ungeheure Summen, um eine Großmacht nicht zu beleidigen, wenn er nur einen kleinen Betrag genannt hätte. So gab er dem preußischen Gesandten unumwunden zu verstehen, daß er weniger als 300 000 Livres in Gold nicht nähme. Beim Frieden von Campoformio nahm er von Österreich eine Million, von Spanien für wohlwollendes Verhalten eine Million, vom Königreich Neapel eine halbe Million. In der damaligen Presse wurde noch bei seinen Lebzeiten versucht zusammenzurechnen, wenn auch nur in groben Zügen, wieviel Bestechungsgelder er allein in seiner Ministerzeit erhalten hatte. Aber diese ihm feindlichen Rechner quälten sich ab, kamen mit ihren Berechnungen nicht zurecht und begnügten sich schließlich mit den ersten Jahren seiner Verwaltung. So behauptete man, daß er 1797—1799 13 Millionen 650 000 Francs in Gold erhalten hätte. Diese ersten beiden Jahre waren nur ein Kinderspiel im Vergleich zu den folgenden, den Jahren der absoluten Herrschaft Napoleons über Europa, während deren Talleyrand Minister blieb.

Die Bestechungsgelder waren nicht etwa das einzige Mittel der Bereicherung. Durch seine Geliebten und Freunde, durch die Freunde seiner Geliebten und die Geliebten seiner Freunde spekulierte er fast ohne Verluste an der Börse. Er wußte rechtzeitig, wie sich die nächste Zukunft gestalten würde, er sah voraus, welche Folgen an der Börse die von ihm vorbereiteten oder nur ihm bekannten politischen Akte haben würden, und die von ihm gegebenen Winke kehrten als ein Goldstrom von der Börse zu ihm zurück. Schließlich hatte er außer den Bestechungsgeldern und den Börsenspekulationen noch eine dritte Einnahmequelle: die Lieferungen. Er hatte zu seiner Verfügung einen Schwarm von Agenten, die sich über die Vasallen- und Halbvasallenstaaten und die von Frankreich abhängigen Länder ergossen und sich von den dort Maßgeblichen Aufträge für Lieferungen von Waren und Vorräten geben ließen. Ein seltsamer Vorfall spielte sich hierbei in Spanien ab. Als dort aus Paris einige Glücksritter erschienen und beinahe mit Erpressungen und Drohungen von der Regierung Lieferungen zu erhalten suchten, ließ sie der französische Gesandte Admiral Truguet in der Meinung, daß sie auf eigenes Risiko vorgegangen waren, aus Spanien ausweisen. Er sollte sich aber bald davon überzeugen, daß hinter diesen Unternehmungen die gewaltige Figur des Ministers der Französischen Republik selbst stand. Der Gesandte wurde wegen ungenügenden Scharfblicks entlassen, und die Glücksritter erschienen nach kurzer Zeit erneut in Madrid.

Die Frage ist berechtigt, ob diese Bestechlichkeit und Käuflichkeit auf den Gesamtverlauf der europäischen Politik von Einfluß gewesen ist. Natürlich: nein. Man brauchte nicht den Verstand und die Klugheit Talleyrands zu besitzen, um zu verstehen, daß, wenn zum Beispiel der General Bonaparte Italien erobert hatte, man weder das Direktorium noch den General zwingen konnte, die Beute plötzlich großmütig aus den Klauen zu lassen. Oder daß die französische Regierung, wenn Frankreich von Spanien die Unterstützung mit der Flotte im Kampfe gegen England verlangte, diese Forderung um keinen Preis aufgeben würde. Er wußte, daß auch nur der leiseste Versuch, seiner Regierung Schritte zu empfehlen, die sich für Frankreich offenkundig zum Nachteil auswirkten, im günstigsten Falle für ihn mit sofortiger Entlassung, aber auch mit der Hinrichtung enden konnte. Bis 1808 hat er auch nie versucht, solche Torheiten zu begehen. Er nahm Geld nur für wohlwollende Redigierung irgendwelcher zweit- oder drittklassiger Punkte von Verträgen, Abkommen oder Protokollen, für die Auslassung einer allzu präzisen Formulierung einer Note, für das Versprechen der «Beihilfe» in Sachen, die, wie er wußte, schon ohne seine «Beihilfe» von der höchsten Gewalt Frankreichs in einem grundsätzlich für den Bittsteller günstigen Sinne entschieden waren. Man bezahlte ihn für die Beschleunigung von Realisierungen; dafür, daß ein Gebiet, dessen Räumung von Frankreich schon zugesagt war, drei Monate früher geräumt wurde; dafür, daß man Subsidien, die Frankreich schon versprochen hatte, ein halbes Jahr früher erhielt usw. Erst seit 1808, seit den Tagen von Erfurt, beging er wirklichen Hochverrat im eigentlichen Sinne.

Psychologisch interessant ist, daß Talleyrand gegenüber den

Geldgebern streng ethisch verfuhr. Wenn er nahm, hieß es erfüllen; wenn er das nicht konnte — zurückgeben. Als Napoleon in Warschau im Winterlager stand, befahl er ihm im Januar 1807, einen Entwurf für die Wiederherstellung Polens auszuarbeiten. Der Minister forderte sofort von den polnischen Magnaten 4 Millionen Florin in Gold. Sie veranstalteten eine Kollekte und trieben eilends bis zur bestimmten Zeit die 4 Millionen auf. Talleyrand versprach darauf, ihre Sachen aufs beste und eifrigste zu fördern. Tatsächlich faßte er für den Kaiser einen Bericht ab, in dem er mit tiefem Gefühl von dem unverzeihlichen Fehler Frankreichs sprach, daß es einstmals die Teilungen Polens zugelassen hatte und daß es die von der Vorsehung Seiner Majestät übertragene Pflicht sei, das unglückliche Land wiederherzustellen. Die Lage änderte sich aber so, daß Napoleon, nachdem er ein halbes Jahr später in Tilsit mit Alexander I. ein Bündnis geschlossen hatte, für die Polen nicht tun konnte, was er sonst für sie getan hätte. Sofort gab Talleyrand die vier Millionen zurück. Vielleicht ist diese heroische Geste auch mit der Angst erklärlich, die gekränkten und getäuschten Polen könnten alles dem Kaiser melden. Daraus hätten Unannehmlichkeiten entstehen können . . .

Auf jeden Fall verhüllte er diese dunklen Geschäfte vorsichtig und klug, vor allem aber machte er auch nicht den leisesten Versuch, den Gang der Ereignisse in grundsätzlicher und in wichtigen Fragen für die Interessen Frankreichs auch nur im geringsten schädlicher Richtung zu beeinflussen. Wenn sich aber ein diplomatischer Fall dazu eignete, suchte er den Gegenspielern eine mehr oder weniger runde Summe zu entreißen. Einmal in der ersten Zeit kam es zu einem Skandal. Es war, als er auf Leute stieß, die sich erst vor kurzem der alten europäischen Zivilisation genähert hatten. So kam es 1798 zu folgender unangenehmer Geschichte. Schon seit Herbst 1797 saßen in Paris amerikanische Sonderbevollmächtigte, welche sich wegen eines sehr lange verschleppten Prozesses um die Herausgabe gewisser Geldbeträge herbemüht hatten, die nach Recht und Gesetz amerikanischen Reedern zugesprochen worden waren. Talleyrand zog die Sache lange hin und schickte seine Vertrauensleute, daß sie den Amerikanern, die schwer von Begriff waren, auf englisch klarmachten, der Minister müsse vorher von ihnen «Süßigkeiten» bekommen, the sweetness, wie sie les douceurs übersetzten. Die «Süßigkeiten» wurden in so unverhältnismäßig ungeheuerlichem Maßstabe verlangt, daß den Amerikanern die Geduld riß. Nicht nur, daß sich die Delegierten mit einer formellen Beschwerde an ihren direkten Vorgesetzten, den Präsidenten der USA, wandten. Präsident Adams wiederholte auch in einer Botschaft an den Kongreß vom 3. April 1798 diese Beschuldigungen. Die Vertreter Amerikas erinnerten vorwurfsvoll an die noch nicht lange zurückliegende Emigration Talleyrands nach Amerika. «Dieser Mensch, dem wir die wohlwollendste Gastfreundschaft bewiesen haben, ist jetzt der Minister der französischen Regierung, an den wir uns mit der Bitte um unser Recht gewandt haben. Und dieser unser undankbarer Gast, dieser von seinem Gott abgefallene Bischof, hat sich nicht geniert, von uns 50 000 Pfund Sterling erpressen zu wollen als ‹Süßigkeit› (the sweetness), um seine Laster zu befriedigen.»

Es gab einen unbeschreiblichen Skandal. Alles wurde publiziert. Talleyrand antwortete geringschätzig von oben herab und schob alles auf unbekannte Schwindler und auf die Unerfahrenheit der amerikanischen Unterhändler.[1] Dann beeilte sich der Minister, ihre Forderungen zu befriedigen, und winkte hinsichtlich der «Süßigkeit» ab. Derartige Unannehmlichkeiten passierten ihm aber nur mit solchen ungewandten, dickköpfigen puritanischen Wilden vom Mississippi und von den Rocky Mountains. Die Europäer waren viel geduldiger und vermieden Skandale. Ihre Lage war freilich auch viel gefährdeter: sie schützte kein Atlantischer Ozean vor Frankreich.

Neben dem schnellen Erwerb ungeheurer Summen bereiteten ihm aber auch noch andere Fragen Sorgen. Er wünschte damals nicht die Rückkehr der Bourbonen, weil er, wenn er auch nicht fürchtete, «gerädert» zu werden, wie ihm die Emigranten gedroht hatten, doch begriff, wie ungünstig und sogar gefährlich

---

1 Die Amerikaner bezeichneten die von Talleyrand nicht genannten «Schwindler» ironisch mit X Y Z; daher wird in der amerikanischen Geschichtsschreibung der ganze Zwischenfall als «X Y Z» geführt.

die Restauration für ihn werden konnte. Deshalb begrüßte er, als die bürgerliche Reaktion teilweise die Form von Erwägungen zugunsten einer Restauration anzunehmen begann, von ganzem Herzen das Ereignis des 18. Fruktidor — die plötzliche Verhaftung der Royalisten, ihre Verbannung und die Zerschlagung der royalistischen Partei. Er brauchte eine andere Form der Reaktion, er brauchte eine Monarchie oder sogar Diktatur, aber ohne die Bourbonen, das heißt, er brauchte das, was auch die Neureichen, die neuen Landbesitzer, die ganze neue Bourgeoisie brauchten oder zu brauchen schienen: eine Gesellschaftsordnung, die sie nicht nur vor Babeuf, nicht nur vor den Männern vom Prairial oder vor einem neuen Robespierre schützte, sondern zu gleicher Zeit auch eine feudale Reaktion, den Versuch, die vorrevolutionären gesellschaftlichen Zustände wiederherzustellen, unmöglich machte.

Als Bonapartes Siege Österreich zwangen, am 20. April 1797 den Waffenstillstand von Leoben zu unterzeichnen, schrieb Talleyrand, der schon längst «das wunderbare Los» des siegreichen Generals vorausgesehen hatte, seinem damaligen «Freunde» in Finanzangelegenheiten Olive nach Amerika: «Bald wird nun auch endgültig Friede geschlossen werden, und was für ein herrlicher Friede! Was ist aber auch unser Bonaparte für ein Mensch! Er ist noch nicht achtundzwanzig Jahre alt, und alle Arten des Ruhmes umschweben sein Haupt, der Ruhm des Krieges, des Friedens, der Mäßigung und des Edelmutes. Er hat alles.» Und erfreut teilt er mit, «daß Paris völlig ruhig ist» und daß man in einem Jahre hier wird gute Geschäfte, d. h. Spekulationen, machen können, weil von außen «Kapital nach Frankreich zuzuströmen» beginnt.[1]

Eine glänzende Zukunft eröffnet sich vor Talleyrand. Sowohl die alte vorrevolutionäre wie die neue nachrevolutionäre Geldbourgeoisie feierte, nachdem sie die letzten Vorstöße der plebejischen Massen von Paris niedergeschlagen und im Prairial 1795 die Vororte St.-Antoine und St.-Marseille entwaffnet hatte, den Sieg über ihre Gegner von links und von rechts. Und gleichzeitig ging auch der Stern des jungen Eroberers auf, der zum Aus-

1 Talleyrand — Olive, 10. Mai 1797, Mélanges, S. 51—52.

druck der Bestrebungen und Interessen der Großbourgeoisie werden sollte. Talleyrand fühlte, daß seine Stunde kam, daß sein politischer Aufstieg, der gerade Weg zu persönlicher Bereicherung, vor ihm lag.

Und immer aufmerksamer und schmeichelhafter, immer ehrerbietiger und herzlicher wurden die sachlichen Briefe Talleyrands an den jenseits der Alpen kämpfenden General. Schon 1797 und 1798 schrieb er ihm nicht wie der Minister einem General, der eine der verschiedenen Armeen der Republik kommandiert, sondern wie ein treuer, in seinen Monarchen verliebter Untertan. Er war einer der ersten, der Bonapartes Größe vorausahnte und verstand, daß man hier nicht nur mit einem siegreichen Haudegen zu tun hatte, sondern mit etwas bedeutend Komplizierterem und Stärkerem. Er durchschaute, daß dieser Mensch stärker als die «Advokaten» war und daß man deshalb rechtzeitig seinen lecken Nachen an dieses auf große Fahrt gehende Schiff ankoppeln mußte. Es ist angebracht, hier einige Worte zur allgemeinen Charakteristik der Beziehungen Talleyrands zu Napoleon zu sagen, um so mehr, als der größte Teil seiner Memoiren sich gerade auf die Epoche der Napoleonischen Alleinherrschaft bezieht. Die eigenen Erklärungen Talleyrands können wir beiseite lassen, sie geben nur ein Bild davon ab, in welchem Lichte er seine Beziehungen zu dem Kaiser erscheinen lassen möchte, und nichts weiter. Betrachten wir die Tatsachen und die Beobachtungen Außenstehender.

Zweifellos hatte Talleyrand früher als viele andere erkannt, welche Begabungen, welche Möglichkeiten in diesem finsteren jungen Heerführer lagen, der mit so unerhörten Siegen seine Laufbahn begonnen hatte. Konnte es etwas Gemeinsames zwischen diesen beiden Menschen geben? Der eine — ein glänzender, verwöhnter Vertreter ältester Aristokratie, der andere — hervorgegangen aus dem verarmten Adel einer fernen, wilden, räuberischen Insel. Der eine hatte außer in der Zeit seiner Emigration immer die Möglichkeit, an einem einzigen Abend am Tisch der Schlemmerei oder des Spiels mehr Geld zusammenzuraffen, als der andere in mehreren Jahren seines ärmlichen Kasernenlebens ausgeben konnte. Bei dem einen drehte sich alles um das Geld und die Genüsse, in seinem Sybaritentum war ihm äußerliche Ehre eine nebensächliche Angelegenheit; für den anderen waren Ruhm und Macht, richtiger das beständige Streben danach, der Zweck des Lebens. Der eine hatte mit dreiundvierzig Jahren den feststehenden Ruf, ein Sammelbecken sämtlicher Laster zu sein, aber er war Minister des Äußeren. Der andere hatte den Ruf eines hervorragenden Heerführers und war mit achtundzwanzig Jahren bereits Eroberer weiter und dicht bevölkerter Länder, der Besieger Österreichs, den eine verzehrende Ehrsucht weiter und weiter trieb. Für den einen war die Politik die «Wissenschaft des Möglichen», die Kunst, die bestmöglichen Resultate mit den geringsten Kräften zu erreichen, für den anderen war das einzige, was sein außergewöhnlicher Geist niemals fassen konnte, die ihm völlig unzugängliche Einsicht, wo das Mögliche aufhört und die Chimäre beginnt. Vieles in ihnen war aber auch verwandt. Erstens hatten sie beide, als die Geschichte sie zusammenführte, ein Ziel vor Augen: die Diktatur der Bourgeoisie zu befestigen, die mit der Schärfe ihres Schwertes gegen einen neuen Babeuf, einen neuen Robespierre, gegen die Wiederholung des Prairial und gleichzeitig gegen alle Versuche, das alte Regime wiederherzustellen, gerichtet war. Wenn es auch Unterschiede gab, so brachten diese sie nur noch näher zusammen: Bonaparte sah in sich allein und in keinem anderen diesen zukünftigen Diktator, Talleyrand dagegen war fest davon überzeugt, daß er selber keinesfalls für diese Rolle in Frage kam, daß sie nicht seinen Kräften entsprach, daß er sie nicht brauchte und sie für ihn außerhalb aller Möglichkeiten lag, daß er aber einer der ersten Diener Bonapartes werden und dafür mehr erhalten könnte, als ihm bisher die «Advokaten» zu geben vermochten. Zweitens brachten gewisse gemeinsame geistige Züge sie einander näher: zum Beispiel die Menschenverachtung, der absolute Egoismus und Egozentrismus, die Abneigung und Ablehnung, ihre Bestrebungen irgendeiner «moralischen» Kontrolle zu unterwerfen, der Glaube an den eigenen Erfolg, ruhig bei Talleyrand, ungeduldig und drängend bei Bonaparte. Bonapartes Gemütsleben war intensiv, außenstehenden Beobachtern kam es oft vor, als ob in ihm ein nur mühsam unterdrückter Vulkan brodelte; bei Talleyrand erschien alles wie abgestorben, erkaltet, mit einer Eiskruste bedeckt. In den tragischsten Minuten

ist dem Fürsten kaum ein Wort entschlüpft, erschien er besonders gleichgültig. War dies Verstellung? Dann hat er seine Rolle
kunstvoll gespielt und sich fast niemals verraten. Bonaparte war
viel gebildeter, weil er wißbegieriger als Talleyrand war. Man
kann sich schwer vorstellen, daß sich Talleyrand für irgendeinen
mittelalterlichen schottischen Sänger Ossian, wenn auch in der
Verfälschung Macphersons, hätte interessieren, sich über die
Parteilichkeit des Tacitus ärgern, mit den Leiden des jungen
Werther mitleiden und sich so mit Goethe oder Wieland unterhalten können wie Napoleon in Erfurt, oder mit Laplace über
die Sterne und darüber, ob es einen Gott gibt oder nicht. Alles
irgendwie «Abstrakte», zum Beispiel alle Wissenschaft, Philosophie, Literatur, alles was nicht direkt oder indirekt auf Talleyrands Geldbeutel oder seine Karriere Bezug hatte, war ihm zutiefst fremd, unnötig, langweilig und einfach zuwider.

Haben diese beiden selbstsüchtigen Naturen einander verstanden? «Er ist ein Mensch der Intrige, von großer Sittenlosigkeit, aber von großem Verstand und schließlich der fähigste aller
Minister, die ich gehabt habe» — so äußerte sich Napoleon am
Ende seines Lebens über Talleyrand. Und trotzdem hat Napoleon ihn nicht völlig durchschaut und sich zu spät davon überzeugt, wie gefährlich Talleyrand werden konnte, wenn seine
Interessen verlangten, daß er seinen Herrn und Meister verkaufte und verriet. Was Talleyrand betrifft, so ist sehr wahrscheinlich, daß er nicht lügt, wenn er behauptet, er sei Napoleon
im Anfang seines Auftretens aufrichtig zugetan gewesen, habe
ihn aber gegen Ende preisgegeben, als er erkannte, welches hoffnungslos gefährliche Spiel mit dem Schicksal und welche Ver-
gewaltigung der Geschichte der Kaiser plante, welchem absolut
unerreichbaren Ziel er nachjagte. Freilich muß man hierbei im
Auge behalten, daß Talleyrand nicht für Frankreich fürchtete,
wie er sich zu beweisen bemüht, denn auch «Frankreich» war
für ihn eine «Abstraktion», sondern für sich selbst, für sein eigenes Wohlergehen, für die Möglichkeit, endlich ruhig die aufge-
häuften Millionen genießen zu können, ohne sich immer am
Rande eines Abgrundes zu bewegen.

Jedenfalls aber kann man sagen, daß, wenn Fürst Talleyrand
sich überhaupt von jemandem «mitreißen» ließ, er sich in den

letzten Jahren vor dem 18. Brumaire und in den ersten Jahren nach dem 18. Brumaire von Bonaparte «mitreißen» ließ. Er war der Ansicht, daß in Frankreich eine Herkulesarbeit verrichtet werden müsse, und sah in Bonaparte eben diesen Herkules. Er wollte seine Kräfte nicht mit ihm messen, war nicht eifersüchtig auf ihn und gab bereitwilligst zu, daß ihre Kräfte und ihre Möglichkeiten nicht vergleichbar waren, daß Bonaparte immer der Befehlende und er, Talleyrand, der Gehorchende sein würde.

Schon am 10. Dezember 1797, dem 20. Frimaire des VI. Jahres nach dem revolutionären Kalender, als sich in Paris die feierliche Ehrung des soeben aus Italien zurückgekehrten siegreichen Bonaparte abspielte, hielt Talleyrand vor dem Direktorium und der Volksmenge eine Rede, voll untertänigster Schmeichelei, wie wenn Bonaparte schon der selbstherrliche Monarch und nicht ein einfacher General der Republik wäre, wobei er so klug war, die angebliche «Bescheidenheit» des Generals zu unterstreichen, seinen (tatsächlich niemals vorhandenen) Wunsch, sich von dem Lärm der Welt zurückzuziehen in den Schatten der Einsamkeit, und so weiter — alles was notwendig war, die Furcht der Direktoren vor einem zukünftigen Diktator und die schon erwachte unruhige Besorgnis des Direktoriums für sein eigenes Bestehen zu zerstreuen.

«Die Freundschaft» der beiden Männer wurde unmittelbar nachher durch das neue grandiose Unternehmen des Generals Bonaparte gefestigt: den Überfall auf Ägypten. Für Bonaparte war die Eroberung Ägyptens der erste Schritt nach Indien zur Bedrohung der Engländer. Für Talleyrand, der gerade damals den Gedanken des Erwerbs neuer Kolonien erwog, sollte Ägypten eine reiche französische Kolonie werden. Er verteidigte diesen Plan glühend vor dem Direktorium und unterstrich besonders die ungeheuren Handelsaussichten, die mit der Eroberung dieses Landes verbunden seien. Die Expedition wurde beschlossen. Bonaparte fuhr mit den besten Truppen nach Ägypten ab, für das Direktorium aber kamen bald schwierige Tage. Wieder marschierte halb Europa gegen Frankreich. In Italien war 1798 der große russische Heerführer Suworow erschienen, und die Früchte der Napoleonischen Siege von 1796—97 waren verlorengegangen. Die Unpopularität des Direktoriums wuchs von Tag zu Tag: die Minister, besonders Talleyrand, wurden des Verrats beschuldigt, weil sie Bonaparte, der das Vaterland retten könnte, absichtlich nach Ägypten geschickt hätten.

Talleyrand mußte sich unbedingt rechtzeitig von der unpopulären Regierung trennen, er nahm einen Verleumdungsprozeß, in dem er als Kläger aufgetreten war, der aber einen für ihn unbefriedigenden Ausgang gehabt hatte, zum Anlaß, überraschend seinen Abschied zu erbitten. Das war am 13. Juli 1799. Eine Woche später, am 20. Juli, wurde der Abschied genehmigt. Drei Monate danach, am 16. Oktober, kam in Paris aus Ägypten ein für das Direktorium unerwarteter und unangenehmer Besuch an — General Bonaparte.

Hier ist einzuflechten, daß Talleyrand, der den aufsteigenden Diktator voraussah und willkommen hieß, doch einigen Grund hatte, an einer besonderen Wärme beim Zusammentreffen mit dem plötzlich zurückgekehrten Eroberer Ägyptens zu zweifeln. Es handelte sich um folgendes.

Ehe er die Expedition nach Ägypten antrat, hatte sich General Bonaparte von Talleyrand versprechen lassen, daß dieser unmittelbar nach dem Auslaufen des Geschwaders aus Toulon sich als französischer Gesandter nach Konstantinopel begeben würde. Bonaparte erschien es geboten, die Fiktion friedlicher und sogar durchaus freundschaftlicher Beziehungen Frankreichs und der Türkei aufrechtzuerhalten, während Ägypten, damals noch eine türkische Provinz, erobert wurde. Diesen ziemlich halsbrecherischen diplomatischen Auftrag konnte mit sicherem Erfolg nur Talleyrand ausführen. So hatte General Bonaparte gerechnet. Talleyrand hatte das Versprechen zwar gegeben, aber nicht gehalten; niemals in seinem ganzen Leben ist Talleyrand in der Türkei gewesen.

Wie ist dieses Verhalten Talleyrands zu erklären? Der amerikanische Forscher C. L. Lokke ist mit keiner der bestehenden Erklärungen zufrieden: weder mit Raimond Guyot, der in seinem großen Werke («Le Directoire et la paix de l'Europe», Paris 1911) annimmt, daß sich Talleyrand nicht von Paris entfernen wollte, weil die Wahlen für die freigewordene Stelle eines Direktorialmitgliedes bevorstanden, noch mit Boulay de la Meurthe («Le Directoire et l'Expédition d'Egypte», Paris 1885), der annimmt, daß es Talleyrand für bequemer und gefahrloser hielt, als Minister des Äußeren in Paris zu bleiben, als auf den gefährlichen Posten eines Gesandten in Konstantinopel zu reisen, noch dazu zu den Türken, die durch Napoleons Überfall auf Ägypten in Wut geraten waren. Der Meinung Boulay de la Meurthes schließt sich der Verfasser der dreibändigen Biographie Talleyrands an, Lacour-Gayet. Lokke ist mit diesen Erwägungen nicht einverstanden und gibt seine eigene Darstellung. Er bringt die Weigerung Talleyrands, nach Konstantinopel zu gehen, mit dem Auftrag in Zusammenhang, wichtige ihm vom Direktorium übertragene Verhandlungen mit den Amerikanern zu führen. Als aber gerade im April und Mai der Skandal um «X Y Z» aufkam, das heißt also die Beschuldigung gegen Talleyrand, er ließe sich bestechen, hielt das Direktorium zunächst den Bericht für wahr, den der von den amerikanischen Reedern «verleumdete» Talleyrand mit dem Feuer ehrlicher Entrüstung am 31. Mai 1798 eingereicht hatte; dann konnte das Direktorium ihn aber nicht von seinem Posten als Minister entfernen, ihn nicht sozusagen desavouieren. Als aber die Verhandlungen mit den Amerikanern im Sommer und Herbst 1798 erfolgreich verlaufen waren, war die Lage ganz anders, und die ganze Kombination einer Entsendung Talleyrands nach Konstantinopel war gegenstandslos geworden. Lokkes Schlußfolgerung ist: Das Direktorium wollte wirklich zunächst Talleyrand nach Konstantinopel schicken, und gleichermaßen wollte auch der Minister gewissenhaft sein Versprechen halten, das er Bonaparte gegeben hatte. Und wenn Bonaparte nachher verärgert war und Talleyrand der Täuschung bezichtigte, so tat er das unter dem Einfluß einer unberechtigten Erregung.[1]

Alle diese Erwägungen sind wenig überzeugend. Die Verhandlungen mit Amerika interessierten das Direktorium nicht so, wie es dem Professor der Columbia-Universität Lokke scheint, und die Ernennung zum bevollmächtigten und außerordentlichen Gesandten in Konstantinopel hätte keineswegs zum

1 G. L. Lokke, Pourquoi Talleyrand ne fut pas envoyé à Constantinople. Annales de la Révolution Française, tome dixième, 1933, S. 153—159.

Ausdruck gebracht, daß das Direktorium Talleyrand desavouierte. Dieses Verhalten, das heißt, aus egoistischen Motiven die ausdrücklich versprochene Reise nach der Türkei nicht auszuführen, sieht Talleyrand, sieht allen seinen Methoden und Kunstgriffen so ähnlich, daß man besonders fein ausgeklügelte Erklärungen dafür nicht braucht. Die einkömmliche und hohe Stellung eines Ministers in Paris aufzugeben und dafür zu den Türken zu reisen, die in ihrer Wut ausländische Gesandte in das Siebentürme-Schloß werfen und sie dort jahrelang festhalten, wie den russischen Gesandten Jakow Bulgakow, hatte für Talleyrand nicht den geringsten Reiz, besonders bei so bedenklichen Verhältnissen: Bonaparte kämpft in Ägypten mit den Türken und ihren Vasallen, und Talleyrand soll gleichzeitig den Türken in Konstantinopel Sand in die Augen streuen und ihnen freundlich einreden, daß die Franzosen, wenn sie dem Sultan Ägypten wegnehmen, ihm in Wirklichkeit etwas Gutes tun . . .

Tatsächlich hatte Talleyrand, indem er sein Wort brach, seinem Freunde Napoleon einen bösen Streich gespielt. Der General begriff das sofort richtig. Es war der erste Verrat, den Talleyrand an ihm beging, aber bei weitem nicht der letzte.

Aber jetzt, im Oktober 1799, erschienen alle Befürchtungen Talleyrands überflüssig. Nicht nur er brauchte Bonaparte, Bonaparte brauchte auch ihn.

Napoleon ging direkt auf das Ergreifen der Macht los, dazu waren für ihn Männer wie Talleyrand nötig. Er kannte die ganze Regierungsmaschine des Direktoriums, den ganzen obersten Dienstapparat, alle schwachen Seiten der Verwaltung und die verwundbaren Stellen der Verteidigung.

Aller Jubel und alle Ovationen, womit Napoleon auf dem ganzen langen Wege von Fréjus, wo er am 9. Oktober gelandet war, bis Paris, wo er am 16. Oktober eintraf, empfangen wurde, zeigten jedermann, daß dem Direktorium nur noch ein kurzes Leben beschieden war. Tatsächlich bestand es nur noch dreiundzwanzig Tage nach dem Erscheinen Bonapartes in der Hauptstadt.

Diese dreiundzwanzig Tage waren eine Zeit der verwickeltsten und aktivsten Intrigen Talleyrands. Der Eroberer Italiens,. der Eroberer Ägyptens, der populärste Mann in ganz Frankreich brauchte ihn, einen erfahrenen Politiker, der alle Gänge und Widergänge kannte, alle Sprungfedern des Regierungsmechanismus, alle Strömungen unter den Direktoren und den übrigen einflußreichen Beamten. Talleyrand diente treu und redlich in diesen heißen Wochen dem aufgehenden Gestirn und machte den Weg für den Staatsstreich frei. Am Tage des Staatsstreichs selbst, am 18. Brumaire (dem 9. November 1799), fiel Talleyrand eine delikate Aufgabe zu — den Direktor Barras zu veranlassen, unverzüglich freiwillig abzudanken. Bonaparte übergab Talleyrand eine ziemlich große Summe, die er Barras geben sollte; ihre genaue Höhe ist bisher noch nicht festgestellt. Talleyrand traf bei Barras, der diesmal Angst bekommen hatte, obgleich er sonst nicht zaghaft war, auf völlige Bereitschaft, sofort zurückzutreten, und freute sich so über die unerwartet aufgetauchte Möglichkeit, bei dem allgemeinen Wirrwarr die für Barras bestimmte Summe in seiner eigenen Tasche zu behalten, daß er in einem Ausbruch seiner Freude dem Direktor die Hände küßte und ihm für seinen freiwilligen Rücktritt den Dank des Vaterlandes aussprach. Alles das berichtet Barras, der erst später erfuhr, welcher Preis ihm durch die übermäßige Eilfertigkeit, die er in den Morgenstunden des 18. Brumaire in der Unterredung mit Talleyrand bewiesen hatte, bei seinem Amtsverzicht entgangen war. Talleyrand schweigt natürlich bescheiden über diesen Vorfall, offenbar deshalb, weil er die Aufmerksamkeit der Nachkommen nicht mit solchen Bagatellen belasten will.

Die Tage des 18. und 19. Brumaire lieferten Frankreich in die Hände Bonapartes. Die Republik endete in einer Militärdiktatur. Elf Tage nach dem Staatsstreich ernannte der erste Konsul Bonaparte Talleyrand zu seinem Minister des Äußeren.

Die entscheidenden Tage, den Abend des 18. und den ganzen 19. Brumaire, verbrachte Talleyrand am Ort der Ereignisse, in St.-Cloud. Vorsichtshalber hatte er aber doch eine Kutsche mit zwei Vollbluttrabern bereitgestellt, auf die er sich vollkommen verlassen konnte. Gelang dem General Bonaparte sein Staatsstreich, so konnte man in gemächlichem Paßgang nach Paris zurückkehren, direkt in das Ministerium des Äußeren. Sollte aber der Staatsstreich mißlingen und Bonaparte ermordet werden, so konnte man im schärfsten Trabe, abwechselnd mit Galopp, nach der Grenze jagen.

DRITTES KAPITEL

Talleyrand
unter dem Konsulat
und im Kaiserreich

I

Talleyrand hat sowohl zur Zeit des Kaiserreichs wie nachher bis zum Ende seiner Tage bekundet, was er auch in seinen Erinnerungen sagt: «Ich habe Napoleon geliebt; ich fühlte mich sogar an seine Person gefesselt, trotz seiner Fehler; bei seinem Aufstieg fühlte ich mich zu ihm hingezogen durch den unüberwindlichen Zauber, der in einem großen Genie wohnt; seine Wohltaten haben meine herzliche Dankbarkeit ausgelöst ... Ich habe seinen Ruhm und dessen Widerschein benutzt, der auf die fiel, die ihm in seinem edlen Werke halfen.» Wir wissen jetzt auch, daß der greise Fürst sogar in seinem am 1. Oktober 1836 niedergelegten politischen Testament[1] im Alter von zweiundachtzig Jahren unter der Regierung Louis-Philippes, als er von niemandem mehr etwas brauchte, als die Dynastie der Bonapartes durch den Akt des Wiener Kongresses für immer von der Thronfolge ausgeschlossen schien und niemand ahnen konnte, daß es dieser Dynastie in Zukunft noch einmal bestimmt sein sollte zu herrschen, geschrieben hat: «Von Napoleon selbst in die Zwangslage versetzt, zwischen ihm und Frankreich zu wählen, habe ich die Wahl getroffen, die mir von dem gebieterischsten Pflichtgefühl vorgeschrieben wurde, aber indem ich es tat, beweinte ich die Unmöglichkeit, in ein und demselben Gefühl die Interessen meines Vaterlandes und die seinen zu vereinen. Aber nichtsdestoweniger werde ich bis zu meiner letzten Stunde daran denken, daß er mein Wohltäter gewesen ist, denn das Vermögen, das ich meinen Neffen vermache, ist mir zum größten Teil von ihm zu-

---

[1] Es ist vollständig zum ersten Male veröffentlicht 1932 bei Lacour-Gayet, Talleyrand, Bd. III, 1815—1838.

geflossen. Meine Neffen sollen das nicht nur niemals vergessen, sondern auch ihren Kindern weitergeben und ihre Kinder denen, die nach ihnen geboren werden, damit die Erinnerung daran in meiner Familie von Geschlecht zu Geschlecht verewigt werde, und wenn irgendein Mensch, der den Namen Bonaparte trägt, sich in einer Lage befindet, daß er Unterstützung oder Beistand braucht, sollen meine unmittelbaren Erben oder deren Nachkommen ihm alle Hilfe erweisen, die in ihren Kräften steht. Auf diese Art werden sie mehr als durch etwas anderes ihre Erkenntlichkeit mir gegenüber, ihre Ehrfurcht vor meinem Gedächtnis an den Tag legen.»

Was hat das zu bedeuten? Warum hat er das alles immer betont und geschrieben? Warum machte er so hartnäckig mit Napoleon eine Ausnahme unter allen den Menschen und Regierungen, die er auf seinem langen Lebensweg verraten und verkauft hat? Zum Teil möglicherweise deswegen, weil aus der großen Zahl von Menschen, die ihm begegnet sind, ihm tatsächlich einzig Napoleon imponierte durch seinen Geist, seine genialen, vielseitigen Fähigkeiten, seine gigantische historische Rolle. Zum Teil könnte der Grund auch sein, daß in den ganz seltenen und vereinzelten Fällen, wo Talleyrand wirklich stärkste innere Bewegung bewies, diese stets ausschließlich im Zusammenhang mit seiner unersättlichen Raffgier nach Gold stand; wir haben schon gesehen, wie er sich in den ersten Minuten nach seiner Ernennung zum Minister im Jahre 1797 benahm oder am 18. Brumaire 1799, als er sich heimlich die Summe aneignete, die zum Kauf Barras' bestimmt war. Wenn in dieser kalten, totengleichen Seele sich etwas einnisten konnte, was dem Gefühl der Dankbarkeit, wenn auch nur für schnelle Bereicherung, ähnlich schien, so mochte dieses Gefühl vor allem wohl durch Napoleon selbst, seinen «Wohltäter», wie er ihn nannte, in sie eingepflanzt worden sein.

Was bedeutete für Talleyrand das Napoleonische Imperium? Glanz und unerhörten Luxus des Hoflebens, die sogar den russischen Botschafter Kurakin, den Würdenträger aus der Zeit Katharinas, der doch schon einiges gesehen hatte, in Erstaunen setzten; die Stellung eines Ministers, der dem selbstherrlichen und mächtigsten Gewalthaber und Plünderer der reichsten Länder und Völker der Welt diente, deren Konglomerat in Europa den Umfang des einstigen römischen Weltreichs überstieg; die vor ihm, Talleyrand, kriechenden Könige, Königinnen, Herzoginnen, Großherzöge, Kurfürsten; die ununterbrochene Schmeichelei, die sklavische Servilität, das Scharwenzeln der zahllosen gekrönten und ungekrönten Vasallen; und — Gold, Gold, Gold, das sich in endlosem Strom in seine Taschen ergoß.

Zu einem für ihr glücklichen Zeitpunkt übernahm Talleyrand beim ersten Konsul die Leitung der Außenpolitik Frankreichs: Österreich war 1800 besiegt, Preußen verhielt sich seit dem Baseler Frieden 1795 in abwartender Neutralität. Die Beziehungen zu Rußland hatten sich 1800 und Anfang 1801 zu einer engen Annäherung entwickelt, und obwohl die Ermordung Pauls den in Europa umlaufenden Gerüchten von einem Bündnis ein Ende machte, blieben doch auch unter seinem Nachfolger die Beziehungen ziemlich lange erträglich.

Kaiser Paul lag schon zwei Tage, das Antlitz mit einem Nesseltuch bedeckt, im Sarge, als der aus Paris am 14. März a. St. 1801 in Petersburg ankommende Kurier den russischen Minister des Äußeren, Grafen Fjodor Wassiljewitsch Rostoptschin folgenden Brief des Fürsten Talleyrand überbrachte (er ist wegen seiner Anspielungen sehr bezeichnend, wir führen ihn deshalb vollständig an): «Herr Graf! Der Kurier Neumann, der Seiner Kaiserlichen Majestät die Antwort des Ersten Konsuls bringt, wäre eher abgeschickt worden, wenn wir nicht die Nachricht vom Eintreffen des Herrn Grafen Kolytschew in Frankreich abgewartet hätten. Jetzt haben wir die Gewißheit, daß er in einigen Tagen in Paris sein wird, und ich muß meine Befriedigung ausdrücken, die ich empfinde, wenn ich sehe, daß der Augenblick gekommen ist, wo es möglich sein wird, auf dem Wege freimütiger und vertiefter Verhandlungen über alle Gegenstände von gemeinsamem Interesse den Frieden des Kontinents zu befestigen und die Befreiung der Meere vorzubereiten. Genehmigen Sie, Herr Graf, den Ausdruck meiner Hochachtung Charles Maurice Talleyrand.»[1]

1 Archiv der Außenpolitik, Kanzlei des Min. d. Äuß., Nr. 3712, Mappe: France, Ministère. Talleyrand. Nr. 1. 1801, f. 2. Reçu le 14 mars

74

Was ist der innere, verborgene, aber ganz eindeutige Sinn dieser glatten französischen Sätze des Talleyrandschen Briefes, der verhängnisvoll und irreparabel zweimal vierundzwanzig Stunden zu spät kam? Es handelt sich um die Formulierung eines französisch-russischen Übereinkommens, das einen dauerhaften Frieden auf dem Kontinent, das heißt, in der Auffassung Napoleons auf der einen und Rostoptschins auf der anderen Seite die Beherrschung des europäischen Kontinents, durch ein russisch-französisches Bündnis festlegt. Die zweite Aufgabe, die «Befreiung der Meere», bedeutet den Krieg Frankreichs und Rußlands gegen England, den Krieg mit allen Mitteln sowohl auf dem Meere als auch auf dem Lande, auf den Wegen nach Indien.

Ein solches Übereinkommen wurde nach der Ermordung Pauls in der Nacht zum 12. März 1801 natürlich unmöglich, aber weder der erste Konsul noch sein Minister des Äußeren konnten in der ersten Zeit die geringsten feindlichen Maßnahmen von seiten Rußlands gegen Frankreich erkennen. Der neue Kaiser blickte nur um sich und hatte es nicht eilig, sich der französischen oder der englischen Mächtegruppe anzuschließen. Nach der Nacht vom 12. März die Politik des engen Anschlusses an Bonaparte fortzusetzen war selbstverständlich völlig undenkbar. Andererseits hatte die russische Diplomatie aber keinerlei besondere Veranlassung, offen auf die Seite Englands zu treten und dadurch mit einem Schlage die Feindschaft des Ersten Konsuls und seiner Vasallen auf Rußland zu lenken. Die russischen Dokumente beweisen sogar, daß Alexander durchaus nicht abgeneigt war, in bestimmten Fällen auf dem direkten diplomatischen Geschäftsweg mit Bonaparte zusammenzuarbeiten.

Man muß sagen, daß die ersten Beziehungen Talleyrands zu Alexander, die bald nach dem Tode Pauls begannen, durch Lie-

1801. «... Je dois vous exprimer la satisfaction, que j'éprouve de voir arriver le moment, où par les discussions franches et approfondies sur touts les objets d'intérêt commun, il sera possible de consolider la paix du continent et de préparer l'affranchissement des mers. (Paris, le 12 ventôse de l'an 9 de la République. A Son Excellence M. le comte de Rostopschin, ministre d'Etat et des affaires étrangères).»

benswürdigkeit und Zuvorkommenheit gekennzeichnet sind. In den Jahren 1801 und 1802 orientierte sich der neue Kaiser noch und sondierte den Boden nach verschiedenen Richtungen. Im Augenblick von Pauls Untergang waren die Beziehungen zwischen Rußland und dem Ersten Konsul außergewöhnlich freundschaftlich, und in Europa wurde nachdrücklich von einem bevorstehenden französisch-russischen Angriffs- und Verteidigungsbündnis gesprochen. Alexander ging auf ein Bündnis nicht ein, berief die Kosaken, die den Weg nach Indien erkunden sollten, sofort zurück, stellte friedlichste Beziehungen zu England her, vermied es aber unbedingt, sich mit dem mächtigen Bonaparte zu überwerfen. In diesen Jahren, in denen der Erste Konsul als Herr in Westdeutschland zu schalten begann, die regierenden Fürsten, Herzöge, Bischöfe wie Könige im Kartenspiel mischte, die einen auf Kosten der anderen belohnte usw., war es für die französische Diplomatie wichtig, sich die Unterstützung Rußlands zu sichern, um jeden möglichen Widerstand der habsburgischen Großmacht und Preußens völlig auszuschalten. Talleyrand zog in dieser Zeit den russischen Vertreter in Paris, Grafen Morkow, in die Arbeit dieses Umbaus von Westdeutschland und der Neuverteilung der Territorien hinein. In unserem Archiv der Außenpolitik ist ein Brief vorhanden (im Konzept, «Briefentwurf») vom Fürsten Kurakin an Talleyrand, der wegen seines Inhaltes und besonders wegen des Tones sehr interessant ist. Das Verhalten des Grafen Morkow in Paris wird gewöhnlich so dargestellt, als ob er durch seine Streitsucht, Unnachgiebigkeit und unverhohlene Feindschaft gegen die Regierung des Konsuls an der deutlichen Verschlechterung der Beziehungen zwischen Paris und Petersburg schuld gewesen sei. Das ist, zumindest 1802, keineswegs der Fall gewesen. Zwischen Talleyrand und Morkow bestanden Beziehungen wie zwischen Vertretern völlig befreundeter Mächte. Man braucht nur den Text dieses Briefes zu lesen, um zu sehen, bis zu welchem Grade noch im Sommer 1802 die Beziehungen beider Mächte nicht nur liebenswürdig, sondern eng und «freundschaftlich» waren. Talleyrand und der russische Botschafter entschieden zusammen die Fragen über die verschiedenen Vergütungen und Belohnungen aller dieser kleinen deutschen Potentaten, und niemals gab es Schwierigkeiten, geschweige Protest von seiten Rußlands.[1] Noch mehr: Kurakin ist sehr zufrieden, daß diese «machtvolle Vermittlung» und Einmischung Frankreichs und Rußlands in die deutschen Angelegenheiten einen «konsolidierenden» Einfluß auf alle von ihm und Talleyrand gemeinsam getroffenen Entscheidungen haben wird und muß. Dabei bittet der Zar nur darum, daß auf seine beiden «Protégés», den Herzog von Mecklenburg-Schwerin und den regierenden Bischof von Lübeck, Rücksicht genommen wird. Alles das läßt sowohl die Rolle Morkows in Paris wie auch den allgemeinen Charakter der französisch-russischen Beziehungen unmittelbar vor dem Abschluß des Friedens von Amiens zwischen Frankreich und England in ganz neuem Licht erscheinen.

II

Nach dem Frieden von Lunéville mit Österreich 1801, nach dem Vertrag von Amiens mit England 1802, nach der Herstellung korrekter Beziehungen zu Alexander I. hatte Napoleon die Hände frei, um seine Nachbarn auszuplündern.

1 ebd., 1802. Projet d'une lettre au ministre Talleyrand. Nr. 3. Le 4 juillet 1802. Unterschrift: P-ce Alex. Kourakine: «... je partage vivement la satisfaction, que vous me témoignez de l'heureux résultat de votre travail avec le C. de Morkoff sur les indemnités germaniques, mais j'éprouve une plus particulière encore de pouvoir vous annoncer que l'Empereur n'a fait aucune difficulté d'y donner son approbation.»
ebd.: «... ses instructions (die dem nach Regensburg kommandierten Bühler gegeben waren) sont de se concerter pour tout ce qui peut avoir rapport aux indemnités avec le ministre de la République et de faire des démarches communes ... pour obtenir l'effet de l'intervention de deux gouvernements et de la consolidation des arrangements proposés. M. de Morkoff est chargé de faire connaître au Premier Consul ce que l'Empereur désire encore en faveur du duc de Meclenbourg–Schwerin et du prince-évêque de Lubec ... Il me reste à désirer, citoyen Ministre, que le succès reponde à notre commune attente et on doit l'espérer et d'impartialité du plon et du poids attaché à une aussi puissante méditaton.»

In diesen Jahren der fast ununterbrochenen Eroberungen und territorialen Umschichtungen war die Rolle des französischen Ministers des Äußeren nicht sehr schwierig: der Erste Konsul, der sich bald in den Kaiser verwandelte, riß fremdes Gebiet an sich, Talleyrand stilisierte die Mitteilung des Geschehenen. So führte z. B. im Herbst 1802 der Erste Konsul seine Truppen nach der Schweiz — Talleyrand beeilte sich, in einer Zirkularnote zu erklären, daß dies nicht geschehen sei, «um die Schweiz ihrer Freiheit zu berauben, sondern um die Aufstände, die sie zerrissen (die aber überhaupt nicht existierten)[1], zu dämpfen».

Das waren die Methoden des Machthabers und des getreuen Vollstreckers seiner Befehle, des Fürsten Talleyrand, der später mit solch edler Trauer erklärte, wie schwer es ihm geworden sei, der «Henker Europas» zu sein.

Napoleon wollte seinem Minister wohl, dieses Wohlwollen zeigte sich in der Zunahme seines Einflusses und, parallel damit, in dem Steigen seiner Einkünfte in unerhörtem Maße. Talleyrand hatte in diesen Jahren in allem Glück.

Unglaublich waren seine gesellschaftlichen Erfolge, und trotz seiner fünfzig Jahre war sein Bedarf an Frauen ebenso unerschöpflich wie in der Zeit seiner blühendsten Jugend.

Eines dieser Abenteuer endete für den Fürsten ganz unerwartet mit der ärgerlichsten und schlimmsten Unannehmlichkeit — mit der Heirat. Der Zwischenfall ist interessant für die Geschichte der damaligen Zustände.

Schon 1798 hatte Talleyrand als Minister des Äußeren beim Direktorium eine Madame Grand, die junge geschiedene Frau eines in Indien dienenden Beamten, kennengelernt. Sie war in Indien geboren und erzogen. Sie war der Korrespondenz mit Emigranten verdächtig, als sie in Paris wohnte, und wurde verhaftet. Talleyrand verwandte sich schriftlich und mündlich für sie bei Barras, und das Direktorium gab sie, nicht ohne Schwierigkeiten, frei. Sie hatte ein sehr schönes Gesicht und eine klassisch schöne Figur. Talleyrand fesselte sie an sich, wie er es verstand, Frauen, die er besitzen wollte, zu bezaubern. Schließlich zog sie in sein Haus. Das war 1802. Da gaben die Frauen der

1 Paris, le 30 vendémiaire an XI (22 octobre 1802). Mélanges, S. 66.

Botschafter und andere Diplomatendamen zu verstehen, daß sie in ihren unantastbaren hochmoralischen Gefühlen beleidigt seien und daß sie deshalb von nun an die Bälle im Ministerium des Äußeren nicht mehr besuchen würden. Diese unangenehme Geschichte kam bis zu Napoleon. Zunächst stellte er Talleyrand vor die Wahl, entweder Frau Grand sofort aus seinem Hause auszuweisen oder sich ebenso unverzüglich mit ihr trauen zu lassen. Nachdem er Frau Grand gesprochen hatte, bestand der Erste Konsul auf der Heirat seines Ministers. Nach damals in der europäischen Gesellschaft umlaufenden Gerüchten sollte man, vielleicht auf Einflüsterungen Talleyrands selbst, Bonaparte delikat beigebracht haben, daß sich Frau Grand durch eine alles erlaubte Maß überschreitende Dummheit auszeichne. Aber bekanntlich hielt Napoleon Klugheit bei Frauen nicht für eine unbedingt notwendige Eigenschaft. Er blieb deshalb unbeugsam. Talleyrand wußte, daß Napoleon, Despot vom Scheitel bis zur Sohle, nach seinem Belieben verheiratete und schied. Im Zusammenhang mit der Verheiratung Talleyrands führte Frédéric Lollier aus unveröffentlichten Familienarchiven folgendes an: Napoleon befiehlt eines Tages dem regierenden deutschen Fürsten Ahrenberg, sich bei ihm zu melden, und erklärt ihm sofort unumwunden: «Sie werden morgen heiraten.» — «Sire, mein Herz ist nicht frei, eine von mir erwählte Braut rechnet auf mein Wort und hält uns für ewig verbunden.» — «Nun, sehr einfach, lösen Sie das Verlöbnis auf (désengagez-vous). Sie werden morgen heiraten und werden die heiraten, die ich Ihnen bestimme. Wenn Sie Einwendungen machen, werden wir uns im Schloß von Vincennes wiedersehen.» Nach dieser Eröffnung hatte die Brautwerbung momentanen Erfolg. Am Abend des nächsten Tages fand die Hochzeit statt. Die junge Frau, die auch ihrerseits schon lange mit einem anderen verlobt war, erfuhr ihr Schicksal und den Namen ihres Verlobten genauso plötzlich wie Ahrenberg den ihrigen.

Talleyrand sagte sich, wenn man so mit regierenden Fürsten umging, werde man mit ihm keine Umstände machen. Am Hofe Napoleons konnte es niemandem einfallen, sich dem Willen des Herrschers zu widersetzen. Nachdenken war zwecklos. Talleyrand machte drei Kreuze und heiratete.

Schon unter dem Direktorium soll Talleyrand, als er sich für die Freilassung dieser Schönheit einsetzte, in die er verliebt war, der Behörde von seiner zukünftigen Frau gesagt haben: «Ziehen Sie in Betracht, daß sie bis zur äußersten Unwahrscheinlichkeit dumm und nicht in der Lage ist, irgend etwas zu begreifen.»

Eine große Rolle hat diese Frau im Leben Talleyrands nicht gespielt. «Eine dumme Frau kann einen klugen Mann nicht kompromittieren», sagte er, «kompromittieren kann ihn nur eine, die man für klug hält.» Wir haben übrigens bestimmte Anhaltspunkte dafür, daß die legendäre Dummheit der Fürstin Talleyrand sie nicht im geringsten hinderte, von Bittstellern Geld zu nehmen, zum Beispiel vom Grafen Bentheim. Solche Aufträge ihres Mannes auszuführen, reichte ihr Verstand.

Die Gatten lebten später getrennt, seitdem Talleyrand die Frau seines Neffen, die Herzogin von Dino, zu sich herangezogen und in sein Haus genommen hatte, die seine Hausdame bis zu seinem Tode blieb.

Am Hof entwickelte sich seine Karriere von Jahr zu Jahr glänzender. Sein Stern stand im Zenit.

Napoleon machte ihn nacheinander zum Minister des Äußeren, zum Großkammerherrn, Vize-Elektor, regierenden Fürsten und Herzog von Benevent. Das Gehalt als Minister des Äußeren nicht mitgerechnet, bezog Talleyrand jährlich für alle diese Ämter fast eine halbe Million Francs in Gold (vierhundertfünfundneunzigtausend, mit dem Ministergehalt sechshundertfünfzigtausend). Zum Vergleich sei angeführt, daß in denselben Jahren eine Arbeiterfamilie in Paris, die von der gemeinsamen Arbeit aller ihrer Glieder im Jahre anderthalb Tausend Francs bezog, für wohlhabend und als vom Schicksal in seltener Weise begünstigt galt.

Außer diesen ungeheuren legalen Einnahmen hatte er auch geheime, die unvergleichlich höher waren, deren Umfang man aber nur nach einigen bekanntgewordenen Beispielen erraten kann. Sie liefen nicht in die Tausende, sondern in die Millionen. Napoleon eroberte Europa und verwandelte auch die Herrscher, denen er einen Teil ihrer Besitzungen ließ, in Vasallen und Tributfürsten, er warf diese von ihm besiegten großen Monarchen und kleinen Zarchen dauernd durcheinander und tausch-

te sie aus, setzte sie von einem Thron auf den anderen, hier
ein Stück Territorium abschneidend, dort anflickend. Dauernd
belagerten interessierte alte und neue, große und kleine Monarchen die Schwellen der Tuilerien, der Schlösser von Fontainebleau, Malmaison und St-Cloud. Aber Napoleon hatte niemals
Zeit, bei seinen ununterbrochenen Kriegen und Feldzügen war
es nicht leicht, ihn zu fassen und eine Audienz zu erhalten. Außerdem traf Napoleon seine Entscheidungen nur, nachdem er
den Bericht seines Ministers des Äußeren gehört hatte.

Man kann sich leicht vorstellen, welche unbegrenzten Möglichkeiten sich unter diesen Verhältnissen für den Fürsten Talleyrand ergaben. Jetzt konnte von einer bescheidenen «Süßigkeit» (sweetness) mit lumpigen fünfzigtausend Pfund Sterling
nicht die Rede sein, um die seinerzeit «der ungehobelte Bauern-
lümmel» aus den USA so unanständig Skandal gemacht hatte.
Inzwischen hatten sich auch diese «bockbeinigen Wilden» aus
den jungfräulichen Prärien am Ende der Welt an großstädtische
Umgangsformen gewöhnt, und als zum Beispiel Robert Living-
ston im Namen der Staaten einen Handelsvertrag mit Frankreich
abschloß, packte er, um Verzögerungen zu vermeiden, vorsichtshalber zwei Millionen Francs in Gold vor Talleyrand aus, ohne
auf Widerspruch zu stoßen. Es gab dann auch tatsächlich keine
Verzögerungen. Als Napoleon nach seinem Siege bei Marengo
Frieden mit Österreich schloß, schenkte er Talleyrand für seine
Mühen dreihunderttausend Francs, was Talleyrand aber nicht
hinderte, gleichzeitig von Kaiser Franz von Österreich vierhun-
derttausend Francs anzunehmen; außerdem verdiente er durch
gewandtes Manövrieren in der Abwicklung der verschleierten
Kontribution, die Österreich bezahlen sollte, an der überraschen-
den Unterzeichnung und Veröffentlichung des Friedensvertrages von Lunéville 1801 etwa fünfzehn Millionen Francs. Von
diesen fünfzehn Millionen Francs hatte er siebeneinhalb Millionen als «Vorschuß» schon während der Verhandlungen erhalten. Der Gegenstand selbst macht es unmöglich, immer den ge-
nauen Bestand der empfangenen Gelder festzustellen. Als zum
Beispiel Napoleon befohlen hatte, Louisiana an die USA zu verkaufen, und die Amerikaner statt achtzig Millionen, von denen
im Anfang die Rede gewesen war, an Frankreich nur vierund-

fünfzig Millionen Francs bezahlten, ist der genaue Preis für die Argumente, mit denen die Amerikaner eine so große Nachgiebigkeit bei dem französischen Minister des Äußeren Talleyrand erreichten, der die Verhandlungen leitete, bis jetzt nicht aufgeklärt worden.

Hat Napoleon davon gewußt, wie sein Minister ihn betrog und bestahl? Natürlich hat er es gewußt, genau so wie Peter I. die Machenschaften von Alexander Danilowitsch Menschikow kannte. Und aus demselben Grunde, aus dem Peter Menschikow nicht fortjagte, sondern nur mit dem Knüppel verprügelte, jagte Napoleon Talleyrand nicht fort. Napoleon verprügelte Talleyrand nicht mit dem Knüppel, nur ein einziges Mal hat er ihn, wenn auch mit unnötiger Verschwendung von Muskelkraft, öffentlich am Kragen gepackt. Er hat sich ungern, nicht so bald — und nicht nur wegen seiner Bestechlichkeit — von ihm getrennt. Talleyrand war für Napoleon notwendig und nützlich.

Für die sogenannte «private» Lebensgeschichte Talleyrands in den Jahren seiner Ministertätigkeit unter Napoleon kann man ziemlich viel interessante Dokumente anführen. Obgleich gewöhnlich die Geldgeber und Geldnehmer sehr vorsichtig, spärlich und ungern ihre Geschäfte zu Papier bringen, sind bei der täglichen Praxis Talleyrands doch einige Details erhalten geblieben.

Graf Bentheim-Steinfurt, einer der kleinen deutschen Fürsten, die wochen-, monate- und jahrelang die Vorzimmer Talleyrands belagerten, war wegen seiner Besitzungen und deren Vergrößerung nach Paris gekommen. Er erreichte nichts. Der dänische Gesandte Dreyer belehrte ihn, daß es ohne Schmiergelder nicht abginge, in seinem Falle wäre es am besten, die Sache durch Talleyrands Frau abzumachen. Der Fürst hatte Bedenken. Da übernahm Dreyer die heiklen Verhandlungen mit der Frau des Ministers, die sich nicht nur durch bezaubernde Schönheit und alles Maß übersteigende Dummheit auszeichnete, sondern noch mehr durch maßlose Raffgier. Monat auf Monat war vergangen. Bentheim war im Dezember 1803 gekommen, und schon war es Mai 1804 geworden, in der Sache war nichts erfolgt. Er hatte seinem Freunde Dreyer zur Weitergabe an die Fürstin fünfzigtausend Francs in Gold übergeben. Es half nichts.

«Dreyer», schreibt Fürst Bentheim, «hatte eine furchtbare Szene mit Madame Talleyrand, die in den beleidigendsten Ausdrükken von ihm hunderttausend Francs in Gold verlangte und sich mit fünfzigtausend nicht zufriedengeben wollte.»[1] Er mußte sie auspacken — und im Handumdrehen war die Sache erledigt: Talleyrand trug sie Napoleon vor, und der Kaiser, der nichts davon verstand, unterschrieb ohne weiteres. Das war die tägliche Praxis.

Sainte-Beuve, der 1869 im «Temps» beim Erscheinen eines ziemlich oberflächlichen Buches des englischen Historikers und Romanschriftstellers Bulwer-Lytton einige Aufsätze über Talleyrand geschrieben hatte, fügt von sich aus interessante Züge hinzu auf Grund von Erzählungen und mündlichen Berichten von Zeitgenossen des Fürsten, die zur Zeit des französischen Kritikers noch lebten. Eine dieser Erinnerungen ist folgende:

«Herr Talleyrand, was haben Sie getan, um so reich zu werden?» fragte ihn Napoleon recht ungnädig. «Sire, das Mittel war sehr einfach. Ich habe am Vorabend des 18. Brumaire Papiere der Staatsrente gekauft und sie am nächsten Tage verkauft», antwortete der schlaue Schmeichler und erinnerte hierdurch Napoleon daran, wie sofort nach dem Umsturz, der Napoleon zum Selbstherrscher machte, alle französischen Wertpapiere im Preise stiegen. «Diesmal konnte der Kaiser nicht zürnen. Durch eine gerissene, für ihn bezeichnende Wendung war der Fuchs den Klauen des Löwen entwischt», fügte Sainte-Beuve seiner Erzählung hinzu.[2]

Am interessantesten ist es, daß beide recht hatten, der Kaiser und sein Untergebener. Napoleon hatte recht, wenn er Talleyrand beargwöhnte, daß er Schiebungen machte und Geld nahm, und Talleyrand hatte mit seiner Antwort an den zürnenden Frager auch recht, weil er tatsächlich nach dem Umsturz vom 18. Brumaire kräftig durch Börsenspekulationen verdient hatte. Sein ganzes Leben lang hat er intrigiert und an der Börse spekuliert, ohne daß eines das andere hinderte — im Gegenteil.

1 Mélanges, S. 70–72.
2 Sainte-Beuve, a. a. O., S. 85. (Es ist dies ein Nachdruck eines Artikels von 1869 mit Zusätzen.)

Die Bereicherung erfolgte im grandiosen Maßstabe. Beobachter wie Stendhal haben immer unterstrichen, daß Talleyrand selbst die Leute gelehrt habe, «die kleinen Niedrigkeiten zu verachten, wenn sie keinen absoluten Nutzen bringen».[1]

Ein Goldregen ging über dem Imperium nieder, das allmählich direkt oder indirekt fast den ganzen Kontinent Europas umfaßte. Die kaiserliche Kasse war unerschöpflich, die Lieferanten füllten schnell die Speicher der Großbourgeoisie wieder auf und schufen sich ungeheure Vermögen. «Zur Zeit des Kaiserreichs schacherte niemand außer Talleyrand, und er auch nur, wenn er seine Noten und Meinungen verkaufte. Fehlte an einer Stelle Geld, so wurde an einer anderen eine Kontribution ausgeschrieben, zwei Kontributionen an einer dritten» — lautet eine Bemerkung Herzens, die er in der Schweiz über das Regime Napoleons in seinem Reisetagebuch «Alpenansichten» hingeworfen hat und die auffallend zu dem paßt, was wir soeben über die Zeit Napoleons im allgemeinen und über die Machenschaften seines erhabenen Ministers des Äußeren im besonderen erzählt haben.

III

Der Kaiser kannte selbstverständlich und verachtete Talleyrands Charakter und Moral, wenn es nicht lächerlich erscheint, diesen Begriff auf ihn anzuwenden, aber er war entzückt davon, wie dieser Kopf zu arbeiten verstand, wie er es verstand, für verwickelte und verfahrene diplomatische Probleme eine Lösung zu suchen und zu finden ... Und dafür verzieh er alles. In der ungeheuren, oft wenig glaubwürdigen Literatur über Napoleon, die schon in der Mitte des 19. Jahrhunderts in Frankreich erschien, wird ein Ausspruch verbreitet, den Napoleon angeblich über den Polizeiminister Fouché getan haben soll, als dieser durch Provokation eine terroristische Verschwörung aufgedeckt hatte: «Die, die mich ermorden wollen, sind Dummköpfe, aber

---

[1] Stendhal, Courrier anglais, Bd. III, S. 65: «M. de Talleyrand nous a fait habitués à mépriser les petites actions basses quand elles ne sont point absolument utiles.»

die, die mich vor ihnen retten, sind Lumpen.» Wahrscheinlich hat er etwas Ähnliches nie gesagt, jedenfalls nicht vor aller Ohren. Aber eine solche Legende konnte deshalb leicht entstehen, weil jedermann bekannt war, wie der Kaiser zu Fouché stand. Talleyrand hat er zwar wegen seiner Moral zuweilen mit Fouché verglichen, aber hinsichtlich ihres Intellektes hat er sie nie auf eine Stufe gestellt.

Die polizeiliche, schnüffelnde, unterirdische Verschlagenheit und provokatorische Skrupellosigkeit Fouchés war für den Kaiser unentbehrlich zum Schutze seines Lebens, aber Talleyrands Klugheit war ihm unentbehrlich für die Formulierungen, die Systematisierung und die diplomatischen Funktionen zur endgültigen Realisierung der grandiosen Aufgaben, in denen Napoleon seine historische Mission sah. Talleyrand flüsterte ihm nicht ein, was er tun solle, gab aber ausgezeichnete Ratschläge, wie man das, was der Kaiser anstrebte, am besten ausführen könnte. Talleyrand, mit den Manieren eines großen Herren des Ancien régime, verstand es, Befehle Napoleons weiterzugeben, wie es sich gehörte, er verstand es, eine schwierige Auseinandersetzung mit ausländischen Diplomaten zu führen ohne die Schärfe und den Kasernenhofton, ohne jene Wutausbrüche, die bei Napoleon durchaus nicht immer rein schauspielerische Methoden waren und besonders in den Fällen, wo sie nicht wohlüberlegte Komödie darstellten, dem Kaiser außerordentlich schadeten.

Talleyrand war während der ersten acht Jahre der Diktatur mit Napoleon ein Herz und eine Seele, und entgegen allen seinen späteren Behauptungen hat er während dieser Jahre nie gewagt, Napoleon Halt zuzurufen, ihm zuzureden, auch nur einigermaßen seine territorialen und sonstigen Raubzüge zu mäßigen, niemals hat er versucht, zu Maß und Vernunft mahnende Ratschläge zu geben, mit denen er in seinen späteren Memoiren so freigebig ist. Er wurde Napoleon erst untreu, als er sich überzeugt hatte, daß es an der Zeit sei, diesen Schritt zu seinem eigenen Vorteil zu tun. Aber das war erst später. Talleyrand möchte in den Augen der Leser seiner Memoiren die Rolle des Schillerschen Marquis Posa spielen, der Philipp II. die Wahrheit sagte, oder, wenn er die russische Geschichte kannte, eine Rolle analog der Stellung des Fürsten Jakow Dolgoruki bei Peter, mit einem Worte, die gefährliche, aber ehrliche Haltung eines furchtlosen, wahrheitsliebenden Mannes, der die Ehre seines Dienstes darin sucht, den Herrscher von zügelloser Willkür zurückzuhalten. Diese von Talleyrand behauptete Pose ist bis zur Lächerlichkeit unhaltbar; er hat nie auch nur einen Finger gerührt, um Napoleon zurückzuhalten oder zu beruhigen, ihn auch nur einmal vor einer Ungerechtigkeit oder Grausamkeit zu warnen. Das beste Beispiel hierfür mag die Bluttat der Hinrichtung des Herzogs von Enghien sein, mit der der Name Talleyrands fest verbunden ist, trotz aller seiner hartnäckigen Bemühungen, die Wahrheit zu verbergen und zu verdrehen. Talleyrand ging so weit, schon im Anfang der Restauration, im April 1814, die amtlichen Dokumente aufsuchen und vernichten zu lassen.

Talleyrands Rolle in diesem Drama ist folgende: Gerade Talleyrand log in einem Gespräch am 8. März 1804 Napoleon vor, der auf badischem Territorium lebende Herzog von Enghien sei das Haupt von Verschwörern, die es auf das Leben des Konsuls abgesehen hätten, und erklärte dabei, daß es sehr einfach und bequem sei, dem Chef der Grenzgendarmerie, General Caulaincourt, zu befehlen, kurzerhand eine Gendarmerieabteilung auf badisches Gebiet zu schicken, dort den Herzog von Enghien auszuheben und nach Paris zu bringen. Eine kleine Schwierigkeit war dabei, daß man hierdurch mitten im Frieden plötzlich durch einen flagranten Rechtsbruch die Unantastbarkeit fremden Territoriums verletzte. Talleyrand übernahm es, die Sache sofort in Form und Ordnung zu bringen, und faßte eine entsprechende Note an die badische Regierung ab, die, damit der Herzog von Enghien nicht rechtzeitig gewarnt werden und aus Baden entfliehen konnte, General Caulaincourt nach Talleyrands Weisung dem badischen Minister erst überreichen sollte, wenn der Herzog verhaftet und nach Frankreich weggeschafft war.

Der Herzog von Enghien wurde von den französischen Gendarmen festgenommen, in das Gefängnis von Vincennes gebracht, sofort von einem Militärgericht verurteilt und noch in derselben Nacht, am 21. März 1804, erschossen, obwohl jegliche Beweise fehlten. Napoleon, der niemals die Verantwortung für seine Handlungen auf andere abzuwälzen liebte, warf viele Jahre später in einem Wutausbruch Talleyrand öffentlich die verhängnisvollen Worte ins Gesicht: «Und dieser Mensch, dieser Unglückliche? Wer hat mich über seinen Aufenthalt orientiert? Wer hat mich angestiftet, hart mit ihm abzurechnen?» Und Talleyrand wagte kein Wort der Erwiderung. Damit hatte er seine aktive Beteiligung und Initiative bei dieser blutigen Tat zugegeben. Er brauchte sie erstens, um Napoleon seinen Eifer in der Bewachung seines Lebens vor Attentätern zu beweisen, zweitens, um die Royalisten durch die Hinrichtung eines Prinzen aus dem Hause Bourbon einzuschüchtern, denn Talleyrand fürchtete dauernd für sein eigenes Schicksal, wenn die alte Dynastie zurückkehrte. Mit einem Worte, dieser Mord schien ihm damals nützlich — er gab bei Napoleon den Anstoß zu der Tat und half selbst aktiv bei der Durchführung.

Auf St. Helena hat Napoleon dem englischen Arzte Warden im Gespräch über den Herzog von Enghien mitgeteilt: «Die Minister bestanden auf der Verhaftung des Herzogs von Enghien, obgleich er auf neutralem Territorium lebte. Ich war schwankend. Zweimal legte der Fürst von Benevent mir den Befehl vor, und mit aller Energie, deren er fähig war, bestand er darauf, daß ich unterschreiben sollte ... Ich konnte überhaupt nichts anderes mehr hören (j'avais les oreilles rabattues) als immer nur die Behauptung, daß die neue Dynastie niemals auf festen Füßen stehen wird, solange noch ein Bourbone lebt. Talleyrand ist nie von dieser These abgegangen. Sie war die Basis, der Eckstein seines politischen Credos ... Das Resultat meiner Überlegungen war, daß ich mich voll und ganz der Meinung Talleyrands anschloß.»[1]

Im Gespräch über diese Angelegenheit mit Lord Elbrington fügte Napoleon hinzu, es sei ihm nahegegangen, als man ihm gesagt habe, der Herzog habe, als das Todesurteil bereits ergangen war, mit ihm sprechen wollen. «Talleyrand hat mich daran gehindert, indem er mir sagte: Kompromittieren Sie sich nicht mit einem Bourbonen! Sie ahnen nicht, was das für Folgen haben kann.»[2]

Der Brief, den der Herzog vor der Erschießung an Napoleon

1 Stendhal, Napoléon. Bd. I, Vie de Napoléon, Paris 1929, S. 92.
2 ebd. S. 95.

geschrieben hat und der unbedingt zu seiner Begnadigung geführt hätte, wurde gerade deshalb von Talleyrand zurückgehalten, der ihn Napoleon unmittelbar nach der Vollstreckung des Urteils aushändigte. Stendhal hat die Abschrift des Briefes in den Händen von Lascases gesehen.[1]

Das alles hat Talleyrand keineswegs gehindert, später eine Darstellung zu geben, als ob er absolut keine Schuld daran trage und das rechtswidrige Vorgehen Napoleon restlos verurteilt habe. Es hat ihn auch nicht gehindert (was viel interessanter und vom psychologischen Standpunkt aus viel aufschlußreicher ist), später eine wirklich erschütternde Szene beim Zusammentreffen mit dem Vater des erschossenen Herzogs zu spielen, eine Szene, die weder Shakespeare noch Dostojewski hätten erdichten können.

Es war im Jahre 1818, schon unter der Restauration. Talleyrand war Großkammerherr bei König Ludwig XVIII. (in derselben Hofstellung wie bei Napoleon I.), und es war ihm besonders unangenehm, daß gerade 1818 der alte Prinz Condé, der Vater des vor vierzehn Jahren erschossenen Herzogs von Enghien, sich in Paris niederließ. Der alte Herr hatte sich nie über den Verlust seines einzigen, von ihm von Kind auf vergötterten Sohnes beruhigen können. Ein unheilschwangeres Zusammentreffen zwischen dem Verwandten des Königs und dem Großkammerherrn stand bevor. Es war sehr peinlich. Da fädelt Talleyrand sehr kunstvoll die Bekanntschaft mit einer dem Prinzen Condé nahestehenden Dame ein und erzählt ihr ein großes, heiliges Geheimnis, das er bisher bescheiden in seiner edlen Brust verschlossen hatte, aber jetzt preisgibt: Man verleumdet ihn nicht nur zu Unrecht, indem man ihm die Ermordung des Herzogs von Enghien vorwirft, er, Fürst Talleyrand, habe sogar seinen eigenen Kopf riskiert, um den unglücklichen jungen Menschen zu retten. Ja! Er habe heimlich einen Brief an den Herzog geschickt, mit der Warnung, sich unverzüglich in Sicherheit zu bringen, aber der Herzog schlug seinen Rat in den Wind, blieb — am nächsten Tage wurde er von den französischen Gendarmen ausgehoben und nach Vincennes gebracht. Es war klar, wenn Napoleon diesen verzweifelten Schritt seines Ministers er-

1 ebd. S. 98.

fahren hätte, wäre Talleyrands Kopf unter der Guillotine gefallen. Kann man von einem Menschen mehr Edelmut und Großherzigkeit verlangen? Es erübrigt sich, ein Wort über den völligen Unsinn dieser lächerlichen Erfindung zu verlieren. Sonderbarerweise aber glaubte sie Prinz Condé (man darf nicht vergessen, daß die Beweise gegen Talleyrand damals noch nicht vollständig bekannt waren), und bei der ersten Begegnung beeilte sich der Greis, mit Tränen Talleyrand zu danken für seine Selbstverleugnung bei seinen beinahe heldenhaften, aber leider erfolglosen Bemühungen, seinen unglücklichen Sohn zu retten. Talleyrand nahm diese Dankeserklärungen mit demselben Takt, mit derselben ruhigen Zurückhaltung und würdevollen Bescheidenheit entgegen, wie er unter Napoleon die besonderen Auszeichnungen (darunter das Kommandeursband der Ehrenlegion) entgegengenommen hatte, mit denen er unmittelbar nach der Erschießung des Herzogs von Enghien für seine Verdienste um die Aufdeckung des Komplotts und die Verhaftung des Herzogs überschüttet worden war. Diese Auszeichnungen erhielt Talleyrand, kurz bevor Napoleon den Kaisertitel annahm.

Die Annahme des Kaisertitels im Jahre 1804 war nur eine ganz äußerliche Umbenennung des Selbstherrschers, der die oberste Gewalt am 18. Brumaire 1799 ergriffen hatte. Aber Talleyrand erklärte mit schönen Worten in einem offiziellen Schreiben an die französischen Gesandten im Auslande die Bedeutung der Krönung vom 2. Dezember 1804: «Die Salbung und Krönung Seiner Kaiserlichen Majestät hat die Revolution beendigt. Frankreich wurde unter die Gewalt einer Regierungsform gestellt, die seiner Größe und seinen Bräuchen angemessen ist und von der man sich nach vierzehn Jahrhunderten nur losgesagt hatte, um sich nebelhaften Vernünfteleien in die Arme zu werfen, die keinerlei Verbindungen mit der Vergangenheit hatten und keinerlei Garantien für die Zukunft boten.» Weiter beschreibt er die ganze Pracht der Krönung und «die Begeisterung des Volkes für den Mann, der den Staat gerettet, den inneren Frieden befestigt und die Hoffnungen aller erfüllt hat». Von nun an sei die Macht des Kaisers geheiligt.[1]

1 Talleyrand — Viaille (Gesandter in der Schweiz). Mélanges, S. 81.

IV

Die Krönungsfeierlichkeiten für Napoleon, bei denen Talleyrand eine glänzende Rolle gespielt hatte, waren vorübergegan-
gen, die feenhaften Tage der kaiserlichen Epopöe waren ver-
rauscht: ununterbrochene glänzende Bälle in Paris und auf den
Schlössern der Umgebung, bisweilen einmal Reisen Talleyrands
nach seinem neuen, mit kolossaler Pracht ausgestatteten eigenen Schloß Valençay, Reisen im Gefolge des Kaisers nach Bou-
logne, von wo ein Angriff gegen England vorbereitet wurde, in
den Feldzug gegen Österreich, nach Wien und Austerlitz, in den
Krieg gegen Preußen, nach Berlin, nach Warschau, nach Tilsit,
dann wieder nach Paris, wo das Leben des mit Gnadenbeweisen
und Belohnungen überschütteten kaiserlichen Ministers dahin-
ging in Luxus, Ehren, neuen Liebesabenteuern, in Vergnügungen jeder Art, in Audienzen und vertraulichen Gesprächen mit
dem Kaiser, in denen er zuerst von den bevorstehenden Veränderungen in der Lage Europas erfuhr und seine Instruktionen erhielt. Wie bisher wagte er nicht, Napoleon zu widersprechen, im
Gegenteil, er redete ihm in allem nach dem Munde, er ließ zum
Beispiel nicht ein einziges Mal ein Wort fallen, daß er die Kontinentalsperre, die Napoleon am 21. November 1806 von Berlin
aus proklamierte, für verhängnisvoll ansah. Und Talleyrand sah
sie so an. Der Zusammenbruch Preußens hatte Napoleon endgültig zum unumschränkten Herrn ganz Deutschlands gemacht. Alle
krochen vor dem Kaiser im Staube, und alle erhofften sich Rettung nur durch das großmütige Eintreten Talleyrands. Der König von Sachsen gab ihm als Zeichen seiner Dankbarkeit für verschiedene Freundlichkeiten eine Million Francs in Gold. Überhaupt ergoß sich ein Goldregen über den Minister des Äußeren.
Ebenso gab er sein Geld ohne nachzurechnen aus, für die Aus-
schmückung seines herrlichen Schlosses in Valençay und seines
Palais in Paris, für zauberhafte Bälle, Bankette und Essen, an
denen bis zu fünfhundert geladene Gäste teilnahmen, für Jag-
den, für Kartenspiel — und immer neue und neue Haufen Goldes
füllten seine Kasse.

Doch in dem neuen Kriege, 1806—1807, begann er zum ersten
Mal sich ernsthaft mit der Frage zu beschäftigen: Wie wird das

alles enden? Freilich, das Glück schien Napoleon weiter zur Seite zu stehen. Preußen war durch den Vertrag von Tilsit so zu Boden geschlagen und amputiert, daß nur ein kleines abgehauenes Stückchen von ihm übriggeblieben war. Die russische Armee war bei Friedland geschlagen; in Tilsit sah sich Alexander gezwungen, mit Napoleon ein Bündnis zu schließen. Aber Talleyrand hatte nicht das kurz zuvor erfolgte Blutbad von Eylau vergessen, wo auf beiden Seiten Zehntausende gefallen und die Russen in Wirklichkeit durchaus nicht geschlagen worden waren, trotz Napoleons Bulletin. Talleyrand lebte die vier Monate zwischen Eylau und Friedland in Unruhe. Doch es ging diesmal noch alles gut ab. Napoleon kehrte neugestärkt, in neuem Glanze und mit neuem kolossalem Machtzuwachs nach Paris zurück. Aber auf wie lange?

Talleyrand hat immer behauptet, daß er schon im Frühjahr und Sommer 1806, vor dem Kriege gegen Preußen, alles getan habe, was in seinen Kräften stand, um diesen Krieg zu vermeiden. Er suchte den Frieden mit England und Rußland. Gerade er hatte verwickelte Verhandlungen mit Yarmouth und Lord Lauderdale über den Frieden mit England geführt. Nur ihm war es gelungen, den russischen Diplomaten Oubril einzufangen und sogar einen Friedensvertrag mit Rußland zu entwerfen, den Alexander I. allerdings nicht ratifizierte. Ungern ging Napoleon im Sommer 1806 auf dieses Friedensprogramm ein. Talleyrand sah klar, noch vor dem Zusammenbruch Preußens 1806 bis 1807, daß es sinnlos war, immer von neuem die hervorragende Stellung Frankreichs aufs Spiel zu setzen, die das Land in den ersten Jahren der Diktatur Napoleons errungen hatte.

Aber der Kaiser hatte schon den Sinn für die Grenzen des Möglichen verloren und strebte unaufhaltsam weiter zu neuer Ausdehnung seiner Macht.

Talleyrand erkannte deutlich, daß es auf dieser Bahn kein Halten gab und daß Napoleon den direkten Weg zur Errichtung der Weltherrschaft gehen wollte und schon ging; das aber erforderte, zur Konsolidierung dieser Weltherrschaft die beiden übriggebliebenen Hindernisse aus dem Wege zu räumen — England und Rußland. Der Fürst war überzeugt, daß damit ein phantastisches, unausführbares Unternehmen ausgeklügelt war und daß Napoleon unbedingt untergehen mußte, wenn er sich darauf versteifte.

Selbst wenn sich die Weltmonarchie verwirklichen ließ, so nur auf Augenblicke, und der unvermeidliche Untergang des unersättlichen Eroberers würde eine Katastrophe für Frankreich nach sich ziehen. Und mit diesen Erwägungen begründet Talleyrand auch seine plötzliche Abdankung, die sofort nach dem Frieden von Tilsit am 10. August 1807 erfolgte. Gerade die unersättliche Gier nach Eroberungen und die Unbezähmbarkeit Napoleons in Tilsit haben Talleyrand gezwungen, sich zu diesem Schritt zu entschließen. «Ich will nicht der Henker Europas sein», hat hierbei angeblich der scheidende Minister gesagt. In der tyrannischen Selbstherrschaft des Siegers und Gebieters über Europa sah er den sicheren Keim für neue Kriege und den schließlichen Untergang Napoleons und wollte rechtzeitig abgehen und «an die Zukunft denken». Das ist die Erklärung für den Abgang von seiten des am meisten Interessierten, Talleyrands selbst. Hören wir nun die Erklärung Napoleons: «Er ist ein talentierter Mensch, aber mit ihm kann man nichts machen, wenn man ihm nicht Geld gibt. Der König von Bayern und der König von Württemberg haben mir soviel Klagen über seine Geldgier unterbreitet, daß ich ihm das Portefeuille nahm.» Was ist die Wahrheit? Wie zuweilen, durchaus nicht immer, liegt sie in der Mitte. Tatsächlich hatte Tilsit Talleyrand dadurch einen Schrecken eingejagt, daß der volle Sieg über ganz Westeuropa und das erzwungene Bündnis mit Kaiser Alexander I. Napoleon zum Herrn des versklavten europäischen Kontinents machten, was unvermeidlich die Ursache für neue verzweifelte, blutige Kriege sein mußte; und tatsächlich suchte Talleyrand bereits nach einer ihm gemäßen Position in jener fernen Zukunft, wenn es vorteilhafter sein würde, nicht für, sondern wider Napoleon zu sein. Er war daher nicht abgeneigt, nach Tilsit, vielleicht schon nach Eylau, abzutreten. Andererseits hat aber auch Napoleon recht, wenn er behauptet, daß er Talleyrand wegen allzu hemmungsloser Erpressungen an den königlichen Vasallen entlassen habe. Beides ist richtig. Natürlich hat Napoleon Talleyrand Vorwürfe gemacht wegen dieser erpresserischen Verfehlungen. Aber der Kaiser hatte nicht das erste, sondern das zehnte Mal mit

seinem allgewaltigen Minister über dieses heikle Thema gesprochen, dieser hatte immer verstanden, taktvoll zuzuhören, sich
würdevoll zu verbeugen und vornehm zu schweigen oder das
Gespräch auf weniger unangenehme Gegenstände zu lenken.
Diesmal aber, als Talleyrand schon selbst an den Abschied dachte,
konnte er den Vorwand wahrnehmen, den Beleidigten spielen
und den Abschied einreichen.

Er fing das so durchdacht und klug an, daß Napoleon selbst es
für nötig hielt, seinen ausscheidenden Minister großzügig zu be-
lohnen; vier Tage nach der Einreichung des Abschieds gab der
Kaiser dem Senat den Befehl, die Ernennung Talleyrands, des
Fürsten von Benevent, zum Vize-Groß-Elektor mit dem Titel
Hoheit, wie bei den Prinzen der kaiserlichen Familie, und der
Anrede Serenissime zu verfügen und ihm außerdem ein Jahresgehalt von 300 000 Francs in Gold auszusetzen. Talleyrands
Pflichten bestanden von jetzt an nur darin, bei festlichen Gelegenheiten in einem Kostüm aus rotem Samt mit Goldstickerei
und weißen Atlashosen bei Hofe zu erscheinen und neben dem
Thron des Kaisers zu stehen. Alles das war nach Talleyrands
Wunsch. Man konnte aus der Ferne und ohne Risiko die Entwicklung der Dinge abwarten und hatte sein persönliches Schicksal von dem Napoleons getrennt, zu dem aber nach dieser huld-
vollen Ernennung die Beziehungen die besten blieben.

Natürlich wußte Napoleon, daß der erste Nachfolger Talleyrands, der Herzog von Cadore, und dessen Nachfolger, Staatssekretär Maret, in ihren Fähigkeiten mit Talleyrand überhaupt
nicht verglichen werden konnten. Talleyrand äußerte im Hinblick auf das aufgeblasene Wesen Marets, der sogleich vor Hoch-
mut platzte, als ihm Napoleon den Titel «Herzog von Bassano»
verliehen hatte: «Jetzt gibt es in Frankreich einen Menschen,
der noch dümmer ist, als Maret war, das ist der Herzog von Bassano.»[1]

1 Fürst P. A. Wjasemski, Gesamtausgabe, Bd. VIII («Altes Notiz-
  buch»), St. Petersburg 1883, S. 349. Wjasemski war über alle
  Pariser Vorgänge und Beziehungen in der Zeit des Kaiserreichs
  und der Restauration durch seinen guten Freund Alexander Mi-
  chailowitsch Turgenjew, der Paris so genau — wenn nicht besser —
  kannte wie Moskau und Petersburg, sehr gut unterrichtet.

Solche Ausfälle Talleyrands wurden weit über die Grenzen Frankreichs bekannt und riefen den unversöhnlichen Haß der neuen Minister gegen ihn hervor, die sich nach dem Abgang Talleyrands und Fouchés bei Napoleon einrichten mußten. Besonders der Herzog von Bassano und seine Frau verhinderten 1812, daß Talleyrand anstelle de Pradts zum bevollmächtigten Vertreter in Warschau ernannt wurde, was Napoleon eine Zeitlang beabsichtigt hatte. Später hat sich der Kaiser beim Herzog Caulaincourt über diese Intrigen des Ehepaares Bassano beklagt.

Unbedenklich nutzte Talleyrand, da er keine formelle Verantwortung mehr hatte, alle Möglichkeiten zu Vorteilen aus, die ihm sein nahes Verhältnis zum Kaiser bieten konnte. Napoleon beabsichtigte 1808 — eigentlich schon 1807 unmittelbar nach Tilsit —, Spanien und Portugal zu erobern. Talleyrand hat später dieses Unternehmen als eine wilde, empörende und vor allem überflüssige Willkür angesehen, da beide auf der Pyrenäenhalbinsel regierenden Dynastien — die Braganza in Portugal und die Bourbonen in Spanien — Napoleon sklavisch gehorchten, vor jedem Wort von ihm zitterten, unverzüglich seine Befehle ausführten und alle seine Wünsche zu erraten suchten. Talleyrand hat deshalb häufig darauf hingewiesen, daß ein Überfall auf Spanien und Portugal ein grober, verderblicher Fehler sei, daß der Kaiser sich nur selbst dadurch schwäche.

Aber alle diese vernünftigen Ermahnungen hat er erst nachher gegeben. Es kann jetzt als erwiesen gelten, daß noch 1807 Talleyrand alle Pläne Napoleons gegenüber Spanien vollkommen billigte und laut und offen verkündete, z. B. bei der Hofdame de Rémusat, daß die spanischen Bourbonen für den Kaiser unbequeme Nachbarn seien und daß es das beste sei, diese Dynastie zu liquidieren («ich glaube, daß es nicht möglich ist, sie zu halten»). Auch in Spanien wußte man das. Als der spanische Thronerbe Ferdinand zu unfreiwilligem Aufenthalt in Talleyrands Schloß nach Valençay gebracht worden war, konnten die Gäste ihre Furcht und ihren Abscheu vor dem «vornehmen» und gastfreien Hausherrn nicht verhehlen. Das hinderte Talleyrand nicht, als die spanischen Unternehmen Napoleons schlecht gingen, das Gerücht in Umlauf zu setzen, er habe dem Kaiser von dem spanischen Abenteuer abgeraten; aber was kann man mit dem Kaiser anfangen, wenn er auf die wohlgemeinten Ratschläge seiner treuen Diener nicht hört?

Wir führen noch die Aussage eines Mitkämpfers in den Napoleonischen Kriegen, nämlich Stendhals, an: «Talleyrand wurde nicht müde, Napoleon einzureden, daß seine Dynastie so lange in ihrem Bestand gefährdet sei, wie er nicht die Bourbonen ausgerottet habe. Sie des Thrones zu berauben genüge nicht...» Das hat er gelegentlich der Absetzung der spanischen Dynastie der Bourbonen im Jahre 1808 erklärt.[1] Stendhal war über die spanischen Angelegenheiten Napoleons sehr gut unterrichtet, diese Aussage eines Zeitgenossen bestätigt andere analoge Bekundungen.

Obgleich Talleyrand offenbar tatsächlich Napoleon anzustiften gesucht hat, die ganze spanische Linie der Bourbonen ins Jenseits zu befördern, entschloß sich der Kaiser nicht dazu und begnügte sich mit ihrer Verhaftung und Überführung nach Frankreich in jahrelange Gefangenschaft.

Als dann im Frühjahr 1808 das spanische Volk unerwartet seinen erbitterten Aufstand gegen den Eroberer begann, sah Talleyrand, wie schon seit langem, in diesem nicht zu löschenden Brand des Volkskrieges in Spanien den Anfang der herannahenden Katastrophe des großen Kaiserreiches. Talleyrand hat das alles in seinen Memoiren und in den Gesprächen mit Zeitgenossen, denen er, wie Frau von Rémusat, traute, in schönen Worten auseinandergesetzt, aber Napoleon selbst hat er nicht nur nicht vor dem verderblichen Schritt gewarnt, sondern im Gegenteil ihn sogar angefeuert, ihm geschmeichelt und nur darauf gelauert, auch für sich persönlich von dieser neuesten Napoleonischen Eroberung etwas zu ergattern. Mit einem Wort, er ging so untertänigst und ergeben auf Napoleons Gedanken ein, daß dieser den spanischen Thronfolger und noch zwei andere Prinzen der spanischen Bourbonen in Bayonne, wohin er sie durch eine List gelockt hatte, festnehmen und als Gefangene in das Schloß Talleyrands nach Valençay bringen ließ, wo sie fast bis zum Ende des Kaiserreichs blieben. Talleyrand hat sich später in seinen Memoiren mit Bitterkeit darüber geäußert, daß der

1 Stendhal, Vie de Napoléon, S. 123—124.

Kaiser seinen Landsitz ausgewählt habe, um «sein Schloß zum Gefängnis» für die spanischen Bourbonen zu machen. Talleyrand vergißt aber zu erwähnen, daß er, offenbar um seine hochherzige Trauer zu mildern, kurz darauf vom Fiskus nachdrücklich zwei Millionen Francs für die Renovierung seines Schlosses verlangte, die zur Unterbringung der Prinzen nötig gewesen war. Tatsächlich erforderte dieses riesige und schon damals aufs luxuriöseste ausgestattete und möblierte Schloß mit zahlreichen Nebenbauten nicht die geringste Renovierung, um drei Menschen mit einigen Dienern unterzubringen. Außerdem wurden zu ihrem Unterhalt vom ersten Tage an reichlich Staatsgelder angewiesen.

Der spanische Brand breitete sich aus. Die Spanier zwangen das ganze französische Korps des Generals Dupont bei Baylen zu kapitulieren. Die europäischen Vasallenstaaten und die gekrönten Vasallen und Sklaven Napoleons begannen mit dem Blick auf Spanien leise zu hoffen; Gerüchte sprachen von österreichischen Rüstungen; unter der studierenden deutschen Jugend gärte es gegen den Eroberer. Und plötzlich erhält Talleyrand die Nachricht, daß Napoleon wünscht, ihn, obwohl er nicht mehr Minister ist, zu einem Zusammentreffen mit Alexander I. mit nach Erfurt zu nehmen.

So erfolgte ein neuer Wink des Schicksals, ein neuer Umschwung in den Geschicken Talleyrands.

V

Alexander Pawlowitsch, Herrscher aller Reußen, reiste im September 1808 in nicht sehr gehobener Stimmung nach Erfurt zu Napoleon. Unmittelbar vor der Abreise erhielt er einen umfangreichen Brief von seiner Mutter. Maria Fjodorowna brachte in diesem Briefe nicht nur die verärgerte und verstörte Stimmung des gesamten Adels und Hofes über die Freundschaft und das in Tilsit geschlossene Bündnis des Zaren mit dem französischen Eroberer zum Ausdruck, sondern noch mehr die ernsten, schwarzseherischen Befürchtungen, die die Reise des Zaren in die weit entfernte Stadt hervorgerufen hatte, die von den Truppen Napoleons besetzt war. Alle hatten noch frisch im Gedächtnis, wie erst vor vier Monaten, im Mai 1808, die von Napoleon freundschaftlich nach Bayonne eingeladene spanische Königsfamilie vollzählig verräterisch verhaftet und verschickt worden war — die einen nach Fontainebleau, die anderen, wie oben berichtet, nach Valençay. Wo war eine Garantie dafür, daß Napoleon in Erfurt nicht ebenso mit Alexander verfuhr, der sich dort völlig in seiner Hand befand? Die wirtschaftlichen Interessen des russischen Adels und der Kaufmannschaft wurden durch die von Napoleon Rußland aufgezwungene Kontinentalsperre empfindlich geschädigt, weil nun die Ausfuhr russischen Getreides und russischer Rohstoffe nach England unterbunden war. Im Winterpalais kamen anonyme Briefe an, die den Zaren an das Schicksal seines Vaters Paul, gerade als er sich in die Freundschaft mit Bonaparte eingelassen hatte, erinnerten. Der Rubel verlor schnell an seiner bisherigen Kaufkraft. Natürlich antwortete Alexander seiner Mutter fest und ausführlich und unterstrich die Notwendigkeit, mit dem ungeheuren französischen Kaiserreich Frieden zu halten. Austerlitz, Friedland und Tilsit, zwei verlorene Kriege und ein schmachvoller Friede hätten Vorsicht gelehrt. Aber weder Alexander noch sein Gefolge hatten Veranlassung, Gutes von dem Zusammentreffen mit dem «Verbündeten» zu erwarten. Die Macht Napoleons schien damals wie ein granitener Monolith zu sein. Auf dem Kontinent herrschte Totenstille, nur von ungewissen Gerüchten unterbrochen, die aus dem fernen Spanien kamen, Gerüchten von einem allgemeinen Bauernaufstand, von erbitterten Partisanenkämpfen und Massenerschießungen der Partisanen durch die Franzosen. Doch das übrige Europa hatte sich unterworfen, fürchtete sich und schwieg.

Am 28. September trafen beide Kaiser in Erfurt ein. Im Gefolge Napoleons waren soviel Könige und andere Monarchen, die französische kaiserliche Garde war so gewaltig und prächtig, die Besichtigungen und Paraden, beinah an jedem Tage zwei, waren so glänzend, daß sich der Eindruck von der unerschütterlichen Macht Napoleons bei seinen russischen Gästen noch mehr verstärken mußte.

Und da erwartete Alexander ein unfaßbares, völlig überraschendes Ereignis. Dieses Ereignis erfolgte im Zusammenhang mit der Begegnung des Zaren mit Talleyrand. Zunächst seien einige Worte über den Ruf Talleyrands in Rußland gesagt.

In Rußland kannte man nicht nur die schöne Seele Talleyrands im allgemeinen, sondern war schon seit langer Zeit genau unterrichtet über viele konkrete Tatsachen aus seiner weitverzweigten Betätigung. Zum Beispiel wußte man, daß er sich Ende 1804, als er erfolgreich große und kleine Herzogtümer und Fürstentümer Mitteleuropas verschacherte, den Verkauf Hollands in den Kopf gesetzt hatte und bereit war, von einem der Prätendenten 14 Millionen Francs entgegenzunehmen.[1] Man wußte bei uns sehr wohl, daß die endgültige Versklavung Hollands, entsprechend den Befehlen Napoleons, gerade von Talleyrand in speziellen Dekreten und Deklarationen formuliert worden war: «Hat man jemals empörendere Erklärungen gesehen als die, welche im ‹Moniteur› vom 18. April ausgeführt sind und natürlich nur das Werk des niederträchtigen Talleyrand sein können, dieses entlaufenen Mönchs, dieses moralisch und physisch lasterhaften Menschen?» — so hatte Nesselrode als russischer Vertreter im Haag am 25. April 1806 geschrieben.[2]

So stand nun Talleyrand in eigener Person vor dem russischen Kaiser, der nach Erfurt gekommen war.

Als Alexander eines Abends nach einem der ermüdenden Erfurter Paradetage im Salon der Fürstin Thurn und Taxis saß, kam Talleyrand dorthin und führte seltsame Reden.

Zuvor muß bemerkt werden, daß die persönlichen Beziehungen zwischen Alexander und Talleyrand sich bis dahin nicht durch besondere Wärme ausgezeichnet hatten. Alexander erinnerte sich sehr genau, daß Talleyrand ihn 1804 tödlich beleidigt hatte durch seine berühmte Antwort auf Alexanders Protest anläßlich der Verletzung der Unantastbarkeit badischen Gebiets und der Verhaftung des Herzogs von Enghien. Talleyrand hatte

---

1 Le comte Charles de Nesselrode à son père, la Haye, le 13 janvier 1805. Lettres et papiers du chancelier comte de Nesselrode 1760 bis 1850. Extraits de ses archives . . ., Bd. III, Paris 1905, S. 12.
2 ebd. S. 139. Le comte Charles de Nesselrode à son père, la Haye, le 25 avril 1806.

damals in dem Sinne geantwortet: Wenn Alexander erfahren hätte, daß die Mörder seines Vaters Paul I. sich nicht weit von der russischen Grenze, allerdings auf fremdem Territorium befänden, und daraufhin befohlen hätte, sie festzunehmen, dann würde Frankreich nicht protestiert haben. Alexander wußte, daß dies damals auf persönlichen Befehl Napoleons geschrieben worden war, trotzdem hatte aber gerade Talleyrand diese Note aufgesetzt mit dem durchsichtigen Hinweis auf Alexanders Beteiligung an der Ermordung seines Vaters. Der Zar war sehr nachtragend und sehr heuchlerisch, und Talleyrand kannte die wahren Gefühle Alexanders nicht.

Und jetzt in Erfurt sagte dieser selbe Beleidiger, dieser selbe Fürst Talleyrand ohne besondere Einleitung und Umschweife dem russischen Zaren folgendes: «Majestät, warum sind Sie hierher gekommen? Sie müssen Europa retten, und das wird Ihnen nur gelingen, wenn Sie sich Napoleon widersetzen. Das französische Volk ist zivilisiert — der französische Herrscher nicht; der russische Herrscher ist zivilisiert, das russische Volk nicht; infolgedessen muß der russische Kaiser der Verbündete des französischen Volkes sein.» Das war die Ouvertüre, auf die noch einige heimliche Zusammenkünfte folgten. Rein äußerlich gesehen, setzte Talleyrand, indem er solche Gespräche anfing, seinen Kopf aufs Spiel; er beging im wahrsten Sinne des Wortes Landesverrat, und absolut nichts schützte ihn vor der Möglichkeit, am nächsten Tage verhaftet zu werden.

Alexander brauchte bloß Napoleon seine freundschaftlichen Gefühle dadurch beweisen zu wollen, daß er ihm unverhohlen Talleyrands Vorgehen erzählte — dann war dieser rettungslos verloren. Aber Talleyrands Scharfsinn und seine Fähigkeit, eine fremde Natur treffend einzuschätzen, halfen ihm auch hier. Niemals hatte er durch sich selbst das oberflächliche Sprichwort gerechtfertigt, daß der Mensch die anderen nach sich selber beurteilt. Wenn er die anderen nach sich selbst beurteilt hätte, hätte er niemals gewagt, ohne vorherige Sondierung des Terrains und der Sicherheiten in Erfurt diesen gefährlichen Schritt zu tun. Aber er wußte bestimmt, daß Alexander ihn keinesfalls preisgeben würde, daß hier kein Risiko vorlag, nicht etwa deshalb, weil Alexander eine reine Seele und ohne Tadel war, im

Gegenteil — Talleyrand war überzeugt, daß Alexander ein sehr falscher Mensch war, daß er an der Ermordung seines Vaters beteiligt gewesen war, und zwar, um in den Besitz der Krone zu gelangen —, sondern einfach deswegen, weil jeder seine Besonderheiten und Methoden in seinem Handeln hat und es nicht Alexanders Art war, einen Menschen dem Verderben auszuliefern, der sich ihm anvertraut hatte, auch wenn der Zar nicht ohne weiteres durchschaute, daß für ihn die Beziehungen zum Fürsten Talleyrand überhaupt vorteilhaft seien. Ebenso konnte Napoleon, der räuberisch, ohne einen Schatten von Recht, Gesetz und Gerechtigkeit sich fast täglich mit oder ohne Krieg fremde Länder aneignete und erbarmungslos fremde Völker ausplünderte, sich angeekelt fühlen — Talleyrand wußte das aus eigener trauriger Erfahrung — beim kleinsten Versuch eines ihm Nahestehenden, von einem Bittsteller «Süßigkeiten» (des douceurs) anzunehmen; offen zu nehmen, war nach Napoleons Meinung gut, durch Diebstahl schmählich. Mit einem Wort, man muß fühlen, welche Methode jemandem zusagt und welche ihn abstößt.

Das war Talleyrands Philosophie immer gewesen, und sie ließ ihn auch diesmal nicht im Stich.

Für Alexander war das Verhalten Talleyrands eine völlige Offenbarung. Er erblickte hier deutlich den bisher für andere noch unsichtbaren, doch unheilvollen Riß in dem gigantischen, drohenden Bau des großen Kaiserreiches. Der Mann, der von Napoleon mit Gnadenbeweisen überschüttet war, mit reichstem Landbesitz, Schlössern, Millionen, mit dem Titel Hoheit und kaiserlichen Ehren, entschloß sich plötzlich, ihn heimlich zu verraten! Interessant ist, daß Alexander in Erfurt mehr Talleyrand zuhörte als selbst zu ihm sprach. Er schwieg fast immer. Offenbar hielt es der Zar anfangs für nicht ganz ausgeschlossen, daß es sich hier möglicherweise um ein für Napoleon durch Vermittlung des Fürsten Talleyrand eingefädeltes provokatorisches Spiel handelte. Aber diese Befürchtungen Alexanders wurden bald zerstreut.

Napoleon argwöhnte nichts. Jeden Tag waren die Kaiser zusammen, tauschten Liebenswürdigkeiten aus, umarmten sich demonstrativ, nahmen zusammen Besichtigungen und Paraden ab.

Jeden Morgen beriet sich Napoleon intim mit dem Kommandeur der Ehrenlegion Talleyrand darüber, wie man am besten das französisch-russische Bündnis festigen könne, und fast jeden Abend informierte in dem gemütlichen Heim der Fürstin Thurn und Taxis der Kavalier des Andreasordens Talleyrand Alexander und begeisterte ihn für den Kampf gegen Napoleon. Der Rhein, die Alpen und die Pyrenäen, das sind Eroberungen Frankreichs, das übrige Eroberungen des Imperators. Frankreich ist nicht an ihnen interessiert (la France n' y tient pas), wiederholte er Alexander. «Das übrige» — das waren: Spanien, Portugal, Italien, Belgien, Holland, fast ganz Deutschland, die Hälfte von Österreich, Polen, ein Teil der Balkanhalbinsel, die Landgebiete von Lissabon bis Warschau, von Hamburg bis zum Sandschak von Novi Basar, von Danzig bis Neapel und Brindisi. Talleyrand verzichtete im Namen Frankreichs auf das alles; das alles gab er gleichsam als Belohnung dem, der Frankreich von Napoleon befreite.

Alexander stellte gleichzeitig fest, daß Napoleon seinem früheren Minister vollkommen vertraute, daß überhaupt diese damals vielen unbegreifliche Entlassung aus dem Ministerium des Äußeren tatsächlich nichts an dem Einfluß Talleyrands auf die französische Politik geändert hatte. Gerade durch Talleyrand ließ Napoleon in Erfurt Alexander zur Kenntnis bringen, daß er sich von Josefine scheiden lassen und seine neue Frau unter den Schwestern Alexanders suchen wolle. Am Morgen stellte Talleyrand auf Befehl Napoleons den Entwurf eines Vertrages zwischen Rußland und Frankreich auf und redigierte ihn in seiner endgültigen Fassung, am Abend bot derselbe Talleyrand alle Kräfte auf, dem schwankenden Alexander zu beweisen, daß er dieses Abkommen nicht unterzeichnen dürfe, sondern daß erst diese und jene Punkte gestrichen werden müßten. Der Zar verfuhr nach seinen Ratschlägen. Napoleon begriff nicht, worauf diese sonderbare Hartnäckigkeit zurückzuführen war, die Alexander an den Tag legte, und beklagte sich Talleyrand gegenüber, indem er dieses unverständliche Verhalten dem für die Franzosen ungünstigen Verlauf des Krieges in Spanien zuschrieb. Talleyrand zuckte ehrerbietig mit den Schultern und sprach Seiner Majestät sein Bedauern aus.

Talleyrand verfolgte den neuen Weg unverwandt. Die Leser seiner Memoiren will er glauben machen, daß er dabei nur das zukünftige Wohl Frankreichs im Auge gehabt habe. Es ist wahrscheinlicher, daß er nur an sich und nicht an Frankreich dachte. Objektiv war das aber völlig gleichgültig: Er sah die unvermeidliche Katastrophe in den glänzendsten Jahren des Weltreiches, sechs Jahre vor seinem endgültigen Zusammenbruch voraus. Nach seiner Rückkehr von Erfurt nach Paris begann er sich vorsichtig Metternich zu nähern, und sechs Monate später führte er, wie wir sehen werden, bereits geheime Unterhandlungen mit ihm und setzte auf dem Wege konspirativer Briefe seine Beziehungen zu Alexander fort.

VI

Sehr bald nach Erfurt spürte der österreichische Botschafter in Paris Metternich, daß Talleyrand ein neues und sehr verzwicktes Spiel spielte. Und auch Talleyrand hatte verstanden, daß er Österreich letzten Endes in diesem neuen Spiel nicht entbehren konnte.

«Man muß in Paris sein und ziemlich lange Zeit ohne Unterbrechung hier gewesen sein, um die Möglichkeit zu haben, über die wirkliche Stellung Talleyrands urteilen zu können», schrieb Metternich an den Minister Stadion in Wien am 24. September 1808, «man muß bei Talleyrand den Menschen in moralischer Hinsicht und den politischen Menschen auseinanderhalten. Er wäre nicht das, was er ist, wenn er moralisch wäre ... Andererseits ist er vorwiegend Politiker und als Politiker ein Mensch von Systemen. Als solcher kann er nützlich oder gefährlich sein. Im jetzigen Augenblick ist er gefährlich.» Und weiter weist Metternich scharfsinnig darauf hin, daß zwei «Systeme» der französischen Politik klar zu erkennen sind: an der Spitze des einen steht der Kaiser, an der des anderen Talleyrand. Das «System» Napoleons sind weitere Eroberungen, endlose Kriege, die Zerstörung Europas, das «System» Talleyrands und des Polizeiministers Fouché die Stabilisierung, die Festigung der erreichten Erfolge, die Schaffung eines dauerhaften Friedens. «Zweifellos ist Talleyrand gefährlicher als irgendein unfähiger Minister, das hat er uns in zwölf Jahren bewiesen. Aber was eine Gefahr war, solange er dem System der Zerstörung diente, wird nützlich in ihm als dem Haupte der Opposition.» Natürlich ist es gefährlich, ihm zu trauen, doch was ist zu machen? «Leute wie Talleyrand sind wie scharfe Schneiden, mit denen zu spielen gefährlich ist; aber bei großen Geschwüren sind große Heilmittel erforderlich, und der Mensch, der den Auftrag hat zu heilen, darf sich nicht scheuen, das Instrument zu gebrauchen, das besser als alle anderen schneidet.»[1]

Einige Monate waren seit Erfurt vergangen, und es unterliegt für Metternich keinem Zweifel mehr, daß sich Talleyrand und Fouché endgültig von dem «System» Napoleons getrennt haben, daß sie schon den unvermeidlichen künftigen Fall des Kaiserreichs in Rechnung stellen. «Ich sehe sie, Talleyrand und seinen Freund Fouché, wie früher fest entschlossen, die Gelegenheit zu nützen, wenn sich diese Gelegenheit bietet, aber beide nicht tapfer genug, diese Gelegenheit herbeizuführen. Sie sind in der Lage von Passagieren, die das Steuerruder in den Händen eines wahnsinnigen Steuermannes sehen, der im Begriff ist, das Schiff an Felsen, die er selbst nach seiner Laune aufsucht (de gaîté de coeur), scheitern zu lassen; sie sind bereit, das Steuer in dem Augenblick in die Hand zu nehmen, wo ihre Rettung noch mehr als jetzt gefährdet ist und der erste Aufprall des Schiffes den Steuermann selbst über Bord wirft», so meldete Metternich am 17. Januar 1809 nach Wien.[2]

Diese Korrespondenz wurde natürlich durchgehend in konspirativen Ausdrücken geführt und Talleyrand mit den verschiedensten Namen bezeichnet. Er vertraute, was nötig schien, dem Mitglied der russischen Botschaft Nesselrode an, dieser schrieb es Rumjanzew oder Speranski. Für Talleyrand war es ein Spiel auf Leben und Tod, in den Briefen war deshalb äußerste Vorsicht geboten. Die Beziehungen zu Metternich waren noch ge-

1 Mémoires, documents et écrits divers ... de Metternich ..., Bd. II, Paris 1880, S. 235—236. Metternich à Stadion, Paris, le 24 septembre 1808.
2 ebd. S. 261—262, Metternich à Stadion, Nr. 130.

fährlicher. Ein neuer Zusammenstoß mit Österreich bereitete sich vor, das sich entschlossen hatte, den in Spanien tobenden Volksaufstand gegen Napoleon auszunutzen.

Talleyrands Einstellung konnte dem Polizeiminister Fouché nicht lange verborgen bleiben. Er wußte natürlich nicht alles über die verräterischen Beziehungen Talleyrands zu Rußland und Österreich, aber er wußte, wie ablehnend sich Talleyrand über die Sinnlosigkeit einer Eroberung der Pyrenäenhalbinsel, über die Gefahren der hemmungslosen Willkür Napoleons in der Außenpolitik und so weiter äußerte. Und da verbreitete sich in ganz Paris zum Erstaunen der Gesellschaft die Nachricht von der engen Annäherung, ja beinahe Freundschaft zwischen diesen beiden Staatsmännern. Tatsächlich hatte Fouché die Richtigkeit der Voraussicht Talleyrands erkannt und sich offenbar entschlossen, ihn nicht zu bekämpfen, sondern die Haltung einer aufmerksamen und wohlwollenden Neutralität einzunehmen.

Aber mit Metternich schon geheime Bindungen einzugehen, zögerte Talleyrand einstweilen noch. Er begnügte sich damit, seine Beziehungen zu Rußland zu festigen.

Zwischen ihm und dem russischen Botschaftsrat in Paris Nesselrode fanden geheime Besprechungen statt, über die Nesselrode regelmäßig nach Petersburg berichtete.

Talleyrand wurde in dieser geheimen Korrespondenz zwischen Nesselrode und Petersburg mit verschiedenen Decknamen bezeichnet: «mein Cousin Henri» — «mein Freund» — «Ta» — «Anna Iwanowna» — «unser Buchhändler» — «der schöne Leander» — «der Juriskonsult». So informierte Nesselrode den Grafen M. M. Speranski, dem er oft aus Paris schrieb, weil er seine Adresse für ungefährlicher hielt als die direkte Adressierung an den Kanzler Rumjanzew.[1]

VII

Dadurch, daß er mit dem Polizeiminister Fouché Freundschaft schloß und ihn teilweise in seine verräterische Betätigung mit

1 Lettres et papiers du chancelier comte de Nesselrode, Bd. III, S. 225.

einbezog, glaubte Talleyrand sich vor einer furchtbaren Entlarvung und sogar vor gefährlichen Gerüchten geschützt.

Aber Napoleon hatte mehr als eine Polizei: die erste, die unter Fouché die gesamte Bevölkerung des Kaiserreichs beobachtete, und eine zweite, noch viel geheimere, die speziell Fouché beobachtete. Und dann noch Lavalette, den Generaldirektor der postalischen Einrichtungen, der wieder diese zweite Polizei, die Fouché nachspürte, unter Kontrolle hielt.

Auf diesem Wege erhielt der Kaiser Mitte Januar 1809, mitten im blutigsten Krieg mit den spanischen «Aufrührern» (das heißt mit den spanischen Bauern und Handwerkern, die sich entschlossen hatten, heldenmütig ihr Land gegen den Angriff Napoleons zu verteidigen), tief in der Pyrenäenhalbinsel gleichzeitig mehrere Nachrichten, die auf die folgenden beiden Tatsachen hinausliefen: Erstens: Österreich rüstet in fieberhafter Hast und baut große Hoffnungen auf die schwierige Lage, in die Napoleon in Spanien gekommen ist; zweitens: Talleyrand und Fouché haben sich über irgend etwas in verdächtiger Weise verständigt, während sich Talleyrand gleichzeitig unfreundlich über die Politik des Kaisers äußert. Napoleon übergab sofort die Führung der Armeen seinen Marschällen, er selbst aber eilte fast ohne haltzumachen nach Paris. Gleich nach der Ankunft befahl er den obersten Beamten und einigen Ministern, sich im Palais zu melden.

Dort spielte sich am 28. Januar 1809 die berühmte, hundertmal in der historischen und Memoirenliteratur angeführte Szene ab, an die einige der Augenzeugen bis zu ihrem Tode nur mit Schaudern denken konnten. Im wahren Sinne des Wortes stürzte der Kaiser mit den Fäusten auf Talleyrand los. «Sie Dieb, Sie Lump, Sie ehrloser Kerl!» brüllte er wütend, «Sie glauben nicht an Gott, Sie haben Ihr ganzes Leben lang Ihre Pflichten verletzt, Sie haben jeden betrogen, alles verraten, für Sie ist nichts heilig, Sie würden Ihren leiblichen Vater verkaufen! Ich habe Sie mit Wohltaten überschüttet, dafür sind Sie zu allem gegen mich fähig. Seit zehn Monaten haben Sie die Schamlosigkeit, nur weil Sie fälschlich annehmen, daß meine Sache in Spanien schlecht stehe, jedem, der es hören will, zu sagen, daß Sie mein Unternehmen gegen jenes Königreich immer verurteilt hätten, während in Wahrheit zuerst Sie mich auf den Gedanken gebracht und mich hartnäckig dazu getrieben haben! ... Und jener Mensch, jener Unglückliche? Wer hat mir seinen Aufenthaltsort gemeldet? Wer hat mich aufgereizt, scharf mit ihm abzurechnen? Was sind Ihre Pläne? Was wollen Sie? Was hoffen Sie? Wagen Sie, es mir zu sagen! Nun, wagen Sie es! Sie verdienten, daß ich Sie zerschmetterte wie ein Glas, und ich habe die Macht, das zu tun, aber ich verachte Sie zu sehr, um mir dazu die Mühe zu nehmen! Warum habe ich Sie noch nicht am Gitter des Karussellplatzes aufhängen lassen? Aber noch, ja noch ist genug Zeit dafür! Sie sind Dreck in seidenen Strümpfen! Dreck! Dreck!»

Seine Hoheit, der erlauchte Fürst und regierende Herzog von Benevent, der Großkammerherr des kaiserlichen Hofes, der Vizeelektor des französischen Kaiserreichs, der Kommandeur der Ehrenlegion, Fürst Talleyrand-Périgord stand unbeweglich, völlig ruhig, ehrerbietig und aufmerksam anhörend, was der haltlos wütende Kaiser ihm zuschrie. Die anwesenden Würdenträger zitterten und wagten kaum, Talleyrand anzusehen; er allein, der einzige im Zimmer, schien völlige Ruhe und Geistesgegenwart zu bewahren. Man konnte merken, daß Napoleon schon etwas ahnte, auf keinen Fall aber wußte er etwas von den Schritten seines ehemaligen Ministers in Erfurt noch davon, daß vor ihm «Anna Iwanowna» stand, die jetzt, seit Erfurt, zugunsten Alexanders I. und von diesem bezahlt, spionierte. Das hieß, daß eine unmittelbare Gefahr, erschossen zu werden, nicht bestand. Mehr bedurfte es einstweilen für Talleyrand nicht.

Der ganze Hof war in Aufregung und zerbrach sich den Kopf in Vermutungen, wie sich Talleyrand nach allen diesen furchtbaren öffentlichen Beschimpfungen, wie sie nicht einmal einer seiner zahllosen Kammerdiener, seiner Vorreiter und Kuriere von dem Kaiser je zu hören bekommen hatte, nach dieser wütenden Beschuldigung der tatsächlichen Ermordung des Herzogs von Enghien und schließlich nach dieser direkten Drohung, ihn hängen zu lassen, benehmen würde.

Am nächsten Tage, dem 29. Januar, wurde diese Neugier befriedigt. Bei Hofe war der übliche große «Rout». Erstaunt sahen die Würdenträger und Höflinge im Thronsaale den Fürsten Talleyrand in seinem prunkvollen, goldgestickten Kostüm aus rotem

Samt, mit allen Ordenssternen und Bändern. Er stand an seiner offiziellen, durch das Zeremoniell festgelegten Stelle, unter den höchsten Großwürdenträgern des Kaiserreichs, zwei Schritt vom Throne. Napoleon sprach mit seinen Nachbarn, für die tiefe Verbeugung Talleyrands dankte er nicht und beachtete ihn überhaupt nicht. Talleyrand bemühte sich, das nicht zu bemerken, stand den ganzen Abend hoheitsvoll da und verharrte in Schweigen.

Die Höflinge wunderten sich über diese Ruhe. Sie ließen außer acht, daß, wenn schon überhaupt eine fremde Seele dunkel ist, Talleyrands Seele völlig undurchdringliche Finsternis war. Napoleon hat das mit der Zeit auch erkannt, aber zu spät für sich.

Talleyrand hatte die schmachvollste Folter einer öffentlichen unerhörten Beschimpfung schweigend hingenommen und weiter seine Pflichten im Hofdienst erfüllt, tatsächlich aber fühlte er sich so tödlich beleidigt, daß er sich zu einem neuen, nicht weniger gefährlichen Schritt als in Erfurt entschloß. Indem er an seiner Linie festhielt und wie in Erfurt mit dem Zusammenbruch des Kaiserreichs in mehr oder weniger ferner Zukunft rechnete, wäre Talleyrand mit der Zeit in logischer Konsequenz unbedingt zur Erweiterung seines «Systems», sozusagen des Kammertons seines Verrats, zu heimlichen Beziehungen zur zweiten (nach Rußland) bisher noch übriggebliebenen Großmacht des europäischen Kontinents, zu Österreich, gezwungen worden. Die brennende Schmach der öffentlichen Beschimpfung reizte ihn nun, unter Außerachtlassen jeder Vorsicht die Sache zu beschleunigen. Zum ersten Male konnte dieser Mann, der ein Risiko so wenig liebte, der es so verstand, seine Gefühle zu beherrschen, nicht an sich halten. Am Sonntag, dem 29. Januar, war er, wie erwähnt, im Schloß erschienen und hatte dort gelassen unter den erstaunten und verächtlichen Blicken der Höflinge seine höfischen Funktionen erfüllt. Aber niemand wußte, daß er, wenige Stunden bevor er bei Hofe erschienen war, an demselben 29. Januar an einer anderen Stelle mit dem österreichischen Botschafter zusammengetroffen war.

Metternichs Meldung dieser einschneidenden Tatsache nach Wien lautet: «X. (Metternich bezeichnet Talleyrand mit X) hat mir gegenüber jede Maske fallen lassen. Er scheint mir fest entschlossen, die ... Partie nicht abzuwarten. Er hat mir vorgestern gesagt, der Moment sei gekommen, wo er es für seine Pflicht halte, in direkte Beziehungen zu Österreich zu treten. Er sagte mir, daß er seinerzeit gegen die Vorschläge gewesen sei, die ihm Graf Ludwig Kobenzl gemacht habe, daß er sie aber jetzt annehmen würde ... Er motivierte seine erste Ablehnung mit der Stellung, die er damals hatte. ‹Jetzt bin ich frei, und unsere Sache ist die gleiche. Ich spreche zu Ihnen um so offener, als ich annehme, man wird sich mir bei Ihnen gefällig erweisen.› Er deutete mir an, daß er einige hunderttausend Francs brauche, weil der Kaiser Napoleon sein Vermögen dadurch untergraben habe, daß er ihm die Unterhaltung der spanischen Prinzen aufgebürdet habe ... Ich habe ihm geantwortet, daß der Kaiser (Franz I.) nicht abgeneigt sei, ihm seine Dankbarkeit zu beweisen, wenn er der gemeinsamen Sache dienen wolle, daß diese Sache auch seine Sache sei und daß ihm nichts übrig bleibe, als mit dieser Sache zu triumphieren oder unterzugehen. — ‹Sind Sie über den Vorschlag, den ich Ihnen gemacht habe, erstaunt?› fragte er mich dann. ‹Nein›, sagte ich ihm, ‹ich sehe ihn als ein sicheres Pfand an, das für die gemeinsame Sache gegeben ist.›»[1]

Da haben wir den ganzen Talleyrand vor uns. Er ist öffentlich beleidigt worden, mit Schmutz beworfen, verächtlich gemacht, und er ist so voll Rachedurst, daß er, wo er doch von der kaiserlichen Geheimpolizei verfolgt wird, dennoch jede Vorsicht vergißt und es wagt, irgendwo ein Zusammentreffen mit Metternich herbeizuführen — aber selbst hierbei vermag er nicht, seine beständige Geldgier zu unterdrücken: er rächt sich an Napoleon durch Landesverrat und bittet gleichzeitig wegen seiner Armut die Österreicher «um einige hunderttausend Francs». Er *verrät* den Kaiser nicht nur, er *verkauft* ihn auch für bares Geld,

1 Dieses äußerst wertvolle Dokument (die Meldung Metternichs an den österreichischen Minister Stadion) wurde aufgefunden und zum ersten Male veröffentlicht von Emile Dard in der «Revue des deux Mondes» (1 mars 1934) und nachgedruckt bei Lacour-Gayet, Mélanges, S. 99—100 sowie in dem Buch von Dard «Napoléon et Talleyrand», Paris 1935.

nach seiner Gewohnheit das Angenehme mit dem Nützlichen verbindend.

Also machte von nun an Talleyrand mit Österreich gemeinsame Sache, une cause commune: die Niederwerfung Napoleons. Alexander hatte in Erfurt hartnäckig geschwiegen. Metternich, als Vertreter der Macht, die bereit war, in einigen Monaten gegen Napoleon den Krieg zu eröffnen, brauchte in der Unterhaltung mit dem neuerschienenen Freund und Mitarbeiter nicht so vorsichtig zu sein. Selbstverständlich gab man Talleyrand das für seinen Verrat erbetene Geld. Minister Stadion teilte aus Wien Metternich mit: «Der Kaiser hat mir befohlen, Ihnen alle Vollmachten (carte blanche) bezüglich X. zu geben, und Sie sind ermächtigt, ihm alles zukommen zu lassen, was er vernünftigerweise verlangen kann, sobald Sie sich überzeugt haben, daß er uns wirklich wichtige Dienste leisten kann und will.» Talleyrands Dienstleistung für Österreich begann sofort. Am 7. März 1809 meldete Metternich dem Minister Stadion nach Wien: «Meine Beziehungen zu X. sind sehr aktiv. Den größten Teil dessen, was für uns interessant ist, erfahre ich durch seine Vermittlung. Ich bitte Euer Exzellenz sehr, die Summe bewilligen zu wollen, um die ich gebeten habe. Ich habe aus dem Kabinett des Kaisers Napoleon zwei Denkschriften von ungeheurem Interesse über die jetzige Lage erhalten.» Da schon im Mai 1809 die feindseligen Handlungen zwischen Frankreich und Österreich begannen, wurde Talleyrand besonders wertvoll für Nachrichten der militärischen Spionage. «Wie hoch auch diese Summe (die Talleyrand erbeten hatte) erscheinen mag, sie ist bedeutend niedriger als die üblichen Opfer, und die Resultate ihrer Verwendung (les résultats de son emploi) können ungeheuer sein ... X. hat mir soeben mitgeteilt, daß General Oudinot den Befehl erhalten hat, auf Augsburg und Ingolstadt zu marschieren. X. schlägt vor, daß man diese Bewegung, die Oudinot machen wird, sofort als Vorwand zur Mobilmachung benutzen soll (mise sur le pied de guerre).» Talleyrand teilt also nicht nur die geheimen Verfügungen Napoleons über die Marschordres von Armeekorps mit, sondern gibt sogar Ratschläge, wie die Österreicher die von ihm vermittelten Nachrichten zweckentsprechend verwenden können. Metternich und der österreichische Kaiser Franz sind

natürlich sehr besorgt, wie sie während des Krieges selbst lau-
fend Nachrichten von ihrem neuen Freund erhalten können,
und sie bestimmen als Spionagezentrum und Punkt zur Weiter-
leitung für die Dauer des Krieges die Stadt Frankfurt.

Als im Frühjahr 1809 der lange erwartete Krieg Napoleons
gegen Österreich begann, sahen viele, darunter auch Talleyrand,
voraus, daß diesmal der Kampf bedeutend schwerer sein werde
als in der Kampagne von Austerlitz 1805. Wenn sich Metternich
noch im Jahre 1809 in einem an Minister Stadion nach Wien
gesandten Bericht beschwert, daß Talleyrand und sein «Freund»
Fouché, obgleich sie beschlossen hätten, eine günstige «Gelegenheit» zu benutzen, doch nicht genug aktiven Mut besäßen, diese
«Gelegenheit» herbeizuführen, so nimmt Emile Dard an, man
müsse hier unter «Gelegenheit» die Ermordung des Kaisers verstehen. Er erwähnt bei diesem Anlaß «englische Agenten», die
1800 ein Attentat auf Napoleon mit Hilfe einer «Höllenma-
schine» organisiert hatten.[1] Dard ist aber unbedingt im Irrtum.
Weder Talleyrand noch Fouché besaßen einen Hauch von dem
Fanatismus und der Unerschrockenheit, die den damaligen Verschwörern zu eigen war, und Metternich hatte nicht die Energie wie William Pitt und seine Umgebung im Jahre 1800. Freilich dachten im Frühjahr 1809 Metternich wie Talleyrand und
Fouché an den Tod Napoleons, sie zählten aber nicht auf sich
selbst oder auf Verschwörer, sondern auf die Kunst der österreichischen Scharfschützen und die Treffsicherheit der österreichischen Artillerie im bevorstehenden Kriege. Diese Hoffnung wäre
schon im ersten Stadium des Krieges beinahe in Erfüllung gegangen; in der Schlacht bei Regensburg wurde der Kaiser verwundet. Sobald Talleyrand erfahren hatte, daß die Wunde nicht
tödlich ist, setzt er sich an den Schreibtisch (an dem er sonst für
Wien seine Spionageberichte über die französischen Truppenbe-
wegungen verfaßt) und schreibt an Napoleon den wärmsten

---

1 Siehe den Aufsatz «La vengeance de Talleyrand» in «Revue des
  deux Mondes», Bd. XX, 1934, S. 219. Dieser Aufsatz ist mit einigen redaktionellen Änderungen später von dem Verfasser in seinem «Napoléon et Talleyrand» abgedruckt worden, auch in der
  deutschen Ausgabe 1940 («Napoleon und Talleyrand»).

Glückwunsch: «Sire! Ihr Ruhm ist unser Stolz, aber Ihr Leben macht unser Dasein aus (mais votre vie fait notre existence).»

Napoleon war im Kriege mit Österreich. Rußland als Verbündeter des französischen Kaisers wurde formell als gleichfalls im Kriege mit Österreich betrachtet. Die Lage für den Mann, der insgeheim als Agent sowohl Österreichs wie Rußlands und vor der Öffentlichkeit als Großkammerherr des Kaisers Napoleon fungierte, war nicht leicht. Äußerste Vorsicht war geboten, um bei der Durchführung dieser drei so verschiedenartigen Funktionen nicht ins Gedränge zu kommen. Überhaupt war dieses Jahr 1809 für Talleyrand sehr arbeitsreich. Man mußte bei Hofe erscheinen, um alles aufzubieten, Napolons Zorn in Gnade zu verwandeln, mußte den Österreichern geheime Nachrichten geben und durfte die Beziehungen zu Nesselrode nicht abbrechen, obgleich Rußland formell im Kriege mit Österreich war. Nesselrode wagte es nicht (er hatte dazu keine Vollmacht vom Zaren), Talleyrand zu erklären, daß Rußland gegen Österreich faktisch nicht Krieg führe.

Die neuen Beziehungen zu Österreich ließen Talleyrand nicht vergessen, was ihm die Hauptsache war: die geheimen Berichte nach Rußland. Unter den eigenhändigen Briefen Talleyrands an Kaiser Alexander, die im russischen Archiv der Außenpolitik aufbewahrt werden, ist einer besonders charakteristisch, der am 10. Februar 1809 geschrieben wurde, genau zwei Wochen nach der furchtbaren Szene, die der Kaiser seinem Oberkämmerer am 28. Januar in den Tuilerien gemacht hatte. Talleyrand dankt Alexander für seine Gnadenbeweise, für die alles vermögende Hilfe des Zaren bei der Verheiratung seines Neffen mit der Tochter und reichen Erbin der Herzogin von Kurland, er dankt auch für die ihm persönlich zuteil gewordenen Gnadenbeweise. Welcher Art diese Gnadenbeweise (bontés) waren, wissen wir. Aber außer diesen Liebenswürdigkeiten und Dankesbezeugungen findet sich in dem Briefe Talleyrands noch etwas, was mehr an eine Art Kryptogramm erinnert als an eine gewöhnliche Korrespondenz. Dieses Kryptogramm ist im übrigen seinem Sinne nach nicht so schwer zu enträtseln. Talleyrand empfiehlt dem Zaren die zweckmäßigsten und ungefährlichsten Etappen für die weitere geheime Korrespondenz. Offenbar hatte der Zar mitgeteilt, daß die Briefe in Petersburg Speranski ausgehändigt werden sollten, der sie dann Alexander übergeben würde. Aber Talleyrand hatte sich inzwischen schon nach einem zuverlässigen Menschen umgesehen, einem gewissen Dupont, der sich der geheimen Korrespondenz «annehmen wird». Speranski braucht sich nur mit Dupont persönlich in Verbindung zu setzen. Wer dieser Dupont ist, wird nicht gesagt. Talleyrand dankt dem Kaiser sehr für sein «edles und weises Festhalten» an dem Entschluß, mit Talleyrand im Briefwechsel zu bleiben.[1]

«Cousin Henri» teilte im Frühjahr 1810 dem Grafen Nesselrode eine Anzahl wichtiger Einzelheiten über die neue Ehe Napoleons und eine Reihe mit diesem Ereignis verbundener Erwägungen mit. Er erhielt hierfür 3000 Francs. Die Arbeit wurde verabredungsgemäß in Teilen abgegeben. Und schon zwei Tage nachdem Cousin Henri 3000 empfangen hatte, verlangte Anna Iwanowna weitere 4000 für neue Nachrichten. Angesichts des unaufhörlich wachsenden Appetits von Anna Iwanowna bat Nesselrode, ihm auf einmal 30—40 000 Francs zu schicken.[2]

Talleyrands Mitteilungen waren im Anfang sehr wertvoll. Er

1 Archiv der Außenpolitik, France. Ministère. Réception. Talleyrand à S. M. l'Empereur, 1809, Nr. 1. Eigenhändiger Brief Talleyrands, le 10 février 1809. «Sire, toutes lettres de votre Majesté Impériale ajoutent à ma reconnaissance, à mon attachement, à mon respect pour Elle. Je sens profondément les boutés qu'elle accorde à mon neveu et à moi: je la supplie de me les continuer. Sire, j'admire votre noble et sage persévérance dans le projet de correspondance que Vous avez conçu. Je propose à Mr. Speranski M. Dupont qui par la variété des parties de l'administration dans lesquelles il a été employé me paraît l'homme le plus capable de suivre habilement la partie de la correspondance dont il me parle. C'est un homme de bien, fort instruit et susceptible d'un grand attachement ... Mr. Speranski, si ce choix lui paraît convenable, aura la bonté d'écrire directement à M. Dupont pour lui faire connaître les intentions de Votre Majesté et le mettre à portée de les remplir. Sire, je ne puis mettre aux pieds de Votre Majesté Impériale rien qui soit au-dessus de mon respect et de mon dévouement.»

2 Lettres et papiers du chancelier comte de Nesselrode, Bd. III, Paris, 24 mars/5 avril 1810; Paris, 26 mars/27avril 1810, S. 236—237.

berichtete darüber, daß der Bestand der französischen Armee gegenüber früher immer schlechter wurde; er wies auf die Notwendigkeit hin (im Gegensatz zu den Ratschlägen Napoleons), den Krieg gegen die Türken so schnell wie möglich zu beenden; er erläuterte Nachrichten über die nächsten Pläne Napoleons. Von der Unvermeidlichkeit eines kommenden Bruches zwischen Napoleon und Rußland ausgehend, drückte Talleyrand in seinen geheimen Besprechungen mit Nesselrode seine Zufriedenheit mit den Maßnahmen der russischen Regierung aus, die sich auf die Festigung der russischen Finanzen bezogen. «Cousin Henri ist davon sehr befriedigt», meldet Nesselrode nach Petersburg. «Sein dauernder Rat besteht darin, daß wir diesen Moment der Ruhe benutzen sollen, um stark zu werden ... Er wünscht, daß ich wegen Österreichs beruhige (wen, ist nicht gesagt — E. T.); zur Zeit befürchtet er von dieser Seite nichts, und er ist überzeugt, daß Fürst Metternich Paris verlassen wird, ohne für Rußland gefährliche Verpflichtungen mitzunehmen.» Talleyrand suchte der russischen Diplomatie einzureden, daß «die enge Verbindung zwischen den Höfen von Petersburg und Wien das Mittel sei, um Frankreich dem Frieden geneigter zu machen», und daß eine solche «Verbindung» doch noch möglich sei, trotz der Ehe Napoleons mit Marie-Louise.[1]

Unter den Papieren unseres Archivs der Außenpolitik ist ein interessanter eigenhändiger Brief Talleyrands vom 9. Mai 1809 an Rumjanzew erhalten. N. P. Rumjanzew, russischer Minister des Äußeren, hatte vom Oktober 1808 bis 3./15. Februar 1809 in Paris gelebt und war hier Talleyrand nähergetreten.

Obgleich er in diesem Augenblick auf Kosten und zugunsten Österreichs spionierte, konnte sich Talleyrand in einem «legalen», eigenhändig geschriebenen und unterzeichneten Briefe natürlich nicht anders ausdrücken, als er tat. Er wußte ja auch nicht, ob Rumjanzew alle seine Geheimnisse bekannt waren. Er ist entzückt von den Siegen des großen Kaisers über die Österreicher, er hat diese Wunder immer erwartet usw. Aber was kann man machen, wenn man kein junger Mensch mehr ist und unwillkürlich «zittert» und ein wenig zaghaft wird (un peu

1 ebd., Paris, 27 mai/ 8 juin 1810, S. 262—263.

trembleur). Das ist eine Anspielung auf die schwierige Lage Napoleons, der sich diesmal entschieden gegen seinen Wunsch in diesen neuen und sehr schweren Krieg gegen Österreich eingelassen hatte. Talleyrand schmeichelt dem russischen Grandseigneur in der schamlosesten Weise: «Die täglichen Vergnügungen» Talleyrands und seiner Freunde bestehen darin, sich über Graf Rumjanzew zu unterhalten; «oft heißt es hierbei, daß Sie französische Liebenswürdigkeit mit englischer Tiefe, italienische Biegsamkeit mit russischer Festigkeit vereinen.» Der ganze Brief ist in diesem Geiste geschrieben. Der große Herr war an der Macht, und Talleyrand wollte lieber etwas zu dick auftragen in der Annahme, daß die Menschen ein Übermaß an Schmeichelei sehr gern verzeihen. Er hat diesen Grundsatz immer befolgt und ist selten schlecht dabei gefahren.[1]

Der Stern Nikolai Petrowitsch Rumjanzews erstrahlte damals in vollem Glanze. Nach langen und nicht leichten Unterhandlungen mit Schweden war es ihm gelungen, am 5. September 1809 den Friedensvertrag zu unterzeichnen, nach dem Rußland ganz Finnland bis zum Torneoelf erhielt. Zwei Tage darauf, am 7. September, machte Alexander Rumjanzew zum Kanzler des russischen Kaiserreichs.

Talleyrand schwärmte für Rumjanzew, und bei weitem nicht alles in seinen Lobsprüchen ist mit dem bloßen Wunsch zu erklären, daß er dem Mächtigen schmeicheln wollte.

Talleyrand sah in diesem von Rumjanzew zustande gebrachten Frieden von Friedrichsham einen Beweis der Mäßigung, den Wunsch nach späteren freundschaftlichen Beziehungen zwischen Sieger und Besiegtem und schließlich ein Anzeichen für die indirekte Bereitschaft, mit der Zeit auch auf einen Friedensschluß mit England einzugehen, mit einem Worte, die Bekundung aller der Züge, die er in keinem einzigen der von Napoleon geschlossenen Friedenstraktate sah, weder vor noch nach dem Abgang Talleyrands als Minister des Äußeren. Vor seiner Verabschiedung hatte Talleyrand freilich selbst solche grausamen Friedensschlüsse vorbereitet, gegen seine Überzeugung, nach dem Wil-

1 Archiv der Außenpolitik. Min. d. Äuß., Nr. 3443, Brief Nr. 3, 9. Mai 1809. Unterschrift: Prince de Bénévent.

len seines Herrn. Nach seiner Entlassung, im Ruhestand, hat er sich gerühmt, er habe nicht länger «der Henker» Europas sein wollen. Deshalb erblickte Talleyrand in der verhältnismäßig «liberalen» Milde des russischen Kanzlers nach dem Siege Rußlands über die Schweden den Gipfel staatsmännischer Weisheit.

Graf Rumjanzew übersandte Talleyrand seine Denkschrift über den Friedensschluß Rußlands mit Schweden und die Angliederung Finnlands.

Talleyrand antwortete mit einem neuen Brief voller Schmeicheleien und einigen für seine politische Einstellung in diesem Moment charakteristischen Bemerkungen. Vor allem beglückwünscht er den russischen Kanzler und nennt ihn «einen großen Staatsmann». «Sie haben für Ihren Kaiser und Ihr Land eine große Provinz gesichert, die für Ihre Hauptstadt sehr wichtig ist. Sie haben die, die sie Ihnen überlassen haben, für das von ihnen gebrachte Opfer belohnt mit einem sehr realen Gewinn, der besonders geeignet ist, den Gefühlen der Einwohner der Städte eine Genugtuung zu sein», das heißt des kleinsten und nicht gerade des besten Teiles der Bevölkerung, aber eben desjenigen Teiles, «der nur allein redet, den man anhört und dessen Äußerungen man die öffentliche Meinung nennt». Talleyrand sieht in den liberalen politischen und wirtschaftlichen Maßnahmen der russischen Politik gegenüber Finnland und Schweden auch ein gewisses Wohlwollen gegenüber dem englischen Handel. In einem nicht chiffrierten Brief an den mächtigen russischen Minister und Anhänger des französisch-russischen Bündnisses kann Talleyrand nicht den ihn ständig beherrschenden Gedanken von der Schädlichkeit der Kontinentalsperre für Frankreich, Rußland und Europa und für die Einstellung des endlosen Krieges überhaupt aussprechen. Deshalb legt er seinen geheimen Gedanken in folgendem wahrhaft diplomatischen Stil dar: «Sie erweisen auch den Engländern eine kleine Freundlichkeit. Sie beweist, daß Ihre Treue gegenüber dem kontinentalen System ein befriedigendes Entgegenkommen in irgendeiner Form nicht ausschließt. Dadurch allein schon öffnen Sie bei den anderen Mächten einen Weg zu liberalen Ideen, und Sie bezeugen, daß Ihr Kabinett es mit Genugtuung sehen würde, wenn man darauf zurückkäme.» Dieser eigenhändige Brief ist nicht veröffentlicht worden, die russische Übersetzung gibt aber nicht alle Schattierungen der absichtlich verschleierten, vielsagenden, vorsichtigen Phraseologie Talleyrands wieder. Wir bringen deshalb die Sätze im Original und behalten die grammatikalischen Fehler bei.[1] Als echter hochgeborener Aristokrat alten Regimes verachtete Talleyrand die Regeln der Grammatik, die für die «Bürgerlichen», les roturiers, verbindlich sein mochten; seine eigenhändigen Briefe in französischer Sprache sind voll von Fehlern, obgleich er nur das Französische kannte und nicht eine einzige nichtfranzösische Zeile von ihm vorhanden ist.

Im übrigen stellt Talleyrand die französische Prosa Rumjanzews neidlos über seine eigene: «Das alles ist höchste und sehr kunstvolle Politik, und Sie haben sie in unserer Sprache so dargelegt (vous l'avez rédigée) wie der feinste Publizist, wie das glänzendste und korrekteste Mitglied der Französischen Akademie. Meine Eigenliebe könnte mich veranlassen, deshalb auf Sie eifersüchtig zu sein, aber meine Freundschaft zu Ihnen ist viel zu stark, und ich bin deshalb wirklich darüber gerührt.»[2]

Talleyrand suchte unter Beobachtung aller Vorsicht und aller nötigen Vorbehalte den Kanzler Rumjanzew dahin zu bringen, daß er die Kontinentalsperre nicht beachtete und sich England näherte. Das war ein Versuchsballon. Aber die «geschichtliche Stunde» war noch nicht gekommen. Rumjanzew nahm den Wink nicht auf.

Indem er Napoleon an Rußland verriet, verriet Talleyrand gleichzeitig durch heimliche Verbindungen mit Österreich Rußland an Österreich. Nesselrode wußte das nicht, weil Talleyrand diesen Verrat dauernd hinter eindringlichen Ratschlägen verbarg, daß sich Rußland und Österreich einander nähern müßten. Nesselrode wußte nicht, daß Talleyrand nicht ein doppel-

---

1 ebd. Nr. 3743, Brief Nr. 4. Unterschrift: P-ce de Bénévent. Paris, 23 octobre 1809. «Vous faites aussi une petite caresse aux anglais; elle montre que votre fidélité au sistème (sic) continental n'exclut pas une sorte de bienveillance conciliatrice: par là vous entrouvez chez les autres puissances une route à des idées plus libérales et vous indiquez que votre cabinet verrait avec plaisir qu'on y revint.»

2 ebd., zweite Seite des Briefes.

tes, sondern ein dreifaches Spiel spielte: «Henri möchte, daß wir in dieser Sache Österreich einiges Entgegenkommen zeigen, besonders in den Abmachungen bezüglich der Serben, um nicht für die Zukunft jede Verständigungsmöglichkeit mit Österreich zu erschweren.»[1]

Talleyrand wußte sehr wohl, daß Metternich keineswegs die Vernichtung (la destruction) Rußlands wünschte, da er das für Österreich als gefährlich ansah.[2] Diese Einstellung Metternichs erleichterte Talleyrand sein kompliziertes und gefährliches geheimes Spiel bei den beginnenden französisch-russischen Spannungen.

Napoleons Krieg gegen Österreich war zu Ende.

Nach dem abermaligen Sieg über Österreich 1809, nachdem er es in Schönbrunn zu einem neuen schmachvollen und mörderischen Frieden gezwungen und unmittelbar danach die Tochter des Kaisers von Österreich geheiratet hatte, herrschte Napoleon direkt oder indirekt durch seine Statthalter und Vasallen über ganz Europa und verleibte seinem kolossalen Machtbereich schon nicht mehr durch Kriege, sondern durch einfache Dekrete immer neue Länder ein.

Und mit jedem Jahre, das fortwährend neue Ausbrüche der Aggression des Eroberers brachte, überzeugte sich Talleyrand mehr und mehr, daß sich die Dinge auf ein neues, auf das allergrößte Blutbad zubewegten und mit Sicherheit auf den endgültigen Zusammenbruch des unnatürlichen kolossalen Konglomerats von Ländern und Völkern, das mit Gewalt geschaffen war und durch Gewalt zusammengehalten wurde.

VIII

Jahre vergingen, in denen Talleyrand, abgeschnitten von der aktiven Beteiligung an der Regierung und vom vertrauten Umgang mit Napoleon, ein Leben als Grandseigneur und Millionär führ-

1 Lettres et papiers du chancelier comte de Nesselrode, Bd. III, Paris, 13/25 juin 1810, S. 270—271.
2 ebd., Paris, 14/26 juin 1810, S. 282—283.

te, Besitzer eines Palastes in Paris und eines Schlosses in Valençay, ein Leben voll Komfort und Vergnügungen, aber jenes verzehrenden Interesses beraubt, das ihm seine frühere Stellung gegeben hatte. Napoleon hatte ihm äußerlich verziehen und ihn wieder in Gnaden angenommen, aber das Vertrauen war nicht wiedergekehrt. Talleyrand erschien in voller Parade im Thronsaal, in den Ballsälen und in den Salons der Tuilerien, aber zu den Arbeitszimmern des Kaisers hatte er keinen Zutritt. Seine Majestät nickte bei den großen Empfängen gnädig mit dem Kopf, blieb aber stumm und stampfte in seinem Soldatenschritt vorüber.

Unter diesen für die Beschaffung geheimer Informationen erschwerten Umständen half Talleyrand sein Mitwisser Fouché sehr viel.

Fouché wußte um die Verbindungen Talleyrands, gerade von Fouché kamen die für Talleyrand und seine russischen Korrespondenten äußerst interessante Nachrichten über die innere Gärung im französischen Kaiserreich. In dem geheimen Briefwechsel Nesselrodes wurde Fouché mit konspirativen Namen bezeichnet: «Natascha» — «Präsident» — «Bergien». Die innere Gärung in Frankreich hieß «englische Landwirtschaft» oder «Liebeshändel Butjagins» (der Name eines Sekretärs der russischen Botschaft in Paris).

Da wurde im Sommer 1810 ein böser Strich durch die Rechnung gemacht: «Man hat mir Hoffnung auf neue Erzeugnisse *der englischen Landwirtschaft* gemacht, aber nicht Wort gehalten», beklagte sich Nesselrode am 6./18. Juni 1810. Kein Wunder: die Hauptquelle der Nachrichten über die innere Lage des französischen Kaiserreichs («englische Landwirtschaft») versagte. Napoleon hatte am 3./15. Juni 1810 Fouché verabschiedet. «Der Abgang des Präsidenten behindert mich sehr, von ihm bekam unser Juriskonsult (Talleyrand — E. T.) die Nachrichten, die ich Ihnen übermittelt habe» ... «Ich sehe voraus, daß sich dies in meiner Korrespondenz ausdrücken wird.»[1] So schrieb Nesselrode am 6./18. Juni nach Petersburg.

Die plötzliche Entlassung Fouchés war ein schwerer Schlag

1 ebd., Paris, 6/18 juin 1810, S. 268—269.

für Talleyrand. Seine Informationen wurden spärlicher. Seine geheimen Verbindungen zu Alexander bestanden weiter, wurden aber immer gefährlicher und schienen zur politischen Fruchtlosigkeit verurteilt. Napoleon war nach wie vor ungeheuer mächtig geblieben, trotz aller Voraussagen Talleyrands ...

Wie Nesselrode geahnt hatte, kam der Abgang Fouchés sofort in Qualität und Quantität der geheimen, von Talleyrand an die russische Botschaft gelieferten Nachrichten zum Ausdruck. Es war schweres Arbeiten, seitdem Natascha fort war. Überhaupt war ohne sie das Leben unruhig geworden. Der neue Polizeiminister General Savary, Herzog von Rovigo, war ein getreuer Soldat und Diener des Kaisers Napoleon, bereit, ohne das geringste Schwanken jedem Verräter die Kehle abzuschneiden, unbekümmert um Titel, Sterne und Ordensbänder. Bei einem solchen Manne mußte man sehr vorsichtig sein, durfte hohe Würdenträger in den Pariser Salons nicht allzu neugierig ausfragen, dem russischen Botschaftsrat Graf Nesselrode nicht allzu herzlich und nicht zu oft begegnen.

Die Nachrichten Talleyrands wurden ausgesprochen dunkel. So ging es mehrere Monate.

Vielleicht wurde Alexander deshalb etwas kühler, nicht gegenüber Talleyrand, für den er niemals Sympathien gehabt hatte — er wurde vorübergehend kühler in seinem unmittelbaren Interesse an dessen Nachrichten und Ratschlägen. Am 15. September hatte Talleyrand dem Zaren einen Brief geschrieben, in dem er in höchst würdevollen und wohlberedten Ausdrücken, in glänzendstem Prosastil, wie er bei ihm selten ist und der Feder eines Chateaubriand oder Jean-Jacques Rousseau würdig gewesen wäre, mit einem Unterton von Herzlichkeit und freundschaftlicher Vertraulichkeit Alexander mitgeteilt hatte, daß er, Talleyrand, in der letzten Zeit einigermaßen in eine Geldklemme geraten und ihm der sehr gute Gedanke gekommen sei, ob nicht der Zar seinem treuen geheimen Korrespondenten etwa anderthalb Millionen Francs in Gold geben würde. Weiter folgte die schon im voraus von Talleyrand erwogene geschäftliche Seite der Frage, wie es technisch am ratsamsten sei, das Geld zu schikken, über welchen Bankier in Frankfurt, und daß darüber der russische Generalkonsul in Paris Labenski zu unterrichten wäre, was unbedingt hinzugesetzt werden müßte, damit Labenski keine Zweifel kämen usw.

Aber diesmal hatte er die Rechnung ohne den Wirt gemacht. Nichts reizte Alexander I. mehr, als wenn jemand allzusehr auf seine Naivität spekulierte. Später soll bei einer ähnlichen Gelegenheit auch die Karriere der Baronin Krüdner und anderer Wundertäter gescheitert sein, durch deren Vermittlung der Heilige Geist dem Zaren Erleuchtungen von oben eingeben sollte — über irgendwelche Kredite bei der Kasse des Vormundschaftsrates. Die ganze Sache wurde für Talleyrand dadurch verdorben, daß er im Anfang des Briefes auf seine Verdienste in Erfurt hingewiesen und zart angedeutet hatte, daß er seitdem mit seinen Finanzen in die Klemme geraten sei, weil seit den Tagen von Erfurt Napoleon auf ihn erzürnt sei. Alexander antwortete mit einer in der Form liebenswürdigen, im Inhalt boshaften Absage: der Zar will und kann ihm zu seinem Bedauern das Geld nicht geben, um Talleyrand nicht Verdächtigungen auszusetzen oder ihn zu kompromittieren. Talleyrand wartete würdevoll eine Zeitlang, dann forderte er durch Nesselrode russische Handelslizenzen und andere bescheidenere Geschenke.

Schon ließ sich dumpfes Donnerrollen hören und wetterleuchteten ferne Blitze. Bereits in der zweiten Hälfte des Jahres 1810 wurde die Abkühlung in den Beziehungen der beiden Verbündeten von Tilsit mit jedem Monat deutlicher. Der Ukas vom Dezember über den neuen russischen Zolltarif, der nach Napoleons Ansicht die wirtschaftlichen Interessen Frankreichs schwer beeinträchtigte, hatte den Kaiser der Franzosen sehr aufgebracht. Neue Besitzergreifungen Napoleons im nördlichen Deutschland hatten sich allmählich in eine ziemlich unverhüllte Drohung gegen Rußland verwandelt. Unheilverkündende Gerüchte liefen in Petersburg um.

Im Dezember 1810 gab Talleyrand der russischen Diplomatie eine Reihe geheimer Nachrichten, die die schlimmsten Befürchtungen des Petersburger Hofes bestätigten. Napoleon bereitet die Wiederherstellung eines selbständigen Polens vor. Er will Preußen Schlesien nehmen und es dem König von Sachsen geben, um ihn für den Verlust des Herzogtums Warschau zu entschädigen, das ihm weggenommen werden soll. Von Österreich

wird er zugunsten Polens Galizien abtrennen, und um seinen
Vasallen und Schwiegervater, den Kaiser von Österreich, zu entschädigen, wird er Österreich die Städte Triest und Fiume, Dal-
matien und «die ganze Küste» geben. Gleichzeitig mit der Aus-
arbeitung dieser Pläne erfolgte eine neue Aushebung von
120 000 Mann. «Das sind die Ideen des Kaisers in Fontainebleau,
wie sie mir von Cousin Henri mitgeteilt worden sind», schreibt
Nesselrode am 5./17. Dezember 1810 nach Petersburg.[1] Immer
und immer wieder erklingt in jeder der aufeinanderfolgenden
Noten Nesselrodes dasselbe Motiv: «Cousin Henri» rät Rußland eindringlich, sobald als möglich mit der Türkei Frieden zu
schließen.[2] Er warnt davor, allzu große Hoffnungen auf Napoleons Schwierigkeiten in Spanien zu setzen, da er die Hilfsquel-
len des Kaisers für ungeheuer hält.[3] Er glaubt auch nicht an irgendeine Möglichkeit zu einem Friedensschluß des Kaisers mit
England.[4]

Bezüglich der häufig wiederholten empfindlichen Klagen Napoleons über schlechtes Einhalten der Vorschriften zur Kontinentalsperre durch Rußland rät Talleyrand den Russen, auf die
aller Welt verkündete Befolgung der Kontinentalsperre hinzuweisen und sie gleichzeitig im geheimen auch weiterhin zu verletzen: «Henri rät, wegen der Kolonialwaren viel Lärm zu schlagen, in Wirklichkeit aber wenig durchzuführen. Überhaupt mit
großer Verlogenheit (payer d'une grande fausseté) dem zurück-
zuzahlen, der uns gegenüber dieselbe Münze in Umlauf bringt.»[5]
Gleichzeitig gab Talleyrand Nesselrode Kenntnis von den geheimen Maßnahmen, die der Kaiser der Franzosen ins Werk gesetzt hatte, um einen Friedensschluß zwischen Rußland und der
Türkei zu verhindern.

Als die sich lange hinziehenden Friedensverhandlungen zwischen Rußland und der Türkei in Bukarest ins Auge gefaßt und
schließlich eingeleitet wurden, gibt Talleyrand, der sein dreifaches Spiel spielt, wie immer Rußland den Rat, einerseits mög-

1 ebd. S. 304–305.
2 ebd. S. 307 ff.
3 ebd. S. 313.
4 ebd., Paris, 2/14 janvier 1811, S. 316.
5 ebd., Fontainebleau, 23 octobre/4 novembre 1810, S. 298.

lichst schnell auf den Frieden einzugehen, um die Möglichkeit zu haben, mit allen Kräften Napoleon zurückzuwerfen, andererséits rät er Rußland ebenso «freundschaftlich», nicht auf Abtretung der Moldau und Walachei durch die Türken an Rußland zu bestehen, sondern mit der Abtretung dieser beiden Provinzen an Österreich einverstanden zu sein, das überhaupt nicht gegen die Türkei gekämpft hatte. Und was soll Rußland dafür erhalten? Die Freundschaft Österreichs für den kommenden erfolgreichen Krieg gegen Napoleon.[1] Der harmlose Karl Wassiljewitsch Nesselrode setzte sehr ernsthaft alle diese freundschaftlichen Ratschläge des «Cousin Henri» auseinander, und es kommt ihm nicht in den Sinn, daß der «Cousin», der ihm Napoleon verkauft hat, gleichzeitig ihn selbst an Metternich verkauft, wodurch er sein Einkommen verdoppelt. In einem aber sagt Talleyrand unzweifelhaft die Wahrheit: Er hört nicht auf zu warnen, daß Napoleon eifrig zum Überfall auf Rußland rüstet. Schon im März 1811 sagt er den baldigen Beginn des Krieges voraus, er fixiert sogar das Datum: Der Krieg wird nach seiner Meinung genau ein Jahr später, am 1. April 1812, beginnen. Er rät schon jetzt, im März 1811, entsprechende geheime Verhandlungen mit England einzuleiten.[2] Die plötzlich zutage tretenden Sympathien Talleyrands für England fallen mit folgenden Ereignissen zusammen: Napoleon begann zur Besserung der französischen Finanzlage einigen Personen Lizenzen für den Handel mit England zu geben, und Talleyrand rät den Russen, dasselbe zu tun, da ja Napoleon schon selbst den Rückzug von den Satzungen der Kontinentalsperre angetreten habe. Für seinen weisen Rat bittet «Cousin Henri», ob er nicht auch persönlich solche Lizenzen erhalten könne, und zwar möglichst schnell, denn «es wäre für seine Interessen wesentlich, daß er sie vor allen anderen erhielte».[3]

Die Vorbereitungen für den Krieg sind in Frankreich in vollem Gange. Auch in Rußland werden entsprechende Maßnahmen getroffen.

1 ebd., Paris, 4/16 février 1811, S. 318—319.
2 ebd., Paris, 19/31 mars 1811, S. 338.
3 ebd., Paris, 9/21 avril 1811, S. 341—342.

Die Mitteilungen und Ratschläge Talleyrands begannen für seine russischen Korrespondenten wieder interessant zu werden. Aber um diese Zeit, 1811 und in den ersten Monaten von 1812, arbeitete in Paris bereits Oberst Alexander Iwanowitsch Tschernyschew, der die Militärspionage ausgezeichnet organisiert hatte. Er erfuhr Dinge, von denen sich Talleyrand nichts träumen ließ.

Talleyrand riet Rußland, auf keinen Fall den Krieg selbst zu eröffnen. hörte aber nicht auf, nachdrücklich auf die Notwendigkeit des Ausbaus der Verteidigung hinzuweisen, da der Krieg im Frühjahr 1812 unvermeidlich sei. Bis dahin solle man, ohne sich viel um die Kontinentalsperre zu kümmern, im größten Maßstabe Handel treiben. «Das ist die Meinung unseres Juriskonsulten», schreibt Nesselrode.[1]

Ende März n. St. 1812 berichtet der russische Botschafter Fürst Kurakin, schon völlig überzeugt von der Unvermeidlichkeit des Krieges Napoleons gegen Rußland, dem Grafen Rumjanzew über alarmierende Gerüchte. Der Minister des Äußeren, der friedliebende Herzog von Bassano, wird den Abschied nehmen, und als Nachfolger für ihn nennt man Talleyrand, den Fürsten von Benevent, der auf jeden Fall den Kaiser in dem bevorstehenden Feldzug begleiten wird. «Was den Fürsten von Benevent angeht, so ist er, trotz der Dankbarkeit, die er für unseren erlauchten Herrscher ausspricht und zu der ihn die Gönnerschaft verpflichtet, die Seine Majestät ihm erwiesen hat, besonders gelegentlich der Heirat seines Neffen, und trotz der Friedensliebe, die er so oft zur Schau getragen hat, zu sehr Höfling und zu sehr bemüht, von Kaiser Napoleon wieder in Gnaden aufgenommen zu werden, als daß es möglich wäre, auf irgendwelche Festigkeit und Dauer in der Verteidigung seiner Ansichten zu rechnen und darauf, daß er bereit sein wird, sie für die Ansichten des Kaisers zu opfern.» Kurakin befürchtet diese Entwicklung Talleyrands um so mehr, als sich der Fürst gerade in schwieriger Lage befindet, sein Haus verkauft und sich bereits um Unterstützung an Kaiser Napoleon gewandt hat und die Gelegenheit ausnutzen wird, etwas zu erhalten. Um so mehr, setzt Fürst Kurakin hin-

1 ebd., Paris, 5/17 juin 1811, S. 362.

zu, als Talleyrand keine Hoffnungen mehr hat «auf neue, ebenso reiche Ernten» (nouvelles récoltes aussi abondantes) wie die, welche er früher bei den verschiedenen Vergütungen und Kompensationen in den deutschen Ländern so geschäftig eingebracht hat.[1]

Zu dieser Zeit hatten die Geldspenden aus Rußland anscheinend schon aufgehört. Tatsächlich erwartete Talleyrand in diesem Moment keinerlei Ernennung und konnte sie auch nicht erwarten. Ob er selbst diese Gerüchte lanciert hat mit dem Hinweis, daß er sein Geld nach und nach aufgebraucht habe und andererseits dem Zaren noch nützlich sein könne, wissen wir nicht. Auf jeden Fall hat das Gerücht, daß der Kaiser Talleyrand mitnehmen würde, eine andere Erklärung erhalten.

Diese Erklärung finden wir in einem späteren Bericht des Fürsten Alexander Kurakin an den Kanzler Grafen Rumjanzew vom 23. März/4. April 1812. Kurakin widerruft seinen früheren Bericht und gibt eine ganz andere Erklärung auf Grund neuer und nach seiner Meinung zuverlässiger Angaben. Es zeigt sich, daß Talleyrand durchaus nicht wieder in Gnaden angenommen war, Napoleon will ihn im Gegenteil nur deshalb mitnehmen, «um einen Menschen persönlich zu beobachten, dem er nicht traut und den er für zu gefährlich hält, um ihn in einer für ihn so kritischen Zeit in Frankreich zu lassen, während er selbst nicht dort ist». Kurakin spricht von der unruhigen Stimmung und gespannten Lage, von der Unzufriedenheit im Reiche Napoleons und fügt hinzu: «Er hat in Frankreich niemanden so zu fürchten wie Talleyrand und Fouché. Beide sind mit ihm unzufrieden, beide sind genau über die wahre Lage Frankreichs orientiert, und beide kennen Parteien, die — in schweigender Gärung ... Er wünscht um so weniger, sie während seiner Abwesenheit zusammen zurückzulassen, als seit 1809 zwischen ihnen volles Einvernehmen besteht.» Kurakin bestätigt gleichzeitig auf das bestimmteste die Zuverlässigkeit der Meldung, daß Napoleon entschlossen sei, Talleyrand mit sich ins Feld zu nehmen, ob-

---

1 Archiv der Außenpolitik, Min. d. Äuß., Nr. 9046. Le prince Kourakine à S. E. M. le comte de Romanzoff (sic), Paris, le 12/24 mars 1812.

gleich Talleyrand selbst äußerst unzufrieden darüber sei und sogar erklärt habe, er werde während der Abwesenheit Napoleons nicht in Paris wohnen. Aber auch dieser Versuch, die Dinge so zu arrangieren, daß man ihn in Ruhe ließ und nicht mit in den russischen Krieg schleppte, gelang nicht.[1]

Schließlich wurde es Talleyrand doch möglich, sich loszumachen: Napoleon hatte ihn im Drange der Geschäfte vergessen und ließ ihn in Frankreich zurück. Später hat er diese Zerstreutheit oft erwähnt ...

In Rußland interessierte man sich bis zum Beginn des Krieges sehr für die Frage, ob Talleyrand Napoleon begleiten würde. Ist der Kaiser tatsächlich entschlossen, ihn zu seinem Bevollmächtigten in Warschau zu ernennen? Erst unmittelbar vor dem Einmarsch Napoleons fand die Frage ihre Klärung.

«Hinsichtlich der Ernennung des Fürsten von Benevent erfolgte eine für diesen sehr unangenehme und wenig erwartete Wendung, anscheinend durch die Machenschaften des Herzogs von Bassano, dem seine Anwesenheit beim Kaiser sehr zuwider gewesen wäre. Als sich Napoleon vom Fürsten von Benevent verabschiedete, gab er ihm keinen Befehl, mit ihm nach Warschau zu reisen, wo er, wie man behauptet hatte, die Umbildung und provisorische Verwaltung Polens in der dafür vorbereiteten Form übernehmen sollte. Talleyrand muß daher jetzt, da er von seinem Kaiser keinen bestimmten Befehl erhalten hat, hierbleiben und den wichtigen Auftrag vergessen, der seiner Erfahrung in den Regierungsgeschäften angemessen gewesen wäre. Leute, die ihn oft sehen, versichern, er sei über diese Wendung in der Einstellung des Kaisers ganz zerknirscht und wolle demnächst Heilbäder aufsuchen ... Ich bitte Euer Erlaucht, diese Meldung schnellstens dem Staatskanzler vorlegen zu wollen. Denn er erwartet etwas ganz anderes.»[2] So meldete Kurakin, als er schon seine Pässe erhalten und Paris verlassen hatte.

1 ebd. Nr. 2433. Le prince Alexandre Kourakine à S. E. M. le comte de Romanzoff, Paris, le 23 mars (4 avril) 1812.
2 ebd. Nr. 9049. Chiffrierte Meldung Kurakins an Graf Saltykow. Pavillon Coislin. Coteau de Bellevue. Nr. der Meldung 318. Le 7 juin 1812. Eingegangen: 30. Juni.

Die Zeit war gekommen, daß Talleyrands Prophezeiungen sich erfüllen sollten. Napoleon marschierte nach Moskau. Schwere Zeiten nahen, sagte Talleyrand schon, als man in Paris noch die üblichen neuen Siegesbulletins erwartete. Als der Zusammenbruch der französischen Truppen auf dem katastrophalen Rückzug der Großen Armee von Moskau begann, wurde Talleyrand in seinen Gesprächen (allerdings nur denen gegenüber, die ihm am nächsten standen) dreister. «Der Augenblick ist gekommen, ihn zu stürzen», sagte er Ende 1812. Aber Napoleon konnte nicht durch eine innere Revolution gestürzt werden. Das lag nicht nur an dem vollendeten Polizeiapparat, der von Fouché geschaffen war und das Vorbild aller politischen Polizeien der folgenden Zeiten geworden ist, vom Gendarmenkorps Nikolaus' I. bis zur deutschen Gestapo.

Napoleons Stärke beruhte darauf, daß er auch 1813 noch den zahlenmäßig und materiell stärksten Klassen als der einzig mögliche Herrscher erschien. Die Bauern fürchteten nach wie vor, daß ihnen bei einer Rückkehr der Bourbonen das in der Revolution erworbene Land genommen und der Feudalismus wiederhergestellt würde; die Stimmung der Bourgeoisie war uneinheitlich, besonders nahm die Unzufriedenheit zu unter der Handelsbourgeoisie, den Reedern und der Kaufmannschaft der unter Napoleon erstorbenen Häfen, dagegen sahen die Industriellen in Napoleon den Beschützer gegen die englische Konkurrenz und den Eroberer fremder Märkte, wenn auch der Mangel an Kolonialwaren, besonders an Baumwolle und Farbstoffen, sie schon lange beunruhigte. Noch vieles stützte die Macht Napoleons. Die Armee — die Soldaten noch mehr als die Offiziere und Generale — liebte ihn in ihrer großen Masse, besonders die altgedienten Leute und die Unteroffiziere.

Unter diesen Umständen hatte Napoleon noch genug Kräfte zu seiner Verfügung, um 1813/1814 eine Armee nach der anderen aufzustellen, und, nachdem er den Verbündeten furchtbare Schläge bei Lützen, Bautzen, Weißenfels und Dresden erteilt hatte, sie bei seinem langsamen Zurückgehen aus Deutschland zweimal zu veranlassen, ihm einen ehrenvollen Frieden anzubieten. Talleyrand sah, daß es gefährlich war, allzu schnell seine Karten aufzudecken.

Am 5. Dezember 1812, 10 Uhr abends, bestieg Napoleon, begleitet von Caulaincourt, einem polnischen Offizier Wonsowitsch, dem Mamelucken Rustan und zwei Pikören in dem Marktflecken Smorgon den Schlitten und begann seine weite Reise. In seinen Erinnerungen widmet der ehrliche Caulaincourt den Gesprächen mit dem Kaiser im Schlitten viel Raum, und ein sehr großes Kapitel (142 Seiten kleiner Druck) in der neuen Ausgabe seiner Erinnerungen (Band II, S. 305—342) heißt sogar: «Im Schlitten mit dem Kaiser». Napoleon hatte immer Zuneigung zu Caulaincourt empfunden und hatte nicht so sehr seine Klugheit wie seinen Charakter geschätzt. Ehrliche und ergebene Menschen waren an seinem Hofe die größte Seltenheit. Auf der langen Fahrt, unter dem Eindruck der unheimlichen Katastrophe in Rußland, an der Napoleon allein unmittelbar schuld war, wurde er besonders offenherzig und sprach sich in diesen Unterhaltungen Auge in Auge über vieles aus, worüber er unter normalen Verhältnissen geschwiegen hätte.

Uns interessiert an diesen Unterredungen nur das, was sich auf den Fürsten Talleyrand direkt bezieht. Vor allem geht daraus klar hervor, daß Napoleon trotz allem keine Ahnung von dem Landesverrat Talleyrands hatte, der 1808 in Erfurt begonnen worden war und bis zum Ende des Kaiserreichs nicht aufhörte. Der Kaiser sagte Caulaincourt zum Beispiel: «Ich war sehr im Unrecht, daß ich so auf Talleyrand erzürnt war.» Er bedauerte, nicht Talleyrand zu seinem Vertreter in Warschau bestimmt zu haben, der nach seiner Meinung besser als de Pradt verstanden hätte, die Polen für seine Zwecke einzuspannen.[1] «Er ist Ihr Freund, sagte er zu mir (Caulaincourt) und fügte dann hinzu: Er ist ein Mensch der Intrige, von großer Sittenlosigkeit, aber auch von großem Verstand, und der befähigste aller Minister, die ich gehabt habe. Ich habe mich oft über ihn geärgert, aber ich habe keinen Groll mehr gegen ihn. Er wäre jetzt noch Minister, wenn er gewollt hätte.» Der Kaiser beklagte sich, daß

1 Mémoires du général de Caulaincourt, duc de Vicence ..., B. II, Paris 1933, S. 221.

die Intrigen der Herzogin von Bassano und «die geldlichen Intrigen» (sic) Talleyrands ihn verärgert hätten und er beinahe den Fürsten hätte verhaften lassen.[1] Er bekannte Caulaincourt, wenn ihn Talleyrand auch in dem Augenblick, als er, der Kaiser, über Spanien herfiel, nicht gegen dieses Land aufgehetzt habe, so sei dieser selbe Talleyrand doch überzeugt gewesen, daß nur eine «teilweise Besetzung» Spaniens und Portugals durch die Franzosen das Londoner Kabinett zum Friedensschluß hätte veranlassen können. Noch mehr: Talleyrand war die «Seele des Geschäfts», das die Erreichung dieses Zieles auf diesem Wege anstrebte.[2]

Über die Erschießung des Herzogs von Enghien hat Napoleon, wie schon gesagt, niemals Reue empfunden. Aber hier, vor Caulaincourt, gestand er, er hätte den Herzog begnadigt, wenn man es nicht so eilig gehabt hätte, ihn in der Nacht unmittelbar nach dem Urteil zu erschießen. «Berthier und Cambacérès zögerten noch, ihn (den Herzog) zu verhaften ... Talleyrand bestand auf der Verhaftung, ebenso wie Murat und Fouché.»[3] Napoleon war deshalb nicht ärgerlich auf Talleyrand und wiederholte nicht den wütenden Vorwurf, den er ihm einst, bei der berühmten Szene vom 28. Januar 1809, in den Tuilerien gemacht hatte. Als sie durch Warschau fuhren, erwähnte der Kaiser nochmals ärgerlich, daß er «wegen dummer Intrigen» nicht Talleyrand für Warschau ernannt habe.[4] Napoleon war so durch die Schmeicheleien des «unschuldigen» Talleyrand getäuscht, der ihm angeblich alle Beleidigungen verziehen hatte, daß er Caulaincourt folgende psychologisch unbegreifliche Tatsache mitteilte: Als der Kaiser die ihm unverständliche Veränderung in der Haltung Alexanders während der Erfurter Tage merkte, schrieb er sie einigen Taktlosigkeiten und inkorrekten Äußerungen des Marschalls Lannes zu, eines treuen, Napoleon zu tiefster Seele ergebenen Soldaten.[5] Weder Napoleon noch sein Zuhörer Cau-

---

1 ebd.
2 ebd. S. 251.
3 ebd. S. 253.
4 ebd. S. 274.
5 ebd. S. 332.

laicourt hatten die leiseste Ahnung, wer der wirkliche Verräter in Erfurt gewesen war. Diese Verblendung erklärt vieles in den folgenden Ereignissen, als Talleyrand im entscheidenden Augenblick Napoleon den schwersten Schlag versetzen konnte, indem er schon völlig offen gegen den untergehenden Kaiser auftrat.

X

Der Winter 1813 auf 1814 war gekommen. Die Feinde näherten sich dem Rhein. Napoleon arbeitete Tag und Nacht an der Aufstellung einer neuen großen Armee, mit der er sich zur verzweifelten Verteidigung des Landes vorbereitete. Charles de Rémusat traf an einem der Weihnachtsabende Talleyrand unter den Gästen im Salon seiner Mutter. Talleyrand allein sprach, alle anderen schwiegen. Er erklärte geradezu, daß Napoleon untergehe. «Der größte und durch nichts auszugleichende Nachteil für ihn ist seine Vereinsamung», sagte Talleyrand. «Er steht allein, wie er es gewollt hat, vereinsamt in Europa; doch das ist noch das wenigste: er ist auch in Frankreich vereinsamt.» Was ist Leidenschaft und Kraft ohne Überlegung, wenn die Kraft verschwindet, aber die Leidenschaft bleibt? Der Kaiser ist im leeren Raum: «Es gibt keinen Widerstand, aber auch keine Unterstützung. Das ist der große Fehler der Regierungsgewalt in Frankreich — kein Vertrauen zu den Menschen, die man braucht ... Er hört nur auf die, die ihm das antworten, was er ihnen vorspricht. Duroc hat das Übel kommen sehen, auch Berthier hat etwas gemerkt. Aber Duroc hatte zu wenig Verstand, seinen Gedanken Worte zu leihen. Dasselbe muß man von Berthier sagen. Daru ist ein Arbeitstier, Cambacérès hat keinen Mut.» Der Schluß dieses intimen Gesprächs Talleyrands im Kreise seiner Freunde lief darauf hinaus, daß der Kaiser nichts mehr von seiner Umgebung, die Untertanen nichts mehr vom Kaiser zu erwarten hätten.[1]

1 Dieser Ausschnitt aus den unveröffentlichten Erinnerungen Charles de Rémusats ist zuerst von Lacour-Gayet 1934 in der Dokumentensammlung «Mélanges», S. 113—114, abgedruckt worden.

Nach der Niederlage bei Leipzig sah Napoleon gelegentlich einer kurzen Rückkehr nach Paris bei seinem Morgenempfang im Schlosse St.-Cloud am 10. November 1813 unter den Höflingen auch Talleyrand. «Warum sind Sie hier?» wandte er sich plötzlich wütend an ihn, und außer anderen erregten Sätzen sagte er auch: «Hüten Sie sich! Man kann nichts dabei gewinnen, wenn man gegen meine Macht kämpft! Ich kann Ihnen nur sagen, wenn ich gefährlich erkrankte, würden Sie eher sterben als ich!» Das war die Drohung mit Erschießen. Und damals, Ende 1813, schlug Napoleon plötzlich Talleyrand vor, wieder Minister des Äußeren zu werden. Er lehnte ab. Obwohl Napoleon Talleyrand verachtete und haßte und jetzt schon beinahe von seinem Verrat überzeugt war, glaubte er doch, Talleyrand sei von ihm so sehr mit Gnadenbeweisen überschüttet worden, daß er besorgt sein müsse, sie beim Zusammenbruch des Kaiserreichs zu verlieren, und daß er alle Veranlassung habe, die Rückkehr der Bourbonen zu fürchten.

Er wußte nicht, daß Talleyrand nach Leipzig endgültig überzeugt war, Napoleon würde gestürzt werden, und zwar nicht durch eine Revolution, sondern durch den Ansturm der verbündeten Armeen, durch den «Aufstand Europas», nicht durch den Aufstand Frankreichs gegen seine Gewaltherrschaft. Der Kaiser wußte nicht, daß die Bourbonen Talleyrand alles gern vergessen und vergeben würden, was er an Verrat gegen sie begangen hatte und noch begehen würde, wenn er diesmal einen Verrat zu ihren Gunsten beging. Als ihm das alles noch nicht bekannt war, im Januar 1814, als der Kampf schon auf französischem Grund und Boden ausgefochten wurde und Napoleon sich rüstete, den Verbündeten eine Reihe neuer furchtbarer Schläge zu versetzen, als die Verbündeten wiederum auf Metternichs Rat Napoleon Friedensverhandlungen vorschlugen, bot Napoleon in Gegenwart der Minister Talleyrand erneut an, diese Unterhandlungen zu führen. Talleyrand weigerte sich abermals. In maßloser Wut ballte Napoleon die Fäuste, stürzte sich auf Talleyrand, packte ihn bei der Schulter, schlug mit der Faust nach ihm ... der Fürst entging dem Schlag, indem er sich zurückbog. Diese widerliche Szene spielte sich am 16. Januar 1814 ab.

Warum war es für Napoleon so erwünscht, daß gerade Talleyrand zu diesem Friedenskongreß ging, der am 4. Feburar 1814 in Châtillon eröffnet wurde? Wir wissen, daß sogar der getreue Caulaincourt den Zorn Napoleons zu fühlen bekam, der auf die ihm von Caulaincourt aus Châtillon übermittelten Vorschläge der Verbündeten antwortete: «Hören Sie auf, mich zu beleidigen.» Napoleon wollte überhaupt den Frieden nicht, er brauchte den Kongreß in Châtillon (bei dem nichts herauskam und auch nichts herauskommen konnte) nur aus rein taktischen Erwägungen, um vor allem durch Verzögerung Zeit zu gewinnen. Unter solchen Umständen war aber Talleyrand geeigneter als Caulaincourt. Die bloße Entsendung Talleyrands hätte die Verbündeten viel mehr irreführen und zu ernstlicherem Nachdenken veranlassen können, ob Napoleon tatsächlich den Frieden suchte.

Der Kaiser reiste zur Armee ab. Talleyrand blieb in Paris. Hier sollte er im Februar und Anfang März kritische Minuten erleben. Es begann eine neue Serie von Siegen Napoleons, die schon niemand mehr erwartet hatte. «Ich habe wieder die Stiefel angezogen, in denen ich meinen ersten italienischen Feldzug gemacht habe», hat er später von dieser Zeit gesagt. Militärische Spezialisten sehen bis heute den Feldzug von 1814 als einen der bedeutendsten in der langen und blutigen Karriere des Feldherrn an. Fast alle drei Tage kamen nach Paris Nachrichten von neuen Siegen Napoleon, und Talleyrand befiel noch einmal eine böse Unruhe, so daß er der Herzogin von Dino, seiner Nichte und Geliebten, und ihrer Mutter, der Herzogin von Kurland, Aufzeichnungen schickte, die einem geistigen Testament gleichen. Im Falle eines vollkommenen und endgültigen Sieges konnte Napoleon Talleyrands geheime Verbindungen mit den Verbündeten herausbekommen und ihn kurzerhand in einer aufgeregten Minute erschießen lassen. Nur Napoleons Niederlage konnte ihn retten. Deshalb sucht er zusammen mit Vitrolles und durch Vitrolles' Vermittlung das Vorgehen der Verbündeten auf Paris zu beschleunigen, gibt ihnen Nachrichten über die geringe Stärke der Verteidigungskräfte und läßt durch zuverlässige Leute die Bourbonen wissen, daß er nur ihnen helfen wolle; allgemein war bekannt, daß unter den Verbündeten eine starke Strömung für die Thronbesteigung durch Napoleons kleinen Sohn, den «König von Rom», bestand, was die Bourbonen sehr beunruhigte.

Doch schon waren die Kämpfe bis unter die Mauern von Paris herangekommen. Die Kaiserin Marie-Louise reist mit dem kleinen Sohne, dem Erben des Kaiserthrons, aus der Hauptstadt in das Innere des Landes. Talleyrand ist in der schwierigsten Lage: Soll er der Kaiserin nachreisen, wie Napoleon sämtlichen Großwürdenträgern befohlen hatte, oder in Paris bleiben? Gehorcht er dem Kaiser nicht und bleibt in Paris, so kann ihm, falls Napoleon siegt oder falls er abdankt und der König von Rom als «Napoleon II.» den Thron besteigt, seine treulose Haltung teuer zu stehen kommen. Wenn anderseits die Verbündeten siegen und in Paris einziehen, steigen die Chancen der Bourbonen gewaltig, und dann kann Talleyrand, wenn er in der Hauptstadt geblieben ist, eine wirkungsvolle Rolle spielen, indem er als das gegebene Bindeglied zwischen Verbündeten und Bourbonen einerseits und Senat und anderen kaiserlichen Einrichtungen andererseits mit der ihm eigenen Biegsamkeit eine Atmosphäre schafft, aus der sich ergibt, daß Frankreich selbst durch den Mund des Senats die Dynastie der Bonaparte entthront und die Bourbonen zurückruft. Er wußte sehr genau, daß es für die Verbündeten durchaus erwünscht war, diesen Schein zu wahren; besonders nötig aber war es für die Bourbonen, von Anfang an die allzu harte und für die französische nationale Eigenliebe schmerzliche Tatsache, daß der in Aussicht genommene König Ludwig XVIII. «in den Wagen der Verbündeten» heimkehrte, mit einem Feigenblatt zu verdecken. Von diesen «Wagen», die später eine solche Rolle in der antibourbonischen Agitation gespielt haben, begann man schon damals zu sprechen. Talleyrand konnte also hoffen, daß man ihm seine ganze Vergangenheit, selbst die Ermordung des Herzogs von Enghien, verzeihen würde, wenn er jetzt die Thronbesteigung der Bourbonen formulierte und erleichterte.

Es ist also unbedingt notwendig, daß er in Paris bleibt ... Was war zu tun? Die Biographen Talleyrands formulieren die in seinem Innern bestehenden Gegensätze in treffenden Worten so: «Wie kann man es machen, daß man gleichzeitig aus Paris abreist und nicht aus Paris wegfährt?» Eine Aufgabe, die auf den ersten Blick den elementaren Gesetzen der Physik widerspricht und völlig unlösbar ist. Doch Schwierigkeiten konnten den Fürsten Talleyrand nicht abschrecken. Im Gegenteil, in anscheinend ausweglosen Lebenslagen zeigte er die größte Findigkeit. Zunächst begab er sich mit einer alten Freundin — er hatte solche für alle Lebenslagen in Bereitschaft —, mit Frau von Rémusat, zum Polizeipräfekten Pasquier. Dort überließ er das Reden vor allem Frau von Rémusat und beschränkte sich selbst auf unbestimmte Zwischenbemerkungen. Dann gab er Pasquier zu verstehen, es würde gut sein, daß «das Volk», wenn er, Fürst Talleyrand, beispielsweise aus der Stadt hinausfahren wollte, ihn nicht weiterließe und ihn «gewaltsam» zur Rückkehr nötigte. Frau von Rémusat machte dem Präfekten, der etwas schwer von Begriff war, sogar klar, es wäre noch besser, wenn er seinen Agenten den Auftrag gäbe, einen kleinen «Volksaufstand» zu erregen, um diese Rückkehr unter Zwang für Talleyrand zu arrangieren. Schließlich kam man dahin überein, daß nicht «das Volk», sondern die Nationalgarde Talleyrand festhalten und zur Umkehr zwingen sollte. Es war wichtig, den einen Tag zu gewinnen, an dem sich alles entscheiden mußte.

Unmittelbar nach dieser Verabredung fuhr Talleyrand mit Gepäck, Sekretären und Dienern im offenen Wagen aus seinem Schloß, um gemäß dem Befehl Seiner Majestät des Kaisers Napoleon rechtschaffen seine alleruntertänigste Pflicht zu erfüllen und sich der in Blois eingetroffenen Kaiserin und dem Thronfolger, dem kleinen König von Rom, anzuschließen. Zum Leidwesen Talleyrands hinderten ihn an dieser Pflichterfüllung gegen Napoleon vor aller Augen die Nationalgardisten, die an den Barrieren von Passy infolge eines ärgerlichen Mißverständnisses seinen Wagen anhielten und in die Stadt zurückschickten. Sofort sandte er einen Bericht über den bedauerlichen Vorfall an den Großkanzler des Reiches Cambacérès. Er hatte sich damit gegen die Wut Napoleons gesichert und begann nun sofort für die Restauration der Bourbonen zu arbeiten. Er schickte Emissäre an Marschall Marmont und überredete den schwankenden Marschall, sich mit den gegen die Stadt heranrückenden Verbündeten nicht in einen Kampf einzulassen, sondern die Stadt zu übergeben und sein Korps seitwärts abzuziehen. Napoleon eilte mit den Resten der Armee nach Paris. Am 31. März erfuhr er in Fontainebleau den Verrat Talleyrands.

Alexander hatte, noch bevor die Verbündeten in Paris einzogen und es fest in Besitz nahmen, Nesselrode zu Talleyrand befohlen; beide setzten die berühmte Deklaration auf, die von Alexander unterschrieben und vom 31. März 1814 datiert ist, worin erklärt wurde, daß die Verbündeten weder mit Napoleon noch mit seiner Familie verhandeln, jedoch die neue Regierungsform anerkennen und garantieren würden, die sich die französische Nation selbst gebe. Hinzugesetzt war, daß die Verbündeten den Senat aufforderten, eine einstweilige Regierung zu ernennen.

VIERTES KAPITEL

Talleyrand
und die Restauration der Bourbonen.
Der Pariser Friede vom 30. Mai 1814

I

Nach dem feierlichen Einzug in Paris besuchten Alexander und der König von Preußen vor allem Talleyrand in seinem Schloß. Talleyrand wurde nicht müde zu versuchen, beide Monarchen zu überzeugen, Frankreich wolle die Bourbonen, besonders Ludwig XVIII., haben. Alexander schwankte. Nach einigen Anzeichen und direkten Zeugnissen zu urteilen, wäre ihm das liebste gewesen, den dreijährigen Sohn Napoleons, den König von Rom, unter der Regentschaft seiner Mutter Marie-Louise auf den französischen Thron zu setzen. Ludwig XVIII. war dem russischen Kaiser persönlich im höchsten Grade unsympathisch. «Wie soll ich erfahren, ob Frankreich die Dynastie der Bourbonen will?» fragte er mißtrauisch Talleyrand. Ohne mit der Wimper zu zucken, antwortete dieser: «Mit Hilfe einer Senatsentscheidung, deren Durchführung ich übernehmen werde, Majestät, und deren Ergebnis Sie sofort sehen werden.» — «Sie sind davon überzeugt?» — «Ich hafte dafür, Majestät.»

Talleyrand berief am nächsten Tage den Senat ein. Diese Institution hatte bei Napoleon nicht die geringste Rolle gespielt und sich auf die Funktion beschränkt, gehorsame und brave Kodifikatoren und Vollstrecker des kaiserlichen Willens zu stellen. Sie waren gewohnt, sich vor der Gewalt zu beugen, sich ohne Überlegen jedem Befehl zu fügen, und wenn von 141 dem Aufruf Talleyrands nur 74 Folge leisteten[1], so hauptsächlich deshalb, weil noch

---

1 Nach anderen Angaben sollen tatsächlich nicht 74, sondern nur 63 Senatoren erschienen sein.

nicht alle den Zusammenbruch des Imperiums richtig fassen konnten und sich die Angst vor Napoleon noch nicht abgewöhnt hatten. Talleyrand, gestützt auf alle verbündeten Armeen, die in der Hauptstadt und in Frankreich standen, erreichte ohne viel schöne Redensarten erstens, daß der Senat die Wahl einer «einstweiligen Regierung» von fünf Mitgliedern anordnete, mit dem Auftrage, die laufenden Geschäfte zu führen und den Entwurf einer neuen Verfassung auszuarbeiten, und zweitens, daß er, Talleyrand, an die Spitze dieser Regierung gestellt wurde. Die übrigen waren farblose Royalisten, Figuren zweiter Ordnung.

Das war am 1. April. An diesem Tage fand das interressante Zusammentreffen Talleyrands mit dem von den Bourbonen geschickten Grafen Semallé statt. Talleyrand, der Mann, der augenblicklich im Mittelpunkt stand und der hauptsächliche Förderer der Restauration war, empfing diesen Semallé, den persönlichen Freund Karls von Artois, des Bruders des präsumptiven Königs Ludwigs XVIII., mit bezaubernder Liebenswürdigkeit. Talleyrand bat, den Bourbonen den Rat auf Anerkennung der Trikolore zu übermitteln — und sofort erhielt er eine unwillige Absage: die Bourbonen wünschten mit ihrer weißen Fahne, der Fahne des alten Regimes, zurückzukehren. Rat und Ablehnung waren gleichermaßen bedeutungsvoll.

Talleyrand mit seiner ganzen umfassenden Erfahrung war fest überzeugt, daß für Frankreich die Bourbonen völlig fremde, unbekannte Menschen waren, die die neuen Generationen überhaupt nicht kannten, daß die Bauernschaft sie von vornherein weder liebte noch fürchtete und daß die alte weiße Fahne in den Augen der Bauern gleichsam das Emblem für die Wiedereinführung überlebter feudaler Zustände sei, die durch die Revolution beseitigt worden waren, daß andererseits für die gesamte Armee die weiße Fahne eine verhaßte Fahne war, der sie bisher nur in den Händen der Emigranten begegnet waren, welche die Waffen gegen ihr Vaterland ergriffen hatten, in den Händen weißer Verräter; diese Soldaten hatten sie schon in den Jahren der Revolution geschlagen. Die dreifarbige Fahne dagegen, die Trikolore, war die Fahne der siegreichen Revolution und des siegreichen Napoleon. Talleyrand erkannte, daß die Bourbonen mit dem Ersetzen der Trikolore durch die weiße Fahne sich selbst das Grab zu graben begannen, daß sie in der Tat nichts gelernt hatten. Darum zu streiten war aber undenkbar. Erinnern wir uns, daß nicht nur 1814, sondern auch 1870 bis 1873, nach zwei neuen Revolutionen und nach der Kommune die Bourbonen in der Person des Grafen Chambord die Trikolore und damit den ihnen erneut angebotenen französischen Thron selbst ablehnten.

Die Lage wurde dadurch noch verwickelter, daß Alexander nicht nur die Bourbonen nicht leiden konnte, sondern vor allem nach Ersatz für sie und nach Gründen suchte, um die Wiedereinsetzung der alten Dynastie zu vermeiden. Er war überzeugt, daß sie nicht lange den Thron Frankreichs innehaben würde, auch wenn man sie mit Hilfe der fremden Armeen darauf zurückbrächte. Talleyrand wußte, in welche Verzweiflung Alexander den Vertreter der Bourbonen, Baron de Vitrolles, gebracht hatte, als dieser genau zwei Wochen vor dem Einzug des Zaren in Paris von ihm empfangen worden war und Alexander inständig gebeten hatte, der Wiedereinsetzung der Dynastie der Bourbonen zuzustimmen. «Wenn Sie sie (die Bourbonen — E. T.) kennen würden», hatte Alexander damals Vitrolles mit dem Ausdruck der Unzufriedenheit und des Bedauerns gesagt, «dann wären Sie überzeugt, daß die Last einer solchen Krone für sie zu groß ist... Wir haben schon viel gesucht, was für Frankreich passen könnte, wenn Napoleon verschwunden ist. Vor einiger Zeit dachten wir an Bernadotte. Sein Einfluß auf die Armee, die Zuneigung, die er im Kreis der Freunde der Revolution haben muß, haben uns einen Augenblick an ihn denken lassen. Dann haben mehrere Gründe uns bewogen, diesen Gedanken fallen zu lassen. Man hat auch von Eugen Beauharnais gesprochen; er wird in Frankreich verehrt, die Armee liebt ihn, er stammt aus dem Adel. Er könnte vielleicht viele Anhänger haben. Vielleicht paßt aber eine vernünftig organisierte Republik besser zur Sinnesart der Franzosen? Denn die Ideen der Freiheit sind, nicht ohne eine Spur zurückzulassen, in einem Lande wie dem Ihrigen so lange herangereift. Diese Ideen machen es sehr schwer, eine mehr konservative Macht einzuführen.» Als er diese Worte aus dem Mund des russischen Autokraten hörte, war der Royalist, Legitimist und eifrige Katholik Vitrolles bestürzt: «Großer Gott, wo sind wir am 17. März gewesen? Kaiser Alexander, der König aller Könige, die sich zur Rettung der Welt vereinigt haben, hat mir von der Republik gesprochen.» Vitrolles nennt ihn genau so, wie man ihn damals in Rußland nannte, wenn man von 1814 und 1815 sprach, «Führer der Führer, der Zaren Diktator» (Shukowski in «Jahrestag von Borodino»); «. . . und bald darauf waren wir durch die Macht der Ereignisse in Paris vereint und der russische Zar das Haus der Zaren» (Puschkin: Varianten nachgelassener Fragmente zum 10. Kapitel von «Eugen Onegin»). Schalten wir ein, daß Puschkin, wenn er Alexander das Haupt der Zaren nennt, die 1814 in Paris versammelt waren, nicht im entferntesten daran dachte, den Zaren auf einen hohen Piedestal zu stellen; er liebte ihn nicht, nannte ihn einen «Harlekin, der an Antipathien gewohnt ist», und sagte ironisch von ihm, er sei «jetzt Kollegienassessor im Departement der äußeren Angelegenheiten». Der große Dichter stellt mit dem Ausdruck «Haupt der Zaren» einfach eine Tatsache fest. Ebensowenig konnte der Augenzeuge und Teilnehmer an den Ereignissen von 1814—1815, der französische Legitimist Vitrolles, Alexander ausstehen, und wenn er ihn beinahe wörtlich so nennt wie Puschkin (le roi des rois), so tut er das durchaus nicht im Sinne eines Kompliments, sondern mit Zähneknirschen, in Verzweiflung darüber, daß dieser allmächtige Autokrat plötzlich anfing, von der Republik zu predigen. Vitrolles stellt auch nur die Tatsache der Allmacht Alexanders fest oder das, was damals allen als unbestreitbare Tatsache erschien. Der große Sieg von 1812 und der Endsieg 1813—1814 machten im Frühjahr 1814 Rußland zum Herrn der Geschicke Frankreichs und des europäischen Kontinents. Vitrolles war über diesen unerwarteten Streich Alexanders außer sich.[1]

Natürlich glaubte Talleyrand, dem Vitrolles die ganze Szene erzählt hatte, keineswegs an den Republikanismus des Zaren, aber schon allein die Tatsache, daß Alexander von allen möglichen Prätendenten sprach — von Bernadotte, Eugen Beauharnais, Louis-Philippe, von dem kleinen Sohne Napoleons, dem «König von Rom», und sogar von der Republik — war beunruhigend. Von der politischen Stärke Alexanders war Talleyrand in

1 Mémoires et relations politiques du baron de Vitrolles, Bd. I, Paris 1884, S. 119.

diesem Moment nicht weniger überzeugt als Vitrolles. Man mußte also den «König der Könige» dahin bringen, seine bourbonenfeindlichen Anschauungen aufzugeben.

Frankreich würde sich mit jeder Regierung abfinden, wenn nur die durch die bürgerliche Revolution erreichten grundsätzlichen Ergebnisse unangetastet blieben; Frankreich würde sich mit der Entfernung Napoleons abfinden, wenn der durch die Revolution geschaffene und von Napoleon kodifizierte Zustand unerschüttert bliebe. Hieraus entsprang in den kritischen Apriltagen 1814 der Gedanke, bald Bernadotte, bald Louis-Philippe zu nennen. Talleyrands Stärke bestand darin, daß sein Kandidat Ludwig XVIII. das Prinzip des Legitimismus für sich hatte, das Prestige der traditionellen Monarchie, das bei ihrem Haß gegen die Revolution einen gewaltigen Einfluß auf die in Paris eingezogenen Monarchen hatte. «Als Paris genommen war, schlugen die Herrscher den Sohn Napoleons unter Einsetzung einer Regentschaft oder Bernadotte oder schließlich Louis-Philippe vor. Aber Talleyrand antwortete: Entweder Ludwig XVIII. oder Napoleon. Das ist Prinzip, alles andere Intrige», erinnert Marx gelegentlich in einem Brief an Ruge.[1]

Talleyrand, der von Intrigen lebte, war diesmal in der vorteilhaftesten Lage, weil sich sein Programm tatsächlich völlig logisch mit dem in diesem Moment äußerst starken Prinzip deckte, stark in den Augen derer, die er vor allem überzeugen mußte. Zweimal bezieht sich Marx, zu verschiedenen Zeiten und aus verschiedenen Gründen, auf diese Stellung Talleyrands, der «mit einem Schlage seinen (Bernadottes — E. T.) kindlichen Hoffnungen ein Ende machte, indem er der Versammlung der verbündeten Monarchen erklärte, daß es ‹keine andere Wahl gäbe als Bonaparte oder die Bourbonen, alles andere nur Intrige sei›».[2] Bernadotte hatte keinerlei Chancen. Aber die Frage der Regentschaft Marie-Louises und der Thronfolge des kleinen «Königs von Rom» beunruhigte Talleyrand viel mehr.

Freilich war er völlig überzeugt, daß die Kandidatur Ludwigs XVIII. nur unter der einen Bedingung möglich sei, daß die

1 K. Marx und Fr. Engels, Gesamtausgabe, Bd. I, S. 531.
2 ebd., Bd. XI, Teil 2, S. 589.

Grundlagen des sozialen und wirtschaftlichen Zustandes, wie sie durch die bürgerliche Revolution geschaffen und durch das bürgerliche Imperium endgültig bestätigt waren, als unerschütterlich anerkannt würden. Napoleons Hinterlassenschaft soll bleiben, aber sein Erbe soll nicht sein Sohn, sondern der «legitime Monarch» Ludwig XVIII. sein. Das war Talleyrands Idee im Frühjahr 1814.

II

Caulaincourt und die Marschälle, die mit Napoleon und den Resten der Garde und der französischen Armee in Fontainebleau waren, machten den Versuch, die Verbündeten und vor allem Alexander zur Aufnahme von Unterhandlungen mit Napoleon zu bewegen.

Am 31. März erschien Caulaincourt als offizieller Vertreter des Kaisers Napoleon bei Talleyrand, den man am Abend vorher angeblich «mit Gewalt» verhindert hatte, aus Paris abzureisen. Da aber am 31. März die Truppen der Verbündeten schon in Paris einzuziehen begannen, hatte es Talleyrand nicht mehr nötig, Komödie zu spielen.

«Ich eilte zu ihm», schreibt später Caulaincourt, «um mich zu orientieren (pour prendre langue), denn ich war vollkommen überzeugt, daß ich allein auf ihn meine Hoffnungen oder meine Befürchtungen setzen mußte, weil nach der Abreise der Kaiserin alle Napoleon verlassen hatten. Die unbedeutenden Leute, die doch da waren, waren stumm und im übrigen zu nichts zu gebrauchen ... In Talleyrands Pläne einzudringen war keine leichte Sache. Ich zweifelte aber nicht, daß unsere alten Beziehungen ihn veranlassen würden, mir offen zu sagen, ob wir Freunde oder Feinde seien. Er schien verwundert, als er mich sah. ‹Der Kaiser hat uns ins Unglück gestürzt, als er Ihnen nicht erlaubte, in Châtillon Frieden zu schließen›, war sein erstes Wort. ‹Kann man in unserem Unglück auf Sie rechnen?› fragte ich ihn. ‹Sie wissen, daß ich noch vor zwei Tagen alles getan habe, zur Rettung seines Thrones die Kaiserin und seinen Sohn zurückzuhalten, aber der Kaiser gibt im geheimen Befehle, die alles verderben. Er vertraut niemandem, sein Brief an seinen Bruder mit dem Befehl, die Kaiserin solle aus Paris abreisen, hat alles verdorben. Er hat sich und Frankreich ins Verderben gestürzt. Jetzt hängt es schon nicht mehr von irgendeinem von uns ab, ihn zu retten. Warum hat er die Sache so auf die Spitze getrieben? Warum mußte er die Ratschläge Marets und einiger Schmeichler den Ratschlägen von Männern vorziehen, die seinem und Frankreichs Ruhm ergeben waren?› — ‹Jetzt ist keine Zeit, sich mit seinen Fehlern zu beschäftigen›, antwortete ich; ‹er hat mich zum Kaiser Alexander geschickt, um ihn zu verteidigen, um den Frieden zu unterzeichnen, den alle wünschen. Werden Sie mir in unserem Unglück helfen? Werden Sie ihn verlassen, wo er im Unglück ist? Werden Sie die Kaiserin, den König von Rom und die wahren Interessen Frankreichs opfern?› — ‹Noch bei der letzten Beratung habe ich alles getan, um sie zu retten, um ihre Abreise zu verhindern. Wie ungerecht auch der Kaiser zu mir gewesen ist, ich habe beinah als einziger für ihn gekämpft, für sie — völlig vergeblich, der Kaiser gab seine Sonderbefehle. Er hat sich damit sogar im Regentschaftsrat alles verdorben. Sie wissen das und auch, daß ich alles getan habe, was ich tun mußte›.»[1]

Das Gespräch wurde hier durch das Erscheinen des russischen Hofmarschalls Graf Tolstoi unterbrochen, dem der russische Minister Nesselrode fast auf dem Fuße folgte. Caulaincourt ging, ohne auch nur noch ein Wort Talleyrands abzuwarten. Das Vorzimmer, der Empfangssaal in Talleyrands Palais war schon voll von Menschen: Vertreter ausländischer Monarchen, Bittsteller, die mit dem Strome schwimmen wollten, durch die Anwesenheit der fremden Truppen verängstigte Bürger — alle rissen sich darum, den Mann von Angesicht zu Angesicht zu sehen, den die Sieger als den Vertreter Frankreichs zu betrachten geruhten, der im Namen des Landes sprach. Alexander hatte die Gnade gehabt, am 31. März, gegen sechs Uhr abends, im Palais Talleyrands Wohnung zu nehmen.

Gegen Abend, unmittelbar nach der Ankunft Alexanders, kamen der König von Preußen, die Vertreter Österreichs Schwarzenberg und Lichtenstein, Karl Wassiljewitsch Nesselrode, Pozzo

---

1 Mémoires du général de Caulaincourt..., Bd. III, S. 85—86.

di Borgo, de Pradt und Baron Louis. Alle diese hohen Gäste bat Talleyrand als Hausherr in den herrlichen Saal seines Palais, wo er die Sitzung eröffnete. Hier wurde endgültig der Beschluß der Verbündeten, in keine mFalle weder mit Napoleon noch mit irgend jemand seiner Familie Verhandlungen zu führen, formuliert und unterzeichnet. Talleyrand hatte sein Spiel gewonnen; er wußte, daß Alexander nichts gegen die Einsetzung des kleinen Königs von Rom als direkten Nachfolger Napoleons gehabt hätte. Für Talleyrand kam nur die Restauration der Bourbonen in Betracht.

Noch während der Sitzung im großen Saal wurde Alexander die Ankunft Caulaincourts gemeldet. Der Kaiser befahl, dem Herzog mitzuteilen, daß er ihn um 10 Uhr abends nach dem Ende der Sitzung empfangen werde. Es war die zweite Unterredung Caulaincourts mit Alexander. Die erste hatte am Abend vor dem Einzug der verbündeten Truppen in die Hauptstadt stattgefunden; schon damals hatte Alexander energisch abgelehnt, mit Napoleon irgendwelche Unterhandlungen zu führen. Jetzt, nach der Beratung, konnte er nur um so kategorischer seinen Entschluß wiederholen. In den Unterredungen mit Caulaincourt unterstrich Alexander mehrere Male, er wünsche nicht, Frankreich irgendeine Regierung aufzuzwingen, sondern würde nur dem Wunsche Frankreichs selbst Rechnung tragen. «Was soll man unter dem Wunsche Frankreichs verstehen?» entgegnete Caulaincourt. «Bis jetzt sehe ich nur, daß es der Wunsch des Herrn von Talleyrand ist, das Ziel seiner Intrigen, denen man eine ausschlaggebende Bedeutung beilegen will.» — «Aber wenn dies der Wunsch der Nation ist?» fragte Alexander. — «Paris ist aber doch nicht Frankreich, und auch die Wünsche von Paris findet man nicht in den Vorzimmern dieses Hauses!» fügte Caulaincourt hinzu und erklärt dem Leser seiner Memoiren: «Ich spielte auf das Haus des Fürsten von Benevent an, in dem wir uns befanden.» Das Gespräch war zu Ende. Caulaincourt sah ein, daß das Spiel Napoleons verloren war. Er wußte damals noch nicht, daß Talleyrand schon seit dem 28. März geschäftig unter der Gruppe der in Paris gebliebenen Senatoren für die Rückberufung der Bourbonen agitiert hatte. Der Wahrheit zuwider versicherte er ihnen, dies sei der Wunsch Alexanders, um dadurch sie und durch

sie die ganze Stadt einzuschüchtern, indem er das frei erfundene
Gerücht verbreiten ließ, die Russen würden die Hauptstadt mit
Feuer und Schwert verwüsten, wenn sie argwöhnten, daß die
Franzosen den Kaiser auf dem Thron behalten wollten. Hierbei
ist festzustellen, daß in Paris größte Bestürzung herrschte, als die
ersten Nachrichten von der Annäherung der russischen Truppen
an die Hauptstadt eintrafen. Wir wissen, daß damals in der russischen Armee das geflügelte Wort umlief: «Guten Tag, Väter-
chen Paris! Wie wirst du für Mütterchen Moskau zahlen?» Derselbe Gedanke, natürlich mit anderen Gefühlen verknüpft, war
aus den Köpfen der Pariser nicht wegzubringen, als die russische
Garde, ohne auf Widerstand zu stoßen, in die Hauptstadt einzog.

Aus zahlreichen Aufzeichnungen wissen wir, daß die Panik in
Paris im Augenblick des Einmarsches der russischen Garde ihren
Höhepunkt erreichte. Und plötzlich eine unerwartete, unerhört
glückliche Nachricht. Alexander hat befohlen, niemandem ein
Leid zuzufügen, die russische Armee soll sich als Freund benehmen, der Handel auf den Märkten und in den Läden ist fortzusetzen, die Russen denken an keine Rache für Moskau und für
1812. Das Gefühl ungeheurer Erleichterung berauschte, ja be-
hexte die Stadt. Caulaincourt gebraucht das Wort behexen (en-
sorceler): «Die Tätigkeit des Fürsten von Benevent, die Anwesenheit der verbündeten Truppen und die höchst wohlwollenden
Worte des Kaisers Alexander zugunsten eines Wechsels der Dynastie, die jedermann wiederholte und diskutierte, hatten allen
die Köpfe verdreht. Diese alten Senatoren waren bezaubert. Ohne
Scham und Scheu, sich vor der Öffentlichkeit bloßzustellen, führten sie sich plötzlich auf, als ob sie den Verstand verloren hätten.
Ihre Ergebenheit und ihre Furcht, das eine wie das andere kam
zum Vorschein, grenzte an Verrücktheit.» Talleyrand triumphier-
te. In diesen Tagen gelang es ihm, dem Senat und Paris einzuhämmern, daß Alexander nur zu ihm, dem Fürsten von Benevent, Vertrauen habe, daß er allein Paris vor der Vernichtung
retten könne, indem er dem russischen Zaren die Wiedereinsetzung der Bourbonen versprochen habe. Wir wiederholen, Talleyrand wußte genau, daß Alexander auf dem Throne den kleinen König von Rom als «Napoleon II.» lieber sehen wollte, jedoch durchaus nicht die Bourbonen. In diesen kritischen Stunden

konnte man zu Alexander nur durch ihn, den Herrn des Hauses, gelangen, der so gastfrei den russischen Zaren eingeladen hatte, bei ihm zu wohnen. Gegenüber Gästen wie Alexander, die wohltätig auf seine Karriere wirkten und auf dieser Welt nicht schlecht gestellt waren, war Fürst Talleyrand immer von der größten Liebenswürdigkeit. Außerdem hatte dieser Gast für alle Fälle bei sich oder in nächster Nähe etwa 100 000 Mann mit Artillerie und Kavallerie, die sich als ununterbrochener Strom Paris näherten und in die Stadt einzogen.

Herzen war erstaunt, als er einmal las, daß Talleyrand, als er schon älter war, bei einem Zusammentreffen mit dem am Beginn seiner Laufbahn stehenden jungen Diplomaten A. M. Gortschakow diesen «in das Geheimnis einweihte, höflich und entsprechend der Stärke oder Schwäche der Gäste ihnen den Braten zu servieren».[1] Es ist klar, weshalb der Fürst von Benevent, als er Alexander aufnahm und bewirtete, ein Maximum von «Höflichkeit» oder richtiger gesagt Liebedienerei aufwandte.

An Heuchelei und Falschheit, in der Kunst, sich irgendeinen Anschein zu geben und beliebig lange eine passende Maske zu tragen, in der Kunst, jedes in einem gegebenen Moment wünschenswerte Gefühl zu zeigen oder richtiger gesagt zu simulieren, hatte Alexander unter den damaligen Diplomaten kaum einen Rivalen, der seiner würdig gewesen wäre, außer dem Fürsten Talleyrand.

Gerade diese Eigenschaften konnten aber auch den liebenswürdigen Hausherrn hinsichtlich seines bezaubernden Gastes beunruhigen. Wir wissen, daß Talleyrand im wesentlichen über Alexander dieselbe Meinung hatte, die hundert Jahre später der große Verfasser des «Chadshi Murat» formulierte, als er von dem Zaren sprach und ihn schonungslos «einen Heuchler und Vatermörder» nannte. Die zweite Eigenschaft ging Talleyrand nichts an und interessierte ihn nicht; in die Familienskandale und, wenn man so sagen darf, verwandtschaftlichen Gefühle der russischen Zarenfamilie mischte er sich nicht ein. Aber er wußte genau, daß ihm ein Kampf mit einem gefährlichen Heuchler und Simulan-

1 A. I. Herzen, Gesamtausgabe seiner Werke und Briefe, Ausgabe Lemke, Bd. XV, S. 574.

ten, nicht geringer als er selbst einer war, bevorstand. Seine Ahnung täuschte den gastfreien Hausherrn nicht, der am Eingang auf der Straße seinen huldvollst lächelnden, freundlichen und falschen Gast entzückt begrüßte.

Zeitgenossen, sogar so kluge und scharfblickende Menschen wie beispielsweise Stendhal, der die Ereignisse in Paris persönlich aus der Nähe beobachtete, waren geneigt, die entscheidende Bedeutung der «Talleyrandschen Intrige» in diesen Tagen zu übertreiben: «Kaiser Alexander stieg bei Talleyrand ab. Diese an sich geringfügige Tatsache hat das Schicksal Frankreichs und vielleicht Europas entschieden... Sie war entscheidend... Talleyrand hatte das Glück, bei sich den Monarchen zu beherbergen, der einen Monat lang Herr und Gesetzgeber Frankreichs war.»[1]

Stendhal, der den ganzen April 1814 in Paris gelebt hat, wiederholt in seinem berühmten Romane «Rot und Schwarz»[2] den Namen Talleyrands als des Schöpfers der Restauration der Bourbonen neben dem schon ganz unbegründeten Hinweis auf Pozzo di Borgo und Pradt. Pozzo di Borgo war 1814 als russischer Diplomat lediglich der Vollstrecker des Willens Alexanders, der Abbé de Pradt hat bei der Einsetzung der Bourbonen keine bemerkenswerte Rolle gespielt.

III

Die entscheidende Sitzung der Verbündeten und im Anschluß daran die endgültige Unterredung Alexanders mit Caulaincourt

1 Stendhal, Napoléon. Bd. I, Vie de Napoléon, Paris 1929, S. 277 bis 278. Es ist dies der erste Band Stendhals unter dem allgemeinen Titel «Napoléon». Der zweite Band hat einen anderen Untertitel: «Mémoires sur Napoléon», ich zitiere ihn an anderer Stelle. Das ist die beste, einzig vollständige wissenschaftliche Ausgabe dieser beiden Bände Stendhals, erschienen in der Bearbeitung von Louis Royer. Beide Bände sind ein Teil der Gesamtausgabe der Werke Stendhals im Verlag Arbelet et Champion.
2 Le Rouge et le Noir, Paris 1932, Bd. II, S. 54—56. «M. Descontis aura un nom dans l'histoire ... il a fait la Restauration avec l'abbé de Pradt et M. de Talleyrand et Pozzo di Borgo.»

hatten am 31. März abends stattgefunden, am nächsten Tage war es Talleyrand gelungen, wie wir schon gesehen haben, 74 Senatoren zusammenzuberufen, die nach dem Gesetz erforderliche Hälfte aller Mitglieder des Senats; sie hatten entsprechend der Forderung Talleyrands, obgleich tatsächlich nur 63 anwesend waren, eine einstweilige Regierung von fünf Mitgliedern, durchgängig glühende Legitimisten, gewählt. An der Spitze dieser Regierung stand natürlich Talleyrand. Die Komödie dieser Wahlen war für Talleyrand deshalb notwendig, um in den Augen Alexanders die richtige, legale Übergabe der Regierungsgewalt vom kaiserlichen Senat an die neue «Regierung» zu inszenieren. Zur größeren Bequemlichkeit etablierte Talleyrand auch noch diese ganze neuerschienene «provisorische Regierung» in seinem Hause, wo seit dem 31. März bereits Alexander wohnte. Bei der moralischen Lähmung, Verwirrung und Furcht der Bevölkerung gelang es Talleyrand und der Gruppe aktiver Royalisten um ihn, einige Manifestationen zu organisieren, durch die den Verbündeten bewiesen werden sollte, wie Frankreich die Restauration der Bourbonen wünschte.

Die Bourgeoisie, durch Alexanders wohlwollende Haltung gegenüber dem besiegten Lande beruhigt, begann schnell in das Lager Talleyrands überzugehen. Kaiserliche Würdenträger erschienen einer nach dem anderen im Hause Talleyrands, um ihre völlige Unterordnung zu erklären. Die Börse reagierte schon am 1., besonders aber am 2. April mit einer scharfen Steigerung der Rente von 45 Francs am 29. März auf 63 am 1. April. Die Klasse, deren Interessen das Kaiserreich mehr als jeder anderen gedient hatte, brach ihm offen die Treue. Die Aussichtslosigkeit, den militärischen Kampf gegen ganz Europa fortzusetzen, die Erbitterung über zahlreiche Züge der Napoleonischen Politik, die schon seit langem in verschiedenen Schichten der Bourgeoisie zutage getreten war, kam zum Ausbruch. Aber die Arbeiter verharrten in dumpfem Schweigen. Der Mehrzahl von ihnen schienen die Bourbonen und das Gespenst der Wiederkehr des adligen Feudalismus ein größeres Übel als der militärische Despot. Schließlich war die Napoleonische Armee noch nicht völlig zertrümmert. Sie hielt ihrem Feldherrn noch unerschüttert die Treue und stand nicht weit, in Fontainebleau. Alexander schwankte noch am 1. und 2. April, und den Gedanken der Einsetzung des Königs von Rom unter der Regentschaft von Marie-Louise hatte er noch nicht ganz aufgegeben. Talleyrand verdoppelte seine Anstrengungen. Ihm half die Erwägung der Verbündeten, daß der Kaiser, wenn nach dem Thronverzicht sein dreijähriger Sohn unter der Regentschaft Marie-Louises auf dem Thron erschiene, sich früher oder später der obersten Staatsgewalt wieder bemächtigen würde. Auch die völlige Apathie und Unterwürfigkeit der Hauptstadt unterstützten Talleyrand. Die Verbündeten konnten sich nicht genug über diese Geistesverfassung der Pariser wundern.

Der eiserne Despotismus Napoleons hatte den französischen Bürgern die Aktivität abgewöhnt. Die furchtbare Übermüdung dieser Generation, die im letzten Vierteljahrhundert so viele Veränderungen gesehen, die die fast zwanzigjährige ununterbrochene Schlächterei der Napoleonischen Epopöe erlebt hatte, trat neben allem, was eben gesagt wurde, in Erscheinung. Auf einige russische Militärs machte dieses Verhalten der Pariser einen abstoßenden Eindruck. Zum Beispiel war 1814 der Partisanenführer Denis Dawidow, der Held des russischen Volkskrieges 1812, über den völligen Mangel von Patriotismus bei ihnen und besonders über ihre «Untreue» gegenüber Napoleon empört; den späteren Widerhall solcher an die Nachkommen weitergegebener Urteile russischer Beobachter des damaligen Paris hört man in den Vorwürfen Lermontows an die Franzosen: «... Im Schrecken eure Schmach nicht fühlend, wie ein Weib, habt ihr ihm die Treue gebrochen, und wie Sklaven habt ihr ihn verraten ...» Interessant ist, daß das russische Semjonowsche Garderegiment, als Royalisten am 2. April die Napoleonische Vendômesäule niederlegen wollten, sie schnell vom Platze vertrieb und die Säule rettete. Allgemein kann man aber sagen, die Royalisten konnten auch nach dem Sturz Napoleons nicht daraus rechnen, ohne die Hilfe der Verbündeten die zutiefst unpopuläre Dynastie der Bourbonen auf den Thron zu setzen, die schon am 10. August 1792, in den herrlichen, unvergessenen Zeiten der Revolution gestürzt worden war. Alle Fühlungnahmen Talleyrands in den ersten Apriltagen 1814 liefen darauf hinaus, die Verwirklichung des Gedankens an den König von Rom (Napoleon II.) und an eine Regentschaft Marie-Louises nicht zuzulassen, weil diese Idee noch immer im Hirn Alexanders haftete. Sie verschwand, als am 4. April Marschall Marmont völlig unerwartet für viele, jedoch nicht für Talleyrand, von Napoleon abfiel und nach einem Vertrag mit den Verbündeten sein Korps aus Essennes nach Westen, nach Versailles, führte. Talleyrand hatte ihm schon mehrere Tage lang diesen Schritt eingeredet, er wußte, daß nach dem Verrat des Marschalls Marmont für Napoleon jede Möglichkeit verloren war, den für einige Tage unterbrochenen Kampf wieder aufzunehmen.

Von nun an brauchte Alexander nicht mehr auf den von Caulaincourt vorgeschlagenen Kompromiß, die Einsetzung Napoleons II. und die Regentschaft Marie-Louises, einzugehen. Denn bei den Verhandlungen Alexanders mit seinen Verbündeten konnte er nur das Argument anführen, wenn man sich auf die Regentschaft einige, würde Napoleon endgültig die Waffen niederlegen und die Gefahr weiteren Blutvergießens wäre vermieden. Indem er Marmont zum Verrat verleitete, machte Talleyrand die einzige Waffe unwirksam, die noch in den Händen der Verteidiger der Erhaltung des Kaiserreichs geblieben war.

Napoleon schätzte diesen für ihn furchtbaren, nicht wieder gutzumachenden Schlag, der sofort jede Möglichkeit weiteren bewaffneten Widerstandes unmöglich machte, richtig ein. In seinem vor dem Tode auf St. Helena geschriebenen Testament nennt er Marschall Marmont neben Talleyrand als Hauptverräter. Marmont hat sich sein ganzes Leben lang bemüht, sich von dem Flecken zu reinigen, der, wie er erkannte, seine Ehre für immer besudelte und ihm seinen guten Namen raubte. Er blieb dabei, daß aus Paris geschickte Emissäre (das Betreiben Talleyrands) ihn verwirrt gemacht, getäuscht und in die Irre geführt hätten und daß er geglaubt hätte, er täte etwas zum Nutzen des Kaisers. «Ich bin entehrt!» rief er schon am 5. und 6. April in Verzweiflung aus.

Wie dem auch sei, Marmonts Schritt war nicht ungeschehen zu machen, und darauf hatte Talleyrand auch gerechnet. Napoleon entschloß sich in Fontainebleau, auf den Thron zugunsten seines Sohnes unter der Regentschaft seiner Gemahlin, der

Kaiserin Marie-Louise, zu verzichten. Als aber am 5. April morgens Caulaincourt und die Marschälle Ney und Macdonald nach Paris kamen, um das dem Kaiser Alexander zu melden, sahen sie sofort, daß ihre Sache hoffnungslos war. Erstens bezog sich der Zar darauf, daß der Senat auf Anraten Talleyrands schon einen Erlaß über die Entthronung der Dynastie der Bonaparte herausgegeben hätte. Zweitens aber, wie bei dem zweiten Zusammentreffen der Marschälle mit Alexander nach dem Frühstück am selben 5. April ausgeführt wurde, fürchteten die Verbündeten, Österreicher und Preußen, keine militärischen Zusammenstöße mehr und sahen keinen Grund, einen derartigen Kompromiß wie die Einsetzung seines Sohnes und die Regentschaft seiner Gemahlin mit Napoleon einzugehen. Ernüchtert, von Zweifeln und der Furcht vor der Schande gequält, die schon über ihm lag, hatte sich Marmont persönlich Caulaincourt, Ney und Macdonald angeschlossen, als sie wieder beim russischen Kaiser erschienen, der, wie Caulaincourt bezeugt, «etwas erstaunt schien», Marmont in dieser Delegation zu sehen, die gekommen war, um die Idee der Regentschaft zu verteidigen. Natürlich konnten sie absolut nichts mehr erreichen.

Noch in der Nacht vom 5. zum 6. April bemühten sich die Bevollmächtigten Napoleons, in einem neuen Zusammentreffen mit dem Zaren sein Schwanken auszunutzen. Aber gerade in dieser Nacht kamen in Paris genaue Meldungen an, daß Marmonts ganzes Korps bereits die Linien der Verbündeten passiert hätte und faktisch aus den Reihen der Napoleonischen Armee ausgefallen war. Von diesem Augenblick an war alles entschieden. Alexander erklärte am 6. April, eine Regentschaft sei ausgeschlossen und die Verbündeten bestünden auf der Rückkehr der Dynastie der Bourbonen als der einzigen Möglichkeit.

Am 6. April kehrten die Bevollmächtigten des Kaisers mit der Nachricht vom Scheitern ihrer Mission nach Fontainebleau zurück, und Napoleon unterschrieb seinen Verzicht auf den Thron.

IV

Talleyrands Spiel war gewonnen. Die Gefahr der späteren Rache durch die Dynastie der Bonaparte, die er verraten hatte, war ge-

bannt. Glänzende Aussichten in Verbindung mit der Dankbarkeit der Dynastie der Bourbonen, zu deren Gunsten er die Bonaparte verraten hatte, eröffneten sich dem Fürsten «von Benevent», denn diesen ihm von Napoleon verliehenen Titel behielt
er eifersüchtig und sorgsam bei.

Man kann sagen, daß unmittelbar nachdem die Bemühungen
und Intrigen des alten Fürsten von vollem Erfolg gekrönt waren, der unvermeidliche Riß zwischen ihm und den ihm gegenüber bisher einigermaßen liebenswürdigen Bourbonen zutage
trat. Eigentlich liebenswürdig waren sie niemals zu ihm gewesen, denn er verachtete sie, und sie verachteten und haßten
ihn. Aber in den Augen der Verbündeten war Talleyrand in den
letzten Tagen des März und in der ersten Aprilwoche 1814 bei
seinen Bestrebungen, die Bourbonen auf den Thron zu bringen,
so emsig, so geschäftig und mit Leib und Seele bei der Sache, daß
jedermann bei den Verbündeten, mit einziger Ausnahme Alexanders, ernstlich glaubte, daß tatsächlich der verlorene Sohn
der Royalisten nach langen und wechselvollen politischen Irr-
fahrten in das Vaterhaus zurückgekehrt sei und nun bis zum
Ende seines Lebens der weißen Fahne treu bleiben werde.

Doch so war es nicht, und so konnte es auch nicht sein. Talleyrand unterschied sich von den Bourbonen und besonders von der
mit ihnen zurückgekehrten weißen Emigration vor allem darin,
daß er weitblickend war, die Emigranten dagegen fast durchweg
von einem seltenen politischen Stumpfsinn. Sie begriffen von
dem neuen Frankreich absolut nichts. Aus der Tatsache, daß Napoleon mit seiner ununterbrochenen kriegerischen Schlächterei,
mit seinem unerträglichen militärischen Despotismus, mit seinen
dauernden, die Dörfer verödenden Aushebungen viele ermüdet
und gequält hatte, schlossen die Emigranten, daß die Bourgeoisie
und die Bauernschaft (die Arbeiterklasse ignorierte sie einfach), welche die ihnen von Talleyrand und den Royalisten vor-
gesetzte alte Dynastie passiv aufgenommen hatten, leicht auf alles verzichten würden, was die bürgerliche Revolution von 1789
geschaffen hatte, und auch auf alles, was der Kaiser auf dem Gebiet der bürgerlichen und verwaltungsrechtlichen Gesetzgebung
und der Organisierung der Staatsgewalt getan hatte. Hierin sahen klügere Leute, wie Talleyrand, eine furchtbare Gefahr für

die Bourbonen, wenn nicht sofort, so doch für die Zukunft. Sogar Reaktionäre und wütende klerikale Finsterlinge wie Josef de Maistre begriffen, daß die Bourbonen nicht auf den «Thron ihrer Ahnen», sondern auf den Thron der Bonaparte zurückkehrten, weil ein anderer in Frankreich nicht mehr möglich war. Selbst König Ludwig Stanislaus, der sich Ludwig XVIII. nannte, fühlte, wenn er es auch nicht mit seinem Verstande begriff, doch mit dem Instinkt des Selbsterhaltungstriebes, daß es seinen eigenen Untergang heraufbeschwören hieße, wenn man von der Wiederaufrichtung des alten Regimes sprach. Aber sein Bruder, der Führer der radikalsten royalistischen «legitimen» Reaktion, Karl von Artois, begriff überhaupt nichts, und mit ihm stieß Talleyrand zuerst zusammen. Freilich handelte es sich zunächst nur um ein Symbol, ein Emblem, aber Talleyrand sah sofort, daß die Bourbonen, wie er und Alexander unabhängig voneinander fast mit denselben Worten von ihnen sagten, «nichts vergessen und nichts dazu gelernt hätten», «daß sie sich nicht gebessert hätten und unverbesserlich seien» (incorrigés et incorrigibles). Sobald man die Restauration der Bourbonen als vollzogene Tatsache, als völlig gesichert ansehen konnte, am Tage der Abdankung des Kaisers, schrieb Talleyrand an Vitrolles, den Royalisten und Freund Karls von Artois, er rate eindringlich, beim Einzug in Paris die dreifarbige Kokarde am Hut zu tragen. Dieses Emblem war in den ersten Monaten der Revolution von 1789 entstanden, und wenn die Bourbonen es angenommen hätten und dementsprechend auch die Fahne der Trikolore, so hätte das die Versöhnung der zurückgekehrten Dynastie mit den Errungenschaften der revolutionären Epoche und der Napoleonischen Gesetzgebung bedeutet, die in erster Linie der neuen Bourgeoisie, der besitzenden Klasse Frankreichs in Stadt und Dorf, teuer waren. Diese symbolische Geste des Bruders des Königs hätte mit einem Schlag die Gemüter aller derer beruhigt, welche fürchteten, die Bourbonen würden beginnen, den durch die Revolution zerstörten Feudalismus wiederherzustellen. Talleyrand bat Vitrolles, in dem Gespräch mit Karl von Artois zu unterstreichen, daß der damalige Lenker der Geschicke Frankreichs, Kaiser Alexander, es ebenfalls wünsche. «Alle sind in dem Wunsche einig, daß Monseigneur Graf d'Artois die dreifarbige Kokarde anlegt. Die Armee tritt sehr dafür ein. Der russische Kaiser sieht darin ein Zeichen der Versöhnung, auf das man klugerweise eingehen sollte.»

Doch es gelang nicht. Die Bourbonen nahmen nicht die dreifarbige, sondern die alte weiße Kokarde an, die alte weiße Königsfahne, das Symbol der feudalen Monarchie, die gleichermaßen bei Bourgeoisie, Bauern und Arbeitern verhaßt war. Die Dynastie betrat in der Person Karls von Artois in diesen buchstäblich ersten Augenblicken ihrer Rückkehr am 6. April 1814 genau den Weg, der nach sechzehn Jahren zur Julirevolution von 1830 und zum unwiderruflichen, endgültigen Verlust des Thrones führte. Auch die grausame Warnung der Hundert Tage belehrte sie nicht. Im übrigen bestand Talleyrand, als er ihre Unbelehrbarkeit sah, nicht besonders auf seiner Forderung und legte die weiße Kokarde an.

Es ist hier am Platze, auf folgendes hinzuweisen. Mit seiner feinen Voraussicht, die ebensogroß war wie die moralische Verderbtheit dieses Menschen, erkannte Talleyrand schon damals, in den ersten Tagen der Restauration der Bourbonen, nicht nur die Gefahr für die alte Dynastie infolge ihres Unverständnisses gegenüber dem neuen Frankreich, sondern auch die furchtbare Drohung für die Bourbonen durch die allzu nahe Nachbarschaft Napoleons auf der Insel Elba. Talleyrand haßte Alexander aus vielen Gründen: weil dieser falsche, hinterlistige «byzantinische Grieche», der mißtrauische, unaufrichtige Zar schon lange und bis auf den Grund ihn selbst, den bejahrten Fürsten von Benevent, den weisesten Vater der Lüge und Patriarchen des Verrates, durchschaut hatte; weil er, seitdem Talleyrand 1808 in Erfurt in den russischen Geheimdienst getreten war, hinter keinem noch so wohlwollenden Lächeln völlig seine Verachtung für ihn verbergen konnte; weil der Zar selbst jetzt im April 1814, als sie ausgesprochen Hand in Hand arbeiteten, sich ihm gegenüber wie früher auf wohlgeneigtes Lächeln und offizielle Liebenswürdigkeiten beschränkte, deren ganze Falschheit der Fürst durchschaute, während er Caulaincourt, obwohl er ihm alles abschlug und an der Linie festhielt, die auch Talleyrand verfolgte und die zur Restauration der Baurbonen führte, trotzdem herzlich, warm und freundschaftlich die Hand drückte, den Herzog von Vicenza vernehmlich für seine Treue zu dem gefallenen Kaiser lobte, ihm bei jeder Gelegnheit seine volle Hochachtung und bedingungslose persönliche Sympathie bezeugte. Besonders aber brachte ihn Alexander durch seine «Posen der Großherzigkeit» auf, wobei diese «Posen», an die Talleyrand nicht glaubte, schließlich zu einem nach der Meinung des alten Fürsten sehr gefährlichen Entschluß führten: zur Übergabe der Insel Elba an Napoleon als sein Herrschaftsgebiet. Talleyrand betrachtete vom ersten Augenblick an mit Besorgnis diese Kombination, zu welcher der Zar durch Caulaincourt angeregt worden war, der auch auf der Belassung des Kaisertitels für Napoleon und auf der Übergabe der Insel bestanden hatte, die so nahe bei den Küsten Frankreichs und Italiens lag, das heißt der beiden Länder, die Napoleon einst beherrscht hatte.

Talleyrand zog bei seiner Vorherschau auf die künftige Entwicklung sowohl die törichten Fehler der ihre Lage völlig verkennenden royalistischen Reaktionäre in Betracht wie auch den Charakter Napoleons, den unverhohlenen Haß der Armee auf die weiße Fahne, die Fahne der Verräter — der weißen Emigranten —, die die Bourbonen am ersten Tag ihrer Rückkehr der Armee aufgezwungen hatten, und die Ergebenheit der Soldaten für Napoleon, und deshalb hielt er die physische Nähe des «Kaisers der Insel Elba» bei Frankreich für eine drohende Gefahr. Als im März 1815 alles, was Talleyrand vorausgesehen hatte, voll und ganz eingetroffen war, rühmte sich Metternich, daß er ebenso wie Talleyrand den Aufenthalt Napoleons auf Elba für gefährlich gehalten habe. Die von Talleyrand geleitete «vorläufige Regierung» tat alles Mögliche und Unmögliche, um durch Nesselrode und auf alle andere Weise Alexander zu veranlassen, seine Caulaincourt gegebene Zusage zurückzunehmen. Aber nichts half, Alexander weigerte sich, sein Wort zu brechen.

Talleyrand hat die Bourbonen niemals geachtet. Sie hatten auf seinen klugen Rat betreffs der Fahne nicht gehört, er merkte bald aus vielen Anzeichen, daß die Restauration vielleicht nicht von langer Dauer sein würde. Eine Wahl blieb ihm aber nicht mehr. Er mußte das Begonnene zu Ende führen. In den nächsten Tagen entband der Senat auf Vorschlag Talleyrands die Armee und das Volk von dem Napoleon geleisteten Eid, dessen Dynastie für entthront erklärt wurde. Napoleon hatte unabhängig davon in Fontainebleau seine Abdankung unterzeichnet. Ludwig XVIII. hatte den Thron bestiegen.

Talleyrand war sich selbst treu geblieben. «Er hat das Direktorium verkauft, das Konsulat, das Imperium, den Kaiser, er hat die Restauration verkauft, er hat alles verkauft, und er wird bis zum letzten Tage seines Lebens nicht aufhören, alles, was er kann, und sogar, was er nicht kann, zu verkaufen», sagte später von ihm Madame de Staël, die es bitter bereute, ihm 1797 bei seiner Karriere geholfen zu haben, als sie Barras bat, ihm das Portefeuille des Ministers des Äußeren zu geben. Die bald erscheinenden ultraroyalistischen Karikaturen und Flugblätter begannen die Liste der Verrätereien Talleyrands nicht mit dem Direktorium, sondern mit dem alten Regime und der katholischen Kirche.

Doch die Lage war so, daß die Leute, obgleich sie gut wußten, was für ein Mann Talleyrand war, an ihn zu denken begannen als an den Retter vor der Dummheit der in Frankreich einströmenden habgierigen, frechen, gedankenarmen adligen Horde der Emigranten.

«Ich habe ein großes Schauspiel aus nächster Nähe mit angesehen. Alles verlief mit der größten Einfachheit. Die Großen und die Kleinen handelten nur nach ihren Interessen, ohne sich darum zu kümmern, was man davon sagen würde (*sans songer au qu'en dira-t-on*) (kursiv bei Stendhal — E. T.). Ich glaube, daß Graf Artois in Verlegenheit ist, alle Ansprüche zu befriedigen: 30 000 Adlige strömen von allen Seiten herbei, sie können nichts und verlangen alles. Zum Glück ist ein Mensch mit großem Verstande da, Talleyrand, wert, Premierminister zu sein», schrieb Stendhal am 15. April 1814 an seine Schwester.[1]

Er schrieb dies eine Woche nachdem er offiziell erklärt hatte, daß er sich bereitwillig (avec empressement) der Senatsentscheidung unterwerfe, die die Absetzung Napoleons und Rückberufung der Bourbonen aussprach.[2]

1 Stendhal, Correspondance, Bd. IV, Paris 1934, S. 282 (A sa soeur Pauline, le 15 avril 1814, Nr. 3).
2 Der Text dieses amtlichen Dokuments in Stendhals «Correspon-

Der eigene Optimismus hinderte Stendhal nicht, wie immer ein scharfer Beobachter der Ereignisse zu sein.

V

Am 13. Mai 1814 tat Ludwig XVIII. dasselbe, was das Direktorium 1797 und Bonaparte 1799 getan hatten: er ernannte Talleyrand zum Minister des Äußeren. In folgenden ehrfurchtsvoll-untertänigst ergebenen Ausdrücken teilt Talleyrand (der übrigens noch immer mit dem ihm von «dem Usurpator und Tyrannen» verliehenen Titel «Fürst von Benevent» unterzeichnet) dem russischen Minister Grafen Nesselrode seine Ernennung mit: «In der Minute, wo Seine Majestät, auf den Thron seiner Vorfahren zurückgekehrt, damit beschäftigt ist, die Bande und Verträge wiederherzustellen und zu befestigen, die während der Regierung seiner Vorfahren die Interessen ganz Europas miteinander verknüpften, erhalten die wichtigen Funktionen, die der König mir anvertraut hat, einen neuen Wert»[1], und so fort.

Diese amüsante, offenem zynischem Hohn ähnliche Lüge Talleyrands von dem arkadischen Idyll der gemeinsamen europäischen Interessen unter den «Ahnen» Ludwigs XVIII. wirkt im Munde Talleyrands besonders spaßig, der besser als irgend jemand wußte, welche offen feindselige Haltung die Diplomatie des Versailler Hofes gerade gegenüber Rußland im Laufe nicht nur der letzten Jahrzehnte, sondern mit sehr kurzen Unterbrechungen in fast anderthalb Jahrhunderten eingenommen hatte.

Talleyrands Ernennung zum Minister des Äußeren wurde von Alexander sichtlich mit voller Zufriedenheit aufgenommen,

dance», Bd. IV, S. 281, Nr. 571. — C. Adhésion aux actes du Sénat. Paris, le 7 avril 1814. Unterschrift: De Beyle.

1 Archiv der Außenpolitik, Min. d. Äuß., Kanzlei, Nr. 1633. Campagne de France. Séjour de Paris. Le Prince de Bénévent. Réception. 1814, Nr. 500. Unterschrieben: Le P-ce de Bénévent, Paris, le 14 mai 1814.

und Nesselrode schrieb dem neuen Minister den schmeichelhaftesten Brief, in dem er Seine Hoheit (als regierender Fürst von Benevent blieb Talleyrand Son Altesse) versicherte, der Zar sehe in seiner Ernennung die «Garantie» für den Wunsch König Ludwigs XVIII., die «intimsten Beziehungen» zu Rußland zu pflegen. «Keine andere Wahl hätte dem Kaiser so angenehm sein können.»[1]

In unserem Archiv der Außenpolitik ist eine ganze Reihe von Dokumenten enthalten, aus denen hervorgeht, wie eindringlich Alexander und sein Vertreter beim neuen französischen Hofe, Pozzo di Borgo, Ludwig XVIII. und seinen Verwandten und Freunden Verständnis für den Ernst und die Unsicherheit ihrer Lage beizubringen suchten: «Ich habe kein Argument gespart, habe keine Nachricht zurückgehalten, die geeignet war, den Verstand des Königs richtig zu lenken und ihm eine klare Vorstellung von der Lage der Dinge zu geben», meldete Pozzo di Borgo am 18. April 1814 dem Minister Nesselrode.[2] Und wievielmal mußte der russische Botschafter mit dem tiefsten, kindischen Unverstand der ganzen Umgebung des Königs kämpfen, die einen so großen Einfluß auf Ludwig XVIII. hatte.

Alexander traute Ludwig XVIII. und der Aufrichtigkeit seiner «konstitutionellen Gefühle» nicht und verlangte gerade deshalb, daß der König die gesetzgebende Körperschaft, die eine Konstitution ausarbeiten sollte, nicht auf den 10. Juni, sondern auf den 31. Mai einberief, weil der Zar unbedingt wünschte, daß dies vor seiner Abreise aus Paris geschah.

Der Verfasser der zweibändigen Monographie, richtiger der Herausgeber der Dokumente über das Ministerium Talleyrands 1814, Charles Dupuis, hält sich ironisch bei der Frage auf, warum der Autokrat Alexander 1814 solchen konstitutionellen Eifer für Frankreich bewies, und gibt die völlig falsche Antwort: weil er durch Verleihung konstitutioneller Freiheiten die Enttäu-

1 ebd., Nr. 1634, 1814, Nr. 505. Au prince de Bénévent, Paris, le 8/20 mai 1814.
2 ebd., Nr. 9052. Paris, Réception. Le général Pozzo di Borgo, 1814. Pozzo di Borgo — Alexander I., Paris, le 25 juin 1814; Pozzo di Borgo — Nesselrode, le 18/30 avril 1814, und viele andere in derselben Mappe Nr. 9052.

schung der Franzosen über die Friedensbedingungen und über
die französischen Territorialverluste besänftigen wollte.[1] Irgendwelche Beweise bringt er nicht bei, es gibt auch keine. Erstens meinte die große Masse der Franzosen, daß sie sehr
glimpflich weggekommen wären und daß Europa und besonders
das damals allmächtige Rußland in Anbetracht des Brandes von
Moskau, der Plünderungen und der despotischen Knechtung
durch Napoleon mit ihnen außerordentlich milde verfahren
wäre. Zweitens hatten sie im Frühjahr 1814 nicht die geringsten
Mittel zum Widerstand. Nein, Alexander befürchtete nach den
Worten des klugen Polizeiministers Pasquier «Unvorsichtigkeiten» (d. h. törichte reaktionäre Provokationen) von seiten der
Ultraroyalisten und des königlichen Bruders, des Grafen Artois,
denn er wußte, daß eine Revolution, die diese sturen und frechen reaktionären Prahler hervorrufen würden, nur mit russischen und anderen ausländischen Truppen gebändigt werden
könnte, weil die französische Armee die Bourbonen nicht leiden
konnte und im Herzen Napoleon als ihren einzigen rechtmäßigen Herrn ansah. Aus demselben Grunde stimmte Talleyrand
damals, ehe der Zar aus Paris abreiste, voll und ganz mit den
Anschauungen Alexanders überein.

Da, wo solcher «Liberalismus» nicht zu einem direkten Konflikt mit den Royalisten und dem König zu führen drohte, betrieb Talleyrand weiter eine Versöhnungspolitik gegenüber denen, die der Sympathien für die Revolution oder für Napoleon
beschuldigt wurden. So wollte er lange den Friedensvertrag mit
Spanien nicht unterzeichnen, bevor nicht der nach dem Fall des
Imperiums aus der französischen Verbannung nach Spanien zurückgekehrte König Ferdinand VII. eine Amnestie für alle verkündigt hätte, die unter der Regirung von Josef Beauharnais
gedient hatten.[2] Als Talleyrand sah, daß er damit nicht durch-
drang, gab er es auf.

---

1 Ch. Dupuis, Le ministère de Talleyrand en 1814, Bd. II, Paris
   1920, S. 2.
2 Archiv der Außenpolitik, Min. d. Äuß., Nr. 9052, 1814. Pozzo di
   Borgo — Nesselrode (Nr. 34 mit roter Tinte, Nr. 31 mit schwarzer
   Tinte). Paris, le 29 juin (10 juillet) 1814.

Der Verfassungsentwurf, der vom Senat unter tätiger Mitarbeit Talleyrands ausgearbeitet und von Alexander gebilligt worden war, wurde von Ludwig XVIII. verworfen. Alexander I. war äußerst empört. «Ich weiß nicht, ob ich nicht bereuen soll, daß ich die Bourbonen wiedereingesetzt habe», sagte der Zar dem Prinzen Eugen Beauharnais. — «Glauben Sie mir, mein lieber Eugen, sie sind keine guten Menschen. Sie sind bei uns in Rußland gewesen, und ich weiß, was ich von ihnen zu halten habe.» Alexander erklärte Lafayette, dem er mit demonstrativer Liebenswürdigkeit begegnete, unumwunden, daß er von den Bourbonen nichts Gutes erwarte, daß sie in den Vorurteilen des alten Regimes befangen seien. Als Lafayette meinte, die Bourbonen könnten sich vielleicht doch gebessert haben, rief der Zar: «Gebessert? Sie haben sich nicht gebessert und sind unverbesserlich!» ... «Majestät, wenn das Ihre Meinung ist, warum haben Sie sie uns dann wiedergebracht?» antwortete sehr logisch Lafayette, der trotz allem niemals den Sturm auf die Bastille und die ersten leuchtenden Tage der Revolution vergessen konnte.

«Das ist nicht meine Schuld», antwortete der Zar und blieb dabei, daß die Bourbonen sich ihm aufgedrängt hätten, daß sie ihn wie eine Springflut überschwemmt hätten. «Das ist eine verfehlte Angelegenheit» (C'est une affaire manquée), schloß der Zar.[1] Am 3. Juni verließ er Paris.

VI

Wenn Talleyrand im Hinblick auf das zukünftige Schicksal der Bourbonen und die Folgen des Napoleonischen Aufenthalts auf Elba Weitblick bewies, so erfordert die Gerechtigkeit zu sagen, daß auch Napoleon in der Beurteilung des Schicksals Talleyrands selbst nicht weniger Weitblick bewies, wenigstens bezüglich seiner näheren und ferneren Zukunft: «Talleyrand hat die Bourbonen geholt, weil er fürchtet, daß die Regentschaft Marie-Louises meine Rückkehr begünstigen könnte. Aber die Bourbonen werden ihn fortjagen, wenn sie festen Fuß gefaßt haben

1 Charles Dupuis, a. a. O. S. 98—99.

und ihn nicht mehr brauchen», sagte Napoleon, nachdem er schon seine Abdankung unterzeichnet hatte, am Abend des 6. April 1814 in Fontainebleau zu Caulaincourt.[1] In einem hätte Talleyrand zweifellos mit Napoleon übereingestimmt, wenn nicht laut, so doch in seinem Inneren. Das ist die Prophezeiung, die Napoleon am Abend dieses selben 6. April für die Bourbonen gab. «... Die Nation wird sich mit ihnen nur abfinden, wenn sie diese Köpfe mit den Perücken von sich weisen und die alten Ansprüche fallen lassen; doch das bedeutet, von ihnen das Unmögliche verlangen. In einem Jahre wird man sie bis oben hin satt haben ... (au bout d'un an on aura donc d'eux par-dessus la tête)», sagte er zu Caulaincourt, der diese Prophezeiung aufgezeichnet hat. Der Kaiser hat sich nur darin geirrt, daß man die Bourbonen nicht nach einem Jahre satt hatte, sondern bereits nach elf Monaten, und zwar so gründlich, daß er sie stürzen und im März vom Throne vertreiben konnte, ohne deshalb einen Schuß abzugeben.

Für Talleyrand begann eine neue, bei weitem nicht die letzte Etappe seiner Karriere. Vieles ängstigte ihn und machte ihn besorgt. Alle waren fest überzeugt, daß er mehr als irgendein anderer zur Rückberufung der Bourbonen auf den Thron beigetragen hatte, soweit man bei solchen historischen Ereignissen von der Rolle eines einzelnen Menschen reden kann. Europa hatte Napoleon niedergeworfen, niedergeworfen hatten ihn die drei blutigen Kriege von 1812, 1813 und 1814. Daß aber gerade Talleyrand die Bourbonen auf den freigewordenen Thron gesetzt hatte, davon war auch Napoleon fest überzeugt, der diese Apriltage von 1814 «die Revolution Talleyrands» nannte. Davon waren Alexander und Kaiser Franz und König Friedrich Wilhelm überzeugt, dem widersprachen auch die Bourbonen selbst nicht, weder Ludwig XVIII. noch sein Bruder Karl von Artois, noch die Söhne Karls, der Herzog von Angoulême und der Herzog von Berry.

Warum benahmen sich dann die Bourbonen und ihr neuer Hof so sonderbar gegen ihn, den Schöpfer ihres Glücks, warum hatten es einige der Zurückgekehrten nicht einmal eilig, ihm die

1 Mémoires du général Caulaincourt ..., Bd. III, S. 246.

Hand zu geben? Freilich hatte man ihm das erste Ministerium der Restauration gegeben, aber auch das half wenig, die Atmosphäre des Hofes blieb ihm gegenüber eisig. Und was noch wichtiger war, warum reiste Kaiser Alexander, der die ersten zwölf Tage sein Gast gewesen war, trotz aller Bemühungen und Bitten um eine Audienz von Paris ab ohne den Wunsch, sich von seinem so liebenswürdigen Gastgeber zu verabschieden? Wie soll man die beharrliche Weigerung des Zaren verstehen, der schon vorher in das Palais Elysée übergesiedelt war, eine Erklärung abzugeben für seine beleidigende Ablehnung, ihn zu empfangen? Das war schlimmer, beunruhigender als alles. Diese Ohrfeige von der Hand des Zaren vor allem Volke untergrub die Stellung Talleyrands an dem neuen Hof.

Nicht wenig empört war der Fürst von Benevent auch darüber, daß dieser selbe Kaiser Alexander, der nicht die einfachste Höflichkeit übte, sich von ihm zu verabschieden, Caulaincourt, der gekommen war, um ihm Lebewohl zu sagen, nicht nur sofort empfing, sondern ihm seine Huld aufs wärmste bezeugte. Wem? Dem Herzog von Vicenza, der zuerst mit allen Mitteln gegen die Absetzung Napoleons gekämpft und sich dann nachdrücklich für die Ernennung des Erben Napoleons und die Regentschaft Marie-Louises eingesetzt hatte! Warum hatte Alexander demonstrativ Caulaincourts Treue gegen Kaiser Napoleon, den Feind Rußlands, den blutigen Usurpator laut gelobt und war so grob verfahren mit ihm, Talleyrand, der so gewandt und schnell die «gesetzmäßige» Dynastie auf den Thron ihrer Ahnen gerufen hatte? Welche politische Berechnung leitete alle diese Schritte des hinterlistigen «Byzantiners»? Warum erklärte schließlich der Zar Caulaincourt, daß er die Garantie dafür übernehme, daß alle Zusagen über die Gestaltung von Napoleons persönlichem Schicksal erfüllt werden sollten, auf die sich die Verbündeten geeinigt hatten? Von der Insel Elba her schwebte ein gigantischer Schatten über Frankreich.

Das alles war eine schwarze Wolke an dem leuchtenden Horizont, der sich vor Talleyrand nach der Einrichtung der Bourbonen im Tuilerienpalast aufzutun schien.

Zunächst machte nur eine Frage Sorge: Welche Haltung wird Alexander im Herbst einnehmen auf dem Kongreß aller Monarchen oder Vertreter Europas, der sich in Wien versammeln sollte?

Talleyrand wußte auf Grund seiner Beobachtung Alexanders in Paris, daß dieser in Zukunft nicht mehr den Großmütigen und absolut Selbstlosen spielen würde. Ein Kampf stand bevor. Auch die zurückgekehrte Dynastie wußte das. Ludwig XVIII. merkte, schon aus seinen eigenen Empfindungen heraus, wie widerwärtig Talleyrand neunundneunzig Prozent seines Hofes war. Aber was war zu machen? Sollte man auf den Kongreß, zum Kampf mit Alexander, Metternich, Castlereagh den treuen, ergebenen, aber hohlköpfigen Polignac schicken oder einen der ihm ähnlichen zurückgekehrten Emigranten? Man faßte sich ein Herz und wandte sich an den Fürsten von Benevent.

Die Lage hatte sich noch dadurch verschlimmert, daß die Beziehungen der Bourbonen zu Alexander schon in der kurzen Zeit seit ihrer Ankunft in der Hauptstadt bis zu Alexanders Abreise aus Paris merklich schlechter geworden waren. Erstens hatte Alexander ihnen eine Verfassung aufgezwungen; zweitens wollte Ludwig XVIII. unbedingt seine völlige Unabhängigkeit beweisen und erlaubte sich deshalb einige «Gesten», die die Eigenliebe des Zaren verletzten; drittens — und dies war wegen des bevorstehenden Wiener Kongresses die Hauptsache — hatte Alexander den Wunsch ausgesprochen, daß Caulaincourt, Herzog von Vicenza, sofort wieder zum französischen Botschafter in Petersburg ernannt würde, wo er schon mehrere Jahre (1808 bis 1811) als Botschafter Napoleons gewesen war. Die Bourbonen faßten das als direkte Beleidigung auf, besonders deshalb, weil diesem Vorschlag eine im höchsten Grade peinliche Episode vorangegangen war, die mit demselben Caulaincourt zusammenhing. Graf Karl von Artois lehnte es ab, Caulaincourt zu empfangen, indem er ihn beschuldigte, er sei 1804 an der Verhaftung des Herzogs von Enghien beteiligt gewesen. Hierauf gab Alexander ein Festessen, zu dem er Caulaincourt und den Grafen von Artois einlud. Nicht zu kommen wagte Artois nicht, aber er saß da, fast ohne den Mund aufzutun, und ging sofort nach dem Essen. Alexander, hierüber äußerst aufgebracht, erlaubte Caulaincourt, seinen Brief an ihn zu veröffentlichen, in dem er die Überzeugung aussprach, daß Caulaincourt an der Sache des Herzogs von Enghien völlig unbeteiligt gewesen sei. Diese Veröffentlichung war eine neue Ohrfeige für Talleyrand, weil dessen Mitschuld damals schon von sehr vielen als völlig erwiesen angesehen wurde. Als der Zar nach allen diesen Zwischenfällen den Wunsch äußerte, daß man als Botschafter zu ihm nach Petersburg ausgerechnet den Herzog von Vicenza schickte, der eben noch soviel Mühe aufgewandt hatte, die alte Dynastie vom Thron Napoleons fernzuhalten, waren die königliche Familie und Talleyrand durch diesen Vorschlag schwer beleidigt. Man schlug Alexander seine in deutlichen Anspielungen ausgesprochene Bitte ab. Der Zar, nicht gewöhnt, daß ihm jemand in irgend etwas widersprach, besonders aber nicht, daß ihm die Bourbonen widersprachen, die nur dank dem Siege der russischen Waffen den Thron bestiegen hatten, verdoppelte seine Bemühungen, Ludwig XVIII. irgendwie zu kränken. Gelegenheiten dazu gab es beliebig viele. Alexander begann die Kaiserin Josefine, die erste geschiedene Frau Napoleons, sehr oft zu besuchen, demonstrativ besuchte er auch die Königin Hortense Beauharnais, Tochter Josefines aus ihrer ersten Ehe und Frau des früheren Königs von Holland, Ludwig Bonaparte, des jüngsten Bruders Napoleons. Als in Paris das feierliche Requiem für die in der Revolution hingerichteten Ludwig XVI. und Marie-Antoinette abgehalten wurde, verbrachte Alexander gerade diesen ganzen Tag in Hortenses Familie. Den Hof der zurückgekehrten Bourbonen besuchte er nur zu offiziellen Gelegenheiten.

So waren Talleyrand und Ludwig XVIII. schon vor Alexanders Abreise aus Paris, vor seiner Schlußgeste, das heißt, noch ehe er abschlug, Talleyrand in Abschiedsaudienz zu empfangen, genügend über seine Stimmung orientiert. Natürlich tat Talleyrand alles, um seine Sache in Ordnung zu bringen; er schrieb dem Zaren einen demütigen, gewundenen, friedlichen, schmeichelhaften Brief mit dem milden, höflichen Vorwurf, daß der Zar abgereist sei, ohne ihm zu erlauben, das Antlitz «Seiner Allerhöchsten Person» zu sehen. Es war der Ton eines Verliebten, der über die Kälte seiner Geliebten traurig ist. Aber der Brief half nichts. «Der schwache, aber verschlagene Gewaltherrscher», wie Puschkin den Kaiser Alexander nannte, war in seinen Antipathien sehr hartnäckig, wenn er auch verstand, zuzeiten die

scharfen Klauen zu verstecken. In den Jahren 1814—1816 über-
wog die Verschlagenheit bei ihm die Schwäche. Er war nicht
weniger als Talleyrand fähig, lange ein falsches Spiel zu spielen. Vier Tage vor Alexanders Abreise aus Paris unterzeichneten die Verbündeten am 30. Mai 1814 den Friedensvertrag mit
Frankreich.

VII

Wenn der Historiker genau sein will, so muß er sagen, daß die
Tat, die dem Fürsten Talleyrand von seinen Verteidigern als
größtes historisches Verdienst um Frankreich und seinen Fortschritt angerechnet wird, nämlich die Erhaltung der Unversehrtheit des französischen Territoriums, nicht auf dem Wiener
Kongreß vollbracht worden ist, der Ende September 1814 begann und im Juni 1815 endete, sondern in Paris am 30. Mai
1814.[1] Der Erfolg Talleyrands in diesen Pariser Maibesprechun-
gen war zum guten Teil nicht so sehr durch seine persönlichen
Talente bedingt, obgleich diese dabei in vollem Maße zur Geltung kamen, wie durch die Interessen, die Bestrebungen und das
Kräfteverhältnis der Verbündeten, die Frankreich besiegt hatten und das entscheidende Wort bei diesen Besprechungen
führten.

Der große Erfolg bestand darin, daß das alte Frankreich, das
heißt das Gebiet, das am 1. Januar 1792, vor Beginn der Revolutionskriege und des Imperiums, Frankreich hieß, dem französischen Volke ungeschmälert verblieb und seine volle Souveränität behielt. Noch mehr. Außer diesem Territorium wurden Frankreich noch einige neuerworbene Gebiete überlassen, die an das
Elsaß grenzen (an das Departement Oberrhein), einige Grenz-
streifen im südlichen Belgien, ein Teil von Savoyen, Avignon
und einiges andere.

Viele französische Historiker erklären nicht ohne Naivität bei
der Beurteilung des Friedensvertrages vom 30. Mai 1814 mit

1 Die präliminare Übereinkunft war bereits am 23. April zustande
  gekommen

einer gewissen Trauer, daß Frankreich nach so ruhm- und siegreichen zweiundzwanzigjährigen Kriegen mit nichts «belohnt»
worden sei. Die richtige Beurteilung ist die, daß Frankreich, völlig und hoffnungslos geschlagen, ohne die geringste erkennbare
Fähigkeit oder Entschlossenheit, den Kampf fortzusetzen, völlig
in der Gewalt der Sieger, erwarten konnte und auch tatsächlich
erwartete, daß diese Paris zerstören, das Land amputieren, die
besten Territorien losreißen, schwere Kontributionen auferlegen,
mit einem Wort, mit Frankreich alles das tun würden, was es
selbst so viele Jahre unter Napoleon mit ihnen getan hatte. Frankreich wurde vor dieser Rache gerettet, es blieb eine Großmacht,
behielt alles, gab nur die Eroberungen heraus, die Früchte der
von ihm geführten Angriffskriege. Das bürgerliche, nachrevolutionäre Frankreich, von den adlig-feudalen Mächten besiegt, wurde davor bewahrt, zerstückelt und auf den Stand eines zweit-
oder sogar drittklassigen Landes herabgedrückt zu werden, es
rettete auch seine volle Souveränität.

Zweifellos war der Vertrag vom 30. Mai 1814 der beste, unerwartet glückliche Ausgang für Frankreich und unter dem Ge-
sichtspunkt der Interessen des allgemeinen politischen und sozialen Fortschritts auch für Europa, soweit damals die Bourgeoisie
einen Fortschritt bedeutete.

Das ist alles richtig. Talleyrand hat aber hierbei vor allem der
Widerstreit der Interessen Rußlands mit den Bestrebungen Preußens geholfen. Preußen war an der Vergrößerung seiner Besitzungen interessiert, am Besitz des Elsaß und möglichst auch Loth-
ringens, an einer hohen Kriegsentschädigung von Frankreich und
an der Schwächung Frankreichs in jeder Hinsicht. Die russische
Diplomatie hatte die entgegengesetzten Interessen, das heißt,
Frankreich, das von nun an für die russischen Grenzen ungefähr-
lich war, sollte stark genug bleiben, um als Gegengewicht sowohl
gegen Preußen und Österreich auf dem Festlande wie gegen
England auf dem Meere zu dienen. «Keine Freundschaft mit den
Nachbarn, sondern mit den Nachbarn der Nachbarn» war eine
Regel der russischen Diplomatie schon seit der Zeit des Bojaren
Ordyn-Naschtschokin. Alexander wollte zwar mit den Nachbarn
Freundschaft halten, aber keinesfalls wollte er, daß diese Nach-
barn in ihrer westlichen Flanke besonders gesichert waren. Die

russische Armee übertraf, als im Mai 1814 die Verhandlungen in Paris schwebten, an Stärke sowohl die preußische wie auch die österreichische. Alexander trat als der Lenker der Geschicke auf den Plan, wenigstens schien es so. Und indem er den Franzosen die Verwüstung Rußlands und den Brand Moskaus mit Großmut vergalt und sich als ein Mensch wahrhaft christlicher Vergebung zeigte, tat der Zar nur das, was ihm notwendig schien, und das war tatsächlich eine große politische Tat. Er war schon damals entschlossen, Polen Rußland einzuverleiben und Preußen für die ihm abzunehmenden polnischen Provinzen zu «entschädigen», indem er ihm Sachsen überließ. Aber gerade diese fortschreitende Vergrößerung der Macht Preußens forderte vom Standpunkt des russischen Staatsinteresses besonders gebieterisch, daß Frankreich im Rücken Preußens nicht zu schwach war. «Die Russen wünschen, daß Deutschland verwundbar bleibt!» sagte verzweifelt der glühende preußische Patriot Freiherr vom Stein, als er zweimal, 1814 und 1815, auf Alexanders kategorisches Nein gegenüber dem Wunsch stieß, den Preußen ein Stück französisches Territorium zu überlassen. Sehr bezeichnend ist, daß Stein Alexander richtig durchschaute: es handelte sich nicht nur um Preußen, sondern um ganz Deutschland, um das ganze Konglomerat deutscher Staaten, das für Rußland gefährlich werden konnte.

Talleyrand, der Anfang April lügenhaft verbreitet hatte, er habe Paris vor Zerstörung und Plünderung gerettet, ließ jetzt verkündigen und propagieren, daß wiederum er allein Frankreich am 30. Mai vor der Zerstückelung bewahrt habe. Tatsächlich war es so, daß das absolutistische, auf Adel und Leibeigenschaft beruhende russische Kaiserreich seine eigenen Interessen im Auge hatte, indem es seine Westgrenze vor einem allzustarken Nachbarn sicherte und deshalb die Unversehrtheit und Souveränität Frankreichs rettete, des Landes, das vor erst fünfundzwanzig Jahren den revolutionären Weg von der adlig-feudalen Gesellschaftsordnung zur bürgerlichen Gesellschaftsform beschritten hatte. Talleyrands Rolle bestand lediglich darin, daß er alle grundsätzlichen Vorschläge der russischen Vertreter unterstütze, Frankreich in den Grenzen von 1792 zu erhalten, und daß er für die Überlassung der oben angeführten Gebiete an Frankreich die Begründung lieferte. Wichtig war auch, daß die Verbündeten sofort nach Unterzeichnung des Vertrages vom 30. Mai 1814 das gesamte Gebiet von Frankreich räumten.

Das lebenswichtige, wesentliche Ziel für Frankreich war mit dem 30. Mai erreicht. Der im Herbst bevorstehende Wiener Kongreß brauchte nur noch zu bestätigen, daß die Grenzen Frankreichs unangetastet blieben.

Es standen aber noch Entscheidungen über zwei Probleme bevor, die für Frankreich ihre sehr große Bedeutung hatten; um diese Probleme, das sächsische und das polnische, die untrennbar miteinander verbunden waren, entwickelte sich der Kampf, in dem Talleyrand alle seine Kräfte entfalten konnte.

VIII

Für Talleyrand war eine Frage von grundlegender Wichtigkeit: Wie wird sich Alexander zu ihm persönlich und zu Frankreich stellen? Talleyrand war weit davon entfernt, hierin optimistisch zu denken; er erinnerte sich der Umstände, unter denen der Zar am 3. Juni 1814 von Paris abgereist war.

Im Archiv der Außenpolitik befindet sich das Original eines von Talleyrand von Anfang bis Ende eigenhändig geschriebenen und unterzeichneten Briefes an Alexander.[1] Er verdient aufmerksamstes Studium!

1 Archiv der Außenpolitik. Min. d. Äuß., Kanzlei, Nr. 1633. Campagnes de France: Séjour de Paris. Le Prince de Bénévent. Réception. 1814. Bemerkungen auf dem Brief selbst: St. P., Hauptarchiv d. Min. d. Äuß., und Ziffer in roter Tinte: Nr. 503. Datum am Ende von der Hand Talleyrands, wie der ganze Brief: 13 juin 1814, Unterschrift: Veuillez agréer, Sire, avec Votre bonté accoutumée l'hommage du profond respect, avec lequel je suis, Sire, de Votre Majesté le plus humble et très obéissant serviteur le Prince de Bénévent. — Diesen Brief hat sowohl Talleyrand in seinen Memoiren als auch Schilder im III. Band seiner Arbeit über Alexander I. wiedergegeben. Ich habe den Originaltext benutzt, der von Anfang bis Ende von Talleyrand geschrieben und eigenhändig unterzeichnet und datiert ist.

«Ich habe Eure Majestät vor Ihrer Abreise nicht gesehen, und ich wage Eurer Majestät einen Vorwurf zu machen in allergehorsamster Aufrichtigkeit und ergebenster Anhänglichkeit» — so fängt der Brief an. Talleyrand hat eigenhändige Briefe wenig und sehr ungern geschrieben, seine Briefprosa war trocken wie seine Natur, seine steife, knarrende Sprache, die immer unaufrichtige Gefühle und unwahre Gedanken ausdrückte, zeigt sich auch in diesem langen Schreiben in jedem Satze. «Majestät, wichtige Beziehungen haben Ihnen schon lange meine geheimen Gefühle offengelegt, und die Folge davon war Ihre Hochachtung. Sie ist im Laufe vieler Jahre mein Trost gewesen und hat mir geholfen, schwere Prüfungen zu ertragen. Ich habe schon frühzeitig Ihre Vorbestimmung erkannt, und ich habe gefühlt, daß ich auch als überzeugter Franzose (tout français que j'étais) mich Ihren Plänen anschließen konnte, weil Sie niemals aufhörten, hochherzig zu sein. Sie haben Ihre herrliche Vorausbestimmung vollkommen erfüllt. Wenn ich Ihnen auf Ihrer edlen Bahn gefolgt bin, so rauben Sie mir nicht die Belohnung, ich erbitte dies von dem Helden meiner Ideen und, ich wage es hinzuzusetzen, dem Helden meines Herzens.» So erklärt Talleyrand sein Handeln in Erfurt und die dann jahrelang vom «Helden seiner Ideen und seines Herzens» erbetenen und erhaltenen Geldspenden für seine Spionagedienste. «Sie haben Frankreich gerettet, Ihr Einzug in Paris bedeutete das Ende des Despotismus», fährt Talleyrand fort und geht dann zu dem eigentlichen Zweck seines Briefes über. Um den Inhalt der zweiten und dritten Seite dieses Schreibens zu verstehen, sind einige einleitende Erklärungen notwendig. Alexander glaubte, das einzige Mittel, den wackligen Thron der Bourbonen zu stützen, sei eine Verfassung, die die «Unzufriedenen» einigermaßen beschwichtigen könne, unter denen man, was besonders beunruhigend war, die Armee und einen Teil der Bourgeoisie und der Bauernschaft verstand. Auf Grund seiner Beobachtung Ludwigs XVIII., der sich gerade in dieser Zeit alle Mühe gab, Alexander zu zeigen, wie viel vornehmer und älter die Dynastie der Bourbonen als die der Romanows sei, war der Zar gern geneigt zu glauben, daß bei einer so unwahrscheinlich törichten psychologischen Einstellung, einem solchen Unverständnis für die Wirklichkeit, bei so wirklich vorsintflutlichen Anschauungen der König sich nicht lange auf dem Throne halten würde. Und dabei war Ludwig XVIII. noch der «klügste» unter den Bourbonen, viel klüger als sein Bruder und Nachfolger Karl von Artois, in dessen Umgebung man offen von der Wiederherstellung der durch ruchlose Revolutionäre abgeschafften feudalen Rechte auf das Land sprach. Alexander übte nicht aus «Liberalismus» Druck auf die Bourbonen aus, wenn er ihre Macht zu beschränken wünschte, sondern ausschließlich aus Furcht vor einem neuen revolutionären Umschwung, den die nach Frankreich eingeströmte Emigration durch ihre provokatorischen und von vornherein zum Mißerfolg verurteilten Ansprüche hervorzurufen drohte. Talleyrand sah vollkommen die Torheit der auf Restaurierung des alten Regimes gerichteten Bestrebungen ein. «Was soll man mit ihnen machen», wiederholte man ein Wort, das Talleyrand zugeschrieben worden ist, «die Natur hat im allgemeinen allen Menschen die Augen vorn ins Gesicht gesetzt, damit sie nach vorn sehen sollen, aber bei den Bourbonen befinden sich die Augen hinten, und sie sehen nach rückwärts».[1]

Talleyrands Lage wurde unter diesen Verhältnissen schwierig. Man müßte annehmen, daß er angesichts des ganzen Unverstandes, der ganzen Gefahr eines solchen Verhaltens für die zurückgekehrte Dynastie dem Gedanken einer Beschränkung der Macht der Bourbonen, die so wenig die Unsicherheit ihrer Lage begriffen, hätte zustimmen müssen. Im April hatte Talleyrand den Gedanken einer Verfassung völlig bejaht. Aber im Juni, als der Zar bereits abgereist war, die russischen Truppen sich zur

[1] Fast mit denselben Worten antwortete Talleyrand, als sich Ludwig XVIII. törichterweise weigerte, im April 1814 den Herzog von Liancourt zu empfangen, nur deshalb, weil der Herzog an der berühmten Sitzung der Konstituante in der Nacht auf den 4. August 1789 teilgenommen hatte, als die Beseitigung der grundherrlichen Rechte beschlossen wurde. Talleyrands Meinung kam in folgender Form zur Kenntnis Lytton Bulwers: «The King, you say, will look back on the past, but Nature has placed the eyes of men in the front of their heads, in order that they may look forwards.» (Sir Henry Lytton Bulwer, Historical Characters: Talleyrand, Cobbett, Mackintosh, Conning, vol. I, Lzg., Tauchnitz, 1868, S. 230. Talleyrand, the politic man.)

Heimkehr anschickten und Paris und das Land sich gehorsam zeigten, begannen der König und sein Bruder (und ihre nächste Umgebung mit Fürst Polignac an der Spitze), Unzufriedenheit zu bekunden mit diesen liberalen Ratschlägen und Nötigungen, die von russischer Seite kamen. Von den Ultraroyalisten wurde ein starker Druck auf den König ausgeübt, um ihn zu zwingen, die zukünftigen gesetzgeberischen Körperschaften zur Rolle beratender Organe zu deklassieren. Talleyrand wagte ohne die Unterstützung des Zaren bei Ludwig XVIII. namentlich auf die konstitutionellen Beschränkungen der Königsgewalt nicht zu drängen. Das Chamäleon und der Opportunist zeigten sich sofort, er dachte nicht daran, einen Kampf mit den Royalisten um die Entscheidung zu riskieren, die auch ohnedies aus ihrem Abscheu und ihrer tiefsten Verachtung für ihn kaum ein Hehl machten. Er schlägt also ganz andere Töne an. Er schreibt Alexander diesen Brief, in dem er allerlei Ungereimtheiten zusammenphantasiert und -lügt über eine angebliche patriarchalische Liebe der Franzosen zu ihrem König, darüber, daß die Franzosen überhaupt diese ganze politische «Freiheit», die ihnen der Zar aufdrängen will, nicht wünschen, und so weiter. Talleyrand beginnt hier ein in seiner Art interessantes, ausgeklügeltes Spiel mit Worten, das als Muster eines wohlüberlegten Lügengewebes gelten kann, welches dem Wesen nach unsinnig, aber beim ersten Hinschauen in eine schöne grammatische Form gekleidet ist. Talleyrand will Alexander beweisen, daß die Franzosen überhaupt keine besondere Verfassung brauchen. «Unsere Meinungen, oder richtiger unser Geschmack hat oft unsere Könige geleitet (Bonaparte hätte eher französisches Blut straflos vergießen können, wenn er uns nicht seinen schlechten Manieren hätte unterwerfen wollen). Die Formen, die Manieren unserer Herrscher haben wiederum uns das Gepräge gegeben (nous ont façonnés à notre tour). Aus dieser wechselseitigen Beeinflussung (de cette réaction mutuelle) geht, wie Sie sehen werden, eine Regierungsform hervor und eine Manier zu gehorchen (un mode de gouverner et d'obéir), die schließlich den Namen einer Konstitution verdienen könnte (qui, après tout, pourrait finir par mériter le nom de constitution).»

Doch der Zar glaubte Talleyrand nie und nichts, selbst wenn der Diplomat zufällig einmal die Wahrheit sagte.

Talleyrand, der im März, April und Mai 1814 in voller, klarer Erkenntnis von der Richtigkeit der Befürchtungen Alexanders, der die Bourbonen vor den unausbleiblichen Folgen ihrer Dummheiten bewahren wollte, mit dem Zaren eben noch durchaus darin übereingestimmt hatte, daß eine Verfassung das beste Mittel sei, dieses Ziel zu erreichen, setzt sich jetzt, Mitte Juni desselben Jahres, an den Tisch und schreibt dem Zaren diesen Brief, der in seinem Inhalt genau das Gegenteil ist. Die Franzosen brauchen keine Verfassung, auch ein Vaterland brauchen sie nicht so sehr. Nur einen König brauchen sie. «In Frankreich war der König immer mehr als das Vaterland. Wir haben die Vorstellung, daß sich das Vaterland in einen Menschen verwandelt hat.» Deshalb solle der Zar sich nicht ärgern, «auch wenn es ihm vorkommt, als ob die Monarchie geneigt sei, etwas mehr Macht zu ergreifen (ressaisir), als ihm, dem Zaren, notwendig scheine, und selbst dann nicht, wenn er den Eindruck habe, daß die Franzosen nicht gerade sehr auf ihre Unabhängigkeit bedacht seien (et les français — négliger le soin de leur indépendance)»!

Was soll man machen, das ist nun einmal die Mentalität der Franzosen. Sie sind ihrem geliebten König Ludwig XVIII. schon zu sehr ergeben! So ergeben, daß sie sich auch ohne Verfassung wohlfühlen ... Und weiter:

Natürlich soll Alexander nicht glauben, daß Talleyrand die Rolle vergessen hätte, die Rußland in dem soeben beendeten Kriege gespielt hat: Die russischen Bajonette haben den Franzosen ihren vergötterten Vater des Vaterlandes, Ludwig XVIII., wiedergegeben, ohne ihre Hilfe wäre der Vater des Vaterlandes niemals in die Tuilerien gelangt. Nur möge der Zar den König nicht drängen, der in seiner Weisheit schon selbst finden werde, womit er sein Volk beglücken kann: «Zweifeln Sie nicht, Majestät, wenn der König, den Sie uns erkämpft haben (sic: «que vous nous avez reconquis»), uns nützliche Einrichtungen zu geben wünscht, dann muß er unter Beobachtung einer gewissen Vorsicht in seinem glücklichen Gedächtnis nachforschen, was wir einstmals gewesen sind, um danach zu beurteilen, was zu uns paßt.»

Mit anderen Worten, Talleyrand wiederholt hier sklavisch alles, was in sämtlichen Tonarten gerade in diesen Tagen Fürst

Polignac und Graf Artois behaupteten und mit ihnen die ganze rasende, ausgehungerte, durch die lange Verbannung erbitterte Meute der Emigranten, die mit dem Troß des Feindes nach Frankreich zurückgekehrt waren. Sie ließen in ihren politischen Plänen für die Zukunft allenfalls das Bestehen der vorrevolutionären beratenden Einrichtungen nach Art der Notabeln und der Generalstände zu, keinesfalls aber eine die Gewalt des Königs einschränkende Verfassung. Talleyrand, der diese aristokratische Kumpanei immer nur als Leute, die nichts verstehen, als elende Schwätzer angesehen und bezeichnet hatte, wiederholt jetzt die lächerlichen, törichten, vorsintflutlichen Ratschläge, alle die Chimären von Leuten, für die fünfundzwanzig Jahre Revolution und Imperium nichts weiter waren als ein unwahrscheinlicher Traum. Fürst Talleyrand hat nacheinander viele Masken getragen, je nachdem es gerade nötig war, aber den Dummen zu spielen war für ihn das Schwerste von allem. Der Brief an Alexander ist der beste Beweis; es fehlen ihm sogar klare, präzise Worte, um diese unsinnigen, abgeschmackt dummen, ihm fremden Gedanken auszudrücken, die sich so leicht in dem leeren Kopfe Karls von Artois, in dem so viel Platz dafür war, zusammenfanden, die sich aber nur mit großer Mühe in den Kopf Talleyrands hineinpressen ließen, der einen anderen Inhalt gewöhnt war.

Talleyrand wußte, daß Alexander in Paris mit vielen verkehrt hatte, darunter auch mit den Napoleonischen Marschällen, die nach der Abdankung des Kaisers mit dessen besonderer Erlaubnis im Dienst blieben. Alexander wußte sehr viel darüber, was am neuen königlichen Hofe geschah und wie erfolgreich Royalisten vom Typ des Fürsten Polignac sich selbst das Grab gruben. Auch Talleyrand persönlich hatte ihm vieles berichtet, als er die Protektion des allmächtigen Zaren suchte. Doch das war im März, April, Mai; jetzt Mitte Juni mußte man mit den Wölfen heulen. Man konnte nicht anders. «Majestät, ich stimme Ihnen bei, daß Sie in Paris viele Unzufriedene gesehen haben», aber wie ist das anders als durch die zu schnellen Veränderungen zu erklären? Sehr einfach: «Paris ist die Stadt der Gehälter», der Beamtenbezüge (les appointements).[1] Paris trennte sich erst von dem Ty-

---

1 «Sire, je conviens que Vous avez vu à Paris beaucoup de mécontents; mais en écartant encore la promptitude de la dernière ré-

rannen Bonaparte, als man aufhörte, die Gehälter zu zahlen. Wenn er weiter die höheren Beamten bezahlt hätte, säße er jetzt noch im Sattel. Die Plattheit dieser «Erklärungen» ist um so sonderbarer, als sie die reinste Phantasie ist: das Gehalt ist den Beamten regelrecht bis zum Ende des Imperiums ausgezahlt worden, die kurze Unterbrechung war lediglich dadurch bedingt, daß in den kritischen Tagen, als schon viel staatliche Goldmünze Napoleon verlorengegangen und noch nicht bis zu den Bourbonen gelangt war, sie sich zum Teil unterwegs in die weiten Taschen des Fürsten Talleyrand verirrt hatte.

Der in Ton und Inhalt durch und durch falsche Brief Talleyrands an Alexander endet mit einer der Auslassungen, die ihm niemals gelangen und zu denen er eigentümlicherweise besonders gern seine Zuflucht nahm, wenn er sich an Alexander wandte, dessen Mißtrauen er unterschätzte, während er dessen Sentimentalität maßlos überschätzte und deshalb hierbei immer fehlgriff: Wir haben seine angeblich «spontanen», in Wahrheit sehr überlegten Appelle an die Gefühle des Zaren im Auge, an die religiösen und monarchischen Ideale, die er bei ihm voraussetzte. «Sire! Möge Ihre edle Seele es verstehen, sich ein wenig mit Geduld zu versehen. Erlauben Sie mir als einem echten, guten Franzosen, Sie um die Erlaubnis zu bitten, *die alte Gewohnheit* der Liebe zu unseren Königen zu bewahren. Sie können sich unmöglich weigern, den Einfluß zu verstehen, den dieses Gefühl auf ein großes Volk hat.»[1] Mit anderen Worten: Möge Alexander glauben, daß

volution, et la surprise de tant de passions, toutes agitées en même temps, qu'est-ce Paris après tout? Rien qu'une ville d'appointement. La cassation seul des appointements a averti les parisiens du despotisme de Bonaparte. Si l'on avait continué de payer les gens en place, c'est en vain que les provinces auraient gémi de la tyrannie. Les provinces voilà la vraie France, c'est là qu'on bénit réellement la maison de Bourbon et que l'on proclame votre heureuse victoire.»

1 «Mais, Sire, que votre âme généreuse sache avoir un peu de patience! Vrai bon français que je suis, permettez-moi de vous demander en vieux langage français de nous laisser reprendre *l'ancienne accoutumance* (unterstrichen von Talleyrand — E. T.) de l'amour de nos rois: ce n'est pas à vous à refuser de comprendre l'influence de ce sentiment sur une grande nation.»

das französische Volk seine Bourbonen ebenso patriarchalisch liebt, wie das russische Volk seine Zaren «liebt». Wenn dem aber so ist, so braucht man sich mit den verfassungsmäßigen Garantien auch nicht zu beeilen!

Talleyrand konnte sich natürlich nicht einbilden, daß er mit diesem ganzen falsch-pathetischen Blendwerk Alexander von irgend etwas überzeugen könnte. Das war ihm auch nicht so wichtig. Wesentlich war für ihn, vor seiner Abreise zum Wiener Kongreß sich den Rücken am Hofe Ludwigs XVIII. in Paris zu stärken, wo, wie er wußte, die extremen Royalisten heftig an der Unterminierung seiner Stellung arbeiteten. Das hat er zum Teil erreicht. Er konnte wenigstens zu dem Kongreß abreisen, ohne seine plötzliche Verabschiedung befürchten zu müssen.

Talleyrand weiß jedoch, daß man in einem Briefe an Alexander nicht Dinge schreiben kann, die ein Karl von Artois gleichgültig und gutgläubig ohne Stirnrunzeln schlucken würde. Deshalb wird Talleyrand, nachdem er diese Fadheiten über die leidenschaftliche Liebe des französischen Volkes zu den Bourbonen gesagt hat, plötzlich auf anderthalb Absätzen in dem Briefe wieder «liberal»[1]: «Im übrigen marschieren die liberalen Grundsätze mit dem Geiste des Jahrhunderts, und man muß mit ihnen gehen, und wenn Eure Majestät meinem Wort vertrauen wollen, so verspreche ich Ihnen, daß wir eine mit der Freiheit verbundene Monarchie haben werden ...»

In der Fähigkeit, die hohlsten, niemanden und zu nichts verpflichtenden Phrasen von sich zu geben, hatte der Fürst von Benevent nicht seinesgleichen.

IX

Die von Charles Dupuis 1919–1920 abgedruckten Berichte aus den preußischen und österreichischen Staatsarchiven bestätigen

---

1 ebd.: «D'ailleurs les principes libéraux marchent avec l'esprit du siècle, il faut qu'on y arrive et si Votre Majesté veut se fier à ma parole, je Lui promets que nous aurons de la monarchie liée à la liberté, qu'Elle verra les hommes de mérite, accueillis et placés en France. Et je garantis à Votre gloire le bonheur de notre pays.»

völlig übereinstimmend dieselbe Tatsache: Seit Mitte Juni und fast bis zu seiner Abreise nach Wien sucht Talleyrand sich Rußland zu nähern, aber der Erste Minister und Günstling Ludwigs XVIII., Graf Blacas, geht im Gegensatz dazu auf eine Annäherung an Österreich und England aus. «Der Fürst von Benevent nähert sich offenbar immer mehr dem russischen Botschafter ... Er sucht in dieser Haltung zu Rußland nicht nur ein Mittel, seine Ziele zu erreichen, sondern auch, sich an der Macht zu halten, da sein Einfluß im Ministerium nachläßt», so berichtet der preußische Vertreter Graf v. d. Goltz nach Berlin.[1]

Dasselbe bestätigt auch der österreichische Agent Bombell in einem Bericht vom 14. Juni an Metternich. Bombell wurde von Ludwig XVIII. empfangen, der wie sein Günstling und Minister Graf Blacas für die Annäherung Frankreichs an Österreich war. «Andererseits hat der Fürst von Benevent jetzt überhaupt keinen Einfluß mehr. Er beklagt sich sogar oft darüber und offenbart dadurch Mangel an Gewandtheit. Gut informierte Leute glauben nichtsdestoweniger, daß er an der Macht bleiben und der König zwar die Sphäre seines Einflusses stark einschränken, aber doch seinen tatsächlichen Talenten Gerechtigkeit widerfahren lassen wird, da er ihn nicht völlig entbehren kann», meldet Bombell an Metternich.[2]

Als der neue König eingetroffen war und die Bourbonen und ihre Anhänger festen Fuß zu fassen, sich einzurichten und Umschau zu halten begannen, war Talleyrands Lage nicht besonders angenehm. Das Portefeuille des Außenministers für sich selbst und verschiedene Ernennungen und Gunstbeweise für seine Umgebung konnte ihm allerdings Ludwig XVIII. auf Grund seiner letzten Verdienste vom März und April nicht gut abschlagen. Außerdem war es ihm gelungen, als er vor dem Eintreffen der Bourbonen der Chef der Regierung war, in den amtlichen Archiven die Dokumente über die Hinrichtung des Herzogs von Enghien und über den Spanischen Krieg und eine ganze Reihe anderer ihn kompromittierender Papiere herauszusuchen und rechtzeitig zu vernichten. Auf verschiedenen Wegen hatte er auch

1 Ch. Dupuis, a. a. O., S. 170.
2 ebd., S. 172.

verstanden, sich sehr viel staatliches Goldgeld zu verschaffen. Die von Barras für Unterschleife und Bestechungsgelder angegebene Ziffer von 28 Millionen Francs, die Talleyrand 1814 in Verbindung mit der Restauration der Bourbonen oder für diese erhalten haben soll, erscheint mir persönlich nicht überzeugend. Barras war ein Feind Talleyrands, und er sah neidisch auf Geldzuweisungen für andere. Aber auf jeden Fall wurden in diesen Tagen neue Millionen eingeheimst, wenn auch nicht achtundzwanzig, und glücklich den früheren Millionen zugefügt, die von Talleyrands Dienst unter Napoleon vorhanden waren. Außer den Geldern hatte er auch das selbständige Fürstentum Benevent in Italien behalten, das ihm Napoleon verliehen hatte, sowie alle Auszeichnungen Napoleons. Das alles war ihm sehr angenehm.

Unangenehm aber war für ihn, daß sehr bald der neue König und die ganze Familie der Bourbonen und nach ihnen die Höflinge und neuen Würdenträger Anzeichen einer mehr als ablehnenden Einstellung zu den moralischen Eigenschaften Talleyrands bekundeten und ihn absolut nicht als den hauptsächlichen Schöpfer der Restauration der alten Dynastie und ihren Wohltäter ansehen wollten. Der Herzog und die Herzogin von Angoulême, Neffe und Nichte des Königs, bezeugten sogar beinahe Abscheu. Der König selbst war skeptisch und spöttisch veranlagt, er verstand es, ihm absichtlich Unangenehmes zu sagen. Besonders aggressiv war der Bruder des Königs, Karl von Artois, später Karl X.

Schließlich standen Talleyrands Aktien auch bei der Hofaristokratie nicht hoch. Diese Aristokratie bestand aus dem alten, meist in der Emigration gewesenen Teile des Adels, der mit den Bourbonen zurückgekehrt war, und dem neuen napoleonischen Adel, dem man alle vom Kaiser verliehenen Titel belassen hatte.

Die einen wie die anderen haßten und verachteten im geheimen Talleyrand. Die alten Aristokraten verziehen ihm nicht seine religiöse und politische Abtrünnigkeit im Anfang der Revolution, die Sequestrierung des Kirchengutes, die papstfeindliche Einstellung in der Frage des Priestereides und seine ganze politische Haltung von 1789—1792. Sie waren empört wegen seiner Beteiligung an der Hinrichtung des Herzogs von Enghien, wegen seiner tatkräftigen diplomatischen Unterstützung der Polizei bei den Verfolgungen der aristokratischen Emigranten, die im Auslande Zuflucht gesucht hatten. Andererseits waren die napoleonischen Herzöge, Grafen und Marschälle stolz darauf, daß sie mit wenigen Ausnahmen erst nach der Abdankung des Kaisers auf die Bourbonen geschworen hatten und dann mit ausdrücklicher Erlaubnis des gestürzten Napoleon; aber auf Talleyrand, Fouché, Marmont sahen sie als auf erbärmliche Verräter herab, die Napoleon gerade in dem Augenblick den Dolch in den Rücken gestoßen hatten, als er mit allen Kräften gegen ganz Europa kämpfte und die Unversehrtheit des französischen Grund und Bodens verteidigte. Schließlich kannten die einen wie die anderen nicht nur Talleyrands freies Schalten und Walten mit den Staatsgeldern und die zahllosen und ununterbrochenen Bestechungen, sondern übertrieben noch die Höhe der Beträge, die er erhalten hatte. Sie wiederholten wörtlich das von unbekannter Seite aufgebrachte und Anfang 1815 sogar in die Presse (die Zeitung Le Nain jaune) gelangte Schlagwort: «Fürst Talleyrand ist deshalb so reich, weil er immer alle die verkauft hat, die ihn gekauft hatten.» Diese zweiseitige Handelspraxis, die allen finanziellen Operationen Talleyrands im Laufe seiner ganzen Erdenwanderung zugrunde lag, wurde sehr bissig nicht nur in den Salongesprächen hinter seinem Rücken, sondern auch in der Presse erörtert.

Hier bekam Talleyrand zum ersten Male nach der Revolution alle persönlichen Rückschläge zu fühlen, die bei einer beschränkten Pressefreiheit, wie sie die Verfassung des Jahres 1814 bot, möglich waren. Noch unter dem Direktorium hatte man zuweilen Angriffe der Presse über sich ergehen lassen müssen, dagegen wagte unter Napoleon von 1799—1814 niemand, über Personen wie Talleyrand, ja nicht einmal über ihre Köche und Lakaien etwas Unerwünschtes zu drucken. Schließlich konnte aber Fürst Talleyrand alle diese Sticheleien und Unannehmlichkeiten ignorieren. Er war nötig, er war unersetzlich, und die Bourbonen wollten ihn bis aufs letzte ausnutzen. Wieder stieg er in die Höhe. Er wurde unter Belassung seines Postens als Minister des Äußeren zum Premierminister ernannt. Schließlich wurde er im Herbst als Vertreter Frankreichs auf den Wiener Kongreß geschickt.

Neue Dokumente aus dem Wiener Staatsarchiv, die den

Franzosen und Engländern erst nach dem Zusammenbruch Österreichs am Ende des ersten Weltkrieges 1918 zugänglich wurden, sind, leider nur verkürzt, von Charles Dupuis in seiner Ausgabe, in die sie ungeordnet gelangten, veröffentlicht worden. Sie rückten die Umstände der Betätigung Talleyrands in Wien zur Vorbereitung des Geheimvertrags vom 3. Januar 1815 in ein neues Licht. Sie beweisen, daß die königliche Familie (Ludwig XVIII. und Graf Artois) und Minister Blacas ununterbrochen geheime Verbindungen mit Metternichs in Paris verbliebenem Agenten Bombell unterhielten. Diese Beziehungen waren vor allem dadurch bedingt, daß die Bourbonen ihrem sehr geschickten, aber für russisches Gold nicht eben unempfänglichen Vertreter in Wien mißtrauten, und ihre Stellungnahme, die ausgesprochen feindlich gegenüber Alexander und deshalb sehr österreichfreundlich war, erforderte und beschleunigte Talleyrands Annäherung an Metternich und Castlereagh.

Metternich fürchtete bereits im September 1814, beim Beginn des Kongresses, die Annäherung Talleyrands an Alexander, und Bombell mußte ihn von Paris aus beruhigen. «Ich zweifle nicht», schrieb Bombell dem österreichischen Kanzler, «daß Sie sich mit ihm (Talleyrand) einigen werden, auch bei viel bösem Willen seinerseits (beaucoup de mauvaise volonté) ... Ich glaube, daß die Interessen Frankreichs und seines Königs für Herrn von Benevent (M. de Bénévent) immer eine Frage zweiter Ordnung sein und die Interessen des Herrn von Talleyrand seinem Herzen zweifellos näher stehen werden», schreibt Bombell ironisch am 15. September 1814 aus Paris.[1]

In der Biographie Talleyrands wurde eine neue Seite aufgeschlagen, und zwar eine, die von bedeutendem historischem Interesse ist, noch größerem als seine ganze vorangegangene Tätigkeit.

---

[1] Bombell — Metternich. Paris, le 15 septembre 1814; Ch. Dupuis, a. a. O., S. 202.

FÜNFTES KAPITEL

Talleyrand auf dem Wiener Kongreß
Die Hundert Tage
September 1814—Juni 1815

Talleyrand hatte in Wien 1814—1815 mit Gegnern zu tun, die sich — mit Ausnahme Metternichs und Alexanders — nicht über das Niveau von Durchschnittsdiplomaten erhoben und im günstigsten Falle als «mittelmäßige Routiniers» angesprochen werden konnten. Castlereagh und die anderen englischen Diplomaten sowie die Vertreter Preußens brauchte er überhaupt nicht zu fürchten. Diese Leute waren Zeugen und sogar Teilnehmer größter Ereignisse gewesen, aber sie verstanden ihren wahren Charakter und ihre innere Bedeutung nicht im geringsten. Sie schleppten sich noch immer in den traditionellen Gleisen des guten alten glänzenden 18. Jahrhunderts hin, das nach der damaligen Ausdrucksweise «Kabinettskriege» führte, nur die «Kabinettsdiplomatie» anerkannte, die «Seelen» der Untertanen austauschte, verkaufte, weiterverkaufte wie die Gutsbesitzer ihre Leibeigenen in den Dörfern (diese treuen Untertanen wurden sogar in den diplomatischen Dokumenten des Wiener Kongresses «Seelen», les âmes, genannt). Mit den Bestrebungen, Gebräuchen, nationalen Gefühlen des Volkes rechnete man auf dem Wiener Kongreß nicht im geringsten. «Das Volk war stumm.» Talleyrand erschien das absolut nicht anormal, in dieser Hinsicht war zwischen ihm, Metternich und Alexander kein Unterschied.

William Pitt dem Jüngeren, der im übrigen seine Zeitgenossen um Haupteslänge überragte, haben seine Kritiker damals vorgeworfen, er sei in der Auseinandersetzung mit Frankreich von dem Ort, dem geographischen Punkt hypnotisiert gewesen, gegen den er von Jugend auf angegangen war, und habe die Veränderung der Menschen an diesem Punkte übersehen. Er habe nicht gemerkt, daß an diesem Punkte, in demselben Paris, wo so lange einer den anderen abgelöst hatte und im Namen Frankreichs elegante und affektierte gepuderte Gecken des alten Regimes am Hof von Versailles das Wort geführt hatten, vor ihm jetzt nicht mehr ein gepuderter Geck stand, sondern ein Dschingis-Khan, und daß nicht mehr über Angliederung und Abtrennung von Ländern in Indien und nicht um das Fischereirecht auf Stockfische bei Neufundland verhandelt wurde, sondern um die Existenz des Königreichs England.

Jetzt, im Jahre 1814, war dieser Dschingis-Khan nach den verzweifeltsten Anstrengungen ganz Europas gerade eben gestürzt worden, aber die Staatsmänner, die sich im Herbst 1814 in Wien versammelten, um die neue politische Verteilung der Länder und Völker festzusetzen, verstanden trotzdem nicht recht die geschichtliche Bedeutung der verflossenen blutigen fünfundzwanzig Jahre. Der Durchschnittsdiplomat und Durchschnittspolitiker des Wiener Kongresses war genauso wie die Majorität der Adelsklasse im damaligen Europa geneigt zu glauben, die Revolution und Napoleon wären plötzlich hereingebrochene Böen gewesen, die zum Glück vorbei seien; jetzt müsse man die Trümmer sammeln, die Beschädigungen ausbessern und weiterleben wie früher.

Nur wenige verstanden, daß die vollständige Wiederherstellung der Hauptsache, des sozialen und wirtschaftlichen Zustandes unter dem alten Regime, weder in Frankreich gelingen konnte, wo ihn die Revolution zerstört hatte, noch in den Ländern, wo ihm Napoleon furchtbare Schläge versetzt hatte, und daß deshalb eine völlige Restauration, politisch oder gesellschaftlich, zum Scheitern verurteilt war. Unter den Reaktionären begriffen und erkannten das nur vereinzelte Denker mit Bitterkeit. Umsonst verkündete Ludwig XVIII., daß er den Thron seiner Ahnen bestiegen habe. Er saß auf dem Thron Bonapartes; der Thron seiner Ahnen war schon nicht mehr möglich, stellte mit bedauernder Ironie Josef de Maistre fest, indem er darauf hinwies, daß in Frankreich die ganze soziale, administrative und gesellschaftliche Ordnung wie unter Napoleon verblieben war, daß dort nur eben anstatt des Kaisers ein König saß und eine Konstitution existierte. Auf dem Gebiet der internationalen Beziehungen bestanden noch mehr Illusionen, auf die in der Bourgeoisie erwachenden «nationalen» Bestrebungen wollte keiner Rücksicht nehmen, und zu der völlig willkürlichen Behandlung ganzer Völker und Mächte, zu dem Kauf — Verkauf — Tausch auf diesem Gebiete, zu allen diesen Gewohnheiten der Diplomatie des alten Regimes kamen noch die Erinnerungen an die eben überstandene Napoleonische Epopöe. Wenn die Völker Europas schweigend die Behandlung ertragen hatten, die Napoleon angewandt hatte, verlohnte es sich da künftig noch, mit ihren Wünschen und Bestrebungen zu rechnen?

Aus der Idee der «Legitimität», die natürlich das ganze absolutistische, reaktionäre Europa und die in England herrschende Aristokratie annahm und annehmen mußte, machte Talleyrand ein Argument zur Verteidigung der Interessen Frankreichs, das sich unter den gegebenen Bedingungen nur dadurch wieder erheben konnte, daß es seine alte Großmachtstellung wiedererhielt und seine alten Grenzen, die es mit militärischer Gewalt nicht zu verteidigen vermochte. Und dieselbe Idee der Legitimität, die Idee der Rückkehr zu den Staatsgrenzen aus der Zeit vor der Revolution, half ihm, Sachsen gegen die Einverleibung in Preußen zu verteidigen, was für Frankreich so wichtig war.

Talleyrand hat auf dem Wiener Kongreß seine diplomatischen Fähigkeiten in vollem Glanze gezeigt. Während seines ganzen übrigen Lebens hat er immer auf den Wiener Kongreß hingewiesen als auf den Ort, wo er hartnäckig die Interessen seines Vaterlandes verteidigte, mit Erfolg verteidigte gegen eine Rotte von Feinden, und dabei unter den schwierigsten, man kann sagen hoffnungslosesten Umständen, in denen sich ein Diplomat befinden kann: er hatte keine reale Macht hinter sich. Frankreich war zerschlagen, durch die langen und blutigen Kriege erschöpft und hatte soeben eine Invasion durchgemacht.

Auf dem Kongreß stand gegen Frankreich, wie bisher auf den Schlachtfeldern, die Koalition aller Großmächte: Rußland, Preußen, Österreich, England. Wenn es diesen Mächten gelang, auf dem Kongreß auch nur einigermaßen die Einheit des Handelns zu wahren, mußte sich Talleyrand in alles fügen. Aber die Interessen dieser Mächte widersprachen einander; für Talleyrands Vorgehen war das eine reale Basis.

Seit dem Tage seiner Ankunft im September 1814 in Wien

begann Talleyrand sein feines und verschlungenes Netz von Intrigen zu spinnen, das die einen Gegner Frankreichs gegen die anderen in Harnisch bringen und den Zerfall der antifranzösischen Koalition, der ohnedies unvermeidlich war, beschleunigen sollte. Die ersten Schritte waren schwierig. Der Ruf des Fürsten erschwerte seine Lage noch. Es handelte sich um die allgemeine Einschätzung der Persönlichkeit Talleyrands, nicht darum, daß man ihn auf dem Kongreß, natürlich nicht Auge in Auge, «la plus grande canaille du siècle» nannte. Auch das war nicht wesentlich, daß das gottesfürchtige, scheinheilige katholische Wien im Verein mit dieser ganzen Versammlung von Monarchen und Regenten, denen der Mystizismus im gegenwärtigen Augenblick als das beste Gegengift gegen die Revolution erschien, den abgesetzten und seinerzeit exkommunizierten Bischof von Autun verachtete, der den Katholizismus an die Revolutionäre verraten und verkauft hatte. Selbst das war nicht so wichtig, daß man ihn unentwegt trotz aller seiner Beteuerungen als den Mörder des Herzogs von Enghien ansah. Etwas anderes schreckte von ihm ab: Alle diese Herrscher und Minister hatten in der ersten Hälfte der Napoleonischen Herrschaft mit Talleyrand zu tun gehabt. Gerade er hatte immer nach den Siegen Napoleons die territorialen und finanziellen Ausplünderungen der Besiegten entsprechend den Befehlen und Direktiven Napoleons formuliert. Niemals, nicht ein einziges Mal hatte er auch nur den Versuch gemacht, Napoleon von beginnenden Konflikten, diplomatischer Aggressivität und endgültigen Eroberungen oder Kriegen zurückzuhalten. Die hochmütigsten, herausforderndsten Noten, die den Krieg provozierten, hatte gerade er verfaßt, die beleidigendsten und giftigsten Erlasse bei beliebigen diplomatischen Zusammenstößen hatte er entworfen — wie zum Beispiel 1804 die oben erwähnte Antwort an Kaiser Alexander wegen der Hinrichtung des Herzogs von Enghien mit dem direkten Hinweis auf die Ermordung Pauls und der Andeutung der Beteiligung Alexanders an diesem Morde.

Talleyrand war die gehorsame und feine Feder Napoleons, diese Feder hatte sehr viele von denen verwundet, die jetzt in Wien zusammengekommen waren. Später, unter anderem auch in seinen Memoiren, hat Talleyrand sehr feinfühlig und mit

181

vorwurfsvollem Kopfschütteln dessen gedacht, daß Napoleon niemals die Eigenliebe der Besiegten geschont, ihre Menschenwürde mit Füßen getreten hat usw. Er hat vollkommen recht, aber er vergißt hinzuzusetzen, daß gerade er selbst es war, der die Befehle des Kaisers aufs genaueste und schnellste vollzog. Jetzt standen die Vertreter der so lange erniedrigten und ausgeplünderten Mächte und die Diplomaten, die an die scharfen Stiche dachten, die sie so viele Jahre hatten schweigend hinnehmen müssen, diesem hochmütigen und listigen Grandseigneur, diesem «Schriftführer des Tyrannen», dessen Joch man endlich hatte abschütteln können, Auge in Auge gegenüber.

Zum allgemeinen Erstaunen benahm sich dieser «Schriftführer des Tyrannen» auf dem Kongreß aber so, als ob er nicht der Minister eines besiegten, sondern eines siegreichen Landes wäre, und mit Recht sagte der darüber empörte Alexander I. in Wien von ihm: «Talleyrand spielt sich auch hier als Minister Ludwigs XIV. auf.» Talleyrand spielte sein sehr schweres, im Anfang fast hoffnungsloses Spiel wirklich kunstvoll und beschleunigte den Zerfall der antifranzösischen Koalition.

Dieser diplomatische Erfolg zog einen anderen, nicht geringeren nach sich. Preußen beanspruchte alle Besitzungen des Königs von Sachsen, den das gegen Napoleon vereinigte Europa für sein Bündnis mit Napoleon bestrafen wollte. Einen solchen Machtzuwachs für Preußen wollte Talleyrand auf keinen Fall zulassen und hat ihn auch nicht zugelassen. Preußen erhielt nur den am wenigsten wertvollen Teil Sachsens. Polen vor dem «Verschlungenwerden» durch Rußland zu bewahren gelang ihm trotz aller Anstrengungen nicht. Frankreich selbst verblieb nicht nur alles, was es dank der Unterstützung Rußlands nach dem Pariser Frieden behalten hatte, sondern Talleyrand ließ in Wien nicht einmal die Erörterung von Einzelfragen zu, die einige Mächte in dieser Beziehung nachdrücklichst verlangten. Talleyrand entwickelte das «Prinzip der Legitimität» als solches, auf dessen Basis von nun an das ganze Völkerrecht aufgebaut werden sollte. Dieses Prinzip der Legitimität sollte Frankreich die Grenzen sichern, die es vor Beginn der Revolutionskriege und der Kriege Napoleons gehabt hatte; in der damaligen Situation wirkte sich dieses Prinzip besonders zugunsten der

Franzosen aus, da sie im Falle sofortiger neuer Kriege keine Kräfte für einen erfolgreichen Widerstand zur Verfügung gehabt hätten.

Indem Talleyrand die Interessen des bürgerlichen neuen Frankreichs gegen das feudale Europa verteidigte, setzte er mit der ihm eigenen Findigkeit gerade die erzfeudale, erzmonarchistische Argumentation in Bewegung: «das Prinzip der Legitimität». Die Raubtierzähne der preußischen Ansprüche, die schon bereit waren, das verhaßte «Land der Revolution» zu zerfetzen, bekamen ihr Opfer nicht. Weder in Paris noch in Wien gelang es, das besiegte und geschwächte Frankreich zu zerstükkeln. Dazu half Rußland. Talleyrand hatte sich schließlich überzeugt, daß es keine leichte, aber eine immerhin mögliche Aufgabe war, Castlereagh und sogar Metternich zu täuschen, von Friedrich Wilhelm III. von Preußen gar nicht zu sprechen; unvergleichlich schwieriger war es jedoch, Alexander zu hintergehen, den Napoleon selbst einen «hinterlistigen Byzantiner» genannt hatte. Talleyrand ahnte im voraus, daß sich Alexander später eben dieses «Prinzip der Legitimität» zunutze machen würde, wenn er versuchen würde, die gestürzte Hegemonie Napoleons über Europa durch eine russische Hegemonie in anderer Form zu ersetzen; aber zugleich war sich der alte Diplomat vollkommen bewußt, daß Frankreich bei der möglichen Ausbeutung dieses Prinzips nach Lage der Dinge, schon aus geographischen und anderen Gründen, bedeutend weniger verlieren könnte als Mitteleuropa, nämlich Preußen, Österreich und die anderen deutschen Länder. Trotzdem wollte er um keinen Preis Polen Rußland überlassen, hier aber erlitt er eine vollkommene Niederlage.

Auf dem Wiener Kongreß machte er mit Erfolg den kühnen Versuch, Österreich von diesem für Frankreich immer besonders gefährlichen Mitteleuropa abzuspalten. Gegen wen war der im Januar 1815 abgeschlossene englisch-französisch-österreichische Geheimvertrag, den Talleyrand in Wien entworfen und zustande gebracht hatte, in erster Linie gerichtet? Natürlich gegen Rußland und Preußen. Und wer wurde durch ihn in erster Linie betroffen? Nicht Rußland, sondern Preußen. Alexander I. wollte Polen haben — und er erhielt es, und keine Verträge, geheime

oder offene, sosehr sie auch gegen ihn zugespitzt waren, konnten
ihn veranlassen, Warschau zu räumen. Aber Preußen war tatsächlich der Verlierer. Es verlor die Kompensation, zu deren
Übernahme es mit voller Zustimmung Rußlands schon vollkommen bereit war: Sachsen ... «Das Problem Zentraleuropas», das
heißt, das Problem des Kampfes gegen den Aufstieg Preußens,
das jahrhundertealte Problem der französischen Diplomatie, war
für einige kommende Generationen gelöst. Nötig waren erst die
verderblichen Fehler Napoleons III. in den Jahren 1866—1870
und später der bewußte Verrat an den nationalen Interessen
Frankreichs um der egoistischen Ziele der französischen kapitalistischen Oberschicht willen in den Jahren des Hitlerismus —
1937, 1938 und 1939, um so in zwei Etappen das Werk zu vernichten, das 1814—1815 unter den schwierigsten Bedingungen
geschaffen worden war, in denen sich Frankreich jemals befunden
hatte, und um im Namen der Klasseninteressen der Großbourgeoisie die schmachvolle Kapitulation des unglücklichen Landes
im Jahre 1940 vorzubereiten.

Das war das allgemeine Schema für die Tätigkeit Talleyrands
in Wien 1814—1815. Wir haben dieses allgemeine Schema der
Erfolge und der hauptsächlichsten Tätigkeit Talleyrands in Wien
vorausgeschickt, damit es dem Leser leichter wird, sich in dieser
verwickelten Materie zurechtzufinden. Jetzt wollen wir durch
Betrachten der charakteristischen Momente prüfen, wie sich uns
die wichtigsten Siege und Niederlagen des französischen Ministers
in der chronologischen Reihenfolge darstellen, in der sich dieser
diplomatische Kampf abgespielt hat.

II

Am 23. September 1814 kam die französische Delegation in Wien
an.

Das Programm für sein Vorgehen hatte Talleyrand schon vollkommen ausgearbeitet, er wußte aber ganz genau, daß die Lage
für ihn, den persönlich verachteten Vertreter eines besiegten Landes, sehr schwer sein würde.

Schon am 30. September stellte Talleyrand mündlich .(«verbalement») die folgenden drei grundsätzlichen Forderungen auf. Erstens: Frankreich wird nur die Beschlüsse des Kongresses anerkennen, die in den Plenarsitzungen, unter Beteiligung aller Mitglieder des Kongresses angenommen worden sind. Zweitens: Frankreich wünscht, daß Polen in dem Zustand von 1805 oder wie vor der ersten Teilung 1772 wiederhergestellt wird. Drittens: Frankreich wird seine Zustimmung nicht zu einer Zerstükkelung und noch viel weniger zur Vernichtung der Selbständigkeit Sachsens geben.[1] Gleichzeitig begann Talleyrand unter den Vertretern der kleinen Mächte zu agitieren, indem er sich als Vorkämpfer für ihre Rechte gegen die Vergewaltigungen durch die Großmächte hinstellte, durch Rußland, Österreich, England und Preußen. Aber schon bald erkannte er eine nähere Operationslinie: sich den Engländern und Österreichern zu nähern gegen Preußen und Rußland.

Das gewaltige Netz von Intrigen gegen Rußland, das Talleyrand seit den ersten Tagen seines Eintreffens in Wien auswarf, blieb natürlich von den ersten Tagen an nicht unbemerkt. Die österreichische Geheimpolizei konnte schon am 13. Oktober 1814 dem Kaiser Franz melden, was Graf La Tour du Pin, ein Herr aus dem Gefolge des französischen Botschafters, ausgeplaudert hatte: «Frankreich will nur ein Gegengewicht gegen Rußland haben. Vor einigen Jahrhunderten hat sich die Christenheit gegen die Muselmanen zusammengeschlossen, warum soll sie sich nicht gegen die Kalmücken, Baschkiren und nördlichen Barbaren zusammenschließen ... Wir gestatten nicht, daß sie sich über uns lustig machen. Wir haben 400 000 Mann, die auf den ersten Wink bereit sind zu handeln. Wir versammeln uns jeden Morgen (sic!) um vier Uhr bei Talleyrand, und er gibt jedem von uns seine Aufgabe.»[2]

1 Bellio au prince de Valachie (intercepta), Vienne, le 3 octobre 1814. Les dessous du Congrès de Vienne, Bd. I, Paris 1917, S. 218, Nr. 269. Unter diesem Titel sind in zwei starken Bänden die Meldungen der österreichischen Geheimagenten veröffentlicht, denen Metternich die geheime Beobachtung der in Wien zusammengekommenen Diplomaten übertragen hatte.
2 Hager à l'Empereur. Vienne, le 13 octobre 1814. Les dessous du Congrès de Vienne, Bd. I, S. 271, Nr. 344.

Der Fürst selbst vergaß auch seine eigene Aufgabe nicht. «Talleyrand sprach beim Fürsten de Ligne gegen die Russen und brachte die Befürchtungen zum Ausdruck, die ihm ihre Erfolge verursachen. Während er noch spricht, wird ein russischer General gemeldet. Talleyrand wechselt sofort das Gesprächsthema und verbreitet sich in Lobsprüchen über die Russen. Fürst de Ligne sagt ihm halblaut: ‹Mein Lieber, Sie sind ein echter Tartuffe›, worauf Talleyrand antwortet: ‹Ich kann alles sagen, da Sie mich für einen Schwätzer halten›.»[1]

Eine unzählige Menge von Spionen, Beobachtern und anderen Agenten, österreichischen und nichtösterreichischen, wimmelte um Talleyrand und sein Quartier im Hause der französischen Botschaft vom ersten Augenblick seiner Ankunft in Wien an.

Agent Schmidt beklagt sich bei seinem Vorgesetzten, dem Polizeipräsidenten Baron Hager, über den schwierigen Charakter des französischen Delegierten: «Wer nur ein wenig den Charakter Talleyrands kennt und sich außerdem die Mühe nimmt, sich die Art seiner Unterkunft klarzumachen, der versteht sofort die Schwierigkeiten, die die Einrichtung einer ernsthaften Beobachtung des Fürsten und dessen, was er tut, bereitet. Dieses Haus ist jetzt eine Art Festung, in der er eine Garnison hält, die nur aus Leuten besteht, denen er traut. Trotzdem ist es uns gelungen, einige Papiere aus seinem Schreibtische zu erwischen. Außerdem ist es geglückt, einen alten Diener zu bestechen, der schon bei drei französischen Botschaftern im Dienst gestanden hat, und einen Wächter oder Kanzleidiener, durch den wir einige zerrissene Papiere, die im Schreibtisch Talleyrands selbst gefunden worden sind, erhalten haben.»[2]

In der ersten Zeit bekam Talleyrand auch zuweilen giftige Be-

1 Rapport à Hager. Vienne, le 13 octobre 1814. Ebd. Bd. I, S. 279, Nr. 355. 1917, vor dem Zusammenbruch des Habsburger Reiches, gelang es den Franzosen, in den Besitz der geheimen Meldungen der österreichischen Geheimpolizei zu gelangen, die Tag für Tag die Herrscher und Diplomaten während des Wiener Kongresses verfolgte. Diese interessanten Dokumente hat H. Weill in zwei großen Bänden 1917 in Paris unter dem Titel «Les dessous du Congrès de Vienne» herausgegeben.
2 Schmidt à Hager. Vienne, le 17 octobre 1814. Ebd. S. 326, Nr. 439.

merkungen zu hören. «Dem Besiegten steht nicht das Recht zu, irgend etwas zu entscheiden», soll ihm jemand (in dem Berichte des Agenten an Baron Hager ist nicht gesagt wer), am 15. Oktober gesagt haben, als der Fürst beabsichtigte, gegen die Vereinigung Belgiens mit Holland Einspruch zu erheben. Aber gerade in diesen ersten für ihn schwierigen Tagen des Kongresses war Talleyrand nachdrücklich bemüht, «nicht kleinlaut zu werden» (Rapport à Hager, Vienne, le 15 octobre). Talleyrand war auf alle Weise bemüht, Castlereagh zu größerer Energie in der sächsischen Frage anzuspornen, und er eignete sich eine Art «diktatorischen Ton» in den Unterredungen mit ihm hierüber an. Dieser Ton war natürlich nicht gegen Castlereagh, sondern gegen die gerichtet, denen Castlereagh diesen Brief zeigte.[1] «Talleyrand und Castlereagh stehen sich wieder gut. Talleyrand ist wie bisher sehr aufgebracht gegen die Russen und Preußen», schreibt Baron Hager am 16. Oktober 1814.[2]

Damals verbrachte der seit langem verabschiedete alte österreichische Feldmarschall und Diplomat (Belgier von Geburt) Fürst de Ligne seinen langen Lebensabend in Wien. Er war einst ein berühmter Mann, zeitweise Freund, zeitweise Verleumder Katharinas II. und beobachtete mit dem Interesse des alten Sachkenners die Menschen und Dinge des Kongresses.

Fürst de Ligne sagte Talleyrand, als dieser kaum in Wien angekommen war: «Sie spielen jetzt eine große Rolle, Sie sind der König von Frankreich. Ludwig XVIII. muß nach Ihrer Pfeife tanzen, sonst geht es ihm schlecht.» — Talleyrand antwortete: «Fürst, es sind schon sieben Jahre her, daß Bonaparte anfing, mir zu mißtrauen.» — «Was, erst sieben Jahre! Ich mißtraue Ihnen schon seit zwanzig Jahren!»[3] Der witzige de Ligne drückte in diesen Worten die allgemeine Meinung über Talleyrand aus als über einen Staatsmann, dessen ganzes Leben eine Kette von Verrätereien gewesen war.

1 Aufgefangener Brief (intercepta) an die Herzogin von Zweibrükken. Ebd. S. 300, Nr. 390. Vienne, le 15 octobre 1814
2 ebd. S. 304, Nr. 397.
3 Nota à Hager. Vienne, 30 septembre 1814. Ebd. S. 182, Nr. 221. Sie schreiben nicht note, sondern lateinisch: nota.

Talleyrand mußte im Anfang seines Aufenthaltes in Wien auf Schritt und Tritt solche zweifelhaften Komplimente hören.

Doch in der französischen Sprache gibt es nicht wenige Aphorismen, die das gleiche besagen wie das russische Sprichwort: «Das Schimpfwort hängt man nicht an die große Glocke», und bald sah Talleyrand, daß er in Wien nicht immer ganz vereinsamt sein würde.

Schon in den ersten Tagen des Wiener Kongresses merkte Talleyrand, daß Rußland ziemlich isoliert war; sogar Preußen, das von Alexander große und reiche Gnadenbeweise erwartete, fürchtete Rußland. Das bestätigen auch die Geheimagenten Metternichs.

Wie immer war Preußen insgeheim Rußland feindlich gesinnt, obwohl es politisch so eng mit ihm verbunden schien — «Preußen, das offenbar so eng mit Rußland verbunden ist, ist tatsächlich mit ihm sehr unzufrieden, weil Rußland bedrohliche Herrschaftsgedanken nährt. Wenn es Rußland gelänge, sich Polens zu bemächtigen, befände es sich mitten im Herzen preußischen Gebietes, wie es auch gern möchte, und wäre eher in Berlin, als Preußen die nötigen, über Ostpreußen verstreuten Streitkräfte sammeln könnte ... Deshalb möchten die preußischen Minister nichts lieber als ein enges und herzliches Bündnis mit Österreich, um dadurch die Vergrößerung Rußlands und wenigstens das Wachsen der allgemeinen Gefahr zu verhindern.» Jedenfalls würde Preußen, wenn es zu einem Kriege zwischen Rußland und Österreich käme, auf seiten Österreichs sein.[1]

Das waren die «treuesten Freunde Rußlands» auf dem Wiener Kongreß, zu deren Rettung die russischen Soldaten soviel Blut vergossen hatten. Über die geheime, bald schon ganz offene Feindschaft Metternichs ist kein Wort zu verlieren. Er umgab den Zaren und sein gesamtes Gefolge mit einem ganzen Netz von Spionen.

Die Bespitzelung der Russen war bis aufs letzte vollkommen organisiert. Verärgert meldet ein Geheimagent seinem Chef Baron Hager am 10. Oktober die mißtrauische Spionenfurcht des Generals Jomini aus der Suite Alexanders: «General Jomini, der

1 Rapport à Hager. Vienne, le 1 octobre 1814. Ebd. S. 184, Nr. 224.

seine Papiere verschließt, hat befohlen, alle Schlösser umzuarbeiten, und nimmt sämtliche Schlüssel an sich. Es wäre im jetzigen Augenblick schwer und gefährlich, seine Schränke zu öffnen. Alles kann man versuchen, wenn er gesund ist und wieder ausgeht, dann kann man für einige Stunden eines seiner Hefte herausholen. Wir haben bereits Abdrücke von seinen neuen Schlössern genommen.»[1] Die Russen beunruhigten Österreich nicht weniger, als sie Talleyrand und die Engländer beunruhigten. Die diplomatische Verschwörung gegen Rußland reifte heran.

Die Agenten des Geheimdienstes meldeten Hager am 11. Oktober: «Die Russen sprechen schon, als wären sie die Herren der ganzen Welt. Ich kenne jemanden, dem einer ihrer Minister gesagt hat, es sei ihr Ziel, die Vorherrschaft zu behalten, die sie mit soviel Opfern, Anstrengungen und Erfolgen errungen haben...» Alexander hat, als er aus Petersburg nach Wien abreiste, geäußert: Ich fahre, weil sie es wollen, aber ich werde nicht mehr und nicht weniger tun, als ich will.[2]

III

Die Agitation und die Intrigen Talleyrands gegen Rußland hatten als nächstes Ziel, unter den Großmächten die Besorgnis zu verbreiten, daß eine Welthegemonie des russischen Kaisers drohe. Herzog Dalberg, ein Mitglied der französischen Delegation auf dem Kongreß, wiederholte jedem, der es hören wollte, daß er schon Anfang Oktober dem Polizeipräsidenten Baron Hager, dem Vertrauensmann des Kaisers Franz, erklärt habe: «Talleyrand wird hintergangen. Man hat ihm gesagt, es gäbe über viele Dinge schon ein Übereinkommen; als Talleyrand aber wissen wollte, worüber, wurde ihm geantwortet, das sei geheim und man habe sich geeinigt, dies erst zu gegebener Zeit bekanntzugeben... Wir wissen ganz genau Bescheid, worum es sich handelt. Es geht um das Herzogtum Warschau, um die polnische Krone, die man Rußland abgetreten hat; es geht um Sachsen, das man Preußen überlassen hat. Sie wissen sehr gut, daß Talleyrand, La-

1 Rapport à Hager. Vienne, le 10 octobre 1814. Ebd. S. 200, Nr. 329.
2 Nota à Hager. Vienne, le 11 octobre 1814. Ebd. S. 267, Nr. 347.

brador (einer der französischen Delegierten) und ich uns in die Postkutsche setzen und nach Paris zurückkehren werden in dem Augenblick, wo man uns dieses Geheimnis eröffnet. Wir verstehen Metternichs Politik nicht. Wenn er Rußland die polnische Krone gibt, so wird Rußland in weniger als fünfzehn Jahren die Türken aus Europa vertreiben, und Rußland wird für die Freiheit Europas gefährlicher werden, als es jemals Napoleon gewesen ist. Preußen wird vielleicht wegen seiner geographischen Lage gezwungen sein, sich Rußland auszuliefern. Aber Österreich, warum bemüht sich Österreich nicht, statt der russischen Vorherrschaft in die Hände zu arbeiten, ganz ehrlich sich diesem Koloß entgegenzustellen, der Österreich und die übrigen Mächte erdrücken wird?»[1]

Diesen «Drohungen» der französischen Delegation, den Kongreß zu verlassen, wurde wenig Glauben geschenkt, sie schreckten niemanden. Ganz anders wurden die Drohungen Alexanders aufgenommen, wenn der Kongreß nicht in der für Rußland erwünschten Richtung verliefe, werde er, der Kaiser, nach Petersburg abreisen.[2] Aber Alexander forderte gerade das, was ihm Talleyrand nicht überlassen wollte: Polen. Es war ein ungleicher Kampf. Talleyrand verbreitete unsinnige Gerüchte nach allen Seiten, heute, daß die Franzosen eine Armee von 200 000 Mann, morgen, daß sie 400 000 Mann zur Verfügung hätten.[3]

Stendhal glaubte bei all seinem Skeptizismus die Legende, daß tatsächlich Talleyrand, «der Mann mit dem lebhaftesten Geist und den niedrigsten Passionen», Sachsen durch eine hervorragende Mystifikation gerettet habe, indem er auf dem Wiener Kongreß durch seinen Agenten General Rinard das Gerücht verbreiten ließ, Frankreich besitze eine Armee von 200 000 Mann.[4]

1 Hager, Vienne, le 7 octobre 1814. Diese Berichte haben keinen besonderen Titel. Sie werden vielmehr unter dem Namen des Chefs der Agentengruppen geführt, im vorliegenden Fall unter dem Namen Hager.
2 Nota à Hager. Vienne, le 7 octobre 1814. Ebd. S. 240, Nr. 302.
3 Talleyrand zum Prinzen Anton von Sachsen. Nota à Hager, Vienne, le 6 octobre 1814. Ebd. S. 235, Nr. 294.
4 Stendhal, Courrier anglais, S. 19—20. «M. le prince de Talleyrand, l'homme de France qui a l'esprit le plus vif et les passions

Nichts davon ist richtig. Niemand auf dem Kongreß glaubte dieses Gerücht. Sachsens Rettung war, daß Alexander nicht den Wunsch hatte, die preußischen Interessen energisch zu vertreten, nachdem er selbst «glücklich» Polen erhalten hatte.

Talleyrand war von den ersten Tagen des Kongresses an mit allen Kräften bemüht, so zu tun, als ob Frankreich durchaus nicht so schwach sei, wie man glaubte. «Die französische Delegation hat beschlossen, auf dem Kongreß die allerenergischste Haltung einzunehmen. Sie hat drei Noten vorbereitet, die sie auf der ersten Sitzung des Kongresses vorlegen wird: In der ersten protestiert Frankreich gegen die Einverleibung Belgiens durch Holland, in der zweiten legt es seine Ansichten über die Verfassung Deutschlands dar, wobei Süddeutschland unter der Herrschaft Österreichs, Norddeutschland unter der Preußens stehen soll, die dritte Note bezieht sich auf Polen.» Aber wieviel Gerüchte auch Talleyrand mit seinem Gefolge über die angebliche Konzentration französischer Truppen usw. ausstreute, niemand glaubte dem und ließ sich dadurch einschüchtern. «Man neigt zu der Ansicht, Talleyrand tue den Mund nur deshalb so weit auf (grossit la voix), um das Prestige seines Königs und seines Landes zu heben, er denke aber ebensowenig wie sein Herrscher daran, Gewalt anzuwenden, denn das würde nichts Gutes versprechen. Die Armee ist dem neuen Regime nicht ergeben (den Bourbonen — E.T.), in ihren Reihen sind viele Anhänger Napoleons.»[1]

Schon am 3. Oktober wußten die österreichischen Geheimagenten, daß Talleyrand seine geistigen Fähigkeiten überschätzt und Alexander unterschätzt hatte, wenn er glaubte, ihn mit einem Krieg der Franzosen gegen Rußland einschüchtern zu können. «Gut, dann werden Sie den Krieg haben», sagte der Zar, worauf der französische Diplomat nur mit Worten antworten konnte, die auf seinen Gesprächspartner nicht den geringsten Eindruck machten: «Majestät, Sie verlieren den Ruhm, der Friedensstifter der ganzen Welt zu sein, den einzigen Ruhm, den Sie in Paris beansprucht haben.»[2] Solche hochtrabenden Reden aus dem Mun-

les plus viles ... C'est M. de Talleyrand qui inventa cette excellente mystification.»
1 Rapport à Hager. Vienne, le 9 octobre 1814. Ebd. S. 258, Nr. 325.
2 Hager. Vienne, le 14 novembre 1814. Ebd. S. 525, Nr. 767.

de des Mannes, dem Alexander jahrelang mit klingender Münze Stück für Stück seine Spionenberichte über Napoleon bezahlt hatte, konnten natürlich auf den Zaren keinen Einfluß haben. Talleyrand verließ diese erste Audienz, wie wir sehen werden, genau so, wie er gekommen war.

Humboldt, der preußische Bevollmächtigte, sagte über Alexander: «Der russische Kaiser ist falsch und dickköpfig; wenn man mit ihm zu verhandeln hat, kann man nicht genug Vorsichtsmaßregeln treffen.»[1] Humboldt hat Alexander zweifellos tiefer verstanden als Talleyrand. Das hat die erste große Audienz Talleyrands beim Zaren klar bewiesen.

Dieses erste Zusammentreffen zwischen Alexander und Talleyrand in Wien fand am 3. Oktober statt, in einer Audienz, die Alexander Talleyrand in Gegenwart Nesselrodes erteilte. Nach einigen Fragen über die Lage in Frankreich ging Alexander auf zwei eng miteinander verbundene Probleme über, die den Zaren vor allem interessierten: Polen und Sachsen. «Ich werde das behalten, was ich besetzt habe», erklärte Alexander. «Euer Majestät belieben nur das zu behalten, was Ihnen gesetzlich zukommt.» — «Ich bin mit den Großmächten im Einverständnis.» — «Ich weiß nicht, ob Eure Majestät zu diesen Großmächten Frankreich rechnen?» — «Ja natürlich. Aber wenn Sie nicht wünschen, daß jeder das erhält, was ihm nach seinem Dafürhalten zukommt (ses convenances), worauf erheben Sie denn Anspruch?» — «Für mich», antwortete Talleyrand, «kommt zuerst das Recht, dann erst das, was jedem zusagt.» — «Was Europa nützt, ist Recht.» — «Diese Sprache, Majestät, ist nicht Ihre Sprache, sie ist Ihnen fremd, und Ihr Herz lehnt sie ab!» — «Nein, ich wiederhole es: Recht ist, was Europa nützt.» — «Hierauf», fährt Talleyrand in seinem Bericht an Ludwig XVIII. fort, «drehte ich mich nach der Wandfüllung aus Gips um, bei der ich stand, lehnte mich mit dem Kopf dagegen und rief, mit der Hand gegen die Wand schlagend: ‹Europa! Unglückliches Europa!› Dann drehte ich mich zum Kaiser herum und sagte ihm: ‹Soll man sagen, daß Sie Europa zerstört haben?› Er antwortete mir: ‹Lieber Krieg, ehe ich auf das verzichte, was ich besetzt habe.› Da ließ ich die Arme sinken, und in

1. Hager. Vienne, le 13 novembre 1814. Ebd. S. 522, Nr. 762.

der Haltung eines niedergeschlagenen, aber entschlossenen Menschen, die ihm sagte: Ich bin nicht schuldig, verharrte ich in Schweigen.» Selten in seinem Leben hat Talleyrand eine lächerliche Haltung eingenommen, diesmal tat er es. Er, der eine lange Reihe von Jahren seinen Wohltäter Napoleon an Alexander für Geld verkauft hatte, der für diesen systematischen Verrat seine Belohnungen über Nesselrode erhalten hatte, er spielt vor dem Angesicht dieses selben Alexander und in Gegenwart desselben Nesselrode die dümmste Komödie verletzter edler Gefühle, ruft den Zaren im Namen der Gebote einer strengen Moral an, rennt mit der Stirn gegen Verzierungen aus Gips und läßt aus angeblich unüberwindlicher Trauer die Arme hängen, windet sich in theatralischer Verzweiflung über das «unglückliche Europa» und nimmt doch offenbar an, daß er mit diesen sonderbaren Verrenkungen Alexander rühren kann, der ihn als ausgemachten Dieb, Empfänger von Bestechungsgeldern und notorischen Verräter kennt ... Nesselrode stand dabei und sah zu, wie der Spion der russischen Regierung mit dem Decknamen «Anna Iwanowna», der jahrelang durch seine Hände seinen heimlich verdienten Lohn erhielt, sich wand und drehte und Trauer und Verzweiflung heuchelte und offenbar dabei hoffte, daß Alexander aus Mitleid mit den Qualen seiner reinen, edlen Seele auf Polen verzichten und seine Truppen von dort zurückziehen würde.

IV

Talleyrand machte aus seiner Verärgerung und Verbitterung nach dieser Audienz kein Hehl. Butjagin, der zeitweilige russische Geschäftsträger in Paris, meldete von dort an Graf Nesselrode, daß in Paris unter Hinweis auf einen Brief Talleyrands gerüchtweise verlaute, er sei mit dem Verlauf der Verhandlungen auf dem Kongreß sehr unzufrieden.[1]

Am 23. Oktober 1814 fand die zweite, entscheidende diplomatische Schlacht Talleyrands mit Alexander statt, die der französische Vertreter nicht nur verlor, sondern auch verlieren mußte.

---

[1] Archiv der Außenpolitik, Min. d. Äuß., Nr. 9055. Butjagin — Graf Nesselrode. Paris, le 7/19 octobre 1814, Nr. 107.

Die Kräfte waren zu ungleich, die jedem der beiden Antagonisten zur Verfügung standen. «Ich bin in Polen, wir wollen einmal sehen, wer mich von dort vertreibt.» Alexander wiederholte diesen Satz vor und nach dem 23. Oktober in Wien mehrere Male. Was konnte ihm Talleyrand entgegensetzen? Winkelzüge, die nur beweisen, daß er den Zaren viel weniger verstand, ihn viel oberflächlicher beurteilte als Napoleon, der, als er vor Beginn des Feldzuges von 1812 den Grafen Narbonne nach Wilna schickte, diesen warnte: «Vergessen Sie nicht, daß Sie mit einem im höchsten Grade verschlagenen Menschen sprechen werden.»

Talleyrand selbst hat diese entscheidende Unterredung in seinem Bericht nach Paris an König Ludwig XVIII. zwei Tage nachher folgendermaßen dargestellt.[1] Ich schicke voraus, daß Albert Sorel dieses Dokument ziemlich oberflächlich behandelt hat. Zuerst ist Sorels Angabe unrichtig, daß die Initiative zu dem Zusammentreffen von Alexander ausgegangen sei. Talleyrand berichtet über «verschiedene Gründe, die ihn veranlaßten, um eine Audienz zu bitten». Zweitens hat die Audienz nicht am 22., sondern am 23. Oktober, d. h. einen Tag vor der Audienz Metternichs beim Zaren, stattgefunden.

Alexander begann nach einigen allgemeinen Höflichkeitsformeln so: «In Paris waren Sie der Ansicht, daß ein polnischer Staat unbedingt nötig ist; wie kommt es, daß Sie Ihre Meinung geändert haben?» — «Meine Meinung, Majestät, ist dieselbe geblieben. In Paris war die Rede von der Wiederherstellung ganz Polens. Ich wollte damals, wie ich es auch noch heute will, seine Unabhängigkeit. Jetzt wird aber von etwas ganz anderem geredet. Die Frage ist abhängig von der Festsetzung der Grenzen, die Österreichs und Preußens Sicherheit bedeuten.» — «Die sollen sich nicht beunruhigen. Ich habe außerdem im Herzogtum Warschau 200 000 Mann, man mag mich also von dort vertreiben. Ich habe Preußen dafür Sachsen gegeben, Österreich ist damit einverstanden.» — «Ich weiß nicht», antwortete Talleyrand, «ob Österreich damit einverstanden ist. Mir wird es schwer, das zu

1 Correspondance inédite du prince de Talleyrand et du roi Louis XVIII pendant la Congrès de Vienne ... (ed. M. G. Pallain), Paris 1881, S. 76—78, Nr. 8.

glauben, so wenig ist es in seinem Interesse. Aber kann selbst das Einverständnis Österreichs Preußen zum Herrn über das machen, was dem König von Sachsen gehört?» — «Wenn der König von Sachsen nicht auf den Thron verzichtet, wird man ihn nach Rußland transportieren. Dort wird er sterben. Schon ein anderer König ist dort gestorben.» — «Majestät, erlauben Sie mir, Ihnen nicht zu glauben. Der Kongreß hat sich nicht versammelt, um ein solches Attentat zu sehen.» — «Was? Ein Attentat? Ist König Stanislaus nicht nach Rußland gefahren? Warum soll sich der sächsische König nicht dahin begeben? Die Lage des einen ist wie die des anderen. Für mich ist da kein Unterschied.» Talleyrand führt diese Worte an und schreibt dazu an Ludwig XVIII: «Ich hatte zu viel, womit ich antworten konnte. Ich gestehe Euer Majestät, daß ich nicht wußte, wie ich meine Empörung verbergen sollte. Der Kaiser sprach schnell. Einer seiner Sätze war so: Ich dachte, daß Frankreich mir einigermaßen verpflichtet sei. Sie sprechen mir von Prinzipien; Ihr Völkerrecht ist für mich nichts, ich weiß nicht, was das ist . . . Glauben Sie etwa, daß diese Pergamente und alle Ihre Traktate für mich viel bedeuten?» Aus diesem Bekenntnis geht hervor, daß der prinzipienlose Zar sich nicht zu dem hochedlen Talleyrand erheben kann, der auf ihn mit dem traurigen Vorwurf des Gerechten herabblickt. Wir wissen aber, mit welchem verächtlichen Hohn die Diplomaten des Kongresses über alle diese Anfälle von Edelmut und moralischer Entrüstung dieses ausgekochten Gauners und Betrügers, Diebes und Bestechlichen sprachen, der zuerst von Napoleon gekauft war, dann Napoleon verkaufte. Es ist ganz klar, daß Alexander mit beißender Ironie, Auge in Auge mit dem käuflichen Verräter, der von ihm persönlich von 1808—1814 Bestechungsgelder erhalten hatte, unterstrich: von «*Ihren* Verträgen, *Ihrem* Völkerrecht, *Ihren* Pergamenten». — Talleyrand bemüht sich, alle diese moralischen Ohrfeigen, diese giftigen Hinweise an seine persönliche Adresse jeder Wahrscheinlichkeit zum Hohn und in völligem Widerspruch zu der vorsichtigen Art Alexanders so darzustellen, als gestehe dieser in zynischer Weise seine eigene politische Skrupellosigkeit ein, als verachte er *jedes* Völkerrecht, *jedes* Abkommen.

Als er sah, daß er in der polnischen Frage absolut nichts von Alexander erreichen konnte, lenkte Talleyrand das Gespräch auf das, was ihn bedeutend mehr interessierte, auf das «sächsische Problem». Auch hier ging es nicht glatt. «Für mich gibt es Wichtigeres als das — das ist mein Wort. Ich habe Sachsen dem König von Preußen versprochen in dem Augenblick, als wir uns vereinigt haben», erklärte der Zar. «Euer Majestät haben dem König von Preußen neun bis zehn Millionen Seelen versprochen. Sie können sie ihm geben, ohne Sachsen zu vernichten.» Talleyrand hatte seinen Plan im Auge, Preußen auf Kosten der kleinen deutschen Fürstentümer zu entschädigen. «Der König von Sachsen hat Verrat geübt», sagte Alexander. Talleyrand widersprach. Nach einer Pause des Schweigens beendete Alexander die Audienz mit den Worten: «Der König von Preußen wird König von Preußen und Sachsen sein, wie ich Kaiser von Rußland und König von Polen sein werde. Die Nachgiebigkeit, die Frankreich mir in diesen beiden Fragen beweist, muß dem Entgegenkommen angemessen sein, das ich Frankreich in dem beweisen werde, was Frankreich interessiert.»

Metternich, der schon am nächsten Tage, dem 24. Oktober, den Angriff auf Alexander erneuerte, erreichte ebensowenig etwas wie Talleyrand. Schlimmer noch: Zwischen dem österreichischen Minister und dem russischen Kaiser kam es zu einem so stürmischen, gereizten Auftritt, zu so scharfen Ausdrücken, daß sich beide bis zum Ende des Kongresses bemühten, einander möglichst wenig zu treffen. Metternich begann halb offen zu drohen, Alexander gab ganz offen zu verstehen, daß er diese Drohungen nicht fürchte. Jedenfalls aber enthielt sich Metternich solcher erbärmlichen Komödiantenstückchen, zu denen sich Talleyrand am 3. Oktober erniedrigte, weil er darauf rechnete, den Zaren durch pathetische Posen und Appellieren an seinen Edelmut zu Hochherzigkeit und Selbstlosigkeit zu überlisten.

«Talleyrand soll nach seiner berühmten Unterredung mit Alexander gesagt haben, die Aufregung des Kaisers habe ihn glauben lassen, er befände sich einem zweiten Napoleon gegenüber. Der schwedische Minister hat eine ähnliche Bemerkung gemacht.»[1] So berichten in ihren geheimen Meldungen die österreichischen

1 Hager. Vienne, le 26 novembre 1814, Nr. 925. Les dessous du Congrès de Vienne, Bd. I, S. 212.

Agenten, die den in Wien versammelten Diplomaten und Herrschern nachspionierten.

Über die wirkliche Einstellung Ludwigs XVIII. zu Talleyrand während des Wiener Kongresses berichtet der österreichische Agent Bombell am 22. November aus Paris an Metternich: «Der König hat noch eine etwas übertriebene Meinung von den Talenten des Fürsten Talleyrand. Trotzdem habe ich sehr guten Grund zu glauben, daß der König weit davon entfernt ist, diesem Minister unbegrenztes Vertrauen zu schenken. Bei Hofe fürchtet man ihn mehr, als man ihn liebt, doch die Partei, die dieses Chamäleon sich in der Gesellschaft zu schaffen verstand, besitzt Einfluß.» Hierbei erzählt Bombell von einer geheimen Unterredung, die er mit dem Grafen von Artois gehabt hatte, der sich mit aller Bestimmtheit für ein gegen Preußen und Rußland gerichtetes Bündnis zwischen Österreich, Frankreich und England aussprach.[1]

Alle diese Verbindungen wurden geheim betrieben. Um sie wußten auf österreichischer Seite Bombell und Metternich, nichts davon wußte der offizielle Chef der österreichischen Botschaft in Paris Baron Vincent. Auf französischer Seite hatte von diesen Besprechungen des Königs, des Grafen Artois und des Ministers Blacas niemand Kenntnis, auch Talleyrand nicht.

Talleyrand verstand es aber immer so einzurichten, daß er besonders ausführlich gerade das erfuhr, was er nicht erfahren sollte. Metternich, der durch die Hartnäckigkeit Alexanders und durch die Österreich bedrohende Machterweiterung Rußlands und Preußens sehr beunruhigt war, hatte keine besondere Veranlassung, Talleyrand zu verheimlichen, daß man in Paris seinen Nachrichten zufolge kein Bündnis mit Alexander gegen Österreich wolle. Metternich war es vielmehr erwünscht, irgendwelchen Intrigen Talleyrands zugunsten Rußlands, die er immer für möglich hielt, zuvorzukommen. Am wichtigsten war aber, daß in den Wochen vor dem Wiener Kongreß, als Bombell mit dem König, dem Grafen Artois und dem Minister Blacas hinter Talleyrands Rücken Verhandlungen führte, Talleyrand schon selbst hinter dem Rücken des Königs, des Grafen Artois und des

1 Ch. Dupuis, a. a. O., S. 204.

Ministers Blacas Verhandlungen angeknüpft hatte, aber nicht mit Österreich, sondern mit England. Durch den englischen Bevollmächtigten in Paris Charles Stuart wußte Talleyrand seit August 1814, daß sich Castlereagh früher oder später unbedingt mit Frankreich über zwei wichtige Punkte einigen würde: erstens über Polen, das die Engländer keinesfalls Rußland überlassen wollten, und zweitens über die Frage der endgültigen Vertreibung des Königs Murat aus Neapel und die Rückgabe des Königreichs beider Sizilien an Ferdinand IV. von Bourbon. England sah die Rückkehr der neapolitanischen Bourbonen als besonders günstig an für die englischen Interessen im Mittelmeer.

Ist es sehr zu verwundern, daß die Besprechungen des Grafen von Artois mit Bombell, daß das Abkommen Frankreichs, Englands und Österreichs trotz aller Geheimhaltung zur Kenntnis der Agenten Talleyrands gelangten? Wer den Grafen von Artois kannte, wußte, daß seine Schwatzhaftigkeit ebenso groß war wie sein Leichtsinn.

Diese Maßnahmen des französischen Hofes störten, als sie Talleyrand bekannt geworden waren, durchaus nicht seine neue Operationslinie, da er schon selbst die Annäherung an Österreich und England gegen Preußen und Rußland betrieb. Aber die neuen Nachrichten festigten seine Energie und, was die Hauptsache war, sie beschleunigten das Ganze, weil es sich neben den allgemeinen Erwägungen über die Vorteile für Frankreich für ihn persönlich darum handelte, seinen Feinden — dem Grafen von Artois und dem Minister Blacas, dem Günstling des Königs — zuvorzukommen und aus eigener Kraft so schnell wie möglich einen deutlichen diplomatischen Erfolg zu erzielen.

V

Alle «Frontalangriffe» waren somit von Alexander abgeschlagen. Es bestand Klarheit darüber, daß der Zar Polen niemals herausgeben würde und daß es ihm auch gelungen war, die zuverlässige Unterstützung des einflußreichsten Teiles der führenden polnischen Adelskreise zu erhalten. Fürst Adam Czartoryski besuchte Talleyrand und erklärte ihm dabei, daß er mit Alexander Hand in Hand gehe, der versprochen habe, aus dem Herzogtum Warschau ein «Zarentum Polen» zu bilden; der «polnische Zar» werde in Polen konstitutioneller König sein und gleichzeitig autokratischer Kaiser in Rußland. Talleyrand entgegnete, wenn dem so sei, werde Frankreich seine Opposition gegen die polnischen Pläne Alexanders fallen lassen. Nach dem Mißerfolg, den er am 3. und dann am 23. Oktober erlitten hatte, konzentrierte Talleyrand alle seine Bestrebungen ausschließlich auf die sächsische Frage, die Frankreich von Anfang an viel mehr als die polnische interessiert hatte. Und hierin gelang es ihm, sehr viel zu erreichen. Freilich war der Kampf um Sachsen auch viel leichter. Erstens war der mächtigste Mann auf dem Wiener Kongreß, Alexander, nicht unmittelbar daran interessiert, daß Sachsen an Preußen fiel, der preußische König war aber nicht stark genug, um sich diese ihm vom Zaren versprochene Kompensation zu sichern. Zweitens war Metternich, nachdem er das polnische Spiel verloren hatte, fest entschlossen, niemals zuzugeben, daß Sachsen in preußischen Besitz überging: eine solche gleichzeitige Verstärkung — Rußlands durch Polen und Preußens durch Sachsen — und geographische Annäherung der beiden Nachbarn an Österreich erschien für die Zukunft als offene Bedrohung der Habsburger Monarchie. Deshalb hielt Metternich eine Annäherung an Frankreich für ganz natürlich. Talleyrand brachte Metternich durch eine Reihe geschickter Manöver dahin, diesen Zusammenschluß aller Feinde Rußlands auszubauen und durch Einbeziehung des immer zu solchen Kombinationen bereiten Englands eine Art geheimen Abkommens zwischen den drei Großmächten zu treffen zum Zwecke gemeinsamen Kampfes auf dem Kongreß gegen die Ansprüche Preußens und Rußlands. Die Sache ging gut aus, wenn auch nicht so schnell, wie es Talleyrand erwünscht gewesen wäre. Ende November konnte er schon erfreut Ludwig XVIII. mitteilen: «Kaiser Alexander ist bis jetzt noch nicht schwankend geworden. Lord Castlereagh, persönlich gekränkt, obgleich er vor kurzem eine versöhnlich gehaltene Note bekommen hat, sagt (nicht zu uns), wenn der Kaiser nicht an der Weichsel haltmachen will, muß man ihn durch Krieg dazu zwingen; England könne wegen seines Krieges in Amerika wenig Truppen aufstellen, werde aber Subsidien zahlen, und seine Abteilungen in Hannover und Holland ließen sich am Unterrhein einsetzen.» Auch Österreich ist kriegerisch gestimmt: «Fürst Schwarzenberg ist für den Krieg, er sagt, es sei aussichtsreicher, ihn jetzt zu führen als einige Jahre später.» Die Lage ist gespannt. «Österreich, Bayern und die anderen deutschen Staaten könnten 320 000 Mann aufstellen. 200 000 unter Führung des Fürsten von Schwarzenberg würden durch Galizien und Mähren an die Weichsel marschieren, 120 000 unter dem Kommando General Wredes von Böhmen aus gegen Sachsen und von dort bis zur Oder und Elbe» ... Der Krieg soll Ende März beginnen: «Dieser Plan erfordert die Mitwirkung von 100 000 Franzosen.»[1] Alles geht ausgezeichnet, unangenehm ist nur, daß weder Castlereagh noch Metternich darüber mit den Franzosen sprechen; aber gerade das wünscht Talleyrand vor allem: eine derartige gegen Rußland und Preußen gerichtete Verhandlung Englands und Österreichs mit dem besiegten Frankreich würde mit einem Schlage «die Koalition der Sieger» zerstören.

Der ganze Dezember 1814, besonders seine zweite Hälfte, verging in einem völlig unfruchtbaren Schriftwechsel zwischen den preußischen Bevollmächtigten und Metternich und in ebenso fruchtlosen Unterredungen Alexanders mit Metternich und Franz I. Die sächsische Frage kam nicht über den toten Punkt hinaus. Die anscheinend schon entschiedene Zustimmung der Mächte zur Einverleibung Polens in die Besitzungen Alexanders schien von neuem fraglich: Lord Castlereagh fing an, viel entschiedener zu protestieren als im Oktober und noch im November. Es schien, als ob man durch keinerlei diplomatische Mittel weder Preußen zum Verzicht auf ganz Sachsen noch Alexander zum Verzicht auf Polen bewegen könnte.[2] Die Bemühun-

1 Correspondance inédite du prince de Talleyrand et du roi Louis XVIII. Vienne, le 25 novembre 1814. Nr. XXII, S. 148—149.
2 Die vollständige wissenschaftliche Ausgabe der Dokumente des Wiener Kongresses überhaupt und der Papiere für November und Dezember 1814 im besonderen siehe in der vierbändigen Ausgabe von Angeberg, Le Congrès de Vienne et les traités de 1815. Précédé et suivi des actes diplomatiques qui s'y rattachent. Avec une introduction historique. Par ... Capefigue. Die uns interes-

gen Talleyrands, die er freilich nicht Polen und Sachsen zuliebe unternahm, sondern weil sie ihm aus persönlichem Anlaß besonders wichtig waren, wurden von Erfolg gekrönt.

Am 25. Dezember kam Lord Castlereagh zu Talleyrand; nach einigen einleitenden Worten schlug Talleyrand vor, «eine kleine Konvention» zu schließen, deren Teilnehmer er selbst, Castlereagh und Metternich sein sollten. «Eine Konvention? Das heißt, Sie schlagen mir ein Bündnis vor?» fragte Castlereagh. «Diese Konvention kann auch ohne Bündnis sehr gut zustande kommen», sagte Talleyrand, «aber wenn Sie wollen, kann es auch ein Bündnis werden. Was mich betrifft, so habe ich nicht das geringste dagegen.» «Aber ein Bündnis nimmt den Krieg zur Voraussetzung, wir müssen jedoch alles tun, ihn zu vermeiden.» Hierauf entgegnete Talleyrand: «Ich denke ebenso, man muß alles tun, nur darf man nicht die Ehre, die Gerechtigkeit und die Zukunft Europas opfern.» Weiter suchte Talleyrand Castlereagh zu überzeugen, daß ein Krieg, der die Unabhängigkeit Polens wiederherstellte, in England populär wäre. Man einigte sich dahin, eine aus den drei Mächten bestehende Kommission zu bilden zur Prüfung der Frage einer Konvention. Lord Castlereagh machte aber noch Schwierigkeiten und ließ Talleyrand durch seinen Bruder Lord Stuart wissen, daß bei einem solchen Abkommen die Unterschrift Talleyrands nicht nötig sei. Talleyrand schreibt dem König, er sei vor Wut über diesen Vorschlag außer sich geraten und habe erklärt, er werde aus Wien abreisen, wenn sich England und Österreich weiter als Verbündete gegen Frankreich betrachteten wie zur Zeit Napoleons. Er wäre natürlich niemals und um keinen Preis von Wien abgereist, und in Zorn zu geraten lag ihm überhaupt nicht. Er begann abzuwarten, da er wußte, daß seine Kontrahenten nachgeben würden. Er brauchte nicht lange zu warten. Schon am 28. Dezember konnte er dem König berichten, daß die Kommission in Tätigkeit getreten war, unter Teilnahme von Dalberg als Talleyrands Delegiertem. Am 3. Januar 1815 wurde der geheime Vertrag zwischen Frankreich, England und Österreich unterschrieben.

sierenden Wochen, die dem Abschluß des geheimen Vertrages vom 3. Januar 1815 vorausgingen, siehe Band II, Paris 1864.

Ein unerwartetes, für Talleyrand glückliches Ereignis beschleunigte die Lösung des Knotens und machte der Unentschlossenheit Castlereaghs ein Ende. Lord Castlereagh bekam gerade am Neujahrstage, dem 1. Januar 1815, in Wien die Nachricht, daß am 24. Dezember in Gent der Friedensvertrag zwischen England und Amerika unterzeichnet worden war. Dieser Friedensvertrag, der den sehr schweren, verheerenden, mühseligen Krieg zwischen England und Amerika beendete, welcher seit 1812 angedauert hatte, gab dem englischen Minister Handlungsfreiheit. Schon vorher, beim Friedensschluß am 30. Mai 1814 in Paris, war Talleyrand gegenüber den Engländern sehr nachgiebig gewesen. Er brauchte die Unterstützung Englands in Europa zu notwendig, als daß er mit ihm einen in diesem Moment ganz hoffnungslosen Streit um die Kolonien hätte anfangen dürfen.

Alle Erwerbungen, die Großbritannien 1814 zugestanden wurden, lagen außerhalb Europas. Diese Erwerbungen waren beträchtlich. Eine Reihe englischer Generalgouverneure führten seit mehr als einem Vierteljahrhundert vor 1814 fast ununterbrochen einen von ihnen provozierten Krieg nach dem andern auf der ausgedehnten Halbinsel von Hindustan. Lord Cornwales von 1786—1793, Sir John Shore, sein Nachfolger, von 1793—1798, Lord Wellesley, der ältere Bruder des Herzogs von Wellington, von 1799—1807, Lord Minto von 1807—1814 eroberten ungeheure Gebiete im Norden, in der Mitte und im Süden Indiens. Ganze reiche Fürstentümer: Bengalen, Madras, Mysore, Karnatik, eine ansehnliche Reihe von Gebieten, die von Maratten bewohnt waren, Stadt und Gebiet Delhi usw., das alles fiel in die Hände der Engländer. Damit wurde nicht nur der Grund gelegt zur Unterwerfung des gesamten übrigen Indiens, sondern auch alle notwendigen Ausgangspunkte und Waffenplätze zur vollständigen Durchführung dieses Planes wurden besetzt. Die französischen Besitzungen Pondicherry, Chandarnagar, Karkal, Magé, Janaon wurden zu verwaisten und kraftlosen Städten und Bezirken herabgedrückt. Seitdem wagten die Franzosen nicht mehr an irgendeinen politischen oder wirtschaftlichen Wettbewerb mit England in Indien zu denken. Ihr ein

Jahrhundert alter Kampf gegen England um Indien war zu Ende. Alle diese Erwerbungen verblieben England. Unter diesen Bedingungen konnte es für Talleyrand kein sehr großer Trost sein, daß Castlereagh großmütig zustimmte, die von Lord Minto 1810 besetzte Insel Bourbon zurückzugeben, während die zweite, viel reichere Insel dieser Gruppe, Isle de France (St. Mauritius), in englischen Händen blieb. An den Küsten Nordamerikas gaben die Engländer den Franzosen die während der Revolution und unter Napoleon besetzten Inseln St.-Pierre und Miquelon, aus der Antillengruppe Martinique und Gouadeloupe und drei kleine Inseln bei Gouadeloupe zurück, in Südamerika Guayana. Die Engländer zogen sich ferner zurück von der Insel Sto Domingo, die aber die französische Souveränität erst viel später anerkannte.

Eines der wichtigsten Ergebnisse der Beteiligung Englands an den Kriegen gegen Napoleon war nicht nur der Wegfall der Kontinentalsperre, sondern auch die Zustimmung der Regierung der Bourbonen zu einem Zolltarif, der Frankreich mit einem Schlage zu einem außerordentlich vorteilhaften und aufnahmefähigen Absatzmarkt für englische Waren machte. Von jetzt an konnten die Engländer erst die reichen Früchte des industriellen Umschwungs der zweiten Hälfte des 18. Jahrhunderts einheimsen.

Das alles muß der Leser bedenken, wenn er verstehen will, warum die von Talleyrand ausgedachte Kombination so reibungslos glückte, zu deren Gelingen die Beteiligung Englands nötig war.

Kaum hatte Castlereagh am 1. Januar 1815 die Nachricht der Unterzeichnung des Friedens mit Amerika erhalten, als er sofort und offiziell dem Vertrage beitrat, und schon zwei Tage später war der geheime Vertrag vom 3. Januar 1815 unterschrieben.

Talleyrands Triumph war vollkommen. An König Ludwig XVIII. schreibt er darüber folgendes: «Die Koalition und der Geist der Koalition haben den Pariser Frieden überlebt. Meine Berichte haben Euer Majestät bis zum heutigen Tage zahlreiche Beweise hierfür geliefert. Wenn die Pläne, die ich bei meiner Ankunft hier vorfand, verwirklicht worden wären, wäre Frankreich für ein halbes Jahrhundert in Europa isoliert gewesen und hätte mit niemandem gute Beziehungen gehabt. Alle meine Anstrengungen waren darauf gerichtet, ein solches Unglück zu verhüten, aber auch meine stärksten Hoffnungen gingen nicht so weit, mir mit dem Gedanken an einen vollen Erfolg zu schmeicheln. Jetzt, Sire, ist die Koalition vernichtet, und vernichtet auf immer. Frankreich ist in Europa nicht nur nicht isoliert, sondern Eure Majestät sind Teilnehmer eines Systems von Bündnissen, das auch fünfzig Jahre Verhandlungen nicht hätten zustande bringen können.» Frankreich handelt im Einvernehmen mit zwei Großmächten, drei zweitrangigen Staaten, «und bald werden Staaten, die nicht revolutionären Prinzipien folgen, zu Frankreich stoßen.»[1] So jubelt der konservative, ehrbare Talleyrand, der so erfolgreich und rasch nach dem Sturze Ludwigs XVI. auf Anordnung Dantons am 10. August 1792 die wahrhaft revolutionäre Note verfaßt hatte, die den Engländern erklärte, warum das französische Volk bei der Durchführung seiner ruhmvollen Revolution im Recht war. Aber jetzt fügte Talleyrand das alles (gegen «die revolutionären Prinzipien») mehr der schönen Worte wegen einem Brief an den leiblichen Bruder Ludwigs XVI. bei: 1815 war an Staaten, die «revolutionären Prinzipien» folgten, überhaupt nicht zu denken. Die ungeheure Bedeutung des Aktes vom 3. Januar, der tatsächlich der antifranzösischen Koalition den schwersten Schlag versetzte, erkannte Talleyrand scharf und schätzte sie objektiv richtig ein.

Wenn dieser geheime Vertrag Alexander bekannt geworden wäre, hätte er die Beziehungen zwischen den Großmächten in diesem Augenblick in höchstem Grade verschlechtern können. Er heißt «Geheimer Vertrag über ein Verteidigungsbündnis, geschlossen in Wien zwischen Österreich, Großbritannien und Frankreich gegen Rußland und Preußen, den 3. Januar 1815.»[2]

1 Correspondance inédite etc., Vienne, le 4 janvier 1815, S. 209, Nr. 36.
2 Traité secret d'alliance défensive, conclu à Vienne entre l'Autriche, la Grande Bretagne et la France contre la Russie et la Prusse, le 3 janvier 1815. — Der volle Text nimmt in der oben ge-

In dem erläuternden Teil heißt es, daß die genannten drei Mächte zum Schutze ihrer Sicherheit und Unabhängigkeit (état de sécurité et d'indépendance) gezwungen sind, «infolge vor kurzem aufgetretener Ansprüche» dafür Sorge zu tragen, sich «die Mittel gegen jeden Angriff» zu sichern, der sich gegen ihre Besitzungen richten könnte. Deshalb verpflichten sich die drei Mächte, im Falle eines Angriffs auf eine von ihnen sofort mit allen ihnen verfügbaren Mitteln zu Hilfe zu kommen. Genauer festgelegt wird (Artikel III), daß jede der drei Mächte die Verpflichtung übernimmt, eine Armee von 150 000 Mann zu stellen, wovon nach Artikel IV 120 000 Mann Infanterie und 30 000 Mann Kavallerie sein sollen, mit einer entsprechenden Anzahl Artillerieparks. Dabei ist folgender Vorbehalt gemacht: Wenn Großbritannien die festgesetzte Ziffer nicht voll erfüllt, so zahlt es für jeden fehlenden Soldaten 20 Pfund. Der Vertrag ist unterschrieben: Talleyrand, Metternich, Castlereagh.

VII

Zu Anfang des Kongresses war man in England, wo man Talleyrand nie ein Wort glaubte, auch wenn er die Wahrheit sagte, mit ihm sehr unzufrieden. Der Herzog von Wellington, der sich im Herbst 1814 in Paris aufhielt, war äußerst aufgebracht und machte kein Hehl daraus. Offen erklärte er Ende Oktober 1814, daß «Talleyrand alle getäuscht habe, als er von den friedlichen Absichten Frankreichs sprach», daß er sich unmittelbar nach seiner Ankunft in Wien eine Partei aus den früheren Rheinbundstaaten gebildet habe, um den Großmächten zu imponieren, indem er sich in die Angelegenheiten Deutschlands einmischte und den französischen Einfluß dort wiederherstellte. Wellington selbst brannte darauf, auf den Wiener Kongreß zu reisen, da er überzeugt war, daß Castlereagh allein mit Talleyrand nicht fertig werden würde[1] und daß dieser Aufgabe nur

nannten Dokumentensammlung von Angeberg, Le Congrès de Vienne et les traités de 1815, drei volle Seiten ein (589—591).

1 Archiv der Außenpolitik, Min d. Äuß., Nr. 9055. Butjagin — Graf Nesselrode (Brief Nr. 110), Paris, le 14/26 octobre 1814.

er, der Herzog von Wellington, gewachsen sei. Für Castlereagh hatte der Herzog recht, bezüglich seiner selbst irrte er sich. Der Vertrag vom 3. Januar 1815 wurde vom britischen Kabinett gebilligt. Er bezweckte die diplomatische Schwächung Rußlands, mehr bedurfte es für die Engländer nicht. Auch die mißtrauischsten Mitglieder des Londoner Kabinetts verdächtigten Talleyrand nicht mehr kriegerischer Absichten gegen England. Talleyrand hatte keinerlei Versuch einer Überprüfung des Vertrags vom 30. Mai 1814 gemacht.

Aber schon einen Monat vor Unterzeichnung des Vertrages vom 3. Januar 1815 waren sich die Engländer bewußt, daß man auf dem Kongreß nichts ohne Beteiligung und Wissen Talleyrands unternehmen konnte.

«Mir scheint, daß Herr Talleyrand hier Wunder tut. Als er hier ankam, beabsichtigte man, Frankreich von allem zu isolieren, und jetzt ist es überall. Kein Komitee, an dem es nicht beteiligt ist und wo man mit seiner Stimme nicht sehr rechnete»; diese Meinung von La Tour du Pin aus einem Brief an Marquis de Bonnay vom 8. Dezember 1814 wurde tatsächlich vom ganzen Kongreß geteilt.[1]

Das war der Weg dieses «listenreichen Odysseus», wie man den französischen Delegierten nannte, nachdem nur etwas mehr als drei Monate vergangen waren, seit er Ende September 1814 auf dem Kongreß ankam und man ihn noch nicht zu den gemeinsamen Beratungen der Vertreter der vier «Verbündeten» zulassen wollte, bis zum 3. Januar, als derselbe Talleyrand einen geheimen Militärvertrag mit zweien dieser «Verbündeten» unterschrieb, der sich gegen die beiden anderen richtete. Die antifranzösische Koalition war irreparabel zerstört und in Stücke geschlagen. Die Grenzen Frankreichs, auf die sich die Sieger in Paris nach dem Vertrag vom 30. Mai 1814 geeinigt hatten, blieben fest und unerschütterlich. Castlereagh und Metternicht waren ebenfalls zufrieden, wenn auch weniger als Talleyrand. Sie brauchten keine Isolierung aufzugeben, weil sie nie isoliert gewesen waren; sie brauchten sich nicht über die diplo-

1 Le Tour du Pin au Marquis de Bonnay, Vienne, le 8 décembre 1814. Les dessous du Congrès de Vienne, Bd. I, S. 657, Nr. 1010. Ein von österreichischen Agenten abgefangener Brief.

matische Konsolidierung ihrer Grenzen zu freuen, weil damals nichts die Grenzen Österreichs und Englands bedrohte. Aber der Vertrag vom 3. Januar hatte für die Unterzeichner eine viel größere allgemeine Bedeutung. Er sicherte die Verteidigung in dem Falle, daß Alexander unter Ausnutzung seines von jetzt an weit vorgeschobenen Vorpostens, «des Polnischen Reiches», von dort aus Österreich zu überfallen beabsichtigte und damit die Frage der Hegemonie über Europa wieder aufrollen würde, diesmal nicht unter der Ägide von Paris, sondern von Petersburg. Daß man hinsichtlich Polens nichts mehr machen könne und es in den Händen Alexanders lassen müsse, darüber waren sich alle drei Unterzeichner klar. Sich tatsächlich sofort in einen Krieg um Polen einzulassen, das wollten und konnten sie nicht. Alexander war einverstanden, Gnesen und Posen und das dazugehörige Gebiet mit 850 000 Einwohnern Preußen zu überlassen. Wieliczka und den Kreis Tarnopol — 400 000 Einwohner — Österreich, Krakau wurde zur freien Stadt erklärt, das ganze übrige «Polnische Reich» fiel Alexander zu.

Dafür erreichten die «Verschwörer vom 3. Januar» in der sächsischen Frage einen nicht geringen Erfolg. Noch am 29. Dezember hatte der König von Preußen mit voller Unterstützung Alexanders auf der Beratung der Vertreter Rußlands, Preußens, Österreichs und Englands die Einverleibung des ganzen Königreichs Sachsen in Preußen verlangt, d. h. er verlangte das, wovon er während des ganzen Kongresses nicht abging. In der endgültigen, entscheidenden Sitzung über diese Frage am 8. Februar 1815 wurde der König von Preußen unter dem Einfluß der immer heftiger werdenden Opposition Österreichs, Englands und Frankreichs, deren Verschärfung er sich in Unkenntnis des Geheimvertrages vom 3. Januar nicht erklären konnte, zum Nachgeben gezwungen. «Obgleich die Einverleibung ganz Sachsens das einzige Mittel ist, der preußischen Monarchie den Umfang und die Abrundung zu geben (cet ensemble et cet arrondissement), die ihr die Verträge garantieren, obgleich die Nachteile, die aus einer Teilung Sachsens resultieren und auf die in dem Memorandum vom 29. Dezember hingewiesen ist, sowohl für dieses Land wie für Preußen wie für den König von Sachsen selbst klar sind, hat sich Seine Majestät der König von Preußen entschlossen ... dieses Opfer zu bringen, dem man offenbar ein so großes Gewicht beimißt, und ist damit einverstanden, daß der König von Sachsen in einen Teil seiner Besitzungen wieder eingesetzt wird» — mit solcher Erbitterung mußte sich Friedrich Wilhelm III. in das Unvermeidliche schicken.[1] Dem König von Sachsen verblieben 1 314 337 Einwohner, Preußen erhielt 723 380. Das Territorium Sachsens (744 Quadratmeilen) wurde ungefähr halbiert. Der beste Teil Sachsens mit 28 Städten, mit den blühendsten und industriereichsten Plätzen, verblieb dem König von Sachsen. Einige spätere Änderungen brachten für diesen Plan der Teilung Sachsens nichts Wesentliches. Man braucht nicht zu erwähnen, da es allgemein bekannt ist, daß die Teilung der sächsischen «Seelen», ebenso wie die Lösung der polnischen Frage, Akte waren, die auch nicht im entferntesten an etwas Ähnliches wie an eine Volksbefragung und an die wirklichen Wünsche der Bevölkerung dachten.

Talleyrand hatte in der polnischen Frage verspielt, in der sächsischen zum großen Teil gewonnen, aber seine wichtigste Aufgabe voll und ganz gelöst: das neue bürgerliche Frankreich war nicht nur von den feudal-aristokratischen Großmächten und dem wirtschaftlich übermächtigen, mit ihnen verbündeten England nicht stückweise verschlungen worden, wovor Rußland am 30. Mai 1814 Frankreich gerettet hatte, es war sogar als gleichberechtigtes Mitglied in die Mitte der europäischen Großmächte aufgenommen, und die Kombination vom 3. Januar 1815 hatte die Frankreich bedrohende Koalition gesprengt. Sie richtete sich direkt gegen den Zaren.

Das waren die hauptsächlichsten diplomatischen Siege Talleyrands, gewonnen durch seinen Weitblick und seine Zähigkeit, dazu im Kampfe gegen solche ganz und gar nicht alltägliche Gegner wie Alexander und Metternich.

Es ergab sich weiter, daß schon in den ersten Monaten des Jahres 1815 und dann nach dem Tumult der Hundert Tage, durch die der Wiener Kongreß schleunigst abgebrochen wurde,

1 Cinquième protocole de la séance du 8 février 1815, des plénipotentiaires de cinq puissances. Annexe. Ebd. Bd. II, S. 707–708. Erklärung Hardenbergs.

von Talleyrands Standpunkt aus zwei Fragen erfolgreich gelöst wurden, an denen Frankreich interessiert war: die Neuordnung Deutschlands und das Problem Italien. Die Regelung erfolgte ohne aktive Beteiligung Talleyrands. Deutschland blieb zerstückelt, dasselbe Schicksal hatte die Apenninenhalbinsel. In beiden Fällen spielten die Interessen der Habsburger Monarchie die entscheidende Rolle, die von Metternich auf dem Kongreß vertreten wurden. Die objektiven Ergebnisse dieser Bemühungen der österreichischen Politik waren von Talleyrand aus gesehen günstige Bedingungen für die Sicherheit der Grenzen Frankreichs.

Talleyrand war es also gelungen, das selbständige Bestehen und den größten Teil des Territoriums für Sachsen zu retten, er stimmte aber ohne Widerspruch der Einverleibung der Rheinprovinz durch Preußen zu. Es ist später viel darüber gestritten worden, was vorteilhafter für Frankreich gewesen wäre: wenn Preußen ganz Sachsen oder wenn es die Rheinprovinz erhalten hätte. Im ersten Falle wäre es bedeutend mehr gestärkt worden als im zweiten; aber es wäre weiter weg von Frankreich gewesen als nach der Besetzung des Gebietes und der Städte am Rhein. Es sei darauf hingewiesen, daß Legenden die Wiener Verhandlungen mit einem solchen Nebel umgeben haben, daß es oft sehr schwer ist, die Umrisse der tatsächlichen Ereignisse zu erkennen. Sehr wenig wahrscheinlich sind die Worte, die Talleyrand angeblich Alexander als Antwort auf den Vorwurf des Kaisers gesagt haben soll, der König von Sachsen sei ein Verräter, der auf der Seite Napoleons gekämpft habe: «Er ist nur der Furcht vor Napoleon schuldig, aber müssen sich nicht die meisten auf dem Kongreß anwesenden Herrscher denselben Vorwurf machen? Majestät, wenn wir an die Vergangenheit denken, müssen wir alle rot werden.»

Wahrscheinlich sind diese mutigen Aussprüche nicht, schon weil sie Talleyrand selbst nicht erwähnt. Er liebte es sehr, mit seiner unparteiischen Gerechtigkeitsliebe auch vor Kaisern zu prahlen ...

Aber auf jede Weise war er bemüht, bei Metternich und Castlereagh die Befürchtungen zu nähren, daß statt des Kolosses an der Seine der Koloß an der Newa entstehen könnte. Das

209

Schreckgespenst der «russischen Gefahr» wurde von nun an ein Schlagwort der französischen äußeren Politik. Alexander konnte jetzt Talleyrand persönlich nichts mehr bieten, und sie gingen nach diesem in ihrem Leben entscheidenden Zusammentreffen kühl auseinander.

VIII

Bündnis und Freundschaft mit England und möglichst mit Österreich zur gemeinsamen Abwehr Preußens, Kampf gegen Rußland, falls dieses Preußen unterstützte — das war die Basis, auf die Talleyrand von nun an die äußere Politik und Sicherheit Frankreichs begründen wollte. Ihm war es nicht beschieden, in der Periode der Restauration lange die Geschäfte zu führen, als ihm aber 1830 die Julirevolution den in diesem Augenblick wichtigsten Posten des französischen Botschafters in London gab, tat er alles, was von ihm abhing, um sein Programm in die Wirklichkeit umzusetzen. Die folgenden Generationen der französischen jungen Bourgeoisie haben immer die von Talleyrand auf dem Wiener Kongreß geleistete Arbeit sehr positiv eingeschätzt.

Nicht umsonst spricht Balzac in seinem Roman «Le père Goriot» mit solcher Begeisterung von Talleyrand, ohne seinen Namen zu nennen: «Der Fürst, auf den jeder mit Steinen wirft und der die Menschheit genügend verachtet, um ihr soviel Schwüre, wie sie von ihm verlangt, ins Gesicht zu speien, hat die Teilung Frankreichs auf dem Wiener Kongreß verhindert. Man schuldet ihm eine Krone und bewirft ihn mit Dreck.»[1] Es ist ein leidenschaftlich verkündeter Gedanke, daß der «Meineidige» «der Menschheit» ins Gesicht spucken kann, wenn das Resultat seiner Verrätereien der Bourgeoisie realen Nutzen bringt, politisches Kapital schafft; diese zynische Anschauung vom Übergewicht des Intellektes über die Moral in der Politik ist besonders charakteristisch für die Zeit des Umbruchs, der die

1 Honoré de Balzac, Le père Goriot, Paris, Ed. Bibliothèque Larousse, S. 98.

Macht in die Hände der Bourgeoisie gab. Besonders charakteristisch ist auch die feierliche öffentliche Verkündigung dieses Prinzips und die unverhohlene Begeisterung für einen Menschen, in dem dieses Ideal völliger Amoralität in Vollendung verkörpert wurde, für den Fürsten Talleyrand-Périgord.

Diese eigenartige Offenherzigkeit des räuberischen Balzacschen Helden hatten aber nicht alle. Sogar die Politiker, die sich mit allen Kräften bemühten, ihm nachzueifern, kritisierten ihn aufs schärfste, wenn sie beobachteten, wie dieser Meister der Verschlagenheit und zynischste Komödiant kunstgerecht eine neue Rolle auf der Weltbühne spielte. Natürlich waren seine unmittelbaren Gegner am meisten über seine freche Harmlosigkeit empört, die Diplomaten der feudal-absolutistischen Mächte, vor allem Preußens, die zum Narren zu halten er als eine seiner wichtigsten Aufgaben betrachtete. Sie hatten in Wien gesehen, wie er ihnen ihre eigene Waffe aus der Hand nahm, ehe sie zur Besinnung gekommen waren, und wie er sie nun mit ihrer eigenen Waffe schlug, indem er im Namen des Prinzips der Legitimität und im Namen der Achtung der nach Frankreich zurückgekehrten gesetzmäßigen Dynastie forderte, daß nicht nur das französische Territorium unangetastet blieb, sondern daß auch Mitteleuropa vollkommen in den Zustand, den es vor der Revolution gehabt hatte, zurückkehrte, daß deshalb der «legitime» sächsische König alle die Besitzungen behielt, auf die Preußen Anspruch erhob.

Talleyrands Gegner empörte vor allem, daß er, der die legitime Monarchie so schnell verkauft hatte, der der Revolution und Napoleon gedient hatte, der den Herzog von Enghien nur wegen seiner «legitimen» Abstammung hatte erschießen lassen, der unter Napoleon durch seine sämtlichen diplomatischen Formulierungen und Vorstöße alles, was nur an Völkerrecht erinnerte, jede Vorstellung von «legitimen» oder anderen Rechten vernichtet und mit Füßen getreten hatte, daß dieser selbe Mann mit dem harmlosesten Gesicht, mit der klarsten Stirn erklärte, beispielsweise gegenüber dem russischen Delegierten auf dem Wiener Kongreß Karl Wassiljewitsch Nesselrode: «Sie sprechen mir von einer Abmachung — ich kann keine Abmachungen schließen. Ich bin glücklich, daß ich in meinem Handeln nicht so frei bin wie Sie. Sie lassen sich leiten von Ihren Interessen, Ihrem Willen. Ich bin verpflichtet, Prinzipien zu folgen, und Prinzipien passen nicht zu Abmachungen (les principes ne transigent pas).» Seine Gegner trauten einfach ihren Ohren nicht, als sie solche ehrbaren Worte hörten und derselbe Fürst Talleyrand Moralpredigten hielt, von dem zur gleichen Zeit die schon erwähnte Zeitung «Le Nain jaune» schrieb, daß er sein ganzes Leben lang die verkauft hätte, die ihn gekauft hatten. Weder Nesselrode noch der preußische Delegierte Humboldt noch Alexander wußten, daß sogar in den Tagen des Wiener Kongresses, als er ihnen strenge Lektionen über sittliche Führung gab, über Prinzipientreue und religiös-unerschütterlichen Dienst für Legitimismus und Rechtlichkeit, Talleyrand vom König von Sachsen 5 Millionen Francs in Gold erhielt, vom Herzog von Baden eine Million; sie ahnten auch allesamt nicht, daß sie dereinst in den Memoiren Chateaubriands lesen würden, daß Talleyrand, indem er im Namen der Legitimität in Wien glühend für das Anrecht der neapolitanischen Bourbonen auf den Thron beider Sizilien eintrat, von dem Prätendenten Ferdinand IV. die ihm versprochenen 6 Millionen Francs — nach anderen Angaben 3 700 000 — erhalten sollte und daß er zur bequemeren Übersendung des Geldes so liebenswürdig und entgegenkommend gewesen war, seinen persönlichen Sekretär Perré zu Ferdinand zu schicken.

Verweilen wir bei dieser interessanten Episode, um so mehr, als wir in unserm Archiv für äußere Politik einige interessante Feststellungen gefunden haben, die allen bisherigen Autoren über Talleyrand noch unbekannt sind.

England und Österreich unterstützten mit allen Mitteln den französischen Vorschlag auf Rückkehr der neapolitanischen Bourbonen (Ferdinands IV.) nach Neapel auf den Thron des Königreichs beider Sizilien. Ferdinand fürchtete sehr, der Thron würde dem derzeitigen Inhaber, Marschall und König Joachim Murat verbleiben, und versprach Talleyrand für seine eifrige Unterstützung Geld. Ludwig XVIII. verlangte in Briefen an Talleyrand nachdrücklich, er solle auf der Vertreibung Murats und der Wiedereinsetzung Ferdinands bestehen; Talleyrand führte das durch, und der Kongreß stimmte zu. Da forderte Talleyrand, indem er schlau den schon zustande gekommenen, aber noch nicht veröffentlichten Entscheid der Mächte vor Ferdinand geheimhielt, von dem König von Neapel 6 Millionen Francs für wohlwollende Unterstützung und Hilfe. So hinters Licht geführt, versprach König Ferdinand diese Summe. Immerhin gab er ihm aber weder die versprochenen 6 Millionen noch 3 700 000, sondern bedeutend weniger.

Ende Juni 1815 kam unerwartet Talleyrands Sekretär in Neapel an. Der russische Vertreter beim Königreich beider Sizilien, Mocenigo, berichtet hierüber an Graf Nesselrode und gibt zunächst das Gerücht weiter, der Sekretär Talleyrands sei in persönlichen Angelegenheiten wegen seines Fürstentums Benevent gekommen. Aber schon nach einigen Tagen meldet Mocenigo chiffriert, worum es sich handelt: der Sekretär ist gesandt, von König Ferdinand Geld für Talleyrand zu holen, denn der König habe sich im geheimen verpflichtet, ihm für seine Rückführung auf den Thron von Neapel Geld zu geben.[1] In einer späteren, ebenfalls chiffrierten Meldung teilt Mocenigo bereits genau den Betrag des Talleyrand gezahlten Geldes mit: 2 Millionen Francs.[2] Aber auch diese 2 Millionen hätten leicht nicht in die sie erwartende Tasche fließen können.

Als Talleyrand im Juli 1815, mit starker Verspätung wegen der Hundert Tage, seinen persönlichen Sekretär Perré nach Nea-

---

1 Archiv der Außenpolitik, Min. d. Äuß., Nr. 8304. Naples. Réception. Le comte Mocenigo. 1815. Chiffriert. Übersetzung ins Französische unter Chiffre. Naples, le 27 juillet (8 août) 1815. Mocenigo — Graf Nesselrode, Nr. 119.

2 ebd., chiffriert, Nr. 122. Naples, le 31 août (12 septembre) 1815. Mocenigo — Graf Nesselrode.

Die unrichtige Zahl, die Barras und Chateaubriand (in seinen Erinnerungen) geben, 3 700 000 Francs, wurde von Lacour-Gayet (Talleyrand, Bd. III, S. 439) und von anderen Biographen übernommen. Das russische chiffrierte Dokument war keinem von ihnen bekannt. An dieser Dokumentierung ist natürlich nicht die Zahl wichtig, sondern die präzise Feststellung der tatsächlichen dauernden Abhängigkeit der neapolitanischen Bourbonen von Frankreich auch nach dem Wiener Kongreß, trotz Metternichs Bemühungen zugunsten einer österreichischen Orientierung.

pel beorderte, hatte er allen Grund zur Unruhe. Schon jetzt, im Juni und Juli 1815, wußte Ferdinand IV. trotz aller Kniffe und Verheimlichungen Talleyrands genau, daß seine Thronbesteigung nicht von Talleyrand abhing. Der König konnte also ohne Gefahr für sich Perré fortjagen, der mit so großer Verspätung zur Empfangnahme des Geldes eingetroffen war. Trotzdem gab Ferdinand ein Drittel des Versprochenen. Als Perré aus Neapel zu Talleyrand zurückkam, brachte er einen ordnungsmäßig ausgestellten Scheck auf das Bankhaus Baring mit. Der erlauchte Fürst von Benevent war außer sich über das unerwartete Glück, das seine Seele zum Überlaufen füllte, warf sich Perré an den Hals und umarmte und küßte ihn. Einen solchen stürmischen Gefühlsausbruch hatte man, wenigstens nach den vorliegenden Nachrichten, seit 1797 nicht an ihm erlebt, als er, vor Freude über die Nachricht seiner Ernennung zum Minister des Äußeren ebenfalls aus dem Gleichgewicht gebracht, sich selbst vergessend ausgerufen hatte, daß man sich in dieser Stellung ein großes Vermögen schaffen könne. Nur solche Anlässe waren offenbar imstande, diesen zurückhaltenden, hochmütigen, kalten Menschen aus dem seelischen Gleichgewicht zu werfen.

Auf dem Wiener Kongreß hielt er es mit den Bestechungsgeldern genau so wie in den ersten Jahren unter Napoleon. Nach Möglichkeit tat er dafür nichts, was den Interessen Frankreichs oder, anders ausgedrückt, den diplomatischen Zielen, denen er nachstrebte, widersprach. Aber nebenbei bezog er Geld von denen, die persönlich daran interessiert waren, daß er diese Ziele so schnell und so vollständig wie möglich erreichte. Frankreich war zum Beispiel direkt daran interessiert, daß Preußen nicht Sachsen erhielt, und Talleyrand setzte sich für Sachsen ein. Da aber der König von Sachsen noch mehr als Frankreich daran interessiert war, gab er Talleyrand zum Ansporn möglichster Aktivität fünf Millionen. Natürlich nahm sie Talleyrand. Und er nahm sie mit der ihm eigenen Zurückhaltung und Erhabenheit, mit der er 1807 von demselben König von Sachsen für sein Eintreten bei Napoleon Geld genommen hatte.

Der Kongreß näherte sich seinem Ende. Die versammelten Fürsten und Diplomaten verbrachten fröhlich die gesellschaftliche Wintersaison in Wien und beschwerten sich nicht besonders mit Arbeitssorgen. «Le congrès danse, mais ne marche pas» — ironisierte der alte Beobachter Fürst Ligne.

Ende Januar 1815 waren alle akuten, gefährlichen Fragen mehr oder minder gelöst. Sein Sieg in der sächsischen Frage kompensierte in den Augen Talleyrands seine Niederlage in der polnischen. Der Anschluß an Österreich und England war ein Ersatz für die Abkühlung gegenüber Rußland.

Um das berühmte Prinzip der Legitimität besonders zu unterstreichen, beschloß der französische Minister plötzlich, den Jahrestag der Hinrichtung Ludwigs XVI., den 21. Januar, durch eine besondere Trauerfeier zu begehen.

Talleyrand, der im Anfang der Revolution Ludwig XVI. so erfolgreich verkauft hatte, erregte, natürlich hinter seinem Rükken, nicht wenig ironisches Gelächter mit dem Gedanken, diesen Jahrestag durch einen feierlichen Trauergottesdienst zu begehen, zu dem er alle Kongreßteilnehmer eingeladen hatte. Er hielt hierbei eine sehr gefühlvolle Rede. «Wer nicht wußte, wer Talleyrand eigentlich ist», bemerkt ein Augenzeuge, «hätte sagen können: Das ist wahrscheinlich einer der alten Freunde des Königs, einer von denen, die der Königsfamilie ins Ausland gefolgt sind, jedenfalls ein Mann, der sich nichts vorzuwerfen hat. Da aber die Zeugen dieser Deklamation alle die frühere Haltung Talleyrands kannten, fanden sie, daß er glatt (platement) Komödie spielt» ... «Dieser Lump Talleyrand muß in Wien übel aussehen», sagte Napoleons Bruder Lucien Bonaparte.[1]

Die gefühlvolle Rede war übrigens nicht billig für die französische Staatskasse. Talleyrand genierte sich nicht, für die Zeremonie vom 21. Januar 1815, die nur in einer kirchlichen Trauerfeier bestanden hatte, eine Rechnung über 80 000 Francs in Gold einzureichen, nicht mehr und nicht weniger (die Kaufkraft eines Goldfrancs im Jahre 1815 entspricht der Kaufkraft von ungefähr 10 Francs der Valuta von 1934).[2] So hoch bewertete Talleyrand den Ausbruch der monarchistischen Betrübnis, die das Trauerdatum des 21. Januar bei ihm ausgelöst hatte.

1 Mélanges, S. 140.
2 ebd., S. 160.

IX

Da schlug es unvermittelt wie aus heiterem Himmel ein. Napoleon war plötzlich von der Insel Elba abgesegelt, bei Kap Jouan gelandet, hatte genau drei Wochen nach seiner Landung das Imperium wiederhergestellt und war am 20. März 1815 im Triumph in Paris eingezogen, ohne einen einzigen Schuß abzugeben und ohne den geringsten Widerstand während dieser ganzen Expedition.

Die Rückkehr Napoleons von der Insel Elba, die panische Flucht der Bourbonen und die Wiederaufrichtung des Imperiums überraschten Talleyrand völlig. Im Mai 1933 erschien in Paris ein reichlich phantastisches Buch von Ferdinand Bac «Le secret de Talleyrand». Dieses nur von Bac entdeckte Geheimnis besteht darin, daß Talleyrand selbst die Flucht aus Elba arrangiert habe. Ich erwähne dieses dilettantische Phantasieerzeugnis nur als Kuriosum zum Beweise, daß auch die ferne Nachwelt weiterhin Talleyrand nicht nur einen an Hinterlist und Verschlagenheit ungeheuerlichen Plan zutraut, sondern ihn auch für genügend gewandt und stark hält, um jedes beliebige Projekt durchzuführen. Selbstverständlich findet sich in dem Buche auch nicht der Schatten eines wissenschaftlichen Beweises. Für Talleyrand war die Flucht Napoleons ein schwerer Schlag.

Nach der Wiederherstellung des Imperiums im März 1815 ließ Napoleon Talleyrand wissen, daß er ihn wieder in seinen Dienst nehmen wolle. Aber Talleyrand blieb in Wien. Er traute weder der gnädigen Stimmung des Kaisers (der sofort nach seiner neuen Thronbesteigung die Sequestrierung des gesamten Eigentums des Fürsten befohlen hatte) noch der Dauer der neuen Napoleonischen Herrschaft. Der Wiener Kongreß wurde geschlossen.

Die Rückkehr Napoleons verwandelte Talleyrand, den Verfasser des geheimen antirussischen Vertrages vom 3. Januar, augenblicklich in einen demütigen Bittsteller, der in Haupt- und Nebenfragen von Alexander abhing. Und auch der allerchristlichste König von Frankreich, Ludwig XVIII., der in Gent saß, vergaß plötzlich seine feste Überzeugung, daß die Bourbonen edler als die Romanows seien, und belästigte ebenso wie sein Minister den Zaren unaufhörlich mit seinen Gesuchen. In der Schweiz, besonders im Kanton Waadt, wurden während der Hundert Tage einige bonapartistische Intrigen und Verbindungen zu Josef Bonaparte aufgedeckt. Talleyrand benachrichtigte Nesselrode, daß König Ludwig XVIII. sich sehr um die Ausweisung Josef Bonapartes aus der Schweiz bemühe, daß aber der bloße Wunsch seiner christlichen Majestät, der vertrieben in Gent sitze, zu wenig sei. Würde nicht der Herrscher aller Reussen geruhen, dadurch zu helfen, daß er diese Bitte des französischen Königs unterstützte?[1] Alexander sagte «allergnädigst» zu.[2]

Am 13. März 1815 veröffentlichten die Vertreter der acht auf dem Wiener Kongreß versammelten Mächte die berühmte Deklaration, worin erklärt wurde, Napoleon Bonaparte stehe «außerhalb aller bürgerlichen und gesellschaftlichen Beziehungen», sei «ein Feind und Ruhestörer der Welt» und der öffentlichen Rache verfallen (il s'est livré à la vindicte publique). Diese Deklaration wurde sofort als Aufforderung zur Ermordung Napoleons aufgefaßt, der außerhalb des Schutzes der Gesetze gestellt wurde. An erster Stelle unter den Vertretern Frankreichs steht unter diesem Dokument: Fürst Talleyrand.

Napoleon schenkte dem nicht die geringste Beachtung. Er kannte seinen Talleyrand gut genug, wenngleich er bei weitem nicht um alle seine Winkelzüge wußte. Nur deshalb hatte der Kaiser ihn ja seinerzeit nicht aufhängen lassen, sondern nur damit gedroht und als Platz für diese Operation schon das Gitter am Karussellplatz ausgewählt. Wir haben gesehen, daß er den Fürsten in der berühmten Szene vom 28. Januar 1809 in den Tuilerien sogar selbst von diesem Entschluß in Kenntnis setzte.

Aber jetzt brauchte er Talleyrand wieder, die Rückkehr des alten Diplomaten in seinen Dienst hätte einen ungeheuren Eindruck in Europa gemacht. Und daß Talleyrand die Deklaration vom 13. März mit unterschrieben hatte — wieviel Deklaratio-

---

1 Archiv der Außenpolitik, Min. d. Äuß., Nr. 11 812. C. de V. France. Réception, 1815. Nr. 113. Prince de Talleyrand à M. le comte de Nesselrode, Vienne, le 13 mars 1815.
2 ebd. Nr. 114. Prince de Talleyrand à M. le comte de Nesselrode, Vienne, le 21 mars 1815.

nen hatte er nicht auf seinem Lebenswege unterschrieben! Schließlich lag der 13. März ja auch eine Woche vor dem triumphalen Einzug Napoleons in die Tuilerien. Man war also entschlossen, den bejahrten Fürsten den Verbündeten abspenstig zu machen. Der Entschluß war nicht besonders eigenartig — hat doch Talleyrand selbst am Ende seines Lebens gescherzt, er habe im Laufe seines Lebens aus den verschiedensten Anlässen vierzehn völlig verschiedenartige Eide schwören müssen.

Eine der ersten Regierungshandlungen Napoleons war die Ernennung Caulaincourts, Herzogs von Vicenza, zum Minister des Äußeren am 22. April 1815. Der Kaiser gab seinem neuen Minister folgenden Befehl: «Herr Herzog von Vicenza! Ich bevollmächtigte Sie, dem Fürsten von Benevent zuzusichern, daß ihm seine Güter zurückgegeben werden, wenn er sich wie ein Franzose benimmt und in meine Dienste tritt.»[1] Aber Talleyrand blieb in Wien, später reiste er ab, aber nicht nach Paris. Er glaubte nicht an die Dauer des neuen Kaiserreichs. Der Vorschlag des Kaisers wurde Talleyrand in einem eigenhändigen Briefe Caulaincourts vom 24. April überbracht: «Mein teurer Fürst, Sie kennen meine alte Freundschaft zu Ihnen. Ich hoffe, daß Sie alles glauben werden, was Ihnen Herr de Saint-Léon, der sich als Freund Ihrer Angelegenheiten angenommen hat, sagen und in unserem Namen versichern wird.»[2]

Auf jeden Fall beweisen diese Dokumente, die in dem Privatarchiv des Herzogs von Vicenza gefunden und zuerst in der neuen, von mir zitierten Ausgabe seiner Memoiren abgedruckt worden sind, daß Napoleon sogar nach der aktivsten Beteiligung Talleyrands an der Einsetzung der Bourbonen im März und April 1814 noch immer für möglich hielt, Talleyrand für sich zu gewinnen, und daß er es für einen großen Erfolg angesehen hätte, wenn ihm das gelungen wäre.

Aber Talleyrand war für alle schriftlichen und mündlichen Versprechungen taub. Trotzdem war die Ankunft Saint-Léons mit seinen Zusicherungen für ihn nützlich. Die Verbündeten wurden unruhig und hielten es für sicherer, auf alle Fälle den

1 Mémoires du général de Caulaincourt . . ., Bd. I, S. 191.
2 ebd. S. 192.

Fürsten mit Geldgeschenken zu überhäufen, damit er nicht wider Erwarten zu Napoleon überginge. Sie wußten, daß Talleyrand dem Bestande des Imperiums nicht traute und sich wahrscheinlich nicht verführen ließ, aber was war mit dem Fürsten von Benevent nicht schon alles geschehen? Zu große Vorsicht schadet nie. Talleyrand nahm das Geld sehr bereitwillig und blieb den Verbündeten treu.

Doch die Versuche der Umgebung des Kaisers, ihn in dessen Dienst zu locken, hörten nicht auf.

Vergessen wir nicht, daß Napoleon einigen Grund zu der Annahme hatte, daß Talleyrands Lage in Wien sehr schwierig sei. Der am 20. März 1815 so plötzlich von der Insel Elba in sein Schloß in den Tuilerien zurückgekehrte Kaiser hatte in dem Schreibtisch des am Abend vorher geflohenen Königs Ludwig XVIII. die Kopie (eine der drei vorhandenen) des geheimen antirussischen Vertrages vom 3. Januar 1815 gefunden, der in Wien von Talleyrand, Castlereagh und Metternich unterzeichnet war. König Ludwig XVIII. war am Abend des 19. März mit so überstürzter Hast aus Paris geflohen, daß er vergessen hatte, diesen inhaltsschweren Akt mit sich zu nehmen. Natürlich schickte Napoleon dieses Dokument unverzüglich durch einen Sonderkurier nach Wien an Alexander. Der Zar war ungeheuer aufgebracht, als er auf diese völlig unerwartete Weise plötzlich erfuhr, welche Mine gegen Rußland Fürst Talleyrand in Wien vorbereitet und gelegt hatte. Talleyrand konnte natürlich nicht der Gedanke kommen, daß die Bourbonen bei ihrer panischen Flucht ein so wichtiges Papier im Schreibtisch vergessen würden. Seitdem kam zu der Antipathie und dem Mißtrauen Alexanders gegen Talleyrand ein echter Haß, der sich, wie wir sehen werden, noch in demselben Jahre 1815 offenbaren sollte.

Alexander wurde seiner Politik nicht untreu, wie Napoleon gehofft hatte. Aber Talleyrands Lage war mißlich geworden.

Weder über Metternich noch über Castlereagh war der Zar derart empört, als er so plötzlich und unwiderleglich über die gegen ihn gerichtete Wühlarbeit informiert wurde. Weder England noch Österreich waren Rußland so verpflichtet wie Frankreich, das durch Rußland vor der Zerstückelung bewahrt worden war. Der Zar beschloß aber, den gemeinsamen Kampf gegen den zurückgekehrten Napoleon fortzusetzen, und ließ Talleyrand durch nichts seinen Ärger merken.

Von Paris aus wurden neue Versuche gemacht, mit Talleyrand anzuknüpfen.

«Hier ist das Gerücht verbreitet, daß Monron, ein übel beleumundeter Mensch, der mit Talleyrand zusammenhängt, sich nach Wien begeben habe. Das hat sehr alarmierend gewirkt», berichtet Pozzo di Borgo aus Brüssel an Graf Nesselrode. Er sei fast gleichzeitig mit Saint-Léon abgereist. Der Botschafter selbst ist nicht bedenklich: «Weder dieses noch ein anderes Individuum» können mehr schaden. Und obgleich König Ludwig XVIII. Talleyrand völlig vertraut, traut ihm die Öffentlichkeit nicht: «Vertrauen läßt sich nicht befehlen.»[1]

Ludwig XVIII. war Talleyrand im Innersten seiner Seele nicht nur unsympathisch, sondern zuwider. Als der König 1823 sein Tagebuch hatte drucken lassen (über seine Flucht nach Brüssel und Koblenz während der Revolution im Jahre 1791), äußerte sich Talleyrand mündlich über dieses Werk: «Das ist die Reise eines Harlekins; er aß und fürchtete sich und fürchtete sich und aß.» Stendhal, der den König kannte, war mit diesem Urteil einverstanden.[2]

Im russischen Archiv der Außenpolitik sind auch Spuren noch späterer Beziehungen zwischen Paris und Fürst Talleyrand während der Hundert Tage erhalten. Nesselrode berichtet am 16. Mai 1815 aus Wien an Kaiser Alexander, daß ein gewisser Bréand aus Paris mit Briefen an Talleyrand und Metternich angekommen sei, eine «unbedeutende» Persönlichkeit, die seinerzeit intrigiert habe, um ein Pöstchen am Hofe Napoleons zu bekommen. Der Inhalt der mitgebrachten Briefe blieb Nesselrode unbekannt.[3]

1 Archiv der Außenpolitik, Nr. 1752. Bruxelles, le 5/17 avril 1816 (Bericht Nr. 331). Pozzo di Borgo — Graf Nesselrode.
2 Stendhal, Courrier anglais, Bd. III, S. 102.
3 Archiv der Außenpolitik. Vienne — Congrès — Ministère 1815, Nr. 11 781—11 786. Nesselrode — Alexander. Vienne, le 16 mai 1815 (95—96).

SECHSTES KAPITEL

Ministerium Talleyrand-Fouché
Der Zweite Pariser Friede
9. Juli bis 24. September 1815

I

Am 18. Juli 1815 setzte die blutige Schlacht bei Waterloo dem zweiten Kaiserreich ein Ende. König Ludwig XVIII., der während der ganzen Hundert Tage in Gent gesessen hatte, schickte sich an, nach Paris zurückzukehren. Eine Schar über ihre zweite Vertreibung wütender Emigranten umgab ihn.

Der russische Botschafter in Paris, Pozzo di Borgo, beurteilte die kommende innere Entwicklung pessimistisch, da er die Möglichkeit reaktionärer Exzesse voraussah. Auf einen mäßigenden, zur Vernunft ratenden Einfluß Talleyrands rechnete er nicht. Im russischen Archiv der Außenpolitik haben wir den Beweis dafür gefunden, daß der russische Diplomat schon im Herbst 1814 nicht an ernstlichen Widerstand Talleyrands gegen die ultraroyalistische Reaktion glaubte.

Der scharfsinnige Korse Pozzo di Borgo, der Talleyrand lange und gut studiert hatte, erkannte sehr wohl, daß von dem klugen Fürsten, wie richtig er auch die Lage in Frankreich und die Dummheiten der Bourbonen und der zurückgekehrten Emigranten beurteilte, doch keine Initiative zu erwarten sei. «Seine Bequemlichkeit und Zurückhaltung und die Abneigung, sich in irgend jemandes Augen zu kompromittieren, sind so stark, daß er immer den Ton und die Reden unterstützen wird, die beim Hofe am angenehmsten sind, unbekümmert um den inneren Wert dieser Reden.»[1] In diesen gedrängten Zeilen eines dienst-

---

1 Archiv der Außenpolitik, Min. d. Äuß., Nr. 9052, 1814. Pozzo di Borgo à Nesselrode, Paris, le 14/26 septembre 1814. «... Votre Ex-

lichen Berichtes des russischen Botschafters in Paris an Graf Nesselrode fühlt man die tatsächliche, genaue historische Wahrheit, die uns aus zahlreichen Dokumenten bekannt ist. Wann hätte Talleyrand jemals das, was er dachte, gesagt, wenn man bei Hofe anders dachte? Er, der heute Ludwig XVI., morgen Danton und übermorgen Napoleon stützte?

Schon während der Hundert Tage versuchte nicht nur Pozzo di Borgo, sondern auch Alexander selbst, Ludwig XVIII. klarzumachen, daß diese ganze neue, für die Dynastie der Bourbonen schmachvolle Vertreibung aus Frankreich durch den zurückgekehrten Napoleon vor allem eine Folge des Hasses der Bevölkerung gegen die überlebte royalistische Reaktion sei.

Am 19. April (1. Mai) 1815 kam Graf Alexis de Noailles aus Wien mit Depeschen von Talleyrand für König Ludwig XVIII. nach Gent. Wichtiger aber als alle Depeschen war der Bericht Talleyrands über eine Unterredung, die er vor der Abreise Alexis de Noailles' mit Kaiser Alexander gehabt hatte. «Der Hauptzweck dieses Berichtes scheint offenbar zu sein, dem König klarzumachen, daß es notwendig ist, für die Zukunft ein Ministerium entsprechend der Verfassung zu bilden, das heißt ein Kabinett, das seiner Verwaltung ein System zugrunde legt, das in seinen Beschlüssen einheitlich und für alle seine Schritte solidarisch verantwortlich ist, mit einem Wort, ein Kabinett, das wie in England seinen Platz zwischen Nation und König hat, dem für seine Führung Vertrauen oder Tadel ausgesprochen werden kann, ohne daß der Thron oder die Person des Monarchen kompromittiert wird.» Pozzo di Borgo schreibt, daß er schon früher bemüht gewesen ist, dem König diese Prinzipien beizubringen (hier braucht der ungeduldige Pozzo di Borgo ein stärkeres Verb: inculquer, das annähernd «eintrichtern» bedeutet). Nach der Ansicht des russischen Botschafters muß jetzt Blacas, der Vertreter des «per-

cellence est déjà informée de la différence qui existe dans les éléments de sa composition. Le Prinoe de Talleyrand cherche constamment à s'attacher avec deux extrêmes sans se compromettre avec personne, sa paresse et sa réserve lui permettent toujours de parler des choses, lorsqu'elles sont faites et d'en parler dans le sens qui devient le dominant soit à la cour, soit dans le public sans avoir égard au mérite réelde l'affaire.»

sönlichen Regimes», der typische Ultraroyalist, Favorit Ludwigs XVIII., der von der göttlichen Herkunft der Königsgewalt schwätzt, aus dem Ministerium verschwinden und Talleyrand an die Spitze eines konstitutionellen Kabinetts treten. Mag er Höfling, mag er Intrigant sein, er ist jetzt notwendig.[1]

Genau vier Tage nach Waterloo kam Fürst Talleyrand selbst aus Wien an.

Im russischen Archiv für Außenpolitik ist der dokumentarische Beweis erhalten, daß Talleyrand am Abend vor seiner Ankunft in Mons am 22. Juni in Brüssel mit Pozzo di Borgo zusammentraf, mit ihm eine «lange Beratung» hatte, nach der der russische Botschafter die Hoffnung ausspricht, daß «die Leitung der Geschäfte die angemessenste sein werde» (de la manière la plus convenable).[2]

Dieses Zusammentreffen hat Talleyrand offenbar in der Überzeugung bestärkt, daß seine Stellung absolut fest sei.

Selten ist es bei Talleyrand vorgekommen, daß er in die Klemme geriet, wenn er das Kräfteverhältnis nicht richtig einschätzte und seine eigene Bedeutung und die Entschlußlosigkeit des Gegners überschätzte. Es passierte ihm, wie schon dargestellt, bei seinen Verhandlungen mit Alexander über Polen. Selten aber ist er in eine so erniedrigende und sonderbare Lage gekommen wie im Juni 1815, als sich plötzlich zeigte, daß seine politische Laufbahn an einem Härchen hing ...

Am 23. Juni 1815 gegen 6 Uhr abends kam Talleyrand in Mons in Belgien beim König Ludwig XVIII. an, der von Gent abgereist war, wo er sich während der Hundert Tage der Herrschaft Napoleons verborgen gehalten hatte. Ludwig war auf der Reise nach Paris und hatte in Mons nur kurzen Aufenthalt. Es war erst fünf Tage nach der Schlacht bei Waterloo, und Engländer und Preußen marschierten unaufhaltsam auf Paris und verfolgten die Reste der zerschlagenen französischen Armee.

Ohne jeden greifbaren Grund bildete sich Talleyrand ein, daß er für die zweite Inthronisation der Bourbonen nach ihrer Ver-

1 Archiv der Außenpolitik, Nr. 1752, Nr. der Meldung 338, Gand, le 21 avril/3 mai 1815. Pozzo di Borgo — Graf Nesselrode.
2 ebd. Nr. 1752. Bruxelles, le 10/22 juin 1815 (Meldung Nr. 371). Pozzo di Borgo — Graf Nesselrode.

treibung durch Napoleon im März 1815 ebenso notwendig sei, wie er im April 1814 für sie notwendig gewesen war, als er alles getan hatte, was in seiner Kraft stand, um Alexander für sie zu gewinnen. Aber er hatte sich gründlich geirrt. Erstens bestand jetzt keinerlei Zweifel mehr, daß mit Napoleon oder jemandem aus seiner Familie oder seiner Umgebung niemand mehr irgendwelche Unterhandlungen führen würde und daß die Verbündeten, die von allen Seiten mit ihren Armeen auf die Hauptstadt zueilten, Ludwig XVIII. als den einzigen rechtmäßigen Monarchen anerkannten. Zweitens wußte Frankreich wie ganz Europa sehr wohl, daß sich Talleyrand in Wien mit Alexander gründlich entzweit und damit seine einstige hauptsächliche Stütze verloren hatte. Drittens: wenn Ludwig XVIII. Talleyrand niemals hatte leiden können und ihn nur als unvermeidliches Übel hingenommen hatte, so wollten die Ultraroyalisten, voll Rachedurst für ihre schmachvolle Vertreibung aus Frankreich während der Hundert Tage, jetzt radikal handeln und sich auf keinen Fall damit abfinden, daß dieser Renegat an der Macht blieb. Sie waren fest entschlossen, diesmal durchzuführen, was sie 1814 nicht hatten wagen können, nämlich eine Generalsäuberung aller höheren Regierungsstellen von ehemaligen Beamten aus der Zeit der Revolution und des Imperiums.

Talleyrand merkte das alles erst allmählich. Als er am 23. Juni, fünf Tage nach Waterloo, in Mons ankam, war er noch voll holder Illusionen und führte sich nach Chateaubriands Beobachtungen so auf, als ob er der König wäre. Er wollte dem König von vornherein zeigen, wie er seinen Minister zu bewerten habe. Anstatt zum König zu gehen, erklärte er, er sei von der Reise ermüdet und werde morgen den König aufsuchen. Als Antwort auf diese Frechheit sagte Ludwig XVIII., daß er um drei Uhr abführe. Er bemerkte das gesprächsweise zu seiner Umgebung, ohne sie zu beauftragen, es Talleyrand mitzuteilen. Ob és Talleyrand erfahren hat oder «Freunde» ihn absichtlich irreführen wollten und er diese Worte falsch auffaßte und glaubte, es handle sich um drei Uhr nachmittags des folgenden Tages — jedenfalls fuhr der König drei Uhr nachts ab. Talleyrand wurde geweckt, zog sich eilig an und konnte den König gerade noch beim Abfahren treffen und einige Worte mit ihm wechseln.

Die Worte waren nicht sehr tröstlich. Der König sagte ganz unvermittelt: «Fürst, Sie wollen uns verlassen? Die Bäder werden Ihnen dienlich sein. Sie werden uns über Ihren Zustand Nachricht geben.» Talleyrand hatte nicht daran gedacht, von irgendwelchen Bädern zu sprechen. Der König fuhr ab, ohne noch etwas hinzuzusetzen. Das war deutlich genug. Die Erniedrigung war um so unerträglicher, als sich alles in Gegenwart Chateaubriands abspielte, der den Fürsten von Benevent so verachtete, wie nur ein Mensch einen anderen verachten kann. Chateaubriand hat eine Beschreibung der ganzen Szene hinterlassen. Das war eigentlich der Auftakt zur Entlassung. Doch Talleyrand klammerte sich an die Macht und beschloß, was in Mons vorgefallen war, nicht zu verstehen. Doch sehr bald wurde sein Verbleiben an der Macht völlig unmöglich, genau drei Monate nach diesem «Empfang» in Mons erhielt er den Abschied.

In diesen drei Monaten begriffen allmählich alle in Frankreich, daß Alexander feindlich gegen Talleyrand eingestellt war. Ludwig XVIII. wurde es klar, daß das letzte Hindernis gefallen war, das ihn davon abgehalten hatte, mit dem Ministerium Talleyrand Schluß zu machen.

Aber die Umstände fügten es so, daß es für Ludwig XVIII. noch nicht möglich war, sich sogleich Ende Juni oder Anfang Juli, unmittelbar nach seiner zweiten Rückkehr nach Paris, von Talleyrand zu trennen. Noch mehr: Fouché, Herzog von Otranto, von dem man sagte, wenn es keinen Talleyrand auf der Welt gäbe, wäre er der verlogenste und verdorbenste Mensch der gesamten Menschheit, dieser selbe Fouché erreichte durch eine ganze Reihe schlauer Manöver, daß man auch ihn, allerdings nur für die erste Zeit, in das neue Kabinett aufnehmen mußte, obgleich er zu den Ministern des Konvents gezählt hatte, die 1793 für die Hinrichtung Ludwigs XVI. gestimmt hatten (die sogenannten «Königsmörder», «régicides»).

Diese beiden Männer, Talleyrand und Fouché, beide frühere Geistliche, beide Anhänger der Revolution, um Karriere zu machen, beide Minister des Direktoriums und Napoleons, beide von Napoleon mit den höchsten Titeln belohnt, beide unter Napoleon zu Millionären geworden, beide Verräter an Napoleon — traten auch jetzt zusammen in das Kabinett des allerchristlichsten und legitimen Monarchen ein, des leiblichen Bruders des hingerichteten Ludwig. Fouché und Talleyrand kannten einander sehr genau, und deshalb vor allem wünschten sie zusammenzuarbeiten. Bei aller wirklich sehr großen Übereinstimmung der beiden in der tiefen Verachtung für alles außerhalb ihres eigenen Interessenbereichs, in der völligen Prinzipienlosigkeit und Hemmungslosigkeit bei der Durchführung ihrer Pläne, bestanden doch auch große Unterschiede. Fouché kannte keine Furcht, vor dem 9. Thermidor setzte er seinen Kopf aufs Spiel, indem er im Konvent den Überfall auf Robespierre organisierte und ihn stürzte. Für Talleyrand wäre ein solches Verhalten ganz undenkbar gewesen. In Lyon bestätigte sich Fouché während des Terrors so, wie es Talleyrand nie gewagt hätte, der nur deshalb ausgewandert war, weil er im gegenwärtigen Augenblick das Verbleiben im Lager der «Neutralen» für sehr gefährlich hielt, aber klar sah, daß es später gefährlich werden würde, wenn man als aktiver Kämpfer gegen die Konterrevolution aufgetreten war. Fouché hatte einen guten Kopf, nach Talleyrand den besten, über den Napoleon verfügte. Der Kaiser wußte das, überschüttete beide mit Gnaden, Reichtümern und hohen Auszeichnungen, dann wieder ließ er sie seine Ungnade fühlen. Oft auch erinnerte er sich deshalb an beide gleichzeitig. Nach seinem Thronverzicht sprach er sein Bedauern aus, daß er Talleyrand und Fouché nicht rechtzeitig aufgehängt habe. «Ich überlasse dieses Geschäft den Bourbonen», soll der Kaiser hinzugesetzt haben.

Aber die Bourbonen mußten wohl oder übel nach Waterloo und nach ihrer zweiten Rückkehr im Sommer 1815 nicht nur darauf verzichten, beide, den Fürsten von Benevent und den Herzog von Otranto, zu hängen, sie mußten sie sogar zur Regierung Frankreichs berufen. Der Troubadour und Ideologe der adlig-klerikalen verbohrten Reaktion, Chateaubriand, ein begabter Dichter, aber in der Politik ein haltloser Phantast, konnte seine Wut beim Anblick dieser beiden Stützen der Revolution und des Imperiums nicht zügeln, deren einer mit dem Blute Ludwigs XVI. und unzähliger in Lyon Hingerichteter, der andere mit dem Blute des Herzogs von Enghien besudelt war. Chateaubriand war bei Hofe, als der hinkende Talleyrand am Arme

Fouchés in das Kabinett des Königs ging: «Plötzlich geht die Tür auf; schweigend tritt die Schande ein, auf den Arm des Verbrechens gestützt, Herr Talleyrand gestützt von Herrn Fouché; eine höllische Erscheinung zieht langsam an mir vorüber, geht in das Kabinett des Königs und verschwindet dort.»

Nicht nur die Royalisten wollten absolut nichts mit Talleyrand zu tun haben. Die Bildung des neuen Ministeriums Talleyrand wurde zum Teil auch dadurch erschwert, daß sogar die Napoleonischen Marschälle, die während der Hundert Tage nicht auf die Seite des von Elba zurückgekehrten Kaisers getreten waren, jetzt nach Waterloo erklärten, es sei ihnen widerlich, neben den beiden Verrätern Talleyrand und Fouché zu sitzen. So erklärte zum Beispiel der alte Napoleonische General Clarke, Herzog von Feltre, der schon 1815 Kriegsminister Ludwigs XVIII. gewesen und dem König während der Hundert Tage nach Gent gefolgt war, er werde seinen Abschied nehmen, als er hörte, Talleyrand solle nach der Rückkehr und neuen Thronbesteigung Ludwigs XVIII. Premierminister werden. Der Royalist Graf de Rochechouart, Freund und Adjutant Richelieus, ein Emigrant, der lange in Südrußland unter Herzog Richelieu gedient hatte, erzählt folgendes Gespräch, das er mit Clarke hatte: «Der Herzog von Feltre erklärte mir, daß er voll Verachtung gegen Talleyrand sei und Talleyrand gegenüber nie ein Hehl daraus gemacht habe. Dieses Gefühl habe ihm Napoleon eingeflößt, der ihm einmal gesagt habe: ‹Clarke, ich verbiete Ihnen, sich mit Talleyrand einzulassen, denn er . . .› weiter gebrauchte Napoleon ein absolut unmögliches Wort: car ce n'est que de la m. . ., und er besudelt uns.»[1] Clarke, Herzog von Feltre, schied endgültig aus dem Ministerium aus, nachdem er diese eindeutige Qualifizierung Talleyrands durch den Kaiser mitgeteilt und seine uneingeschränkte Zustimmung zu der sehr energischen Terminologie ausgesprochen hatte.

Die Proskriptionslisten waren von Fouché zusammengestellt worden. Sie enthielten die Namen von Leuten, die während der Hundert Tage die Rückkehr Napoleons begünstigt hatten. Auf

[1] Souvenirs sur la Révolution, l'Empire et la Restauration par le général comte de Rochechouart, Paris 1898, S. 395—396.

der Liste stand auch der Name Carnots, eines alten Revolutionärs, eines ehrlichen, überzeugten Republikaners, der während der ganzen Zeit der ersten Herrschaft Napoleons ihm nicht gedient hatte, sondern in der verabschiedeten Stellung verblieben war, aber in den Hundert Tagen in seine Dienste trat, weil er wie viele übriggebliebene Jakobiner und die Majorität der Arbeitermassen der Pariser Vorstädte in diesem Augenblick Napoleon verglichen mit den Bourbonen für das kleiner Übel gehalten hatte. Jetzt nach Waterloo und der erneuten Rückkehr der Bourbonen verurteilte Minister Foché, der einstmals mit Carnot in den revolutionären Komitees gesessen hatte, diesen zur Verschickung: «Wohin soll ich gehen, du Verräter?» fragte Carnot den Polizeiminister. «Wohin du willst, du Dummkopf!» antwortete ohne jede Verlegenheit Fouché.[1]

II

Vor allem mußte nach dem soeben mit der Schlacht von Waterloo beendeten Kriege formell ein neuer Friede geschlossen werden. Talleyrand war für den neuen diplomatischen Kampf nötig. Die Preußen schrien laut, Frankreich müsse «für immer» geschwächt werden, damit man endlich Ruhe hätte. Blücher wollte unbedingt die Jena-Brücke in Paris sprengen, nur weil sie an die Niederlage der Preußen bei Jena im Jahre 1806 erinnerte. Auch diesmal rettete Rußland, wie schon 1814, Frankreich vor der Zerstückelung, aus denselben Motiven, von denen schon die Rede war.

Die Hundert Tage hatten formell den Pariser Frieden vom 30. Mai 1814 vernichtet, und Preußen hoffte, diesmal Elsaß-Lothringen zu erhalten.

Ein harter Kampf zwischen Hardenberg, Stein, Friedrich Wilhelm III. und Feldmarschall Gneisenau auf der einen und Alexander auf der anderen Seite spielte sich im Juli — August — Sep-

---

1 «Où veux-tu, que je me retire, traître?» — «Où tu voudras, imbécile!» So hat es Fouché selbst Graf Rouchechouart erzählt. A. a. O., S. 406.

tember 1815 um den Friedensvertrag mit Frankreich ab. Die preußischen Ansprüche stießen auf entschiedenen Widerstand, teilweise unterstützte England Rußland in der Verteidigung der Unversehrtheit des französischen Territoriums. Der Appetit Preußens begann sogar Wellington und Castlereagh zu beunruhigen. Stein, dem Alexander wohlwollte, gab durchaus nicht nach und bestürmte den Zaren, dessen Wohlwollen sehr leicht wog, wenn diplomatische Interessen auf der Waagschale lagen. Am 14. August hatte der Zar Stein sogar umarmt und geküßt, als dieser sich in Paris bei ihm gemeldet hatte. Aber Stein war kaum aus dem Entzücken über diese Zarenhuld erwacht, als er von Alexander hören mußte: «Die Elsässer sind dem Plane ihrer Vereinigung mit Deutschland sehr abgeneigt: ihre Handelsinteressen verlangen das Verbleiben bei Frankreich.»[1] Das war ein Begräbnis erster Klasse für die preußischen Hoffnungen, Frankreich Elsaß-Lothringen zu entreißen. Der sogenannte «zweite» Pariser Friede, endgültig am 19. September 1815 ausgearbeitet, bestätigte im allgemeinen den früheren Vertrag vom 30. Mai 1814, außer einigen unbedeutenden Grenzberichtigungen zugunsten der Verbündeten. Frankreich wurde eine Kontribution von achthundert Millionen Francs auferlegt, in den östlichen und nördlichen Departements verblieb eine Okkupationsarmee von 150 000 Mann für «wenigstens drei, höchstens sieben Jahre.»

Die Deutschen waren entrüstet. Sie schrieben die Hartnäckigkeit Alexanders der Unterstützung durch die Engländer zu und diese Unterstützung der Engländer dem Einfluß Talleyrands, Fouchés und den Intrigen des russischen Botschafters Pozzo di Borgo.

Merkwürdig ist, daß ein Gelehrter wie Pertz, der berühmte Herausgeber der Sammlung von Dokumenten zur Geschichte Deutschlands im Mittelalter «Monumenta Germaniae hinstorica», in seiner vielbändigen Biographie des Freiherrn vom Stein ganz ernsthaft die banale Legende wiederholt, daß Alexander bei seiner Weigerung, Preußen, Württemberg und anderen das Elsaß

1 G. H. Pertz, Das Leben des Ministers Freiherrn vom Stein, Bd. IV, Berlin 1851, S. 549.

zu überlassen, unter dem Einfluß des mystischen Glaubens an die Prophetin Frau Krüdner gehandelt habe, die ihm eingeflößt habe, es sei Befehl Gottes, die Grenzen Frankreichs unberührt zu lassen.[1] Pertz hat sich auch hier als ziemlich schwacher Historiker erwiesen, auch wenn er immer ein vorzüglicher Herausgeber der Dokumente bleiben wird. Sein vielbändiges Werk über Stein ist im eigentlichen Sinne des Wortes weder eine Geschichte noch eine Biographie, sondern eine Sammlung von Briefen und Dokumenten, die sich auf die Tätigkeit dieses preußischen Politikers beziehen. Pertz hätte auch gar nicht mit tiefsinniger Miene über die mystischen Befehle Frau Krüdners an Alexander betreffs Elsaß-Lothringens zu phantasieren brauchen, wenn er die von ihm selbst abgedruckten echten Dokumente durchstudiert hätte.

Feldmarschall Gneisenau schrieb am 17. August 1815, also drei Tage nach Steins entscheidendem Gespräch mit dem Zaren: «Wenn Rußland diese Sprache führt, so erklärt sich das aus seiner eigensüchtigen Politik, die nicht wünscht, daß die westlichen Grenzen Preußens und Österreichs gesichert seien, die russische Politik will sich in Frankreich einen immer bereiten Verbündeten erhalten.»[2] Feldmarschall Gneisenau, der alte Feldherr und kluge Mensch, dachte viel realistischer als der gelehrte Professor Pertz, der ehrlich und bis zur Lächerlichkeit einfältig über die russische Diplomatie ungehalten war, die nach seiner Meinung nicht genügend für die Stärkung Preußens sorgte.

Obgleich in dem Kampf um die Erhaltung des französischen Territoriums die Tätigkeit Talleyrands vollkommen mit den Interessen und Zielen Alexanders zusammenfiel, machte der Zar aus seiner Feindschaft gegen ihn kein Hehl. Diesmal bedurfte er Talleyrands überhaupt nicht. Aufstände gegen die Bourbonen brauchte Alexander jetzt, nach Waterloo und bei 150 000 Mann Besatzung in Frankreich, nicht im geringsten zu befürchten. Nicht nur Talleyrand war für ihn unnötig, auch seine liberale Maske brauchte er in der Folge weniger zur Schau zu tragen. Es genügte, wenn man zur Beaufsichtigung der Bourbonen, von de-

1 ebd. S. 363—364.
2 ebd. S. 551.

nen sich Alexander allerlei Torheiten und Unvorsichtigkeiten versah, als ersten Minister den Herzog Richelieu einsetzte, einen gemäßigten Konstitutionalisten, der seit 1803 Generalgouverneur des Gebietes von Noworossisk und der Krim gewesen und Alexander persönlich ergeben war.

Die Tage des Kabinetts Talleyrand waren gezählt.

Betrachten wir jetzt, wie sein Ministerium zu Fall kam.

III

In diesem Ministerium, das am 6. Juli gebildet und am 9. Juli 1815 offiziell ernannt wurde, war Talleyrand Vorsitzender des Ministerrates, Fouché Polizeiminister und der Napoleonische General Gouvion St-Cyr Kriegsminister; außerdem erfolgten noch andere ähnliche Ernennungen. Talleyrand sah besonders klar, daß sich die Bourbonen nur halten konnten, wenn sie über alle Kränkungen hinwegsahen, die Revolution und das Imperium als nicht mehr wegzudenkende Tatsachen von ungeheurer historischer Bedeutung hinnahmen und sich von den Erinnerungen an das alte Regime freimachten. Aber nicht weniger klar sah er sehr bald auch das andere: daß des Königs Bruder und Thronerbe Karl ebenso wie die Söhne Karls, die Herzöge von Angoulême und Berry, und schließlich auch die nach Frankreich zurückgekehrten Emigranten unter keinen Umständen mit einer solchen Politik einverstanden waren. Er sah, daß 1815 am Hofe die Partei der hitzigsten und unversöhnlichsten adligen und klerikalen Reaktionäre die Oberhand gewann, die von dem absurden Gedanken beherrscht waren, alles, was während der Revolution geschehen und von Napoleon beibehalten worden war, zu beseitigen; das heißt mit anderen Worten, sie wünschten, daß sich das Land, das auf dem Weg zu einer bürgerlichen Entwicklung von Handel und Industrie war, in ein Land adlig-feudaler Monarchie zurückverwandelte. Talleyrand sah ein, daß dieser Traum völlig unausführbar war, daß diese Ultraroyalisten sich nach Belieben wie Besessene gebärden mochten, daß aber nur ein völlig Verrückter ernstlich daran gehen konnte, das neue Frankreich zu zerschlagen, die Einrichtungen, Ordnungen, Zivil- und Strafgesetze, die von der Revolution und von Napoleon stammten, abzuschaffen, ja auch nur offen diese Frage aufzuwerfen. Bald mußte er aber sehen, daß die Ultraroyalisten völlig den Verstand verloren hatten und sogar die geringste Vorsicht außer acht ließen, die sie 1814 noch bewahrt hatten.

Die plötzliche Rückkehr Napoleons im März 1815, die Herrschaft der Hundert Tage und sein neuer Sturz, der wieder nicht durch Frankreich, sondern durch den Angriff der verbündeten europäischen Armee erfolgt war — alle diese erschütternden Tatsachen brachten die adlig-klerikale Reaktion völlig aus dem Gleichgewicht. Sie fühlten sich aufs grausamste beschimpft. Wie konnte ein waffenloser Mann bei voller Ruhe des Landes an der Südküste Frankreichs landen und in drei Wochen, ununterbrochen auf Paris marschierend, ohne einen Schuß abzugeben und einen Tropfen Blut zu vergießen, Frankreich seinem «rechtmäßigen» König entreißen, diesen König ins Ausland vertreiben, wieder den Thron besteigen und von neuem eine riesige Armee sammeln zum Krieg gegen ganz Europa? Wer war dieser Mann? Ein Despot, der während seiner ganzen Regierung niemals die Waffen niedergelegt, der das Land durch Rekrutenaushebungen verwüstet hatte, ein Usurpator, der mit nichts und niemandem auf der Welt gerechnet hatte, aber die Hauptsache — ein Monarch, dessen Thronbesteigung unvermeidlich einen neuen, unabsehbaren Krieg in Europa zur Folge haben mußte. Und diesem Manne war im März 1815 ohne Murren, ohne den Versuch eines Widerstandes, sogar ohne Zureden seinerseits ganz Frankreich, die ganze Bauernschaft, die ganze Armee und die gesamte Bourgeoisie unverzüglich zu Füßen gefallen.

Nicht eine Hand hatte sich erhoben zur Verteidigung des «rechtmäßigen» Königs, der 1814 zurückgekehrten Dynastie der Bourbonen. Dieses Phänomen aus der Besorgnis der Bauernschaft um das durch die Revolution erworbene Land, aus der Furcht nicht nur der Bauern, sondern auch der Bourgeoisie vor dem Gespenst der Auferstehung der adligen Gesellschaftsordnung, überhaupt dieses abscheuliche Ereignis der Hundert Tage aus allgemeinen und tiefen sozialen Gründen zu begreifen, dazu waren diese Ultraroyalisten nicht imstande, dazu fehlte es ihnen an Verstand und Weitblick, sie wollten es einfach nicht verstehen. Alles Geschehene schrieben sie übergroßer Schwäche, Nachgiebigkeit, unangebrachtem Liberalismus des Königs im ersten Jahre seiner Regierung zu. Hätte man damals die Unruhestifter erbarmungslos ausgerottet, so wäre im März 1815 ein so allgemeiner plötzlicher «Verrat» nicht möglich gewesen und Napoleon sofort nach seiner Landung am Kap Jouan festgenommen worden. Zu der Schmach der Vertreibung der Bourbonen im März kam noch die Schmach ihrer Rückkehr im Juni, Juli und August nach Waterloo, auch diesmal wieder in den Bagagewagen der Armeen Wellingtons und Blüchers. Die Wut der Ultraroyalisten war grenzenlos. Wenn der König ihnen noch schwachen Widerstand leistete und wenn sie ihm dies noch erlaubten, so nur im ersten Augenblick: man mußte auf seiner Hut sein, man konnte noch Überraschungen erleben.

Nur deshalb war eine Regierung mit Talleyrand und Fouché an der Spitze möglich. Aber in dem Maße, wie immer neue und neue Truppen von Engländern, Preußen, Österreichern, später auch Russen sich nach Frankreich ergossen, in dem Maße, wie sich diese feindlichen Armeen diesmal für lange Jahre auf die Besetzung ganzer Departements zur Sicherung Ludwigs XVIII. und seiner Dynastie gegen Anschläge Napoleons wie auch gegen revolutionäre Erschütterungen einrichteten — erhob die äußerste Reaktion entschieden ihr Haupt und schrie nach erbarmungsloser Rache, Hinrichtung der Verräter, Unterdrückung und Vernichtung von allem, was der alten Dynastie feindlich war.

Talleyrand sah, wohin alle diese Torheiten führen mußten. Er machte sogar einige Versuche, die Entfesselten zurückzuhalten. Lange widersetzte er sich der Aufstellung einer Proskriptionsliste derer, die die Rückkehr Napoleons unterstützt hatten. Diese Verfolgungen waren ein Unsinn, denn ganz Frankreich hatte ihn entweder aktiv unterstützt oder dem Kaiser dadurch geholfen, daß es sich nicht gewehrt hatte. Aber jetzt erschien Fouché. Er hatte Hunderte und aber Hunderte in Lyon guillotiniert oder in der Rhone ertränkt, weil sie 1793 dem Hause Bourbon anhingen, er hatte für die Hinrichtung Ludwigs XVI. gestimmt, hatte jahrelang unter Napoleon als Polizeiminister Leute erschießen lassen, die der Anhänglichkeit an die Bourbonen beschuldigt wurden; nun war er 1815 wiederum Minister der Polizei und forderte leidenschaftlich neue Erschießungen, aber disemal wegen mangelnder Anhänglichkeit an das Haus der Bourbonen. Fouché beeilte sich, eine Liste der nach seiner Meinung am meisten schuldigen hohen Beamten, Generale wie Ney, und Privatpersonen zusammenzustellen, die hauptsächlich und früher als andere die Rückkehr Napoleons aktiv unterstützt hatten.

Talleyrand protestierte energisch hiergegen. Der Polizeigeist Fouchés und die glühende Rachsucht des königlichen Hofes siegten über die weitblickende Politik Talleyrands, der voraussah, wie irreparabel sich die Dynastie kompromittierte und schädigte, indem sie im Blute von Leuten wie dem berühmten Marschall Ney watete, dem legendären Haudegen, Liebling der ganzen Armee, Helden von Elchingen und Mitkämpfer von Borodino. Talleyrand gelang es nur, dreiundvierzig zu retten, die übrigen siebenundfünfzig blieben auf der Liste Fouchés stehen. Marschall Ney wurde erschossen, die Erschießung wurde natürlich das Lieblingsthema der bourbonenfeindlichen Agitation in der Armee und im ganzen Lande.

Das war nur der Anfang. Über Frankreich, besonders im Süden, lief eine Welle «weißen Terrors», wie man seinerzeit erstmalig in der Geschichte diese Bewegung nannte. Furchtbare Mißhandlungen der Revolutionäre und Bonapartisten und gleichzeitig auch der Protestanten (Hugenotten), entflammt von der katholischen Geistlichkeit, erregten Talleyrands Entsetzen; er versuchte den Kampf dagegen aufzunehmen, aber er sollte sich nicht mehr lange an der Macht behaupten.

Mit Fouché fing es an. So eifrig der Polizeiminister auch war, die radikalen Royalisten wollten ihm die Hinrichtung Ludwigs XVI. und seine ganze Vergangenheit nicht verzeihen. Fouché griff zu der Ausflucht, die ihm bei Napoleon manches Mal geholfen hatte. Er legte dem König und seinem Premierminister Talleyrand einen Bericht vor, in dem er sich bemühte, sie mit irgendwelchen Verschwörungen, die im Lande bestehen sollten, einzuschüchtern. Talleyrand aber glaubte das nicht und machte daraus auch vor seinem Kollegen kein Hehl. Fouché hatte sich eingebildet, er durchschaue Talleyrand völlig, tatsächlich aber durchschaute Talleyrand den verschlagenen Polizeiminister ganz und gar. Talleyrand hielt erstens die Politik der Repressalien und Verfolgungen für dumm und gefährlich, die Fouché durchführen wollte mit dem einzigen Ziele, den Ultraroyalisten gefällig zu sein und sich das Ministerportefeuille zu sichern. Zweitens sah Talleyrand ganz klar, daß bei alledem nichts herauskäme, daß die radikalen Royalisten Fouché wegen des vergossenen Blutes ihrer Verwandten und Freunde allzusehr haßten und daß ein Kabinett, dem der «Königsmörder» Fouché angehörte, bei dem vollen, unbegrenzten Spielraum der adligen Reaktion und der kämpferischen klerikalen Agitation nicht von Bestand sein könnte. Aus allen diesen Gründen wünschte der Fürst von Benevent sich von dem Herzog von Otranto zu trennen. Fouché erhielt seine Ernennung zum französischen Gesandten in Sachsen, die ihm völlig unerwartet kam; er reiste nach Dresden ab. Aber obwohl er diesen Ballast abgeworfen hatte, konnte sich Talleyrand nicht vor dem Schiffbruch retten. Fünf Tage nach der Ernennung Fouchés für Dresden führte Talleyrand die lange vorbereitete grundsätzliche Aussprache mit dem König herbei. Er wollte den König um Handlungsfreiheit bitten zum Kampf gegen die unsinnigen Exzesse der extrem reaktionären Parteien, die offenbar jeden Kredit der Dynastie untergruben. Er endete seine Rede mit einem Ultimatum: Wenn Seine Majestät dem Minister die volle Unterstützung «gegen alle», bei denen sie angebracht ist, verweigert, dann müsse er, Talleyrand, um seinen Abschied bitten. Darauf gab der König plötzlich die unerwartete Antwort: «Gut. Ich werde ein anderes Ministerium ernennen.» Das war am 24. September 1815. Damit war die dienstliche Laufbahn des Fürsten Talleyrand für fünfzehn Jahre beendet.

IV

Freilich war der Entschluß des Königs, Talleyrand zu verabschieden, auch von dem Wunsche des russischen Zaren diktiert. Wenn es noch möglich gewesen wäre, bei Alexander die Verachtung und das Mißtrauen zu steigern, das er immer gegenüber Talleyrand gehegt hatte, besonders seit der Zeit, als «Anna Iwanowna» in seinen bezahlten Dienst als Spion trat, so war dieses Gefühl noch verstärkt worden nach der Komödie auf dem Wiener Kongreß, als der bejahrte Diplomat vor ihm ohne jeden Erfolg die Verzweiflungsszene anläßlich Polens gespielt hatte. Als Napoleon während der Hundert Tage im Kabinett Ludwigs XVIII. nach dessen eiliger Flucht den geheimen Vertrag Talleyrands, Metternichs und Castlereagh gegen Rußland vom 3. Januar 1815 gefunden und unverzüglich an Alexander geschickt hatte, da hatte sich der Zar beim nächsten Zusammentreffen mit Talleyrand so benommen, daß es diesem vollkommen klar sein mußte, er werde niemals mehr irgendwelche Gnadenbeweise von Alexander noch einen einzigen Rubel vom russischen Kaiserreich zu sehen bekommen. Der russische Botschafter in Paris Pozzo di Borgo, der über die «Konstitutionalität» des Fürsten völlig enttäuscht war, tat alles, was von ihm abhing, um die Entlassung des Kabinetts Talleyrand zu beschleunigen. Vor allem war diese Verabschiedung natürlich durch die nach den Hundert Tagen und der neuen Rückkehr Ludwigs XVIII. nach Paris verstärkte Reaktion der Royalisten veranlaßt. Der uralte Haß der Royalisten, besonders der Emigranten, gegen den Exkommunizierten, den Verräter, den Mörder des Herzogs von Enghien war 1814 noch zurückgehalten worden, jetzt aber brauchten sie Talleyrand schon nicht mehr, und die Nachricht, daß sich Alexander von ihm abgewandt hatte, beschleunigte selbstverständlich seine Verabschiedung.

Sir Henry Lytton Bulwer,[1] der aus persönlichen Unterhaltungen mit führenden britischen Diplomaten und Augenzeugen der Ereignisse von 1814—1815 und der folgenden Jahre viele wichtige Tatsachen erfahren hat, behauptet sogar, Talleyrands Verabschiedung sei durch direkte Einmischung und beinahe Drohung des russischen Zaren herbeigeführt worden: «Kaiser Alexander, der Talleyrand niemals sein Verhalten auf dem kürzlichen Kongresse verziehen hat, machte aus seiner persönlichen Antipathie gegen ihn kein Hehl und erklärte Ludwig XVIII., daß der König nichts vom Petersburger Kabinett zu erwarten habe,

---

1 Sir Henry Lytton Bulwer, Historical Characters, Bd. I, S. 277 (Talleyrand, the politic man).

solange Talleyrand an der Spitze des Kabinetts der Tuilerien bleibe; wenn aber Seine Majestät Talleyrands Posten dem Herzog von Richelieu gebe, dann werde er, der Kaiser, alles tun, um die Härte der Bedingungen zu mildern, auf denen jetzt alle Verbündeten energisch bestehen.» Das war nach Waterloo, nach der neuen Besetzung von Paris und eines Teils des Landes, nach den wilden Erklärungen Blüchers und anderer preußischer Militärs über die Abrechnung mit dem zum zweiten Mal besiegten Lande. Mit Alexander durfte man sich nicht überwerfen, selbst wenn Ludwig gewünscht hätte, Talleyrand an der Macht zu erhalten, woran er aber gar nicht dachte.

General Graf Rochechouart, der Kaiser Alexander und Herzog Richelieu nahestand und sich 1815 genau im Zentrum der Ereignisse befand, trifft genaue Feststellungen zur Geschichte der Entlassung Talleyrands: «Eine große Wolke hatte sich zwischen Kaiser Alexander und Talleyrand erhoben. Ich habe erst später von der Unstimmigkeit, die den Sturz des Ministeriums Talleyrand nach sich zog, Kenntnis bekommen ... Folgendes hatte sich abgespielt: Kaiser Alexander erfuhr, daß während der Arbeiten des Wiener Kongresses Talleyrand dem Fürsten Metternich den Plan eines geheimen Vertrages vorgeschlagen hatte ...» Weiter sagt Rochechouart, indem er Vorgeschichte und Inhalt des uns bekannten Geheimvertrages vom 3. Januar 1815 auseinandersetzt, von dem Alexander so überraschend erfuhr, daß Alexander bei dem Gedanken, «dieser selbe Diplomat solle als Vorsitzender des Ministerrates die Politik Frankreichs leiten», seine Entrüstung nicht verborgen habe.[1]

Rochechouart hätte nur hinzusetzen müssen, daß Alexander nicht nur vor der Schlacht von Waterloo, sondern auch noch in der ersten Zeit danach, ehe die Truppen der Verbündeten das Land stark besetzt hatten, das Verbleiben Talleyrands und sogar Fouchés im Amt für ein notwendiges Übel hielt, mit dem man sich vorläufig abfinden müsse. Jetzt aber, nach zweieinhalb Monaten, könne man ohne sie auskommen.

Der Zar gab Talleyrand, von dem er sich keinen Nutzen mehr zu versprechen hatte, einen Tritt. Einem anderen Diplomaten,

1 a. a. O., S. 411.

der den Vertrag vom 3. Januar 1815 mitunterzeichnet hatte, dem österreichischen Kanzler Metternich, verzieh er, weil ihm die gegenseitige Sicherung des Absolutismus Rußlands, Österreichs und Preußens gegen die Revolution auf dem Wege geboten schien, den er seit 1815 ging, ohne daß er auch nur Miene machte, davon abzuweichen.

Am 24. September nahm Talleyrand den Abschied. Zwei Tage später, am 26. September 1815, unterzeichneten Alexander, Franz I., Kaiser von Österreich, und Friedrich Wilhelm III., König von Preußen, auf Betreiben Alexanders den Akt über die «Heilige Allianz» ... Wir wissen, wie sich die Klassiker des Marxismus über die Gendarmenrolle ausgesprochen haben, die Rußland damit vom Zarismus aufgebürdet wurde, wie sich die ganze revolutionäre Gesellschaft Europas und Rußlands später über diese Rolle geäußert hat.

Herzen charakterisiert die Politik Alexanders zu diesem Zeitpunkt in seinem berühmten «Vom anderen Ufer» folgendermaßen: «Napoleon hatte gegen sich das ganze russische Volk aufgebracht, das energisch zur Waffe griff, ihn durch Europa verfolgte und Paris nahm. Das Schicksal dieses Teils der Welt war einige Monate lang in den Händen Kaiser Alexanders, aber er verstand weder seinen Sieg auszunutzen, noch begriff er seine Lage. Er stellte Rußland unter dieselbe Fahne wie Österreich, als ob dieser faule, sterbende Kaiserstaat irgend etwas gemeinsam hätte mit dem jungen Staate, der sich gerade eben in seinem ganzen Glanz gezeigt hatte. Als ob der energischste Vertreter der slawischen Welt die gleichen Interessen haben könnte wie der schärfste Unterdrücker der Slawen.» So qualifizierte Herzen die Rolle Alexanders, indem er nach seiner Gewohnheit natürlich die entscheidende Bedeutung der Einzelpersönlichkeit in der Geschichte übertrieb, so mächtig diese Persönlichkeit auch gewesen sein mag, und die allgemeinen, sozialpolitischen Klasseninteressen ignorierte, die die österreichische Reaktion mit der russischen verband.

Die Zeiten der Heiligen Allianz hatten begonnen, die Zeiten Metternichs in Europa, der Araktschejew, Runitsch und Magnitzki und des den Narren spielenden Photi in Rußland, der ultraroyalistischen Verrücktheiten in Frankreich. Doch diese allgemeine Reaktion stieß zuerst auf einen organisierten Widerstand seitens der fortschrittlichen Kräfte der Bourgeoisie, aber später auch der Arbeiter, gerade in Frankreich.

Betrachten wir nun, wie auf die politische Haltung des verabschiedeten Minister Talleyrand, des Mitglieds vom Hause der Pairs von Frankreich, der Zickzackkurs der französischen Politik in den langen fünfzehn Jahren, in denen er den Geschäften fern war, zurückwirkte.

SIEBENTES KAPITEL

Talleyrand im Ruhestand
24. September 1815—6. September 1830

I

Für den Minister war sein Abschied eine völlige Überraschung, trotz allem, was er in seinen Memoiren schreibt, in denen er seinem Rücktritt den Anschein einer freiwilligen patriotischen Heldentat geben und sie mit irgendwelchen Beziehungen Frankreichs zu den Siegern in Verbindung bringen möchte. So war es nicht, und Talleyrand wußte selbst am allerbesten, worin die Ereignisse wurzelten. Ludwig XVIII., ein alter, kranker, unbeweglicher, vom Podagra geplagter Mann, hatte nur einen Wunsch: nicht zum dritten Male in die Verbannung getrieben zu werden, ruhig als König im Königsschloß zu sterben. Er war so vorsichtig, daß er zwar die Richtigkeit der Anschauungen Talleyrands und die Gefährlichkeit des weißen Terrors und des sinnlosen Geschreis und Vorgehens der radikal-reaktionären Partei für die Dynastie einsah, aber er mußte mit dieser Partei doch soweit rechnen, daß er sie nicht durch Mitarbeiter wie Talleyrand und Fouché verärgerte.

Die Politik Talleyrands war nötig, aber ohne die Hände Talleyrands. Talleyrand wollte nicht merken, daß man ihn selbst noch mehr haßte als Fouché, daß die Mehrheit der Ultraroyalisten und die Mehrheit aller anderen Parteien gern die Worte Josef de Maistres wiederholte: «Von diesen beiden Menschen ist Talleyrand der größere Verbrecher.» Wenn Fouché überflüssiger Ballast für Talleyrand gewesen war, so war Talleyrand selbst überflüssiger Ballast für König Ludwig XVIII. Fouché war noch nicht nach Dresden abgereist, als auch Talleyrand über Bord geworfen war. Bei seiner Verabschiedung erhielt er den Hofrang eines Großkammerherrn mit einem Jahresgehalt von 100 000 Francs in Gold und mit der «Maßgabe, sich nach seinem Belieben zu beschäftigen und zu wohnen, wo es ihm gefällt.» Er hatte schon unter Napoleon dieselbe Hofcharge gehabt neben seinen sämtlichen übrigen Titeln und Stellungen, auch bei Napoleon waren diese Verpflichtungen wenig störend gewesen, sie wurden aber noch großzügiger bezahlt. Natürlich blieb er auch lebenslängliches Mitglied des Hauses der Pairs.

Nachdem er das Ministerium abgegeben hatte, begann er mit der Ausführung einer von ihm schon lange geplanten Operation, von der bis in die neueste Zeit — genauer bis zum 15. Dezember 1933, als einige geheime Dokumente in Frankreich veröffentlicht wurden — niemand etwas wußte.

Am 12. Januar 1817 beschloß Talleyrand, nachdem ihm endgültig klar geworden war, daß er für lange Zeit von einer Beteiligung an der Regierung entfernt sein werde, den vorteilhaften Verkauf einer wertvollen Ware einzuleiten, und schrieb an Metternich. Mit der Ruhe und Erhabenheit, die ihn nie verließ, teilte er freimütig mit, er habe heimlich aus den Staatsarchiven, Sektor des Ministeriums des Äußeren, eine große Menge Dokumente aus der Korrespondenz Napoleons «mitgenommen» (emporté). Und obgleich England, Rußland und sogar Preußen sehr viel geben würden, sogar 500 000 Francs, wünschte er, Talleyrand, im Namen der alten und warmen Freundschaft zum Kanzler Metternich die von ihm beschafften Dokumente nur an Österreich und an niemand anderen zu verkaufen. Wünscht man sie zu erwerben? Er teilt dabei mit, daß er nicht nur die Korrespondenz Napoleons an ihn, beginnend mit der Expedition nach Ägypten und endend mit dem Jahr 1807, mitgenommen habe, sondern auch die Korrespondenz des Kaisers mit seinen Nachfolgern im Ministerium des Äußeren, dem Herzog von Cadore (Champagny) von 1807— 1811, und dem Herzog von Bassano (Maret) von 1811—1813. Alles mit den eigenhändigen Unterschriften Napoleons im Original. So preist Talleyrand seine erfolgreich aus den Archiven gestohlene Ware an. Metternich stimmte sofort zu, zumal Talleyrand zu verstehen gab, daß sich unter den Dokumenten, die er verkaufen wollte, auch Kompromittierendes für den Kaiser von Österreich befinde und daß die österreichische Regierung — wie Talleyrand seine Ratschläge formuliert — «sie entweder in der Tiefe ihrer Archive begraben oder sogar vernichten könne». Das Geschäft kam zustande, und Talleyrand verkaufte für eine halbe Million die von ihm persönlich entwendeten Archivdokumente. Er hatte sie rechtzeitig 1814 und 1815 gestohlen, als er zweimal vorübergehend an der Spitze der Regierung stand.

Eine halbe Million Francs — gewiß kein geringer Preis. Er war sich wohl bewußt, daß er, wenn die Sache schiefging, nach allen Gesetzen wegen Landesverrats, erschwert durch Diebstahl, vor Gericht käme; deshalb verlangte er vorbeugend von seinem Käufer Fürst Metternich außerdem, daß im Falle irgendwelcher Unannehmlichkeiten (bei strafrechtlicher Verfolgung) Österreich ihm, Talleyrand, und seine Familie Zuflucht gewährte «in Wien oder irgendeinem anderen Teil der österreichischen Besitzungen, wenn die Umstände seine Entfernung aus Frankreich forderten». Metternich ging auf alle diese Bedingungen ein, und unter Beobachtung aller nötigen Vorsichtsmaßregeln und in strengstem Geheimnis trafen die Dokumente (832 Nummern) in Wien bei Metternich ein und 500 000 Francs in Gold in Paris bei Talleyrand. Es besagt nichts, daß Talleyrand Metternich auf das schamloseste betrog, denn von den 832 Dokumenten waren nur 73 tatsächlich von Napoleon unterschriebene Originale, alles übrige einfache dienstliche Abschriften ohne besonderes Interesse. Der Herausgeber der «Mélanges», Lacour-Gayet, der sämtliche Belege über dieses Diebsgeschäft abgedruckt hat, bemerkt, man brauche sich die Sache durchaus nicht so vorzustellen, als ob Metternich bei diesem Kauf das Opfer eines «gerissenen Schwindlers» geworden sei. «Der Kanzler war kein Dummkopf, der die Katze im Sacke kauft, und Talleyrand war kein Schwindler, der mit minderwertiger Ware betrügt. Er handelte als ehrlicher Kaufmann: der eine verkaufte wertvolle, teilweise kompromittierende Dokumente, und schlau kaufte der andere gerade diese.»[1]

Indem Talleyrand in seinen Brief fast unmerklich die erpresserische Drohung einfließen ließ, zwang er seinen Korresponden-

1 Mélanges, S. 161.

ten, sofort diesem Geschäft zuzustimmen — und unter dem Haufen wenig interessanter bürokratischer Archivstücke erhielt Metternich doch für sein Geld die für ihn erforderlichen, für Österreich unangenehmen Dokumente. Die beiden Beteiligten kannten einander genau, sie arbeiteten ja nicht das erste Mal zusammen.

Vielleicht ist Lacour-Gayets Auslegung auch willkürlich. Aber selbst wenn seine Hypothese nicht richtig ist, war es für den österreichischen Kanzler doch unmöglich, gegen Talleyrands Verhalten etwas zu unternehmen, da dieser erst nach Empfang des Geldes die Dokumente der österreichischen Botschaft in Paris übergeben hatte. Metternich war mit allem einverstanden gewesen und hatte voll bezahlt. Erst später, als das ganze Diebesgut, das ja als diplomatisches Material der österreichischen Botschaft nicht der Kontrolle unterlag, aus Frankreich heraus und in Wien angekommen war, konnte sich der österreichische Kanzler überzeugen, daß der Verkäufer ihn zum Teil betrogen hatte, daß viele Dokumente keine Originale waren, sondern Kopien, ohne Napoleons Unterschrift. Wer kann aber in solchen delikaten Dingen Klage erheben? Der Hehler und Käufer läuft immer Gefahr, betrogen zu werden, wenn der Dieb und Verkäufer ein Betrüger ist. Die Sache war damit zu Ende. Jedenfalls waren die späteren Beziehungen zwischen Talleyrand und Metternich sehr offiziell. Doch dem alten Fürsten von Benevent hat niemals an besonders herzlichen Beziehungen zu irgend jemand gelegen.

II

Zunächst schien es, als ob sich Talleyrand auf ein ruhiges Leben fern von den Geschäften zurückziehen wollte. Ungeheurer Reichtum, ein herrliches Schloß in Valençay, ein herrliches Palais in Paris, königlicher Prunk in seiner Lebenshaltung — das erwartete ihn am Ende seiner Tage. Die Untätigkeit machte ihm nicht viel aus. Er hatte die Arbeit niemals sehr geliebt. Er hatte seinen Untergebenen im Ministerium, seinen Botschaftern und schließlich seinen Ministern, als er Premierminister war, leitende Gesichtspunkte gegeben. Er hatte den Herrschern, denen er diente, Napoleon, Ludwig XVIII., Ratschläge gegeben, er hatte das in intimen Unterredungen unter vier Augen getan. Er führte seine diplomatischen Gespräche und Intrigen beim Diner, auf dem Balle, in einer Unterbrechung des Kartenspiels; er erreichte die wichtigsten Resultate bei den verschiedenen Gelegenheiten des an Zerstreuungen reichen gesellschaftlichen Lebens, das er immer führte.

Aber saure tägliche Büroarbeit lag ihm nicht und war für ihn nicht erforderlich, dafür hatte er einen Stab erfahrener, ihm untergebener Beamten, Sekretäre und Direktoren. Jetzt im Ruhestand beobachtet er, wie in den Jahren seiner Kaltstellung unter Napoleon, aufmerksam das politische Schachspiel und die Züge der Partner, ohne selbst am Spiel beteiligt zu sein. Und er sieht, daß die Bourbonen weiter ihre Stellung untergraben, daß Ludwig XVIII., der einzige vorsichtigere Mann unter ihnen, in seinem erfolglosen Kampf gegen die extremen Reaktionäre erlahmt, daß nach dem Tod des Königs der leichtsinnige Greis Karl von Artois den Thron besteigen wird, der sich den Plänen, das alte Regime wiederherzustellen, nicht nur nicht widersetzen, sondern selbst gern die Initiative ergreifen wird, weil er nicht den Verstand besitzt, die furchtbare Gefahr dieses hoffnungslosen Spiels zu erkennen, des törichten und unmöglichen Versuchs, das Rad der Geschichte zurückzudrehen, und nicht einmal den Instinkt der Selbsterhaltung hat, der allein seinen älteren Bruder Ludwig XVIII. hinderte, sich ganz den Ultraroyalisten anzuschließen.

In der Zeit seiner vorübergehenden Entfernung von der aktiven Politik setzte sich Talleyrand an seine Memoiren. Er hat fünf Bände geschrieben. Rein biographisch haben diese fünf Bände kein besonderes Interesse für uns. Begnügen wir uns mit wenigen Worten über das Werk Talleyrands. Die Memoiren bürgerlicher Staatsmänner, die eine führende Rolle gespielt haben, sind selten zuverlässig. Das ist sehr erklärlich: Der Autor, der seine historische Verantwortung kennt, bemüht sich, seine Erzählung so abzufassen, daß die Motivierung seiner eigenen Taten möglichst hervorgehoben wird, aber da, wo man sie beim besten Willen nicht zugunsten des Autors auslegen kann, möchte er seine Beteiligung möglichst verwischen. Zusammenfassend kann man über die Memoirenschreiber dieses Typs wiederholen, was Henry

Rochefort über die Erinnerungen des Premierministers am Ende des zweiten Kaiserreichs Emile Olivier gesagt hat: «Olivier lügt so, als ob er noch Erster Minister wäre.» Das beste Beispiel in der neuesten Literatur sind die neun Bände Erinnerungen Poincarés, in angemessenem Verhältnis zu der bekannten Arbeitsfreudigkeit des Verfassers wurde noch ein zehnter Doppelband vorbereitet. Alle neun Bände Poincarés sind tatsächlich eine Wiederholung der amtlichen patriotischen Propaganda, die in der Epoche seiner mehrfachen Tätigkeit als Minister und seiner Präsidentschaft gedruckt worden ist.

Die Memoiren Talleyrands haben einen Vorzug. Einmal waren sie, nach einigem anfänglichem Schwanken, nur für seine Nachkommen bestimmt und sollten auf keinen Fall zu Lebzeiten des Verfassers an die Öffentlichkeit kommen. Sie sind zuerst 1891, das heißt dreiundfünfzig Jahre nach dem Tode Talleyrands, erschienen. Zweitens wußte Talleyrand, wie ich schon bemerkt habe, daß er während seiner Wirksamkeit auf der Bühne der Welt mehrere Male in den entscheidungsvollsten historischen Augenblicken ungeheuren Einfluß auf den Verlauf der Dinge gehabt hatte, ohne hinter den Kulissen zu bleiben und ohne zu versuchen, sich später für irgend etwas zu rechtfertigen — er kann also nicht darauf rechnen, daß man ihm in seinen Memoiren besonderen Glauben schenken werde. Deshalb wählte er folgende Methode. Er bepackte seine Memoiren vor allem mit dem Abdruck amtlicher Dokumente und dienstlicher oder halbdienstlicher Meldungen, die er während seines aktiven politischen Lebens geschrieben hatte, dagegen überging er einfach mit Stillschweigen die Ereignisse, bei denen es ganz zwecklos gewesen wäre, die Unwahrheit zu sagen, weil sie schon zu allgemein bekannte und absolut feststehende, unbestreitbare Tatsachen waren. Dadurch mußten die Memoiren natürlich viel an äußerem Interesse verlieren. Bedenken wir, wen dieser Mann alles gekannt, mit wem er zu tun gehabt hat! «Er hat von sich selbst gesagt, er sei ein großer Poet und habe eine Trilogie aus drei Dynastien geschaffen: erster Akt — das Imperium Napoleons, zweiter Akt — das Haus Bourbon, dritter Akt — das Haus Orléans. Das alles hat er in seinem Palais gemacht, und wie die Spinne in ihr Netz hat er nacheinander in dieses Schloß gelockt und hereingezogen:

245

Helden, Denker, große Menschen, Eroberer, Könige, Prinzen, Kaiser, Bonaparte, Sieyès, Frau v. Staël, Chateaubriand, Benjamin Constant, Alexander von Rußland, Friedrich Wilhelm von Preußen, Franz von Österreich, Ludwig XVIII., Louis-Philippe und alle goldenen und glänzenden Fliegen, die durch die Geschichte der letzten vierzig Jahre summen» — so schrieb Victor Hugo wenige Tage nach Talleyrands Tode. Dieser spricht verhältnismäßig wenig von ihnen allen, viel weniger, als er hätte aussagen können.

Trotz aller dieser ihrer Mängel sind seine Memoiren ein recht nützlicher Teil des Memoirenschatzes der historischen Literatur, den ein an der Geschichte interessierter Mensch zu besitzen wünscht.

Weil Talleyrand über vieles geschwiegen hat, können wir etwas mehr Vertrauen zu dem haben, wovon er spricht. Er hat nur über Dinge geschwiegen, die zu seiner Zeit allgemein bekannt waren, er wollte sie deshalb, wenn er sie unerwähnt ließ, auch nicht totschweigen, sondern nur zu verstehen geben, daß er sie nicht weiter breitzutreten beabsichtigte. Er sprach nur über das, worüber man seiner Meinung nach noch streiten, was man noch in einem für ihn günstigen Lichte darstellen konnte und was er in der Tiefe seiner Seele nicht als anstößig für seine Ehre ansah.

In seinem Testament hat Talleyrand seiner Nichte, der Herzogin von Dino, das volle Verfügungsrecht über alle seine Papiere vermacht mit der Bedingung, daß seine Memoiren nicht früher als dreißig Jahre nach seinem Tode veröffentlicht werden dürften. Nach dem Tode der Herzogin von Dino gingen die Papiere laut ihrem Testament an Bacourt über, der ihre Veröffentlichung vorbereitete. Vor seinem Ende vermachte er sie zwei Liebhabern, denen sich später der Herzog von Broglie anschloß, der bekannte Führer der französischen Legitimisten und Minister im Anfang der Dritten Republik. Broglie hat diese Memoiren endgültig für den Druck vorbereitet; der erste Band erschien in Paris im Februar, der zweite und dritte im Juni, der vierte und fünfte im Oktober 1891.

Man kann jetzt als zweifelsfrei feststehend annehmen, daß Talleyrand alle seine Erinnerungen, soweit sie sich auf die Zeit von den ersten Tagen seines Lebens bis zu seiner Entlassung im

September 1815 beziehen, in der Epoche der Restauration geschrieben hat, und zwar in den ersten Jahren der Restauration. Dann folgt eine lange Pause (so gut wie nichts wird über die Jahre des Ruhestandes gesagt) und danach der unmittelbare Übergang zur Julirevolution 1830 und zur letzten Phase der aktiven Tätigkeit Talleyrands, zu seinem Aufenthalt als Botschafter Louis-Philippes in London 1830—1834. Dieser Teil ist offenbar 1835—1837 abgefaßt, da er 1838 oft krank war und schon nicht mehr arbeiten konnte.

Auf den ersten Teil hat die Zeit, in der ihn Talleyrand schrieb, offensichtlich stark eingewirkt. Er schreibt im Ton eines Mannes, dem die Fehler und Trugschlüsse der «legitimen» Dynastie der Bourbonen in der Seele weh tun, im Tone des gemäßigt liberalen Aristokraten, der nur, um nach seinen Kräften das Vaterland zu retten, der verfassunggebenden und der gesetzgebenden Versammlung, dem Direktorium und Napoleon diente, dessen persönliche Sympathie, wie er dem Leser einreden will, aber immer auf seiten der Bourbonen war. Mit diesem Ton harmonieren zwei andere, die im ersten Teil der Memoiren ebenfalls deutlich aufklingen: Mit Vergnügen schildert Talleyrand Einzelheiten des Lebens unter dem Ancien régime, deren er sich aus seiner Kindheit noch erinnert, er ergeht sich in stolzen Erwägungen, daß es einem Nichtaristokraten unmöglich ist, diese Rolle zu spielen, so in den Augen der Bevölkerung dazustehen wie die Männer der alten adligen Geschlechter; anderseits lenkt er die Aufmerksamkeit der Leser darauf, daß er vor der Revolution die Rechte und Privilegien der Kirche verteidigt habe im Kampf gegen die weltliche Macht, die der Kirche besonders schwere Abgaben auferlegen wollte. Es ist klar: Wenn er an die Leser von 1815—1816 und der späteren Jahre dachte, hatte er im Sinn, völlig als ihr Mann zu erscheinen, mit allen adligen und sogar klerikalen Sympathien, die die damals siegreiche Reaktion hegte. Aus einigen Anzeichen kann man schließen, daß er nicht von Anfang an den Gedanken hatte, seine Memoiren sollten nicht bei seinen Lebzeiten gedruckt werden. Es ist offensichtlich, daß er eine Zeitlang an den Leser dachte, der in der Restauration den Ton angab, besonders in deren ersten Jahren.

Das kommt nicht nur in der absichtlich ganz falschen Einschätzung der eigenen Rolle und der Motive für seine Tätigkeit in der Revolution und unter dem Kaiserreich zum Ausdruck, sondern auch in dem wohlüberlegten fast völligen Verschweigen so wichtiger Ereignisse wie der Sequestrierung alles Landbesitzes der Kirche auf seinen Vorschlag im Jahre 1789 usw. Indem er der Zusammenkunft Napoleons mit Kaiser Alexander in Erfurt ein besonderes Kapitel widmet, spricht er nur flüchtig andeutend von seinem verräterischen Verhalten in diesem Augenblick. Wenn er beiläufig die Hinrichtung des Herzogs von Enghien erwähnt, macht er den Leser glauben, er sei an diesem Ereignis moralisch völlig unbeteiligt. In seinen Erzählungen über 1814—1815 schildert er die Vorgänge so, als ob er an nichts anderes als an die Rettung des Vaterlandes gedacht habe. Und um endgültig vor dem Leser zu verschleiern, welche Rolle er als Urheber des Gedankens der Erschießung des Herzogs von Enghien gespielt hat, vergißt er nicht hinzuzufügen, daß gerade der Prinz Condé, der Vater des Erschossenen, ihn zu den Erfolgen des Wiener Kongresses beglückwünschte. Daß er diesen Glückwunsch bedeutend später erhalten hat, nämlich nachdem er den Prinzen von Condé schamlos belogen und sich durch diese unverfrorene Lüge in seinen Augen gerechtfertigt hatte, das vergißt er allerdings hinzuzufügen.

Im übrigen wird der Leser, der sich mit meiner Charakteristik Talleyrands und mit den unbestreitbaren Tatsachen, die ich angeführt habe, bekanntgemacht hat, mühelos die Gründe durchschauen, warum der Memoirenschreiber vorzieht, über vieles überhaupt nicht zu sprechen und über vieles nicht so, wie es gewesen ist.

Trotzdem wird der Historiker, der sich mit dem Frankreich zur Zeit des ausgehenden alten Regimes, der Revolution, des Imperiums, der Restauration, der Julirevolution, der Monarchie Louis-Philippes beschäftigt, diese Memoiren nicht entbehren können. Auch für den Historiker der Diplomatie Europas in dieser Periode sind sie von Bedeutung. Sie enthalten stellenweise wichtige Einzelheiten, feine Bemerkungen und Einschätzungen von Personen und Ereignissen. Ein Charakterzug Talleyrands kommt in den Bänden besonders zum Ausdruck: das Fehlen jedes Rachegefühls, das aber nicht Edelmut entspringt, sondern sich aus der

Fähigkeit und Neigung ergibt, die Menschen nicht so sehr zu hassen wie zu verachten und für seine persönlichen Zwecke auszunutzen.

Seine Memoiren haben nicht den Charakter eines kämpferischen Pamphlets, das zur Beschimpfung der Feinde und zur Abrechnung mit den Beleidigern geschrieben ist, wie analoge Bücher von Tirpitz, Clemenceau, Lady Asquith, Graf Witte, die gefälschten Memoiren Bouriennes oder Bismarcks. Im Gegenteil, mit denen, die schon gestorben sind oder ihm nicht mehr schaden können, verfährt er mit der Ruhe und dem Gleichmut, die ihm überhaupt eigen waren. Schließlich tragen diese Memoiren den schwer zu greifenden, aber höchst wichtigen Zug, der nur denen eigen ist, die selbst Hauptakteure im historischen Drama gewesen sind: Talleyrand erzählt gleichsam intim, man könnte sagen familiär, von großen historischen Ereignissen, die tatsächliche Verknüpfung der Ereignisse ergibt sich unter seiner Feder wie von selbst. Das kommt zum Teil von der Laxheit, der Scheu vor eigener Arbeit, die immer an diesem Manne zu erkennen ist. «Seien Sie nicht zu eifrig», lehrte er die jungen Diplomaten. «Wer Seiner Majestät dem Kaiser Napoleon etwas Faulheit (un peu de paresse) beigebracht hätte, wäre ein Wohltäter der Menschheit gewesen», sagte Talleyrand mit einem Seufzer in der Zeit der höchsten Blüte des großen Imperiums. Talleyrand hielt für die einzig richtige Taktik des Diplomaten, es niemals eilig zu haben, abwarten zu können, sich nicht zu sehr einzumischen, überhaupt möglichst wenig zu arbeiten. Auch in seinen Memoiren ist er geizig mit der Arbeit. Offenbar hat er diese Skizzen niemals überarbeitet und war bemüht, möglichst lakonisch zu sein und schnellstens zu den Akten überzugehen, hinter denen man sich nach seiner Meinung offenbar auch vor der Nachkommenschaft besser verbergen könnte.

Für die vorliegende Analyse des Lebens und der Tätigkeit Talleyrands habe ich natürlich so wenig wie möglich diese fünf Memoirenbände benutzt. Für den Leser ist unvergleichlich interessanter nicht das, wovon Talleyrand spricht, sondern das, wovon er vollkommen schweigt — und ich habe meine Arbeit auf ganz anderen Quellen aufgebaut. Ich habe mich hierbei bemüht, aus der unübersehbaren Masse der Tatsachen nur die auszuwählen und zu analysieren, die ich für besonders charakteristisch und beweiskräftig hielt.

Das Memoirenschreiben beanspruchte den Fürsten nicht ganz. Er hatte sich durchaus noch nicht in die Rumpelkammer gestellt.

III

Talleyrand wollte in den ersten Jahren der Restauration natürlich wieder an die Macht kommen, er murrte, beschimpfte, selbst öffentlich, die Minister, wofür ihm sogar einmal die Hoffähigkeit aberkannt wurde, das heißt, ihm wurde verboten, in den Tuilerien zu erscheinen, trotz seines Ranges als Großkammerherr. Er sprach ironisch über die Dummheit und Unbegabtheit der Regierenden, machte Witze und Epigramme. Wo es angebracht war, gab er zu verstehen, daß er unersetzlich sei. Aber man holte ihn nicht. Aus verschiedenen Anzeichen läßt sich entnehmen, daß er schon damals erkannt hatte, die Stunde des Sturzes der Bourbonen sei nicht mehr fern. Er hat sie nicht nur niemals geliebt (er liebte überhaupt niemanden), sondern auch nicht verehrt, wie er zum Beispiel Napoleon verehrte, und er sah, daß die Bourbonen und ihre Anhänger einem Ziel zustrebten, das seinem Wesen nach nicht weniger phantastisch war als die «Weltmonarchie» ihres furchterregenden Vorgängers auf dem Throne Frankreichs.

Talleyrand erkannte deutlich, daß der Adel als Klasse, durch die Große Revolution der Bourgeoisie tödlich verwundet, nicht wieder auferstehen, aber mit seinem Leichengift die Dynastie selbst vergiften würde.

Sehr bald zeigte Talleyrand dem König, daß er durchaus nicht gewillt war, sein Alter mit Memoirenschreiben hinzubringen. Ihn nicht zum Mitglied des Hauses der Pairs zu ernennen war für Ludwig XVIII. unmöglich — nachdem er ihn aber ernannt hatte, konnte er sich nicht mehr ganz von ihm ablösen, denn die Zugehörigkeit zur Ersten Kammer war lebenslänglich.

Nach der Erkenntnis, daß er in der unangenehmsten Weise fehlgegriffen hatte und daß König Ludwig XVIII. recht gewandt diesen Fehlgriff benutzte, um sich von der ihn schon längst beunruhigenden, ihm schon immer unsympathischen Person seines neuaufgetauchten «Freundes und treu ergebenen» Talleyrand zu trennen, begann dieser, ein neues Netz von Intrigen gegen die «undankbaren» Bourbonen zu spinnen.

Der russische Botschafter Pozzo di Borgo berichtete darüber aus Paris nach Petersburg: «Herr von Talleyrand, der sich zur Regel gemacht hat, bitter gegen alles zu frondieren, was hier geschieht, hat, wie zu erwarten war, ebenso unangenehme Gegenschläge gegen seine Person hervorgerufen. In der Lage, in der er sich befindet, wird seine Opposition, ob begründet oder nicht, immer mit seinem Ehrgeiz oder mit verschlagenen Plänen erklärt, während sie in Wirklichkeit Leichtsinn, Sarkasmus und verletzter Eigenliebe entspringt. Intriganten aller Art, die ihn umgeben, bemühen sich, ihn zu kompromittieren, und da sie in Paris ausgespielt haben, haben sie London zum Schauplatz ihrer Tätigkeit gemacht. Sie haben dort eine öffentliche Korrespondenz eingerichtet, die in den Zeitungen veröffentlicht wird. Diese Korrespondenz besteht aus Dokumenten, die unrichtig wiedergegebene Gespräche und übelwollende Kritik am König und seiner Familie enthalten. Herr von Talleyrand erscheint dort als der verfolgte Held, dessen Fehlen im Ministerium alle Mängel verschuldet, gegen die sie protestieren ... Diese Arbeit richtet sich auch gegen unseren (russischen) Hof, wobei sie ‹die Ehrfurcht› der französischen Regierung gegenüber Rußland tadeln und sich bemühen, den Einfluß Rußlands auf die französischen Dinge zu beeinträchtigen.» Pozzo di Borgo fürchtet, daß Talleyrand jetzt, 1816, die liberalen Gespräche in Umlauf bringt, die Alexander mit ihm im März, April, Mai 1814 gehabt hat.[1] Nach einigen verschleierten Zeilen Pozzo di Borgos zu schließen, propagierten Talleyrand und seine Freunde die Ansicht, der König habe Talleyrand entlassen, weil dieser den liberalen Ratschlägen des Zaren treu geblieben sei. Aber seit dem Frühjahr 1814, als diese liberalen Gespräche geführt wurden, war jetzt, im Jahre 1816, nach der Bildung der Heiligen Allianz, viel Wasser ins Meer geflossen, und an vieles wollte der Zar nicht mehr erinnert werden.

Daß die liberalen und konstitutionellen Tendenzen des Zaren

1 Archiv der Außenpolitik, Min. d. Äuß., Nr. 9062. Pozzo di Borgo — Graf Nesselrode. Nr. 79, Paris, le 25 janvier/6 février 1816.

in der französischen (beileibe nicht der russischen) inneren Politik ausschließlich von der Furcht vor einer neuen Revolution in Frankreich und von nichts anderem diktiert wurden, das hatte Talleyrand natürlich längst sehr gut erkannt. Es hätte dazu nicht einmal der extremen Maßnahmen Araktschejews, der Soldatendörfer, der Golizinschen Gespenstseherei, des Aufblühens der Heiligen Allianz, des Auftretens des Zaren in Troppau, Laibach und Verona bedurft.

Obgleich Talleyrand seit dem 24. September 1815 im Ruhestand war, der wider Erwarten lange währte, tatsächlich fünfzehn Jahre, bis zur Julirevolution 1830, waren der König und der Hof, die ihn haßten, in beständiger Furcht vor ihm, und sie wurden offenbar selbst die Vorstellung nicht los, daß sie eines Tages gezwungen sein würden, ihre Zuflucht wieder zu seinen Diensten zu nehmen. Sie fürchteten seine kalte Bosheit, seine erbarmungslose Zunge, seine düsteren Prophezeiungen.

«Fürst Talleyrand ist vor Beendigung der Feierlichkeiten anläßlich der Hochzeit des Herzogs von Berry nach Valençay zurückgekehrt. Der König und die Prinzen haben sich gegen ihn so benommen, daß er keinen Grund zur Klage hatte. Obgleich er sich den Anschein gibt, als sei er fern von den Geschäften, wird er doch noch lange nicht ganz gleichgültig sein (ne sera pas encore tout-à-fait indifférent en France). Das beste Mittel, seine Kritik wirkungslos zu machen, wäre, diese Kritik nicht durch eigene Fehler zu rechtfertigen. Das ist das Argument, das ich vor allem in Umlauf setze für die, die ihn fürchten und die seinen Intrigen nur wegen ihrer eigenen Unvorsichtigkeiten erliegen.»[1] So meldete der russische Botschafter in Paris Pozzo di Borgo im Sommer 1816.

IV

Talleyrands Feindschaft gegen den König und seine Minister, wer sie auch waren und welche Politik sie auch machten, kannte

[1] ebd. Nr. 9063. Brief Nr. 203 (rote Tinte 145). Pozzo di Borgo — Graf Nesselrode. Paris, le 23 juin/juillet 1816.

keine Grenzen. 1817 wird in den Kammern ein Gesetz eingebracht, das den Zensus für das aktive Wahlrecht etwas herabsetzt: Das Wahlrecht soll von jetzt an der Bürger haben, der jährlich 300 Francs direkte Steuern bezahlt. Die extremen Reaktionäre entfesseln eine stürmische Agitation, das Gesetz erscheint ihnen umstürzlerisch, revolutionär, die Monarchie untergrabend. Und Talleyrand, Mitglied des Hauses der Pairs, der weiß, daß die stumpfe, unversöhnliche aristokratische Reaktion die Monarchie untergräbt, tritt an die Spitze dieser reaktionären Clique, nur um das Ministerium zu stürzen. Der russische Botschafter Pozzo di Borgo, der versteht, welche Komödie Talleyrand spielt und warum er sie spielt, berichtet an Nesselrode und den Zaren: «Alle diese Elemente der Intrige haben Talleyrand Hoffnung auf Erfolg gegeben. Er spielte sich auf, als ob er auf die Seite der angeblichen Interessen des Adels träte und die Befürchtungen der Prinzen teilte, und er erklärte sich zum glühenden Verteidiger der Legitimität, die durch eine schlechte Wahl der Abgeordneten gefährdet werden könne ... In seiner Eigenschaft als Pair von Frankreich erschien er wieder im Hause der Pairs, umgeben von Herrn Polignac, Matthieu de Montmorency, Chateaubriand und anderen, von denen man sagt, daß sie nur nach den Wünschen der Prinzen handeln.»[1] Unter «Prinzen» werden hier des Königs Bruder Karl von Artois und dessen Söhne (Neffen des Königs, die Herzöge von Angoulême und Berry) verstanden.

Wie aktiv und geschäftig Talleyrand in seinen Intrigen gegen den König und die Regierung war und wie eng er offenbar seine Intrigen mit den englischen außenpolitischen Machenschaften gegen Richelieu verknüpfte, den man mit Recht als den Vertreter Alexanders betrachten konnte, sehen wir aus einem wichtigen Dokument. Dieses sehr verantwortungsvolle Dokument war im September 1817 von Premierminister Herzog von Richelieu verfaßt worden als Antwort auf eine Anfrage des russischen Ministeriums, wie weit es unbedenklich für die Dynastie der Bourbonen sei, wenn die Okkupationsarmeen der Verbündeten aus Frankreich zurückgezogen würden.

---

1 ebd. Nr. 9067, Kanzlei, Meldung Nr. 364. Pozzo di Borgo — Graf Nesselrode. Paris, le 2/14 février 1817.

Richelieu gibt die sehr beruhigende Antwort, daß die Gefahr eines Aufstandes gegen die Regierung und die Dynastie nicht bestehe, leugnet aber nicht, daß die ultrareaktionären Royalisten noch vor kurzem Anlaß zur Beunruhigung gaben: «Diese Partei, verschwörerisch und unruhig (factieux et turbulent) hat bald die allerabsolutistischsten Dokrinen unterstützt, bald sich zur halt-losesten Demokrate (sic!) herabgelassen, nur um dem König Schwierigkeiten zu bereiten. Sie hat zu allen Vertretern extremer Richtungen ihre Zuflucht genommen (à tous les extrêmes), zu Talleyrand, Canning, Herzog von Wellington, zu englischen Zeitungen, zur Verleumdung, zu erlogenen Alarmnachrichten — alles wurde in Bewegung gesetzt, nur um Unruhe zu stiften.»[1] In seinem ganzen langen Bericht erwähnt der Herzog von Richelieu nicht einen französischen Namen außer Talleyrand, als er von den englischen Politikern spricht, die zusammen mit Talleyrand gegen die französische Regierung intrigieren. Diese Auslassung Richelieus bekräftigt die oben angeführten Berichte Pozzo di Borgos.

So betätigt sich Talleyrand, der sich so oft über die völlig tö-richte, verderbliche und unmögliche Politik dieser selben Polignac, Grafen Blacas und Artois ausgelassen hatte, selbst im Sinne der absolutistischen Reaktionäre. Das sind die Mittel, die der Patriot Talleyrand in Bewegung setzt, der alle seine Verrätereien damit zu rechtfertigen sucht, daß er nicht Frankreich verraten habe, sondern nur die Regierungen, deren Politik nach seiner Meinung für die nationalen Interessen schädlich war. Hierüber schreibt Pozzo di Borgo in einem ergänzenden Bericht von dem-selben 2./14. Februar 1817 nach Petersburg. Das Ministerium Richelieu führte eine schwierige Verhandlung über den allmäh-lichen Abzug der verbündeten Truppen aus Frankreich. Talley-rand, der alles nur mögliche getan hatte, um den Herzog von Wellington, den Vertreter Englands in Paris, in sein Haus zu ziehen und mit ihm die wärmsten Beziehungen anzuknüpfen,

1 ebd. Nr. 9067. Annexe au Nr. 526 des dépêches du général Pozzo (sic!) en date du 21 septembre/3 octobre. Réponses aux questions adressées au général Pozzo di Borgo par M. le comte de Capodi-strias, de Franzesbrun en date du 28 aout/9 septembre 1817. Paris, le 21 septembre/3 octobre 1817.

konnte dem Herzog hinterbringen, daß der Verwalter der indirekten Steuern, Barant, gelegentlich einer Äußerung über die noch in Frankreich stehenden Besatzungstruppen ein grobes Schimpfwort über sie gebraucht habe. Dieses Schimpfwort war nicht in die Presse gelangt, aber als es Wellington im Hause Talleyrands erfahren hatte, geriet er außer sich vor Wut, schlug gewaltig Lärm, verlangte Genugtuung, und der eingeschüchterte Richelieu war schon bereit, Barant zu entlassen. Dank der Vermittlung des russischen Botschafters wurde die Sache beigelegt. Wellington beruhigte sich, und Talleyrand war es nicht gelungen, einen internationalen Konflikt herbeizuführen; zerstört waren alle «Hoffnungen, die durch die Intrigen Talleyrands unter seinen Anhängern hervorgerufen waren», fügt Pozzo di Borgo seinem Bericht hinzu.[1]

Talleyrands Betätigungen bekamen schließlich einen so herausfordernden Charakter, daß Ludwig XVIII. ihm verbot, bei Hofe zu erscheinen; er wagte es aber doch nicht, ihm bei dieser Gelegenheit den Rang des «Großkämmerers des königlichen Hofes» abzuerkennen. Diese sonderbarste «Bestrafung», welche die Angst des Königs und des Ministeriums vor der weiteren Betätigung des vielgewandten Großkammerherrn enthüllte, wurde auf Bitten des Herzogs Richelieu sehr bald, im Februar 1817, aufgehoben, wie Pozzo di Borgo berichtet.[2] Natürlich spielten bei dieser Hochherzigkeit die Befürchtungen vor künftigen Intrigen Talleyrands eine Rolle. Richelieu wußte, daß Talleyrand ihn nicht leiden konnte, daß er die Redensart verbreitete, Alexander habe Richelieu anfangs Noworossisk und die Krim, später Frankreich zur Verwaltung gegeben, wobei Talleyrand witzelte, daß die hauptsächlichste Berechtigung des Herzogs Richelieu auf die Verwaltung Frankreichs darin liege, daß er am besten von allen Franzosen die Krim kenne.

Die entsprechende Dankbarkeit für die königliche «Gnade» folgte sehr bald. «Ich habe Euer Exzellenz schon berichtet, daß Herzog von Richelieu aus dem Gefühl der Delikatesse heraus den

---

1 ebd. Nr. 9067. Brief Nr. 365, le 2/14 février 1817.
2 ebd., Pozzo di Borgo — Graf Nesselrode. Paris, le 14/26 février 1817.

König bewogen hat, dem Fürsten Talleyrand zu erlauben, wieder bei Hofe zu erscheinen und die Funktionen des Großkämmerers auszuüben. Die Folge dieses Entgegenkommens war eine neue Intrige»,[1] meldet bekümmert der russische Botschafter an Graf Nesselrode.

Die «Intrige» verdiente im gegebenen Falle eigentlich nicht diese schwerwiegende Benennung. Um mit einem alten einfältigen Schlagwort russischer Kanzleischreiber zu sprechen, war Talleyrands Vergehen diesmal lediglich «eine kleine Schiebung und Bosheit». Talleyrand bat Ludwig XVIII. unter Umgehung des Ministeriums des Premierministers Richelieu wie des Siegelbewahrers Pasquier, der König möchte ihm den Titel Herzog von Valençay nach dem Namen seines prachtvollen Schlosses Valençay verleihen. Der König, der bedachte, welche prunkvolleren Titel der Herzog von Benevent und Fürst von Talleyrand-Périgord schon hatte, stimmte ohne weiteres zu und unterschrieb das von Talleyrand vorgelegte Papier. Als das Ministerium das erfuhr, geriet es in Aufregung: Talleyrand hatte auf Befehl Napoleons seinerzeit in Valençay einen Teil der spanischen Königsfamilie als Gefangene gehalten, nachdem sie hinterlistig vom Kaiser 1808 in Bayonne verhaftet worden waren. Man konnte es so auslegen, als ob Ludwig XVIII. nachträglich Napoleons Vorgehen gegen die spanischen Bourbonen gebilligt hätte.

Der Siegelbewahrer Pasquier, bei dem Talleyrand mit dem vom König unterzeichneten Papier erschienen war, eilte zu Richelieu, dieser zum König, und Ludwig XVIII., der sofort einsah, zu welchem großen politischen Skandal ihn Talleyrand verführt hatte, nahm sein Einverständnis zurück. Denn eben in diesem Jahr 1817 — saß auf dem spanischen Königsthron Ferdinand VII., für den 1808 Valençay das Gefängnis gewesen war.

Diese im Keim erstickte Geschichte mit dem «Herzog von Valençay» ist auch sonst bemerkenswert. Von jetzt an verliert die Opposition Talleyrands den reaktionären Charakter, den sie noch 1816, Anfang 1817 und zuweilen noch 1818—1819 gehabt hatte, und wird liberal. Talleyrand beginnt sich ab und zu seiner Tätig-

1 ebd. Nr. 9067. Meldung Nr. 415. Pozzo di Borgo — Graf Nesselrode. Paris, le 8/20 avril 1817.

keit unter der Revolution zu erinnern und bei Gelegenheit auch den «großen Kaiser» zu loben.

Der Kampf Talleyrands 1817—1819 gegen die «liberalen» Ministerien, zuerst Richelieu, dann Decase, war die direkte Fortsetzung der Taktik, die er in seinem Briefe im Juni 1814 Alexander dargelegt hatte: er wünschte damals (um sich an der Macht zu halten), trotz seiner grundsätzlichen und richtigen Erkenntnis der Verderblichkeit der ultraroyalistischen Bestrebungen, sich gerade an die Ultraroyalisten anzulehnen und den «konstitutionellen Einfluß» Alexanders auszuschalten. Später, als die Ultraroyalisten, die ihn wegen seiner Vergangenheit haßten, seine Verabschiedung durchgesetzt hatten, begann er trotzdem wieder, nachdem er zum Mitglied der Pairskammer ernannt war, sich an sie heranzumanövrieren auf dem Boden des gemeinsamen Kampfes gegen Richelieu und Decase, um auf diese Weise wieder an die Macht zu gelangen. Doch dann kam das Jahr 1820 mit der Ermordung des Herzogs von Berry, die liberalen Minister scheiden aus, und eine hemmungslose Reaktion beginnt. Jetzt wurde Talleyrand klar, daß der Widerstand, den die liberale Bourgeoisie den adlig-absolutistischen Tendenzen entgegenzusetzen fest entschlossen ist, von Jahr zu Jahr wachsen und unbedingt mit dem Übergang der Dynastie in eine bürgerliche, konstitutionelle Monarchie oder mit einer neuen Revolution enden wird. Die hoffnungslose politische Blindheit, Stumpfheit und gleichzeitige Schwäche der Reaktion tritt klar zutage und wird mit jedem Jahre deutlicher.

V

Jetzt beschloß Talleyrand, von neuem und scharf nach links umzuschwenken, zu den Liberalen; er brach diesmal endgültig und ohne Umkehr mit der Reaktion, der er soeben noch vorübergehend aus rein persönlichen und obendrein verfehlten Hoffnungen für seine Karriere gedient hatte. 1821 und dann 1822 hält er in der Pairskammer Reden zur Verteidigung der Pressefreiheit gegen die reaktionären Zensurpläne der Regierung. 1823 kämpft er gegen das reaktionär-klerikale Abenteuer der Entsendung einer französischen Militärexpedition nach Spanien, um die spanischen Revolutionäre zu unterdrücken und den Absolutismus Ferdinands VII. wiederherzustellen.

Diese Linie seiner politischen Haltung nähert ihn mehr und mehr den jungen Führern des bürgerlichen Liberalismus, Thiers, Mignet und dem alten Doktrinär der Liberalen Royer-Collard.

In der Pairskammer trat er sehr selten auf, aber immer sehr eindrucksvoll. Seine Rede gegen die von den Ultraroyalisten und Jesuiten geplante bewaffnete französische Intervention in Spanien 1823 war ihm glänzend gelungen. Die Liberalen ergingen sich in Lobpreisungen, ein so feiner Kenner der Literatur wie Stendhal verfaßte für eine Londoner Zeitung eine ausgezeichnete Kritik darüber. Stendhal schrieb, die Rede sei nicht nur ein politisches, sondern auch ein literarisches Ereignis, und die öffentliche Meinung gehe dahin, «seit den herrlichen Zeiten Mirabeaus habe man nichts Ähnliches gehört».[1]

Thiers, Mignet, der Goetheübersetzer Stapfer und Carrel, ein Offizier, gründeten eine Zeitung, «Le National», die zunächst noch dürftig war. Sie hatten ihr ganzes, nicht sehr großes Vermögen hineingesteckt, und Talleyrand gab das übrige ... «Der alte, am Rande des Grabes stehende Talleyrand, der dreiundsiebzig Jahre alt ist, hat öffentlich erklärt, daß er 1814 die Bourbonen zurückgerufen hat, um Frieden zu schließen, und daß er sie 1829 fortjagen muß, um Ruhe zu haben», schrieb Stendhal ein halbes Jahr vor der Julirevolution in einem Privatbriefe nach London.[2]

In diesen letzten Jahren der Restauration näherte sich Talleyrand übrigens nicht nur gern den Liberalen und Konstitutionalisten von der Art Armand Careilles, Thiers', Royer-Collards, Mignets, sondern auch den Bonapartisten, wie dem Grafen Flahot, dem nahen Freunde der Königin Hortense. Gerade als Gast bei Graf Flahot hatte Talleyrand im Jahre 1829 das geflügelte

---

1 Stendhal, Courrier anglais, Bd. IV, S. 87: «Ce discours, mémorable en politique, a pris rang sur les champs en littérature. L'opinion publique a dit: l'on n'a rien vu d'égal depuis les beaux jours de Mirabeau.»

2 Stendhal, Correspondance, Bd. VI, S. 285, Nr. 837-g. Versailles, le 10 janvier 1830.

Wort von der Notwendigkeit der Vertreibung der Bourbonen gesprochen, «um Ruhe zu haben».

Stendhal wünschte den Ausbruch der herannahenden Revolution keineswegs, aber er erwartete sie. Er hatte sich immer für Talleyrand interessiert und sich nie Illusionen über ihn gemacht, aber er läßt sich mehr und mehr von dem Denken dieses prophetischen Greises packen, der allein Frankreich vor den erschrekkenden Folgen der Dummheit und Frechheit der reaktionären Extremisten retten könnte. Wie charakteristisch sind von diesem Standpunkt aus auch seine übrigen Korrespondenzen an englische Zeitungen 1825, als die Reaktion in Frankreich endgültig über die Stränge schlug: «Dieser gewandte Staatsmann (Talleyrand), der schon seit dreißig Jahren eine solche politische Hellseherei an den Tag legt und das kommende Schicksal Frankreichs voraussah, hat den Ultraroyalisten in verschiedenen Denkschriften bewiesen, daß man das alte Regime nicht wiederherstellen kann», schreibt Stendhal am 1. Februar 1825.[1] «Der alte, schlaue Talleyrand ist trotz seiner siebzig Lenze der beste Kopf in Frankreich», aber die Umgebung Karls X. sind Nullen, sie werden sich «der Unzulänglichkeit ihrer Kräfte in Gegenwart von Talleyrands Genie bewußt», wollen ihm aber die Führung der Geschäfte nicht anvertrauen. Und warum nicht? «Unter dem lächerlichen Vorwand, daß er einer der unmoralischsten Menschen in Frankreich

---

1 Stendhal, Courrier anglais, Bd. IV, S. 81 (le 1 février 1825). «. . . Cet homme d'Etat adroit qui depuis trente ans témoigne tant de clairvoyance politique en prévoyant les destins futurs de la France a démontré aux ultras dans les mémoires divers qu'il est impossible de restaurer l'ancien régime.»

ebd. S. 99: «Vieux et rusé Talleyrand qui malgré ses soixante-dix en printemps est encore la meilleure tête de la France . . . Mais les chefs actuels ont tellement conscience de leur propre insuffisance présence du génie de Talleyrand qu'ils ont refusé de lui confier la direction de leurs affaires sous le ridicule prétexte qu'il est un des hommes les plus immoraux de France.»

ebd. S. 101: «. . . les chefs des émigrés, les Montmorency, les Talaru etc. sont tout-à-fait dépourvus de capacité, aussi s'ils ne se laissent pas conduire par Talleyrand, le coquin le plus adroit d'Europe, ils ne feront qu'accumuler stupidement sottise sur sottise.»

ist.» Alle diese Aristokraten, Führer der ehemaligen Emigration, sind unfähige Leute, und «wenn sie Talleyrand, dem gewandtesten Schwindler Europas, nicht erlauben, sie zu leiten, so häufen sie damit nur eine Dummheit auf die andere». Stendhal vertrat in diesen letzten Jahren vor der Julirevolution die Meinung vieler Vertreter der französischen Bourgeoisie.

Daß Talleyrand ein Schwindler war, unterlag für Stendhal nicht dem geringsten Zweifel. Er ist aber geneigt, jeden Politiker für einen Schwindler zu halten, sogar Martignac, der sich nicht besonders verächtlich gezeigt hatte. Natürlich hält er aber Talleyrand für schlechter. «Ich brauche einen Premierminister, durchtrieben und anziehend wie Walpole oder Talleyrand.»

Der Vater Lucien Leuwens rät seinem Sohne, «ein Schwindler» zu sein, wie Talleyrand.[1] Dieser sah, daß auch von außen niemand die Bourbonen retten würde. Der nach links orientierte Talleyrand sprach in diesen Jahren ironisch bedauernd von «dem Kopf des armen Kaisers Alexander», der mit gegenrevolutionärem und mystischem Unsinn vollgepfropft und von Metternich eingeschüchtert wäre; 1814 sah Alexander schon ein, daß die Bourbonen untergehen würden, wenn sie sich nicht mit dem neuen Frankreich aussöhnten, in den zwanziger Jahren sprach er schon nicht mehr davon. Interessant ist, daß Talleyrand Napoleons in diesen Jahren der Restauration immer mit gemessener Ehrfurcht gedachte und gelegentlich gern Vergleiche zog, die wenig günstig für die Nachfolger des Kaisers ausfielen. Byrons Gefühl für Napoleon, das er in den Worten aussprach: «Warum haben wir den Löwen verjagt, um uns vor den Wölfen zu beugen?» fand freilich in der trockenen, aller Romantik baren Seele Talleyrands kein Echo, aber soweit er an seinen Namen vor der Geschichte dachte, an seinen historischen Ruf (er kümmerte sich im übrigen wenig darum), erklärte er, daß historische Unsterb-

---

1 Stendhal, Lucien Leuwen, Bd. II, Paris 1929, S. 240—241. «Et que désirez-vous que je sois?» demanda Lucien d'un air simple. «Un coquin, reprit le père, je veux dire un homme politique, un Martignac, je n'irai pas jusqu'à dire un Talleyrand ...» «Il me faut un premier ministre coquin et amusant, comme Walpole ou M. de Talleyrand», ebd. Bd. I, S. 175.

lichkeit in erster Linie dem gesichert sei, der sein Geschick verknüpft habe mit dem Geschick dieses «Ruhmesspenders», wie der russische Partisan Denis Dawidow 1812 Napoleon nannte. Der Fürst, der in diesen Jahren gerade seine Memoiren schrieb, unterstrich besonders nachdrücklich, daß er nie aufgehört hätte, dem Kaiser treu und aufrichtig zu dienen, wenn Napoleon nicht ungehemmt seine für ihn selbst wie für Frankreich verderbliche Eroberungspolitik verfolgt hätte.

In Erwartung des Kommenden begann sich Talleyrand seit dem Tode Ludwigs XVIII. und der Thronbesteigung Karls X. im Jahre 1824 den Führern der libral-bürgerlichen Opposition zu nähern — Royer-Collard, Thiers und dem Historiker Mignet. Offenbar steuerte alles auf die Katastrophe los, und der neue König raste blindlings in den Abgrund. Talleyrand empfing und bewirtete in seinen luxuriösen Schlössern in Paris und Valençay die Führer der bourgeoisen Opposition, denen sich zu nähern er jetzt für nützlich hielt, zuweilen war er auch beim König. Mit Karl X. machte er schon keine Umstände mehr, zumal er von Tag zu Tag seinen Sturz erwartete. «Ein König, dem man droht, hat nur die Wahl zwischen Thron und Schaffot», sagte Karl X., der die Meinung vertrat, nur seine Nachgiebigkeit sei Ludwig XVI. zum Verhängnis geworden, einmal zu Talleyrand. «Majestät, Sie vergessen den dritten Ausweg: die Postkutsche», bemerkte Talleyrand, der in der Voraussicht, daß das Regiment der Bourbonen bald zu Ende sein würde, gern einräumte, die Sache könnte diesmal ohne Guillotine abgehen und mit der Vertreibung der Dynastie enden.

Seit 1829 begann Talleyrand sich dem Herzog Louis-Philippe von Orléans zu nähern, dem Thronkandidaten, da die gesamte Klasse der Bourgeoisie im allgemeinen und besonders auch ihr ländlicher Teil, die Bauernschaft mit eigenem Landbesitz, die Errichtung der Republik nicht wünschte, sondern eher fürchtete. Am 8. August 1829 ernannte Karl X. Jules Polignac zum Premierminister, der nie verheimlicht hatte, daß er die Wiederherstellung der uneingeschränkten königlichen Macht als ersten Schritt auf dem Wege der notwendigen Staatsreformen anstrebte. Mit anderen Worten, man mußte sich auf einen Überfall auf die Konstitution gefaßt machen, auf einen Staatsstreich mit dem

Ziele weiterer Befestigung der feudal-absolutistischen Regierungsform.

Talleyrand wußte genau, daß Karl X. an dem Versuch scheitern würde, die Bourgeoisie und die landbesitzende Bauernschaft dessen zu berauben, was sie durch die Revolution erlangt hatten. Daß die Revolution der Arbeiterklasse bedeutend weniger gegeben hatte und daß ihr Napoleon und die Bourbonen ihren geringen Gewinn wieder genommen hatten, daß die Arbeiter jetzt zum ersten Male seit dem 1.—4. Prairial 1795 wieder anfingen, eigene Aktivität zu entfalten, und jeden Aufstand unbedingt unterstützen würden, auch wenn er nicht ihrer Initiative entspränge — das bedachte Talleyrand nicht. Aber die Aussichten der Dynastie, sich zu halten, wenn vom König der Versuch eines Staatsstreichs gemacht würde, waren auch ohnedies ziemlich zweifelhaft.

Jules Polignac glänzte noch weniger als der König durch Eigenschaften des Verstandes, er begriff noch weniger als der König, daß er mit dem Feuer spielte, er zeichnete sich aber durch einen Betätigungsdrang und engstirnigen, reaktionären Fanatismus aus, der gebieterisch sofortiges militärisches Vorgehen gegen alle Andersdenkenden forderte.

Die liberale Bourgeoisie, die hinter sich die ganze Macht fühlte, war fest entschlossen, Widerstand zu leisten. In Talleyrands Arbeitszimmer versammelten sich die Führer der Liberalen: Thiers, Mignet und Armand Carrel. Es war im Dezember 1829. Man beschloß, ein neues, scharf oppositionelles Organ (die später berühmte Zeitung «Le National») zu konsequentem Kampfe gegen Polignac und, wenn es sein müßte, gegen die Dynastie der Bourbonen zu gründen. Bei den Beratungen dieser drei jungen Führer der liberalen Bourgeoisie hatte der Hausherr den Vorsitz, der Grandseigneur des alten Regimes, der frühere Bischof, der bei der Krönung Ludwigs XVI., Napoleons und Karls X. zugegen gewesen war, der Mann, der dem alten Regime, der Revolution, Napoleon und wieder den Bourbonen gedient, der 1814 im Namen des Prinzips des Legitimismus die Bourbonen auf den Thron gesetzt hatte. Jetzt war er bereit, ihre Absetzung zu unterstützen im Namen des Prinzips des revolutionären Widerstandes gegen den legitimen König. In seinem Arbeitszimmer und mit seiner kräftigen finanziellen Hilfe wurde so das radikalste unter den Organen der bourgeoisen Opposition ins Leben gerufen, die sich rühmten, den Kampf gegen Polignac und den hinter ihm stehenden König in diesen letzten Monaten der Bourbonenherrschaft auf dem Thron Frankreichs geführt zu haben. Diese jungen Politiker wie Thiers sahen auf die hoheitsvolle Gestalt des sechsundsiebzigjährigen kranken und hinkenden Greises mit hoher Achtung: Mehr als irgendeiner der Lebenden war er umweht von den Erinerungen an die größten historischen Ereignisse, in denen er eine Rolle gespielt hatte und mit denen sein Name so oder so auf Jahrhunderte verbunden war.

Talleyrand war schon vor der Revolution durch ziemlich verwickelte Beziehungen mit dem Herzog von Orléans Philippe Egalité verbunden gewesen, der dann während des Terrors hingerichtet worden war. 1829 bis 1830 unterhielt er besonders eifrig Beziehungen zu dessen Sohn Louis-Philippe und dessen Schwester Louise Philippa Adélaïde. Er wußte, daß die oppositionelle Bourgeoisie im Falle der Absetzung der älteren Linie der Bourbonen, d. h. Karls X., Louis-Philippe auf den Thron heben würde. Die Herzöge von Orléans waren die jüngere Linie der Bourbonen.

Der kranke, hochbetagte Greis Talleyrand dachte noch nicht ans Sterben. Er dachte an die Zukunft, an eine neue Karriere, er grub seinen Feinden die Grube und säuberte seinen Freunden den Weg. Seine Freunde aber waren immer die, die von den historischen Kräften emporgetragen wurden. Auch diesmal hatte ihn sein Weitblick nicht getäuscht.

Er war in Paris, in den luxuriösen Gemächern seines städtischen Palais, als sich endlich Polignac und der König zu ihrem törichten Schritt entschlossen und wirklich die berühmten Ordonnanzen vom 25. Juli 1830 erließen, die in der Tat die Konstitution vernichteten. Schon am nächsten Tage, am 26., sah man, daß die Revolution unvermeidlich war. Sie brach am 27. aus und stürzte den Thron Karls X. um. Talleyrands Privatsekretär Colmache war in diesen Tagen beim Fürsten. Alle Minuten kamen neue Nachrichten über den Kampf zwischen der Revolution und den Truppen. Als Talleyrand das ununterbrochene Rollen des Feuers hörte, das Rasseln der Trommeln und das Sturmläuten von allen Kirchtürmen, sagte er zu Colmache: «Hören Sie, es wird Sturm geläutet! Wir siegen!» — «Wir? Wer ist wir? Wer, mein Fürst, siegt?» — «Still, kein Wort mehr. Ich werde es Ihnen morgen sagen.»

Dieses für Talleyrand charakteristische Gespräch fand am 28. Juli statt.

Am 29. Juli 1830 war der Kampf zu Ende. Die Revolution hatte gesiegt. Die Dynastie der Bourbonen war gestürzt, diesmal für immer. Sie war zurückgekehrt nach ihrem Sturz durch die Revolution am 10. August 1792, sie war wiedergekehrt nach ihrem Sturz durch den von Elba zurückgekommenen Napoleon am 20. März 1815, nach dem Sturz durch die Julirevolution aber kam sie niemals wieder.

ACHTES KAPITEL

Talleyrand unter der Julimonarchie
Die Botschafterzeit in England
Die letzten Jahre
6. September 1830—17. Mai 1838

I

Noch am 29. Juli, als die Truppen, die noch nicht auf die Seite
der Revolution übergegangen waren, den Rückzug aus der Stadt
angetreten hatten, schickte Talleyrand der Schwester des Herzogs Louis-Philippe von Orléans eine Notiz mit dem Rat, sich an
die Spitze der Revolution zu stellen, die in diesem Moment die
ältere Linie der Bourbonen abgesetzt hatte.

Die Autorität Talleyrands, der als politischer Prophet die
nächste politische Zukunft genau kannte, hatte so viel Gewicht,
daß unmittelbar nach diesem seinem Rat der neue Kandidat für
den Königsthron in Paris eintraf. Als am 31. Juli die im Palais
Royal versammelten oppositionellen Abgeordneten Louis-Philippe den vorläufigen Titel eines Obersten Statthalters des Königreiches anboten, jedoch unter der Bedingung, daß er sofort seinen völligen Bruch mit Karl X. und der ganzen älteren Linie erklärte, schwankte Louis-Philippe; er wußte, daß Karl X. am
Abend vorher, am 30. Juli, abgedankt und seine Rechte auf seinen kleinen Enkel, den Herzog von Bordeaux, Grafen von
Chambord, übertragen und ihn, Louis-Philippe, zum Vormund
und Obersten Statthalter ernannt hatte. Louis-Philippe mußte
also entweder in Anerkennung der Verfügung Karls X. Oberster
Statthalter und Vormund des rechtmäßigen Königs bis zu dessen
Volljährigkeit werden oder sofort mit der legitimen Monarchie
brechen und aus den Händen der siegreichen bourgeoisen Revolution die Krone annehmen, weil die nicht von König Karl, sondern von der Opposition empfangene Statthalterschaft der erste
Schritt zu seiner Thronbesteigung war.

Unentschlossen vor dieser Wahl, erklärte Louis-Philippe den Abgeordneten, er werde ihnen nach einer Beratung mit Talleyrand Antwort geben. Er schickte eilig den General Sebastiani zu dem alten Fürsten, um ihn zu fragen, was er tun solle. Der Fürst antwortete unverzüglich: «Annehmen», nämlich die Krone aus den Händen der siegreichen Revolution annehmen und sich endgültig von dem Prinzip der Legitimität abkehren, das derselbe Fürst Talleyrand vor sechzehn Jahren benutzt hatte, um die jetzt mit seiner tätigen Beteiligung wieder gestürzten Bourbonen auf den Thron zu setzen. Talleyrands Rat machte allem Schwanken ein Ende: nach neun Tagen wurde Louis-Philippe von Orléans feierlich zum König proklamiert.

Obgleich die soeben siegreiche Julirevolution der endgültige und unbestreitbare Sieg der Bourgeoisie über die Aristokratie war, wurde bereits in den ersten Tagen der neuen Regierung klar, daß es auf der Welt einen Aristokraten, den echtesten und vollblütigsten, gab, den die triumphierende Bourgeoisie nicht entbehren konnte: Fürst Talleyrand-Périgord, den kranken, sechsundsiebzigjährigen Greis auf Krücken, den die Zeitungen schon mehr als einmal beerdigt hatten. Und nicht deshalb allein erschien er plötzlich von neuem an führender Stelle, weil er sich mit dem ihm eigenen Weitblick zur rechten Zeit, lange vor dem Juli 1830, eng an die zukünftigen Sieger Louis-Philippe, Adélaïde, Thiers angeschlossen hatte, sondern auch weil die Arbeit seines Kopfes für Louis-Philippe unersetzlich und ebenso unentbehrlich war, wie sie nötig gewesen war für die Konstituante, das Direktorium, Napoleon, die Bourbonen, wieder für Napoleon (das Angebot des Kaisers während der Hundert Tage) und wieder für die Bourbonen nach den Hundert Tagen.

Louis-Philippes Lage war in der ersten Zeit nicht leicht, besonders gegenüber den fremden Mächten. Für niemand war es ein Geheimnis, daß der gewaltigste Gendarm Europas, Nikolaus I., energisch für eine Intervention eintrat, die sich direkt auf Absetzung des Barrikadenkönigs Louis-Philippe richtete und auf Wiedereinsetzung der Bourbonen auf den Thron, von dem sie soeben vertrieben worden waren. Bekannt war sogar, daß der Zar General Diebitsch nach Berlin geschickt hatte, um ein Abkommen mit Preußen über einen gemeinsamen Einmarsch in

Frankreich abzuschließen. Einige Zeit trug sich der Zar mit dem Gedanken, Louis-Philippe nicht anzuerkennen. Unter diesen Umständen war es für Louis-Philippe sehr wichtig, sich die diplomatische Unterstützung Englands zu sichern. Nach der Julirevolution war Frankreich in der gefährlichsten Isolierung. Um diese Isolierung zu beseitigen, wandten sich der neue König und die neue Regierung an Talleyrand. Staunend las Europa wenig mehr als einen Monat nach der Julirevolution, daß Talleyrand zum französischen Botschafter in London ernannt war. Beim offiziellen Empfang seiner Fregatte donnerten die Küstenbatterien von Dover Salut, und Talleyrand konnte sich die Genugtuung nicht versagen, bei dieser Gelegenheit daran zu denken, wie er 1794 aus England abgereist war, verfolgt, bettelarm, nicht einen Augenblick in Ruhe gelassen von den Intrigen der französischen Royalisten, verbannt aus England auf Befehl der Polizei ...

Wir haben direkte Beweise dafür, wie wesentlich Talleyrands Unterstützung für Louis-Philippe bei seiner Thronbesteigung war oder doch mindestens vielen schien. «Die Nachricht, daß Herr Talleyrand die neue Dynastie anerkannte und sie sogar unterstützte, hatte nicht wenig Einfluß auf die Entschlüsse der übrigen Höfe, ja, man kann sagen, daß sie zu dem Entschluß der unverzüglichen Anerkennung (der neuen Dynastie) beitrug», bestätigt Sir Henry Lytton-Bulwer, der bekannte Schriftsteller und Politiker Englands, der das Vertrauen Palmerstons und Edward Greys besaß.[1] So verhielten sich die Dinge in England, als dort die Nachricht von der Proklamierung Louis-Philippes zum König eintraf.

England war die eine der beiden Großmächte, an deren unverzüglicher Anerkennung Louis-Philippe vor allem lag. Die andere war Rußland.

Wie gesagt kamen aus Petersburg böse Gerüchte. Freilich weder Friedrich Wilhelm III. in Berlin noch Metternich in Wien reagierten auf die Aufforderungen des Zaren zu gemeinsamem Vorgehen gegen den Barrikadenkönig, wie man in den Petersburger Salons 1830 und später Louis-Philippe nannte, der den

1 Sir Henry Lytton-Bulwer, a. a. O., S. 299.

Waisenknaben ausgeplündert, der dem Enkel Karls X., dem Herzog von Bordeaux, Grafen von Chambord, den Thron weggenommen hatte.

Nikolaus war in größter Erregung und beantwortete Louis-Philippes eigenhändigen Brief überhaupt nicht. So blieb es bis zum 6. September 1830, als in den Zeitungen die Verfügung Louis-Philippes erschien, daß Fürst Talleyrand zum französischen Botschafter in London ernannt war. Diese Nachricht hatte angeblich folgende Wirkung im Winterpalais, wie man am 29. September 1830 dem französischen Minister des Äußern Grafen Mollet meldete, wobei der Korrespondent Monlosier sogar die angeblich authentischen Worte des Kaisers hinzufügte: «Da Talleyrand sich der neuen französischen Regierung anschließt, hat diese Regierung unbedingt Aussicht auf langes Bestehen.»[1]

Auf jeden Fall war es für die Zeitgenossen nicht zweifelhaft, daß Talleyrands Ernennung für London die Entschlüsse Nikolaus', wenn nicht entschieden, so doch beschleunigt hat. Die Tatsache konnte den Zaren vor allem deshalb beeinflussen, weil sie die endgültige Anerkennung des neuen Königs durch die britische Regierung bedeutete und bestätigte. Beide Nachrichten trafen fast gleichzeitig in Petersburg ein, und natürlich wirkte der Beschluß der englischen Regierung viel mehr auf den Zaren als die Ernennung Talleyrands.

Sehr gut charakterisiert in seinen chiffrierten Meldungen der russische Vertreter in Paris Pozzo di Borgo, einer der klügsten und erfahrensten Diplomaten jener Zeit, Talleyrand im Augenblick seiner Ernennung zum Botschafter in London.

Pozzo di Borgo schreibt die Ernennung Talleyrands dem Einfluß des britischen Kabinetts, des Herzogs von Wellington, zu: «Man sagt, daß der König nicht nur deshalb seinen Blick auf

---

1 «Puisque M. de Talleyrand — avait-il dit — se rattache au nouveau gouvernement français, ce gouvernement doit avoir nécessairement des chances de durée.» So lesen wir in den Memoiren des Grafen Molet. — Ich habe in unserm Archiv der Außenpolitik nach einer Bestätigung für die Richtigkeit dieser Nikolaus I. zugeschriebenen Worte gesucht, aber nichts gefunden.

Talleyrand gelenkt hat, um den Wunsch des Herzogs zu erfüllen, sondern auch, um England und der ganzen Welt zu zeigen, daß eine solche Persönlichkeit wie die, von der die Rede ist, die sich immer nur von ihrem eigenen Interesse leiten ließ (qui ... n'a jamais été conduit que par son intérêt), doch offenbar darauf zählt, auf ihre Rechnung zu kommen, wenn sie sich auf die Stabilität des Thrones des jetzigen französischen Königs stützt und deshalb eine solche hervorragende Mission annimmt und ihr Schicksal mit diesem König verbindet.» Pozzo di Borgo verhehlt in diesem vertraulichen Schreiben nicht die wahren Gefühle, die die Persönlichkeit Talleyrands in ihm wachruft, der durch die historischen Ereignisse in den Vordergrund geschoben worden ist: «Man kann sich schwer eines Gefühls des Widerwillens erwehren, wenn man bedenkt, daß ein von Krankheit geplagter Mann von siebenundsiebzig Jahren sich wieder in die Amtskarriere zu stürzen wünscht (se précipiter), nachdem er während seines ganzen Lebens eine so traurige Berühmtheit erlangt hat ...» In den Augen Pozzo di Borgos ist Talleyrands Verhalten besonders deshalb so verächtlich, weil er von nun an dem Usurpator Louis-Philippe dienen wird, nachdem soeben der legitime Monarch Karl X. gestürzt worden ist, dem derselbe Talleyrand als Großkammerherr gedient hat. Und wo wird er dem Usurpator dienen? In England, wo dem unglücklichen Monarchen Zuflucht gewährt worden ist. Natürlich paßt sich hier Pozzo di Borgo dem Ton Nikolaus' an, wenn er von dem «Usurpator» Louis-Philippe und dem «unglücklichen legitimen Monarchen» Karl X. spricht. Er hatte aber Grund, seinem Bericht noch folgende Zeilen anzufügen: «Hier sind alle über diesen Zynismus empört, und die liberalen Zeitungen sind mehr als alle anderen aufgebracht (se sont déchaînés) gegen diese skandalöse und in vieler Hinsicht unpassende Wahl.»[1]

1 Archiv der Außenpolitik, Min. d. Äuß. Copie d'une dépêche du comte Pozzo di Borgo au comte Matuszewicz en date de Paris, du 3/15 septembre 1830.

Talleyrand begab sich nach London, begleitet vom schwersten Mißtrauen der mehr oder weniger liberalen wie der radikalen Kreise, die im voraus überzeugt waren, daß er, im Einverständnis mit König Louis-Philippe, in der belgischen Frage alles tun würde, was den Engländern angenehm ist. Höchst interessant ist aber auch, daß sich in unserem Archiv der Außenpolitik der Beweis findet, daß das Kabinett der Minister nicht nur den Verdacht hegte, er werde in der belgischen Frage England zu Willen sein, sondern auch, er werde auf einen Wink Englands sogar bereit sein, im Namen Frankreichs auf die Eroberung von Algier zu verzichten.

In einer anderen chiffrierten Meldung des russischen Botschafters Pozzo di Borgo nach Petersburg vom 11./23. September lesen wir: «Fürst Talleyrand wünschte mich zu sehen. Ich fand ihn besorgt über die belgischen Angelegenheiten und entschlossen, es (Belgien) England in die Hände zu liefern, um leichter zu einem Übereinkommen zu gelangen.» Talleyrand wußte, womit er den Vertreter Nikolaus' I. blenden konnte. «In Erwartung dessen treiben die französischen und belgischen Revolutionäre Belgien zur Abtrennung und damit zum Bruch.» Pozzo di Borgo sprach aber nicht nur mit Talleyrand allein und kannte die tiefsten Geheimnisse des alten Fürsten: «Herr Mollet, der Minister des Äußeren von Frankreich, hat mir anvertraut, daß Talleyrand ihm vorgeschlagen hat, Algier ganz aufzugeben. Als der Minister mit diesem Plane nicht einverstanden war, hat er sich an den König gewandt, und dieser hat sich anscheinend dem Gedanken des Botschafters angeschlossen, England einen Gefallen zu tun. Herr Mollet hat sich dem widersetzt und dem Ministerrat versprochen, ein Memorandum darüber abzufassen. Wahrscheinlich wird der Ministerrat derselben Meinung wie der Minister sein, da der Botschafter offenbar nach London fährt, um sich England auszuliefern (pour se livrer).»

Nach Mollets Ansicht ist Talleyrands warme Freundschaft für England nicht nur mit dem Wunsche zu erklären, Louis-Philippe auf seinem unsicheren Throne dadurch zu stärken, daß er dem König die Unterstützung der englischen Regierung sicherte, sondern auch mit gewissen Erwägungen mehr persönlichen Charakters. «Herr Mollet ist davon überzeugt (daß sich Talleyrand an England ausgeliefert hat), und wie er hinzusetzt, um so mehr, als nur das etwas einbringen kann (il n'y a que cela qui profite). Das ist die Meinung, die er (Mollet) von seinem Vertreter hat.»[1] So offenherzig sprach sich der französische Minister über die moralischen Qualitäten des nach London abreisenden französischen außerordentlichen und bevollmächtigten Botschafters aus.

Natürlich konnte man Talleyrand keinesfalls einen Freund Englands nennen, das ist uns bekannt. Wir wissen sogar aus Dokumenten, daß er die englische Übermacht in Handel und Industrie fürchtete. Talleyrand hatte den Gedanken einer Weltmonarchie (monarchie universelle) für «chimärisch und unausführbar» gehalten, dabei erschien ihm sonderbar, daß niemand «die noch viel verderblicheren Folgen einer Lage fürchtete, in der sich der Welthandel in den Händen einer einzigen Macht befindet». So beurteilte er das wirtschaftliche Übergewicht, das die Verträge des Wiener Kongresses England zum Schaden der ganzen Menschheit gesichert hatten.[2]

Das war seine Meinung. Aber warum das alles aussprechen, wenn es viel mehr am Platze war, zu schweigen und im Gegenteil den Herzog von Wellington und seine Nachfolger im Kabinett Lord Palmerston und Grey und die ganze britische Regierung von seiner unüberbietbaren und wärmsten Sympathie für England zu überzeugen?

Talleyrands Stellung in London wurde 1830 bald so glänzend, wie man sich überhaupt nur vorstellen kann.

Einerseits sahen die Konservativen und die ganze höchste Gesellschaft in ihm den Vertreter der echtesten Geburtsaristokratie (diese «Echtheit» wurde in England damals und auch später hoch geschätzt; gleichzeitig entsann man sich, daß auf dem Wiener Kongreß niemand mehr und mit schöneren Worten als er über den Legitimismus gesprochen hatte. Man entsann sich auch,

---

1 Archiv der Außenpolitik. Copie d'une dépêche en chiffres du comte Pozzo di Borgo en date de Paris le 11/23 septembre 1830, Nr. 102.
2 Mélanges (Ecrits inédits de Talleyrand), S. 275.

daß er schon 1792 ein Anhänger der Freundschaft mit England war. Daß er jetzt die Rolle des Botschafters Louis-Philippes spielte, der mit Hilfe der Revolution den Thron der «legitimen» Dynastie der Bourbonen usurpierte, verstand Talleyrand sehr gewandt zu seinem Vorteil zu drehen. Wenn er, der Legitimistischste der Legitimisten, ja man kann sagen, der Mann, der im Jahre 1814 den Legitimismus erfunden hatte, sich jetzt von ihm lossagte und auf die Seite des Barrikadenkönigs trat, so mußten dafür sehr wichtige Gründe vorliegen. Das aufrichtige und ehrliche Herz des redlichen Fürsten Talleyrand war empört über das eidbrüchige Verhalten Karls X., der die Konstitution, die er beschworen hatte, mit Füßen trat. Dieser Eidbruch durch König Karl hatte den biederen, edlen Fürsten besonders erbittert. Die Whigs, die Liberalen, die Vertreter der englischen liberalen Bourgeoisie, der es vorbehalten war, nur anderthalb Jahre später, 1832, eine «Weltrevolution» durchzuführen, nämlich die Parlamentsreform, diese Leute begrüßten Talleyrand mit Jubel, den offiziellen Botschafter dieser selben liberalen Bourgeoisie, die in Frankreich schon gesiegt hatte, und ihres Königs Louis-Philippe. Massen von Menschen liefen in den Straßen Londons Talleyrands Wagen nach und schrien hurra, wenn sie ihn sahen und erkannten.

Andererseits war der Herzog von Wellington, der Führer des konservativen Kabinetts, der einstmals, z. B. 1814, Talleyrand nicht geliebt hatte, von Talleyrand entzückt, der es wie kein anderer verstand, die Herzen der Menschen, die er brauchte, zu gewinnen. Wellington war empört und begriff nicht, warum seit nun schon mehr als fünfzig Jahren alle Menschen ohne Ausnahme Talleyrand stets so gehässig verleumdeten, während er doch der ehrenhafteste und edelste Mensch war. Talleyrand hat freilich Leute wie den Herzog von Wellington nicht irregeführt, und Wellington wäre darauf auch nicht hereingefallen.

Es war auch schwer, sich in diesem Zeitpunkt überhaupt mit Talleyrand auszukennen. Er hatte die Lage Englands ausgezeichnet erfaßt, er sah, daß Arbeiterdemonstrationen, Artikel und Reden der liberalen Opposition, die Ratlosigkeit des Königs und der Regierung England offenbar mit dem Ausbruch einer Revolution bedrohten und die Vorzeichen dieses Ausbruchs sein könn-

ten, und so nahm der alte Fürst, wo und wann es nötig und angebracht war, die Haltung des wahrhaftigen «Botschafters der
Revolution» an, sprach sogar gern von seiner Haltung in der
Konstituante 1789—91, mit einem Wort, er erreichte, daß die
Masse der Arbeiter Londons bei Begegnungen während der damals häufigen Aufzüge und Zusammenrottungen mit lauten Zu-
rufen die Trikolore an dem Wagen der französischen Botschaft
und die dreifarbige Kokarde an den Hüten des Botschaftsperso-
nals begrüßte. Sie schrien: «Es lebe die französische Revolution!», manchmal auch noch: «Es lebe Talleyrand!» Alles imponierte an Talleyrand, besonders auch, daß er lange Minister
Napoleons gewesen war und dieser seine Talente sehr hoch geschätzt hatte.

Talleyrand merkte, daß sich seit der Julirevolution die sogenannte «Napoleonische Legende» in Europa und Frankreich
sehr verstärkte, und er nutzte das sofort aus. Bei dienstlichen
Meinungsverschiedenheiten brachte er mit erhabener Miene den
Ministern Louis-Philippes, Graf Mollet und anderen, zum Ausdruck, so habe er beim Kaiser gearbeitet, und der Kaiser selbst
habe ihn gelehrt, so und nicht anders zu arbeiten. In London
wurde das Haus der französischen Botschaft das Haus der glänzendsten Empfänge und Bälle; niemand vom ganzen diplomatischen Korps erfreute sich damals einer solchen Geltung und einer
so ungeheuren und, wenn man so sagen darf, buntgemischten
Popularität in den verschiedenartigsten Schichten der englischen
Gesellschaft wie Fürst Talleyrand. Nicht nur Nikolaus, sondern
auch England erblickte in seiner Ernennung, besonders aber darin, daß Talleyrand diese Ernennung angenommen hatte, ein
Zeichen für den Bestand des französischen Thrones.

Im Verlauf weniger Monate gelang es Talleyrand, einen engen Kontakt zwischen England und Frankreich herzustellen.
Tatsächlich leitete ja er die französische Außenpolitik; nicht
die Pariser Minister taten das, die er zuweilen nicht einmal eines
dienstlichen Schriftwechsels würdigte; er setzte sich zu ihrem
großen Ärger direkt mit König Louis-Philippe oder mit der
Schwester des Königs, Adélaïde, in Verbindung. Die Minister
beschwerten sich hierüber beim König, der brauchte aber seinen
Londoner Botschafter so notwendig, daß die Klagen zu nichts

führten. Graf Mollet wollte sogar deshalb seinen Abschied nehmen.

Das Wichtigste und Schwierigste, was Talleyrand als Botschafter Louis-Philippes in London durchzuführen hatte, war die Beteiligung an der Bildung des Königreichs Belgien. Die belgische Revolution, die gleich nach der Julirevolution ausgebrochen war und zum tatsächlichen Abfall Belgiens von Holland geführt hatte, war die Ursache schwerer Unruhe für Frankreich. In Frankreich selbst bekämpften sich zwei Strömungen: die einen wünschten die Vereinigung Belgiens mit Frankreich, die anderen die Schaffung eines neuen Staates, des Königreiches Belgien. Der polnische Aufstand, der im November 1830 ausgebrochen war, raubte Nikolaus auf lange Zeit die Handlungsfreiheit in der belgischen Frage, und Talleyrand nutzte das sehr kunstvoll aus.

Die Vereinigung Belgiens mit Frankreich lehnte er nach einigem Schwanken ab, worüber er in seinen Memoiren schweigt. Er wußte, daß sich England einer solchen Lösung der Frage unbedingt widersetzen würde. Er entwickelte und verteidigte den Gedanken der Bildung eines selbständigen belgischen Staates. Das gelang ihm auch nach langen und schweren Bemühungen auf der Konferenz der europäischen Staaten, die auf seinen Vorschlag nach London einberufen worden war.

Beschäftigen wir uns etwas eingehender mit der belgischen Frage und Talleyrands Rolle dabei.

Der Haß auf Talleyrand, der in den liberalen und sogar in den radikalen Kreisen nach dem Wiener Kongreß etwas nachgelassen hatte, als der alte Diplomat zurückgekehrt war in der Aureole des «Retters, der Frankreich vor Zerstückelung bewahrte», brach in den Jahren 1830 bis 1833 mit neuer Kraft aus. Ursache war die Haltung des Fürsten auf der Londoner Konferenz der Mächte zur Regulierung der «belgischen Frage», die von 1830 bis 1832 tagte. Bekanntlich war in Belgien, das ohne Rücksicht auf die Wünsche der Bevölkerung 1815 auf dem Wiener Kongreß gewaltsam mit dem Königreich der Niederlande vereinigt worden war, 1830 unmittelbar nach der Julirevolution in Paris eine Revolution ausgebrochen. Belgien hatte sich für selbständig erklärt und von Holland getrennt, obgleich im Lande zwei Strömungen bestanden, eine für die Proklamierung der vollen Selbständigkeit und eine für den Anschluß an Frankreich. Die erste Strömung war stärker als die zweite, außerdem wünschten auch alle Großmächte, England und Rußland an der Spitze, auf keinen Fall, Frankreich durch Zuwachs des reichen Industrielandes zu verstärken. Preußen und Österreich folgten dem Beispiel Englands und Rußlands. Die traditionelle englische Politik wollte um keinen Preis ihre Zustimmung geben, daß Belgien in die Hände Frankreichs fiel und Antwerpen, die «die auf die Brust Englands gerichtete Pistole», wie sich Napoleon ausgedrückt hatte, wieder französisch würde. Nikolaus I., der sich lange überhaupt nicht mit dem Erfolg der belgischen Revolution hatte abfinden wollen, mochte schon gar nichts davon hören, daß der «Barrikadenkönig», der die Krone aus den Händen der Revolution empfangen hatte, der dem russischen Selbstherrscher verhaßte Louis-Philippe, eine solche bedeutende Vermehrung seiner politischen Macht erhielt.

Mit einem Wort, sobald die Londoner Konferenz eröffnet wurde, sah Fürst Talleyrand, daß von der Vereinigung Belgiens mit Frankreich keine Rede sein könne. Und da er niemals Prozesse führte, die von vornherein verloren waren, stellte er seine diplomatischen Batterien entsprechend auf. Inzwischen beobachteten in Paris die kämpferischen revolutionären Elemente, noch umweht vom Pulverdampf der Julikämpfe, die Republikaner, die sich beklagten, daß die Großbourgeoisie «dem Volke seinen Sieg gestohlen habe», die Bonapartisten, die sich über die nationale Erniedrigung Frankreichs entrüsteten und von Revanche sprachen, sie alle, die mehr oder weniger dem Gedanken der Einverleibung Belgiens in Frankreich lebten, beobachteten aufmerksam den Verlauf der Londoner Beratungen, und mit ständig wachsender Wut folgten sie den nicht leicht verständlichen Schachzügen des ihnen ohnedies verdächtigen und seit langem verächtlichen Talleyrand. Talleyrands Verhalten begann nicht nur die Republikaner zu beunruhigen. Natürlich mußte sich König Wilhelm von Holland schließlich mit dem Verlust Belgiens abfinden. Aber wie großzügig verfuhr Talleyrand ihm gegenüber, als die Rede auf die Festlegung der Grenze zwischen Belgien und Holland kam. Welche angenehme Überraschung für

England, Rußland mit Nikolaus I., Österreich und Preußen war
die Bereitwilligkeit des französischen Vertreters zu großen
Landabtrennungen zugunsten Hollands auf Kosten Belgiens.
Dabei hätte doch der französische Vertreter der einzige «Verteidiger» der belgischen Interessen auf der Londoner Konferenz
sein sollen. Die Konferenz zog sich unverhältnismäßig lange hin,
was aus verschiedenen Gründen für den König von Holland günstig, für das von ihm freigewordene Belgien ungünstig war. Die
Republikaner und die ganze linke Presse von Paris fielen wütend über Talleyrand her wegen seiner Nachgiebigkeit zugunsten Hollands und seiner völligen Gleichgültigkeit gegenüber
den Interessen Belgiens. Die junge Königin von Belgien Louisa,
die Gemahlin des soeben zum König von Belgien gewählten
Leopold I., Tochter Louis-Philippes, beschuldigte Talleyrand
unumwunden, er habe vom König von Holland Bestechungsgelder erhalten.

Die Königin Louisa konstruierte nur, was wissenschaftlich
eine Arbeitshypothese genannt wird. Aber genau hundert Jahre
später, 1934, verwandelte sich diese Hypothese in einen mathe-
matisch schlüssigen Beweis, und das Geheimnis der rätselhaften
Zickzacklinien und schwer durchschaubaren Konzessionen Talleyrands auf der Londoner Konferenz wurde erschöpfend und
vollständig aufgeklärt. Der Brüsseler Professor Michel Huisman
veröffentlichte auf Grund genauer archivalischer Feststellungen
folgendes: Die holländische Regierung ist durch ihren Vertreter
auf der Londoner Konferenz Falk mit dem alten Fürsten in geheime Verhandlungen getreten; für eine Grenzziehung zugunsten Hollands erhält Talleyrand vom König von Holland 20 000
Pfund Sterling, von denen 15 000 sofort und 5000 später zu zahlen sind. Ferner wird der Fürst, wenn er ebenso wohlwollend
und aufmerksam die Interessen Hollands auch bei der Verteilung der Geldschulden zwischen den beiden Staaten fördert, d. h.,
wenn er damit einverstanden ist, möglichst viel Schulden auf die
Schultern Belgiens und möglichst wenig auf die Hollands abzuwälzen, künftig hierfür nochmals 15 000 Pfund erhalten.[1] Ob er
diese letzten 15 000 Pfund tatsächlich empfangen hat, ob alles

1 Mélanges, S. 190—192.

oder nur einen Teil, ist aus den Enthüllungen des Jahres 1934 nicht ersichtlich, jedenfalls hatte Holland auch hierbei keinen Grund zur Klage. Der endgültige Vertrag mit Belgien wurde am 14. Oktober 1832 unterzeichnet.

Durch diese Machenschaften Talleyrands erklärt es sich teilweise, daß er auf der Konferenz heute zurücknahm, was er gestern gesagt hatte, und daß man morgen erwarten konnte, er werde übermorgen die Formulierung von heute wieder ändern.

Für uns, die wir seit 1934 dokumentarisch wissen, wie wendig und produktiv Talleyrand in London 1832 mit den ihm anvertrauten Interessen Belgiens und Frankreichs Handel trieb, ist es ergötzlich, jetzt im Auszug aus den bisher nicht vollständig erschienenen Memoiren von Charles de Rémusat, der Talleyrand gerade in dieser Zeit 1832 in London besuchte, zu lesen: «Talleyrand legte großen Wert auf seinen guten Ruf und dachte auch an die Geschichte. Er zeigte Weisheit, Kühnheit und Patriotismus. Schade, daß alles das gestört und zuweilen vernichtet wurde durch Bequemlichkeit und geheime Korruption.»[1] Auf jeden Fall hätte Charles de Rémusat, ein sehr kluger Politiker, später Minister Louis-Philippes, wenn er gewußt hätte, welche geheimen Korruptionen auf den erhabenen Herrn der französischen Botschaft in London *gerade in diesem Moment* einwirkten, von ihnen nicht in der Vergangenheit, sondern in der Gegenwart gesprochen und sich nicht so für den «Patriotismus» des «um seinen Ruf besorgten» und «an die Geschichte denkenden» Fürsten Talleyrand begeistert. Um seinen «guten Ruf» besorgt zu sein war es für den achtzigjährigen Greis zu spät, um englische Pfunde war er immer besorgt gewesen, und besonders stark war diese Sorge im Jahre 1832 entwickelt, als ihr Kurs an der Börse hoch stand und 20 000 Pfund damals über eine halbe Million Goldfrancs bedeuteten. Hat er «an die Geschichte» gedacht? Auch das hat Charles de Rémusat dem Verstorbenen völlig zu Unrecht zugeschrieben. Fürst Talleyrand hat, wie wir gesehen haben, historische Dokumente gestohlen und im geheimen sehr vorteilhaft fremden Käufern wie Metternich überlassen. Er

1 Vgl. Abriß aus dem unveröffentlichten Manuskript Rémusats in Mélanges, S. 196–199.

hat auch Dokumente gestohlen und vernichtet, wenn sie ihm unmittelbar schaden konnten, so hat er z. B. die Dokumente über die Verhaftung und Hinrichtung des Herzogs von Enghien vernichtet. Es gibt aber nicht die geringsten Anhaltspunkte dafür, daß er sich dafür interessiert hätte, was die Dokumente der Archive hundert oder dreihundert Jahre später über ihn sagen werden.

So waren die «intimen Details» über das Verhalten Talleyrands in der belgischen Frage.

Diese neueste dokumentarische Entdeckung kann sogar die in Erstaunen setzen, die sich sonst bei dem Fürsten Talleyrand über nichts mehr wundern können. Millionär, außerordentlicher und bevollmächtigter Vertreter Frankreichs, ein Greis am Rande des Grabes, nahm und nahm er doch immerfort Gelder, die er gar nicht brauchte, offenbar aus Gewohnheit, wie andere im Alter einem geliebten Sport huldigen, wie Gladstone z. B. bis zu seinem achtzigsten Lebensjahre Holz hackte oder Kant bis in das höchste Alter bei jedem Wetter seinen täglichen Spaziergang machte.

III

Auch ohne alle diese Einzelheiten über sein Verhalten in London zu kennen, fielen die französischen Patrioten, das waren damals hauptsächlich die Republikaner, heftig über ihn her, weil er die Vereinigung Belgiens mit Frankreich nicht wollte, während die Belgier selbst sie wünschten. «Die verkörperte Lüge, der lebendige Meineid, der Judas ohne Reue, der alle verkauft hat: Gott, die Republik, den Kaiser, die Könige», so schrieben über ihn in Vers und Prosa die Organe der französischen Opposition 1831—1832, als die belgische Frage akut war. In Paris wurden zahllose Karikaturen über ihn (überhaupt und besonders im Zusammenhang mit Belgien) gedruckt und verbreitet, unter den Abbildungen von ihm standen solche «Erklärungen»: «Talleyrand, die sogenannte Sonnenblume, die sich immer nach der Sonne dreht, fabriziert Maulkörbe, Ketten und Zensuren, macht Witze, Epigramme, Programme und Epitaphe, kauft und verkauft Kronen für neu und verfertigt bei Gelegenheit neue Verfassungen, Charten, Restaurationen, hat Kokarden, Fahnen und Bänder aller Farben auf Lager. Kommt auch ins Ausland.»

Talleyrand hatte sich endgültig darauf festgelegt, daß man nur im Bunde mit England die belgische Frage so lösen könne, daß Belgien von Holland frei würde, daß aber ein Zusammengehen mit England hierin nur unter der Bedingung möglich war, daß Frankreich nichts gegen die Selbständigkeit der Belgier unternahm. Nur eines wollte Talleyrand unter keinen Umständen zulassen: daß Belgien unter die Herrschaft Hollands zurückkehrte. Schließlich gelang es ihm, trotz des hartnäckigen Widerstandes Rußlands, Österreichs und Preußens, die Anerkennung der Selbständigkeit Belgiens zu erreichen. Und sofort verlangte er von der neuen belgischen Regierung die Schleifung aller Festungen, die von der holländischen Regierung nach dem Wiener Kongreß an der französischen Grenze angelegt worden waren, wozu die Großmächte seinerzeit Holland 45 Millionen Francs für die notwendigen Aufwendungen gegeben hatten. Dieser Festungsgürtel hatte als Schutz gegen Frankreich dienen sollen. Auf Talleyrands Forderung schleifte jetzt die belgische Regierung diese Festungen.

Dieser glänzende Erfolg seiner Diplomatie hob Talleyrand in den Augen Louis-Philippes derartig, daß man nach dem Tode Casimir Périers im Mai 1832 davon sprach, er solle Premierminister werden, aber der alte Fürst meinte, in London werde es für ihn ruhiger sein. 1832 hatte er eine neue Angelegenheit durchzuführen. Im geheimen (obgleich sich dieses Geheimnis sehr leicht durchschauen ließ) war der König von Holland von Nikolaus I. aufgehetzt worden, sich mit Gewalt dem Beschluß der Mächte zu widersetzen und Antwerpen, das noch in seiner Gewalt war, nicht abzutreten. Da schloß Talleyrand mit Palmerston ein Sonderabkommen, die französische Armee rückte in Belgien ein und belagerte Antwerpen zu Lande, die englische Flotte blockierte es zur See. Natürlich mußte sich Antwerpen sehr schnell ergeben. Frankreich und England schlugen damit allem, was von der Heiligen Allianz noch übrig war, ins Gesicht. Die drei absoluten Monarchien hatten sich trotz aller ihrer Drohungen nicht entschließen können, dem König von Holland auch nur ein Regiment zu Hilfe zu schicken. Aber noch vor der Übergabe Antwerpens war die belgische Frage entschieden worden. Am 15. November 1831 hatten die Vertreter der Großmächte in London ein Übereinkommen über die Anerkennung eines selbständigen Königreichs Belgien unterzeichnet, am 23. Januar 1832 hatte der neue König von Belgien Leopold die Verpflichtung unterschrieben, alle Festungen an der französischen Grenze zu schleifen, am 5. Mai 1832 war es Louis-Philippe und Talleyrand vom Herzen wie ein Stein gefallen: Der drohende Gewaltherr des Nordens, der Gendarm Europas Nikolaus I. hatte den «Vertrag vom 15. November 1831» ratifiziert und damit das Resultat der ihm verhaßten belgischen Revolution sanktioniert.

Aber noch bevor die belgische Frage endgültig und formell gelöst war, vollzog sich ein für Talleyrands Einstellung nicht sehr günstiger Kabinettwechsel in England: Die Konservativen traten zurück, Wellington, den man den einzigen Menschen auf dem Erdball nannte, der an den Edelmut des Fürsten Talleyrand glaubte, erklärte seinen Rücktritt, und die Whigs kamen an die Macht, die Liberalen, formell von Lord Grey, tatsächlich von Lord Palmerston, Staatssekretär des Ministeriums des Äußeren, geführt. Palmerston unterschied sich in seiner Ansicht über Talleyrand nicht im geringsten vom «Erdball»; er war überzeugt, er sei absolut zu allem fähig.

Einige direkte Beobachtungen Palmerstons bei den aus dienstlichen Anlässen nunmehr häufigen persönlichen Zusammentreffen mit dem französischen Botschafter trugen nicht dazu bei, seine Achtung vor Talleyrand zu erhöhen.

Zum Beispiel eine Einzelheit, an die später Palmerston mit Schadenfreude dachte.

Wie er im Laufe seines ganzen langen Lebens, von den Jugendjahren an und noch als achtzigjähriger Greis in London nach Kräften an den geheimen reichlichen Zuwendungen «willfähriger Spender» verdiente, wie man in Rußland früher solche Leute genannt hatte, die seine diplomatische Unterstützung brauchten, so vergaß er auch eine andere ebenso wichtige Einnahmequelle nicht, das Börsenspiel, das er immer eifrig durch Strohmänner betreiben ließ. Da er speziell die Beteiligung an Börsenmachinationen im Auge hatte, hatte er bei seiner Abreise nach London

1830 einen gewissen ihm schon lange in verschiedenen zweifelhaften Geschäften behilflichen Monron mitgenommen. Wir erinnern den Leser daran, daß es schon im April 1815 in einem Bericht des russischen Botschafters Pozzo di Borgo an Graf Nesselrode von diesem Monron, dem Begleiter Talleyrands, heißt, er
sei ein Mensch üblen Rufes. Monrons Funktion in London be-
zeichnen die Worte Lord Palmerstons gegenüber Sainte-Beuve,
der damals als französischer Schriftsteller Material für seine Zei-
tungsartikel über Talleyrand sammelte: «Lord Palmerston sagte
mir, daß Talleyrand fast immer, wenn er ihn zu dienstlichen Besprechungen aufsuchte, in seinem Wagen Monron bei sich hatte,
um ihm schnell nützliche Hinweise für Spiel und Börsengeschäfte
zu geben (afin de lui expédier vite ses indications pour jouer et
agioter).»[1] Das Geschäft war auf die rationellste Weise organisiert. Im Gespräch mit dem Chef der britischen Diplomatie und
dem faktisch ersten Mann der englischen Regierung vermochte
Talleyrand in fünf Minuten die nächsten Entscheidungen zu
erfahren, die bevorstehenden Ereignisse abzuschätzen, die erst
am nächsten Tage oder jedenfalls erst einige Stunden danach an
der Börse bekannt werden konnten. Monron erhielt im geheimen
entsprechende Börsenaufträge von Talleyrand, eilte nach der
Börse, führte die Aufträge aus, kam wie ein Blitz zurück und war
vollkommen bereit, in demselben Botschaftswagen wieder nach
der Börse zu fahren, falls es Talleyrand während seiner Abwesenheit gelungen war, im weiteren Gespräch Palmerston noch irgendwelche nützliche und bisher noch niemandem bekannte
Neuigkeiten zu entlocken. Natürlich durchschaute der aufmerk-
same Engländer bald alle diese sonderbaren Manipulationen
seines bejahrten Besuchers und die rätselhaften schnellen Bewegungen des in der fürstlichen Equipage hin und her sausenden
Monron. Sie machten auf Palmerston, der sich im übrigen anscheinend niemals über etwas gewundert hat, solchen Eindruck,
daß der interessierte Mylord dieser Schliche des bevollmächtigten
außerordentlichen französischen Botschafters sein ganzes Leben
lang gedachte. Wo es sich um Geldverdienen handelte, war es
dem Fürsten von Benevent immer ganz gleichgültig, was man

1 Saint-Beuve, Monsieur de Talleyrand, S. 229.

von ihm denken mochte. So hat er auch an seinem Lebensende noch gehandelt ...

Freilich konnten die persönlichen Anschauungen Palmerstons über die moralischen Qualitäten des Fürsten Talleyrand keine Rolle in der Frage der Annäherung Englands an Frankreich spielen. Aber bremsend hat das sehr tiefe Mißtrauen, das Palmerston hegte, doch gewirkt: «Wir sind mit Lord Palmerston nicht in gutem Einvernehmen, wir gefallen einander nicht», schrieb Talleyrand 1834 der Schwester König Louis-Philippes Adélaide, mit der er in dauerndem sachlichem und freundschaftlichem Briefwechsel stand.

Darja Christophorowna Lieven, die Gattin des russischen Botschafters in London, schrieb ihrem Bruder Al. Chr. Benkendorff, daß «Palmerstons Feindschaft Talleyrand völlig lähme». Aber als einer klugen und sehr gut unterrichteten Intrigantin entging ihr nicht, daß es Talleyrand gelungen war, sich innerhalb des englischen Kabinetts einige sehr wichtige Freunde zu sichern: «Lord Grey vergöttert ihn, Palmerston haßt ihn, Lord Holland überläßt ihm alle Geheimnisse der Regierung.» Und obgleich Palmerston durch seine Feindschaft den französischen Botschafter «lähmte», sieht man doch, daß diese Lähmung nur sehr partiell und nicht total war. Palmerston war klar, daß die Annäherung an Frankreich durch die gespannten Beziehungen Englands zu Nikolaus I. diktiert wurde, die durch die Verschärfung der Orientfrage entstanden waren. Deshalb mußte er auch mit Talleyrand das für Frankreich und England notwendige Abkommen unterzeichnen, das die Sicherung der spanischen und portugiesischen Regierung vor den Drohungen der Prätendenten zur Aufgabe hatte. Talleyrand hatte schon lange gegenüber Louis-Philippe und allen Ministern, die während seiner Londoner Botschafterzeit wechselten, hartnäckig daran festgehalten, daß die Rettung Frankreichs und besonders der Dynastie Louis-Philippes im engsten Bündnis mit England bestehe, und er war äußerst zufrieden, als es ihm am 22. April 1834 gelungen war, die Konvention mit England, Spanien und Portugal über eine Reihe äußerst wichtiger Fragen, die die Pyrenäenhalbinsel betrafen, zu unterzeichnen.

Auch die Diplomaten der feindlichen Mächte konnten nicht umhin, die Energie und die Fähigkeiten des achtzigjährigen, körperlich hinfälligen Greises zu bewundern. Dieselbe Darja Christophorowna Lieven, die bedeutend klüger als ihr Mann war und den Auftrag hatte, persönlich durch ihren Bruder, den General Benkendorff, den Chef der Gendarmen, systematisch alles, was in London geschah, Nikolaus zur Kenntnis zu bringen, schrieb anläßlich der glänzenden diplomatischen Erfolge Talleyrands in dieser Zeit. «Sie glauben nicht, wieviel gute und gesunde Doktrinen dieser Mann besitzt, der allen möglichen Regierungsformen gedient hat und in dem sich alle Laster verkörpern. Er ist ein interessantes Geschöpf. Viel kann man lernen von seiner Erfahrung, viel Klugheit von ihm empfangen, sein Geist ist mit achtzig Jahren noch vollkommen frisch — aber er ist ein großer Gauner — c'est un grand coquin», behauptet die Fürstin Lieven. Von ihr stammt das geflügelte Wort, daß dem Herzog von Wellington die Porträts nicht gelingen: den Fürsten Polignac stellt er dar als einen klugen Mann, den Fürsten Talleyrand als Ehrenmann.

IV

Die Körperkräfte des Greises ließen nach. Ende November 1834 bat er Louis-Philippe um seinen Abschied. Während seines Aufenthaltes als Botschafter in London hatte es Talleyrand nach seinen eigenen Worten verstanden, «der Julirevolution Bürgerrecht in Europa» zu verschaffen, er hatte den Thron Louis-Philippes gefestigt und an der Errichtung eines selbständigen Königreichs Belgien mitgeholfen. Mit sechsundsiebzig Jahren hatte er diesen letzten Abschnitt seines langen, bemerkenswerten Lebensweges begonnen, und mit achtzig Jahren beendete er ihn.

Er zog sich in sein herrliches Schloß Valençay zurück, das an Ausmaß und unerhörtem Luxus die Schlösser vieler Monarchen in Europa übertraf. Hier erwartete er in der Haltung, die ihm zeitlebens eigen war, ruhig und ohne besondere Neugier und unnötige Aufregung das Nahen der unüberwindlichen Macht, gegen die anzugehen auch seine Schlauheit nicht ausreichte (wie in schadenfroher Voraussicht einer der ihm feindlichen Journalisten schrieb). «Ich bin nicht glücklich, ich bin nicht unglücklich», schrieb er in diesen letzten Jahren seines Lebens. «Ich werde etwas schwächer, und ich weiß genau, was das Ende von alledem sein wird. Ich bin darüber nicht traurig und fürchte es nicht. Meine Arbeit ist getan. Ich habe Bäume gepflanzt, Häuser gebaut und viele andere Dummheiten begangen. Ist es da nicht Zeit für das Ende?» Seine Frau war gestorben. Bei ihm lebte ständig seine Nichte, die Herzogin von Dino, der ihm vertrauteste und am nächsten stehende Mensch. Legitime Kinder hatte er nicht. Sein Sohn von Frau Delacroix, der schon in den zwanziger Jahren berühmte, geniale französische Maler Eugen Delacroix, hatte wenig Umgang mit dem Vater und verheimlichte seine Abstammung.

Aber Talleyrand suchte auch selbst in diesen seinen letzten Jahren völlige Einsamkeit und Ruhe. Seine Habsucht war befriedigt. Ehrgeiz plagte ihn nicht. Nach seinem endgültigen Ausscheiden aus dem Dienst hörte er sogar auf, an der Börse zu spielen. In den Zeitungen, Journalen, einzelnen Flugschriften, Illustrationen erschien sein Name immer wieder, wurden seine lange Tätigkeit, die einzelnen Phasen dieses erstaunlichen Daseins verschiedenartig beurteilt. Der Fürst las die meisten dieser zahllosen Artikel nicht, und soweit er sie las, antwortete er nie und reagierte überhaupt nicht darauf.

Mit Stillschweigen überging er auch jene berühmte Charakteristik seiner Person, die er im zweiten Oktoberheft der «Revue des deux mondes» 1834 las. Der Aufsatz entstammte der Feder der damals schon im Anfang ihres Ruhmes stehenden George Sand und trug den Titel «Der Fürst». Der Name war nicht genannt, aber die Darstellung mehr als durchsichtig. Sonderbar ist, daß der Aufsatz veranlaßt war durch einen Besuch des Schlosses Valençay, den George Sand und Alfred de Musset zur Besichtigung der Sehenswürdigkeiten unternommen hatten. Talleyrand erlaubte Reisenden, seine weltberühmten prächtigen Gemächer zu besichtigen, aber seine Wohnzimmer ließ er von niemand betreten. Für George Sand roch es in diesen prächtigen Sälen des Fürsten Talleyrand nach so tragischen Erinnerungen, daß sie sich der schärfsten Philippika nicht enthalten konnte: «Dieses Herz hat niemals die Wärme einer edlen Tat gespürt, niemals ist ein ehrenvoller Gedanke durch diesen unermüdlichen Kopf gegangen; dieser Mensch ist eine Ausnahme in der Natur, er ist ein so

seltenes Wunder, daß das Geschlecht der Menschen ihn zwar verachtet, aber doch in sinnloser Bewunderung zu ihm aufschaut.»
Auch das Äußere Talleyrands ist ihr hassenswert, der verächtliche, erhabene und herausfordernde Ausdruck seines Gesichts;
immer und immer muß sie an seine Vergangenheit denken und
daran, weswegen alle Herrscher Frankreichs ihn brauchten:
«Wieviel blutige Kriege, wie großes Unglück für die menschliche
Gesellschaft, welche skandalösen Plünderungen hat er denn ver-
hütet? So unentbehrlich muß er also gewesen sein, dieser wollü-
stige Heuchler, wenn alle unsere Monarchen vom stolzen Eroberer bis zum beschränkten Scheinheiligen auf uns die Schmach und
Schande seines Aufstiegs gehäuft haben.»

Für George Sand ist die Diplomatie an und für sich widerwärtig, wenn sie zur Rechtfertigung der Tätigkeit Talleyrands dienen
soll. «Welche erbärmlichen Schändlichkeiten (turpitudes honteu-
ses) deckt der weite Mantel der Diplomatie?» fragt George Sand.
Bezüglich Talleyrands wiederholt sie, die echte Vertreterin der
damaligen Romantik, in französischer Prosa die berühmten Verse
ihres deutschen Zeitgenossen Heine:

> Warum schleppt sich blutend, elend,
> Unter Kreuzlast der Gerechte,
> Während glücklich als ein Sieger
> Trabt auf hohem Roß der Schlechte?

> Woran liegt die Schuld? Ist etwa
> Unser Herr nicht ganz allmächtig?
> Oder treibt er selbst den Unfug?
> Ach, das wäre niederträchtig.

George Sand gibt diese Worte wieder und wendet sie auf Talleyrand an: «So verfluche ich diesen Feind des Menschenge-
schlechts, der die Menschen nur beherrscht hat, um Reichtümer
zusammenzuplündern, seinen verwerflichen Neigungen zu frö-
nen und die durch ihn verdummten und ausgebeuteten Menschen
zur erniedrigenden Anerkennung seiner schnöden Talente zu
zwingen (de ses iniques talents). Die Wohltäter der Menschheit
sterben in der Verbannung oder am Kreuz... Aber du alter

Geier wirst in deinem Neste sterben, langsam, von Mitleid umgeben!»

Talleyrand war diesen Ton gewöhnt; selten schrieb man zu seinen Lebzeiten anders über ihn, natürlich solange die französische Presse frei war. Und fast immer waren zwei Gesichtspunkte zu erkennen: völlige, bedingungslose, widerspruchslose Verachtung für seinen Charakter, für seine absolute Gewissenlosigkeit, und eine ebenso große Achtung, wenn auch nicht bei allen, vor seinen geistigen Fähigkeiten, der Klugheit, Gewandtheit, durchdringenden Schärfe, die er auf dem Gebiet der Diplomatie bewies. Talleyrand verhielt sich wie immer sehr philosophisch zu allem, was über ihn geschrieben wurde, und sogar über die Porträtierung durch George Sand ärgerte er sich nicht sehr und nur kurze Zeit.

Erinnern müssen wir daran, daß seine Zeitgenossen, wenn sie auch schon ziemlich viel über die pekuniären Machenschaften des Fürsten Talleyrand wußten, doch keine Ahnung von alledem hatten, was die Geschichte erst spät nach seinem Tode allmählich und stückweise über ihn feststellte. Nehmen wir nur den berühmten Stendhal, den Mitkämpfer der Napoleonischen Kriege, den Denker, skeptischen Beobachter und feinen Analytiker. Er war in Marseille, als er die Nummer des «Journal des Débats» vom 21. Mai erhielt, in der er den Tod des Fürsten Talleyrand las. Er setzt sich sofort an den Schreibtisch und schreibt für seine Konzepte einen kleinen Aufsatz über Talleyrand, der bis 1926, wo er das erste Mal das Licht der Welt erblickte, ungedruckt geblieben ist. Auf diesem handschriftlichen Konzept stehen oben die charakteristischen Worte, die beweisen, daß sich Stendhal über die hochtrabende, lobhudelnde Lüge entsetzte, die er in dem Nekrolog für Talleyrand in der Zeitung fand: «Entrüstung[1] über die klingenden Phrasen der ‹Débats›». Am Ende des Aufsatzes ist die noch aufschlußreichere Bemerkung: «Aus Abscheu vor großen Phrasen». Man sollte annehmen, der in solcher Stimmung geschriebene Aufsatz Stendhals enthielte eine objektive, unbedingt wahrhaftige Würdigung vieler Züge aus dem Leben des

[1] Das französische Wort «l'impatience» ist hier eher mit «Entrüstung» als mit «Ungeduld» wiederzugeben.

berühmten Diplomaten. Aber wir finden dort nichts dergleichen: «Herr Talleyrand war ein unendlich kluger und immer geldbedürftiger Mann. In dieser Hinsicht war er ein echter Grandseigneur. Er hatte in seinen Geschäften keinerlei Ordnung, keinerlei Vorsicht. Ein sehr feiner Mensch, ohne Illusionen und ohne jegliche Leidenschaften, außer dem leidenschaftlichen Wunsch, ein Haus großen Stils zu führen und so zu leben, wie es einem Manne von hoher Herkunft zukommt ...», so beginnt diese ganz kurze Charakteristik. Dann kommen ziemlich oberflächliche, Stendhal gar nicht ähnliche Bemerkungen, Vergleiche, leichte Anekdoten darüber, wie die Coiffeure den Fürsten frisierten, ein völlig unrichtiger Hinweis darauf, daß Talleyrand die erschrockenen Monarchen in Wien gezwungen habe, nach Napoleons Rückkehr von Elba gegen ihn zu marschieren usw., danach Anekdoten, wie nett der Fürst zu seinen Untergebenen, zu seiner Dienerschaft war — und weiter nichts. Bemerkenswert ist noch, daß sich Stendhal auch zu anonymer Veröffentlichung dieser nichtssagenden Zeilen, die er unterschrieb «ein früherer Offizier», nicht entschließen konnte. Er warf diesen Aufsatz zu einem Haufen von Konzepten.

Es ist klar, daß Stendhal nicht in so versöhnlichem Tone geschrieben hätte, wenn er alles gewußt hätte, was die ferne Nachwelt über Talleyrand weiß. Interessant ist, daß das, was Stendhal im Zusammenhang mit der Kontribution in Spanien als einziges Beispiel für die Gewissenlosigkeit Talleyrands anführt, zufällig faktisch nicht bewiesen ist. Im übrigen beschränkt sich Stendhal hier auf eine Andeutung. Richtig aber weist er in dem Aufsatz auf die zersetzende Wirkung hin, die Talleyrand indirekt auf die Gesellschaft ausübte: «In moralischer Hinsicht hat dieses lange Leben Scapins die üble Seite, daß jetzt ein Diener, wenn er hundert Louisdor stiehlt, anstatt mit der Möglichkeit der Galeere zu rechnen, einfach sagt: ‹Was denn, ich habe es ja nur Herrn Talleyrand nachgemacht.›» Scapin, worunter Stendhal Talleyrand versteht, ist der Held einer Komödie von Molière, der viel und gerissen betrogen hat, dem es aber nicht im Traume einfiel, das fertigzubringen, was der Fürst von Benevent geleistet hat. Die Maßstäbe waren absolut nicht die gleichen, die Psychologie nicht dieselbe und die Arena der Weltgeschichte nicht die Bühne Scapins und dessen amüsanter Gaunereien. Einzelne Züge Scapins zu haben bedeutet noch lange nicht, ein bloßer Scapin zu sein.

George Sand verurteilte Talleyrand ausschließlich vom moralischen Standpunkt aus. Fast gleichzeitig mit ihr äußerte sich über Talleyrand der junge, glänzende Publizist der deutschen radikalen Bourgeoisie Ludwig Börne, der es sogar ablehnt, in diesem Falle einen rein moralischen Maßstab als vernünftig zuzulassen. Er schätzt nur die objektiven Resultate der Tätigkeit des berühmten Diplomaten ein — und er schätzt sie sehr hoch. Der Leser findet diese bemerkenswerte Stelle im 37. Brief Börnes aus Paris vom 24. Februar 1831.[1]

«Endlich Talleyrand. Ich habe ihn nie gesehen, nicht einmal gemalt. Ein Gesicht von Bronze, eine Marmorplatte, auf der mit eisernen Buchstaben die Notwendigkeit geschrieben ist. Ich habe nie begreifen können, wie noch alle Menschen aller Zeiten so diesen Mann verkannt! Daß sie ihn gelästert, ist schön, aber schwach, tugendhaft, aber unverständig; es macht der Menschheit Ehre, aber nicht den Menschen. Man hat Talleyrand vorgeworfen, er habe nach und nach alle Parteien, alle Regierungen verraten. Es ist wahr, er ging von Ludwig XVI. zur Republik, von dieser zum Direktorium, von diesem zum Konsulat, von diesem zu Napoleon, von diesem zu den Bourbonen, von diesen zu den Orléans über, und es könnte wohl noch kommen, ehe er stirbt, daß er wieder von Louis Philippe zur Republik überginge. Aber verraten hat er diese alle nicht, er hat sie nur verlassen, als sie tot waren. Er saß am Krankenbett jeder Zeit, jeder Regierung, hatte immer die Finger auf dem Pulse und merkte es zuerst, wenn ihr das Herz ausgeschlagen. Dann eilte er vom Toten zum Erben; die anderen aber dienten noch eine kurze Zeit der Leiche fort. Ist das Verrat? Ist Talleyrand darum schlechter, weil er klüger ist als andere, weil fester, und sich der Notwendigkeit unterwirft? Die Treue der anderen währte auch nicht länger, nur ihre Täuschung währte länger. Auf Talleyrands Stimme habe ich immer gehorcht wie auf die Entscheidung des Schicksals. Ich erinnere mich noch,

1 In der sehr guten Übersetzung «Pariser Briefe», Ausgabe des Staatlichen Verlages für künstlerische Literatur, Moskau 1938, S. 148 bis 149.

wie ich erschrak, als nach der Rückkehr Napoleons von Elba Talleyrand Ludwig XVIII. treu geblieben. Das verkündigte mir Napoleons Untergang. Ich freute mich, als er sich für Orléans erklärte; ich sah daraus, daß die Bourbons geendet. Ich möchte diesen Mann in meinem Zimmer haben; ich stellte ihn wie einen Barometer an die Wand, und ohne eine Zeitung zu lesen, ohne das Fenster zu öffnen, wollte ich jeden Tag wissen, welche Witterung in der Welt ist.» Für bürgerliche Publizisten jener Zeit war der volle Sieg der Bourgeoisie, in dem einen Lande eher, in dem anderen später, ein unvermeidliches Fatum, der heilsame Befehl des historischen Schicksals, den Talleyrand vom ersten Beginn seiner Tätigkeit an richtig erfühlt hatte.

Für Stendhal war Talleyrand immer Synonym eines niedrigen Menschen und Verräters. «Wenn das Pariser Publikum», sagt einer seiner Helden, «von irgendeiner gelungenen Niedrigkeit oder Verräterei hört, ruft es: Bravo, eine treffliche Sache im Geiste Talleyrands! Und das Publikum ist begeistert.»[1]

Aber bei Stendhal wie bei vielen, die zu jener Zeit über Talleyrand geschrieben haben, kämpft die Anerkennung seiner großen Begabung mit der vollständigsten Verachtung seiner Moral. Ich weiß nicht, welches Epitheton der berühmte Schriftsteller für Talleyrand öfter anwendet: «Genius» (un génie, un vaste génie) oder «Schwindler» (coquin). «Ich kann nicht mit Menschen leben, die zu feinen Gedanken unfähig sind, so tugendhaft sie auch sein mögen. Ich würde hundertmal die glänzenden Sitten eines verderbten Hofes vorziehen. Washington wäre mir tödlich langweilig, und ich möchte mich lieber in einem Salon mit Herrn Talleyrand befinden», sagt einer seiner Helden.[2]

In Talleyrand sieht Stendhal eine Art politischen Philosophen,

---

1 «Le public de Paris — ajoutait mon père —, s'il entend parler d'une bassesse ou d'une trahison utile, s'écrie: Bravo, voilà un bon tour à la Talleyrand, et il admire» (Stendhal, Lucien Leuwen, Bd. I, S. 110).

2 Stendhal, ebd. S. 114: «Je ne puis vivre avec des hommes incapables d'idées fines, si vertueux qu'ils soient, je préférais cent fois les moeurs élégantes d'une cour corrumpue. Washington m'eut en à la mort et j'aime mieux me trouver dans le même salon que M. de Talleyrand.»

der ganz offen nur denen dient, die ihn bezahlen und ihm ein bequemes Leben bereiten. Von dem Glück des Volkes sprechen nur «Dummköpfe und Heuchler». Man kann nicht dienen, indem man sich «einbildet, daß das Interesse des Hirten und die Interessen der Hammel zusammenfallen». Talleyrand hat das niemals geglaubt: «Ein Mensch hilft mir und macht mein Glück. Ihm werde ich helfen, um das übrige kümmere ich mich nicht (et je me fiche du reste), jeder für sich selbst. Ich bin zufrieden ... Das ist die Lebensweisheit Talleyrands und vieler klugen Leute», bestätigt Stendhal. Auf jeden Fall erklärt ihm diese psychologische Vermutung genügend die ganze Haltung Talleyrands.[1]

Ganz offen (und traurig) ist Talleyrand am Ende seines Lebens, wenn er mit sich allein ist, in den seltenen Augenblicken, wo nächtliche Schwermut ihn veranlaßt, zum Bleistift zu greifen.

«Dreiundachtzig Jahre sind dahingegangen ... Wieviel Sorgen. Wieviel Aufregungen. Wieviel Übelwollen habe ich einstecken müssen. Und das alles ohne andere Ergebnisse als große physische und moralische Müdigkeit und tiefe Mutlosigkeit vor der Zukunft und Abscheu vor der Vergangenheit.» So schrieb Talleyrand auf seinem langen Krankenlager nur für sich selbst am Ende seines Lebens. Indem er diese Gedanken anführt, die zufällig später der Öffentlichkeit bekannt geworden sind, schreibt der dem Fürsten immer ablehnend gegenüberstehende Louis Blanc: «Mit sich allein geblieben in der Stille der Nacht ist Talleyrand von der Höhe seines ungezügelten Stolzes in eine unaussprechliche Wehmut und Niedergeschlagenheit gefallen, und beim Schein der Lampe, die sein einsames Wachsein beleuchtet, hat er Zeilen geschrieben, in denen sich eine Fülle von Gedanken und der Verfall seiner geistigen Kräfte ausspricht.»[2]

«Ungezügelter Stolz»: diese Worte erklären sich aus der Überzeugung Louis Blancs, daß Talleyrand, der die Menschen überhaupt verachtete, in seiner Seele das ganze Leben und sich selbst

---

1 Stendal, Correspondance, Bd. V, Paris 1934, S. 149. (Ä Baron de Mareste, le 22 avril 1818.)
2 Louis Blanc, Histoire de dix ans, 1830—1840, Bd. V, 11-ème édition, Paris (s. d.), S. 265.

verachtete und daß seine immerwährende Kälte, seine hochmütige, verächtliche, spöttische Miene nur die Maske war, die das Gefühl der trostlosen Vereinsamung verdeckte, das ihn selten, erst am Ende seines Lebens, überwältigte.

V

Seit den ersten Monaten des Jahres 1838 hatte man den Tod Talleyrands täglich erwartet. Die Zeitungen berichteten von der schnellen Verschlechterung, vom fortschreitenden Verfall seiner Kräfte. Und plötzlich verbreitete sich in Paris eine wunderliche Nachricht.

Auf den 3. März war in der Akademie der moralischen und politischen Wissenschaften eine Gedächtnissitzung für das Mitglied der Akademie Graf Reynard, einen früheren Untergebenen Talleyrands, einen ziemlich farblosen französischen Diplomaten, angesetzt, der einmal sehr kurze Zeit das Ministerium des Äußeren innegehabt hatte. Völlig unerwartet hatte der seit langem gefährlich erkrankte Fürst erklärt, er wolle die Gedächtnisrede in der Akademie halten, der er seit 1797 angehörte, deren Zusammenkünften er aber schon lange nicht mehr beigewohnt hatte.

Er gedachte die Gelegenheit zu benutzen, um in aller Öffentlikeit seine Gedanken über die Diplomatie darzulegen. Tatsächlich hatte er ja noch nie darüber gesprochen. Dieses sensationelle Auftreten Talleyrands in der Akademie war der ausgesprochene Versuch, zu beweisen oder durchsichtig anzudeuten, daß gerade er das Vorbild aller Tugenden sei, die ein Minister des Äußeren verkörpern muß. Die Anwesenden haben diesen 3. März 1838 nie vergessen.

Talleyrand wandte sich gleichzeitig an die Zeitgenossen und an das kommende Geschlecht. Nach der Begeisterung und Wärme dieses Auftretens zu schließen, wünschte er selten so dringend, daß seine verschlagenen Lippen die Gabe hätten, Vertrauen einzuflößen.

Der Erfolg des Auftretens war vollständig und eigenartig. Einen großen Eindruck machte schon die Persönlichkeit des Redners selbst, der sich viele Jahre nirgends mehr öffentlich gezeigt hatte. Man verschlang ihn mit den Augen, lauschte mit verhaltenem Atem dem Klang der greisenhaften Stimme; er selbst war unabhängig von dem Inhalt seiner Worte erregt. Zu viele Seiten der Geschichte waren mit diesem totenblassen, am Rande des Grabes stehenden, ausgetrockneten Greis verbunden. Die Bilder aus dem Versailles des alten Regimes, die Schatten Ludwigs XVI. und Marie Antoinettes, Mirabeau, die Revolutionäre, Danton, die Teilnehmer an den Feiern der Kaiserkrönung, der Herzog von Enghien, Napoleon, die gefangenen spanischen Prinzen, Alexander I., Ludwig XVIII., Karl X., alle diese Bilder, die die Phantasie der George Sand verfolgt und erschreckt hatten, als sie das Schloß des Fürsten in Valençay besuchte, alle diese vorwurfsvollen, tragischen, sarkastischen, zornigen Gespenster, die ihn Lügen straften und verfluchten, waren wieder lebendig geworden, wogten zudringlich um den Redner und wollten das Empfinden der Versammelten nicht verlassen.

Erst später haben Zeugen, die diesen Tag beschrieben, zugegeben, daß diese Erinnerungen, alle diese historischen Schatten, die durch die Anwesenheit Talleyrands in ihrem Bewußtsein und Gefühl emporstiegen, alles widerlegten und bestritten, was der Redner durch seine Rede seinen gebannten Zuhörern über sich selbst einprägen wollte.

Der kranke dreiundachtzigjährige Greis konnte sich nicht mehr allein fortbewegen, man trug ihn fast auf den Armen in den Saal und führte ihn gestützt auf die Tribüne. Die Mitglieder der Akademie und das den Saal füllende Publikum waren bei seinem Erscheinen aufgestanden und hatten mit Händeklatschen stehend diesen ausgetrockneten Halbtoten begrüßt, der nur noch zweieinhalb Monate auf dieser Welt leben sollte. Er begann zu reden und sprach lange, und seine Rede hatte einen ungeheuren Erfolg bei den Zuhörern wie später in einem großen Teil der Presse. Worüber sprach er, was lehrte er sie?

Erbaulich setzte er auseinander, welche Eigenschaften ein idealer Diplomat besitzen muß, ein vollendeter, tadelloser Minister des Äußeren. Liebe für das Vaterland, das ständige Gefühl der patriotischen Verpflichtung. Niemals soll der Minister des Äußeren seine hohen staatlichen Funktionen vergessen, die Heiligkeit und Verantwortung seines Berufs . . . Mit einem Wort, das Vaterland soll sich hinter einem wirklichen Minister des Äußeren wie hinter einer steinernen Mauer fühlen, wenn der, der diesen hohen Posten innehat, seiner tatsächlich würdig ist, wenn er, sich selbst vergessend, den Weisungen seines patriotischen Gewissens lauscht!

Das verkündete im Ton eines Weisen, eines silberhaarigen Lehrers letzter Lebenserkenntnis seine Hoheit der durchlauchtigste Fürst von Benevent, geborener Fürst Talleyrand-Périgord, von dem alle seine Zuhörer ohne Ausnahme ebenso wie ganz Frankreich, ganz Europa und die gesamte übrige Welt wußten, daß er zuerst Ludwig XVI. verraten hatte, dann die Republik, danach Napoleon, dem er so warm die Hände küßte, als er ihm das souveräne Fürstentum Benevent und den Titel Hoheit und Erlauchter Fürst verliehen hatte; dann verriet er die Bourbonen abermals. Freilich wußten damals erst wenige, daß der Fürst auch einige Jahre hintereinander im Geheimdienst Alexanders I. gestanden und nach Erfurt gegen gehörige Bezahlung Stück für Stück französische Staatsgeheimnisse verhandelt hatte; daß er während Napoleons Krieg gegen Österreich 1809 Metternich über die Bewegungen der französischen Truppen unterrichtete; daß er aus den Staatsarchiven in umfangreichen Paketen Dokumente stahl und sie für einen anständigen Preis an denselben Metternich verkaufte. Man wußte damals noch nicht, daß etwas mehr als drei Jahre vor dieser gefühlvollen patriotischen Rede in der Akademie über wahrhaft ehrenwerte und edle Diplomaten das bejahrte Mitglied der Akademie in London dem König von Holland einige seiner Verteidigung anvertraute Interessen Frankreichs und Belgien für 15 000 Pfund klingender Münze verkauft und dabei anscheinend noch angedeutet hatte, es wäre angebracht, diese Summe zu verdoppeln. Dafür waren aber die Schliche des Fürsten auf dem Gebiet der inneren Politik allen bekannt und verständlich. Wie kann man die Ovationen erklären, den Triumph der Akademierede, den Glanz des Erfolges, der nach diesem Schwanengesang den in das Grab steigenden Greis umgab, der sich vom Krankenbett erhoben hatte, um unverfroren zu erklären, er habe das Recht, furchtlos den kommenden Geschlechtern in die Augen zu sehen? Warum waren seine Zuhörer und die nächste Nachkommenschaft bereit, die abgrundtiefe Amoralität dieses Mannes zu vergessen, dessen Leben, vom Standpunkt der Sittlichkeit betrachtet, die dauernde und zynischste Verspottung der einfachsten, anspruchslosesten Begriffe von Ehre und primitiver Rechtlichkeit, ja einfacher moralischer Sauberkeit war?

Die Antwort auf diese Frage ist uns bereits gegeben. Die Generationen der Bourgeoisie, die die letzten Jahrzehnte des Lebens und der Tätigkeit Talleyrands erlebt hatten, erinnerten sich und wollten sich nur erinnern folgender halb wahrer, halb legendärer Ereignisse. Im Jahre 1814—1815 verteidigte Talleyrand, zunächst durch den Abschluß des Pariser Friedens vom 30. Mai 1814, der dann auf dem Wiener Kongreß im Herbst und Winter 1814—1815 voll bestätigt wurde, die Grenzen Frankreichs gegen das feudal-absolutistische Preußen und das klerikal-monarchistische Österreich und rettete einen Teil der französischen Kolonien vor den englischen Räubern. Danach wollte Talleyrand die Bourbonen zwingen, sich mit der vordringenden Herrschaft der Bourgeoisie zu versöhnen, aber vergeblich, seine weisen Ratschläge wurden nicht gehört, und die Bourbonen, mit der klerikal-feudalen Reaktion im Bunde, gingen endgültig unter. Danach hat derselbe Talleyrand, wie er sich beeilte, selbst von seiner Londoner Botschafterzeit 1830—1834 zu sagen, «der Julirevolution Bürgerrecht in Europa» verschafft und durch die Verteidigung Belgiens gegen den diplomatischen Ansturm der absolutistischen Mächte von neuem auch hier der Sache der Befreiung und politischen Konsolidierung der Bourgeoisie in Frankreich und in Belgien einen Dienst erwiesen, und damit auch Europa. Deshalb haben auch Leute wie Börne erklärt, was man ihm immer für Sünden vorwerfen möge, am Ende seines Lebens hat er eine progressive historische Rolle gespielt ... «Ich habe unter allen Regimen nur Frankreich gedient», wurde als Ausspruch des greisen Intriganten wiederholt.

Solcherart war diese halb auf Wahrheit, halb auf Legende beruhende, von bürgerlichen Liberalen zum Vorteil Talleyrands äußerst stilisierte Geschichte seines Lebens und seiner Tätigkeit. Der persönliche Anteil, den Talleyrand 1814—1815 in Paris und in Wien daran nahm, daß das französische Territorium unversehrt erhalten blieb, wurde unverhältnismäßig aufgebauscht, wobei fast gänzlich der entscheidende Einfluß Rußlands ignoriert wurde, in dessen direkten Interessen es lag, Frankreich vor der Zerstückelung zu bewahren. An diese Zerstückelung hatten viele Sieger gedacht, besonders in Preußen, wo man sich lange nicht beruhigen konnte, daß die Rückgabe Elsaß-Lothringens abgeschlagen wurde. Die diplomatische Kunst Talleyrands allein hätte selbstverständlich nicht genügt, um Frankreich vor dem räuberischen Geschrei Blüchers und seinesgleichen zu retten, weder 1814 noch 1815. Was die Rolle Talleyrands als eines Verteidigers der Bourgeoisie und Kämpfers gegen die adlige Reaktion zur Zeit der Restauration betrifft, so wird sich der Leser auch der von uns angeführten Dokumente von 1814—1817 entsinnen, die beweisen, daß man im gegebenen Fall die «Wahrheit» durch Legende ausgeschmückt hatte und von Talleyrands «Zickzacks» nach der Seite der Reaktion schwieg. Wenn letzten Endes Talleyrands Tätigkeit in London auch die politische Konsolidierung der bürgerlichen Julimonarchie begünstigte und die Befestigung der damals besonders Anfang 1830 in internationaler Hinsicht äußerst schwachen Stellung Frankreichs ermöglichte, so ist auch hier viel der inneren Lage Englands gutzuschreiben, dem heftigen Klassenkampf vor der Wahlreform von 1832, als die Konservativen zunächst gelähmt und jeder Möglichkeit einer aktiveren äußeren Politik beraubt waren. Vieles erklärt sich, besonders in der belgischen Frage 1831—1832, auch daraus, daß Nikolaus I. die Hände durch Polen gebunden waren. Alle diese maßlosen Übertreibungen der persönlichen historischen Rolle Talleyrands als eines der «Götter», die Geschichte «machen», haben die berechtigte ablehnende Beurteilung über die Rolle Talleyrands, Metternichs und Louis-Philippes durch Engels veranlaßt.

Solche Übertreibungen entsprangen sowohl früher, als «deutsche Bürger» sie aussprachen und damit Marx und Engels aufbrachten, wie auch später, als französische und englische «Bürger» und viele andere Historiker sie zu wiederholen begannen, dem Unverständnis oder mangelnden Willen, ernsthaft die entscheidende Bedeutung des ganzen Komplexes der sozialwirtschaftlichen und politischen Lage Frankreichs und Europas zu würdigen, in der Talleyrand lebte und wirkte.

Diesem Manne, dem zu seinen Lebzeiten alles nach Wunsch

lief, ging es nach seinem Tode ebenso. Die siegreiche Bourgeoisie beschloß, ihn als einen der großen Mitkämpfer anzuerkennen, der sehr viel zu ihrem endgültigen Triumphe beigetragen hatte, als einen der Führer in «der heroischen Periode dieses Kampfes». Und schon damals waren alle die zahlreichen persönlichen Sünden Talleyrands vergessen und vergeben, von denen jede einzelne genügt hätte, jeden anderen Politiker zu entehren und seines guten Namens zu berauben. Schon in Talleyrands letzten Lebensjahren begann der sittenstrenge, moralisch einwandfreie Royer-Collard, den man das Gewissen der liberalen Partei, die Leuchte und den unbeugsamen Wächter der öffentlichen Moral nannte, sich mit Talleyrand anzufreunden. Anderseits regte der moderne Heroenkult, der sich unter dem Einfluß des kurz nach Talleyrands Tod erschienenen berühmten Buches von Carlyle «Über Helden und Heldenverehrung» schnell ausbreitete[1], die damaligen und späteren Biographen Talleyrands an, gerade in ihm den «Gestalter» und «Gott» der Geschichte zu sehen, den «Retter» des neuen, nachrevolutionären bürgerlichen Frankreichs vor der feudalabsolutistischen Rekation, die bereit war, alle Erwerbungen der großen bürgerlichen Revolution restlos zu verschlingen. Diese Übertreibungen hielten auch an, als das aufsehenerregende Buch Carlyles längst vergessen war. Man sah Talleyrand nicht nur als Verkörperung des bürgerlichen Frankreichs an, das gegen den Feudalismus kämpfte, und stellte ihn in diesem Sinne mit Napoleon zusammen (nicht mehr und nicht weniger), sondern alle diese kuriosen Übertreibungen sind wie gesagt bis auf den heutigen Tag in der bürgerlichen historischen Literatur über Talleyrand noch nicht völlig liquidiert. Beispielsweise ist das oben erwähnte Buch Guglielmo Ferreros vom Jahr 1940 anscheinend geschrieben, als die Begeisterung für den «Heroenkult» ihren Gipfel erreicht hatte.[2]

Das war die Legende um Talleyrand nach seinem Tode. Angefangen hat diese Legende schon zweieinhalb Monate vor dem

[1] «On heroes, hero-worship and the heroic in history.» Das Buch Carlyles erschien im Jahre 1841.
[2] G. Ferrero, La reconstruction. Talleyrand à Vienne 1814—1815, Paris 1941.

Tode des alten Fürsten, als er seine letzte Rede in der Akademie hielt und eine solche Apotheose in der Akademie wie in der Presse, in Frankreich wie im Ausland erzielte. Diese Rede war in seinem Munde tatsächlich eine durch und durch verwegene Herausforderung, ein bewußtes Vergessen und Ignorieren der Wahrheit über sich selbst, die er am besten kannte. Und seine Zuhörer, die den Redner mit stürmischen Ovationen überschütteten, und sehr viele, die später über ihn geschrieben haben, haben sich gleichsam verabredet, diese furchtbare Wahrheit seines langen Lebens der Vergessenheit und der Verzeihung anheimzugeben.

Sein vollkommenes Selbstbewußtsein, seine Fähigkeit, mit ruhiger Stirn und hocherhobenen Hauptes seinen Lebensweg zu gehen, gnädig wie etwas Selbstverständliches Gaben der Ehrfurcht einzuheimsen, hat nicht nur die Zuhörer in der Akademie der moralischen und politischen Wissenschaften am 3. März irregeführt.

Menschen, die Talleyrand nicht liebten und nicht achteten, wie zum Beispiel Herzen, wurden unsicher und schwankend in ihrem Urteil vor dieser absoluten Amoralität Talleyrands, verbunden mit der vollendetsten immerwährenden Ruhe des Geistes und dem subjektiven Bewußtsein «rechten Handelns». Zuweilen schien es ihnen sogar, als ob sich Talleyrand nicht als handelnde Person ansah, die er doch war, sondern als Zuschauer, Beobachter, einen dem Wesen der Welt entrückten Denker. «Woher nimmt der mitten im Strudel der Ereignisse, in ihrem eigentlichen Kreislauf Stehende den weisen Gleichmut des Zuschauers? Ist das nicht über oder unter menschlichem Ermessen? Muß man dazu nicht ein Talleyrand oder ein Goethe sein?» fragte Herzen.[1] Er konnte sich nicht entschließen, wenn er von der politischen Parteilosigkeit Talleyrands sprach, ein Gleichheitszeichen zwischen ihm und Fouché zu setzen und zuzugeben, daß alle beide völlig gleiche Egoisten («Ichmenschen») waren. «Es gibt eine Art Menschen, die gehören deshalb zu keiner Partei, weil ihnen das zu unbedeutend, unter ihren Interessen stehend ist — wie z. B. Talleyrand, oder sie sind erbärmliche Ichmenschen und ordnen

1 A. I. Herzen, Gesamtausgabe seiner Werke und Briefe, Ausgabe Lemke, Bd. III, S. 405.

die allgemeinen Interessen ihren niedrigen Berechnungen unter — wie z. B. Fouché.»[1] Leider erklärt Herzen in diesem frühzeitigen intimen, nur für sich selbst geschriebenen Tagebuche, in dem er oft seine Gedanken unbeendet läßt, nicht genauer und verständlicher, worin er eigentlich einen Unterschied zwischen der Moral Talleyrands und der Fouchés erblickt.

Der auf dem Alexander Herzen völlig entgegengesetzten politischen Pol stehende Legitimist Vitrolles, der 1814 so viel unter Führung und Anweisung Talleyrands für die Berufung der Bourbonen auf den Thron gearbeitet hatte, spricht sich kategorischer aus. Seine monarchische Ergebenheit für die gekrönten Häupter ist empört, weil Talleyrand, dieser Greis, auf dessen Stirn soviel Schmach liegt, in den Straßen Londons in Begleitung des Königs von Großbritannien spazierengeht, der ihn als Gast seines Landes aufgenommen hat; und weil der König von Frankreich sich für «verpflichtet gehalten hatte, bei dem prunkvollen Sterben dieses großen Komödianten (la mort fastueuse) zugegen zu sein». Der engstirnige, fanatisch beschränkte, aber persönlich ehrenwerte Vitrolles ruft aus: «Niemals noch war die öffentliche Moral durch ein solches Beispiel, ein solches Vorbild derartiger Verderbtheit und derartiger Laster befleckt, die von dauerndem Erfolg und sichtbarem Ruhm gekrönt wurden. Darin besteht sein Genie, in der Beziehung kann man niemand mit ihm vergleichen.»[2]

Ein andermal suchte Talleyrand sich nicht nur in einer öffentlichen Sitzung der Akademie ins rechte Licht zu setzen ... «Wissen Sie, mein Lieber», sagte er nicht lange vor seinem Tode zu Thiers, «daß ich immer der in moralischer Hinsicht am meisten diskreditierte Mensch gewesen bin, der in Europa in den letzten vierzig Jahren gelebt hat, daß ich aber trotzdem immer an der Macht oder am Vorabend der Macht gewesen bin?»

In seinem unmittelbar vor dem Tode verfaßten politischen Testament fügte er hinzu: «Ich mache mir gar keine Vorwürfe, daß ich allen Regimen vom Direktorium bis zu der Zeit, wo ich

1 ebd. S. 125.
2 Mémoires et relations politiques du baron de Vitrolles, Bd. III, S. 458.

diese Zeilen schreibe, gedient habe, weil ich an der Idee festgehalten habe, Frankreich und nur Frankreich zu dienen, in welcher Verfassung es sich auch befand.» Natürlich haben seine Feinde und späteren Kritiker erklärt, daß man mit solchen Phrasen nicht das Gewissen beruhigen könne, wenn Talleyrand überhaupt ein solches gehabt habe.

Doch die Worte, die er Thiers gesagt hat, haben zweifellos die wahre Philosophie Talleyrands ausgedrückt. Vom Beginn seiner Karriere an hat er immer auf die Bourgeoisie gesetzt gegen die Klasse, zu der er selbst nach Geburt, Erziehung, Geschmack, Verbindungen und Lebensweise gehörte, und er hat immer gewonnen, weil in dieser historischen Periode die Bourgeoisie immer siegte und ihr niemand widerstehen konnte — und sie brauchte ihn immer, weil auch die Bourgeoisie nicht viele solcher Köpfe zur Verfügung hatte wie den, der auf den Schultern Talleyrands saß. Daß man ihn deshalb schmähen würde, wußte er im voraus, er wußte aber ebenso, daß sie doch ohne ihn nicht auskommen konnten, soviel sie auch auf ihn schimpften. Er erkannte (und prophezeite) die politische Macht Thiers', der damals noch ein junger liberaler Minister war, aber bei all seinem Liberalismus schon die grausame Unterdrückung eines Aufstandes der Republikaner im Jahre 1834 auf seinem politischen Konto hatte. Talleyrand wußte, daß die Bourgeoisie noch sehr lange fest im Sattel sitzen würde, in dem Sattel, in den er selbst ihr geholfen hatte, und daß sie noch lange in der Lage sein würde, ihre Diener glänzend zu bezahlen. Thiers hatte schon 1834 bei der Unterdrückung des Aufstandes auf der Rue Transnonaine die Garantie für die Zukunft gegeben, nötigenfalls ganz Paris in eine zusammenhängende Rue Transnonaine zu verwandeln, was er tatsächlich bei der barbarischen Unterdrückung der Kommune im Mai 1871 getan hat. Thiers konnte also eine glänzende Zukunft bevorstehen, nicht schlechter als einst Talleyrand. Herrin des alten, hochvornehmen Aristokraten wie des jungen Emporkömmlings aus dem Marseiller Kleinbürgertum war ein und dieselbe Gesellschaftsklasse. Talleyrand diente dieser Bourgeoisie in ihrem Kampf gegen den Adel, Thiers derselben Klasse in ihrem Kampf gegen das Proletariat. Talleyrand, der mehr als erfolgreiche Karrieremacher, begrüßte in Thiers den

Karrieremacher, dem es vorbehalten war, ebensolche Erfolge zu haben, weil auch Thiers bei seiner Lebensaufgabe «glücklich» auf das «richtige Pferd» gesetzt hatte.

Will man diese beiden in vielem so unähnlichen Männer vergleichen, so muß man zugeben, daß für Thiers die Sache der Bourgeoisie nicht nur eine Sache der Karriere war, sondern auch Sache des Blutes; das Klassenbewußtsein war in ihm stärker, weil er von Kopf bis Fuß Bourgeois war. Dagegen war Talleyrand für die Bourgeoisie sozusagen immer ein Outsider; er war eine Art Kondottiere, der für Geld seine Dienste der Partei zur Verfügung stellte, die nach seiner Voraussicht am ehesten siegen und am großzügigsten bezahlen würde; er selbst blieb nach Gewohnheiten, Geschmack, Weltanschauung bis zum Grabe stets der Grandseigneur des alten Regimes vom Kopf bis zum Fuß, und wie an Shakespeares König Lear «jeder Zoll ein König war», so war an Talleyrand jeder Zoll ein Aristokrat.

Für Thiers wie für Lafitte, Guizot, Casimir Périer und ihre ganze Generation war die Bourgeoisie der Gipfel der Welt und die Blüte der Menschheit, die Julirevolution die endgültige, herrliche, ideale Lösung, der Schlußpunkt, den die allgütige Vorsehung in das Buch des Schicksals gesetzt hatte. Für Talleyrand war die Bourgeoisie lediglich die Klasse, für die gerade in dem Augenblick, in dem er, Talleyrand, lebte und wirkte, die Bedingungen sehr günstig waren, weshalb man eben mit dieser Klasse arbeiten und gehen mußte und nicht gegen sie. Die Revolution von 1830 war vom Standpunkt der politischen Philosophie des alten Diplomaten nur eine der Episoden der französischen Geschichte, der zu ihrer Zeit andere Episoden folgen würden, in ihren Ereignissen vielleicht ganz anderen Charakters. Doch über solche ferne Möglichkeiten liebte Talleyrand nicht nachzudenken. Er vergaß nicht, daß er die achtzig überschritten hatte und daß für ihn persönlich die Julirevolution die letzte gewesen sein würde, die das Schicksal ihm zu sehen bestimmt hatte.

Nach der Sitzung in der Akademie verschlechterte sich der Zustand des vierundachtzigjährigen Greises im Frühjahr 1834. Auf Bitten seiner Nichte, der Herzogin von Dino, versöhnte er sich vor seinem Tode mit der katholischen Kirche und erhielt vom

Papst selbst die Absolution, wodurch er in den Augen der Gläubigen seine mit vielen Sünden beladene Seele aus den Klauen des Teufels, die schon bereit waren, ihn zu packen, gerettet hatte. «Fürst Talleyrand hat sein ganzes Leben lang Gott betrogen, aber vor seinem Tode hat er plötzlich schlau den Satan angeführt», das war in jenen Tagen das allgemein verbreitete Urteil über diese unerwartete, sonderbare «Versöhnung» des absolut an nichts glaubenden alten Voltairianers und spottsüchtigen Zynikers, des einstmals aus der Kirche ausgestoßenen ehemaligen Bischofs von Autun, mit dem römischen Papst und der katholischen Religion.

Am 17. Mai 1838 kam König Louis-Philippe mit seiner Schwester, Prinzessin Adélaïde, um von dem Sterbenden Abschied zu nehmen, der alle durch seine vollendete Ruhe in Erstaunen setzte und sogar Louis-Philippe mit schon ersterbender Stimme ein feines höfisches Kompliment machte.

Einige Stunden nach dem Besuch des Königs starb Fürst Talleyrand.

INHALTSVERZEICHNIS

302

Die Bildvorlage für den Schutzumschlag – Herzog Talleyrand-Périgord nach einem Gemälde von F. Gérard – stellte freundlicherweise die Bildredaktion des VEB Bibliographisches Institut, Leipzig, zur Verfügung.

Tarlé, E. W.:
Talleyrand/E. W. Tarlé. [Übers. aus dem Russ. von Richard Ullrich]. — Leipzig: Koehler & Amelang, 1989. — 304 S.
ISBN 3-7338-0061-3

ISBN 3-7338-0061-3

3. Auflage
© 1989 by Koehler & Amelang, Leipzig
Lizenznummer 295/275/3117/89
LSV 0238 · Printed in the German Democratic Republic
Gesamtherstellung: Union-Druck, Halle (Saale)
Buchgestaltung: Horst Albrecht, Berlin
698 080 9
00700